U0117285

GUO SONGTAO
AND
THE LATE QING DYNASTY

郭嵩焘
与
晚清大变局

孟泽 著

獨醒之累

岳麓書社 · 长沙

图书在版编目（CIP）数据

独醒之累：郭嵩焘与晚清大变局 / 孟泽著. — 长沙：岳麓书社, 2021.11（2024.4重印）
ISBN 978-7-5538-1518-3

Ⅰ.①独… Ⅱ.①孟… Ⅲ.①郭嵩焘（1818-1891）–传记 Ⅳ.①K827=52

中国版本图书馆CIP数据核字(2021)第131760号

DU XING ZHI LEI:GUO SONGTAO YU WANQING DA BIANJU

独醒之累：郭嵩焘与晚清大变局

孟泽 著

岳麓书社出版发行

地址 | 长沙市岳麓区爱民路47号
承印 | 湖南天闻新华印务有限公司

开本 | 710mm×1000mm 1/16　印张 | 26　插页 | 16　字数 | 400千字
版次 | 2021年11月第1版　印次 | 2024年4月第6次印刷
书号 | ISBN 978-7-5538-1518-3
定价 | 88.00元

如有印装质量问题，请与本社印务部联系
电话 | 0731-88884129

前　言

　　最初知道郭嵩焘，是差不多三十年前，我正在读研。湖南出版的"走向世界丛书"里，收录了郭嵩焘的《伦敦与巴黎日记》，我读下来，既怦然心动，又瞠目结舌。

　　2007年，湖南教育电视台开办《湖湘讲堂》，请我讲一个湖南的历史人物，我首先想到的就是郭嵩焘，此时我对郭嵩焘已经有较多了解，惊讶他的见识，同情他的遭遇。我曾随电视台的编导去了郭嵩焘老家，与左宗棠得到格外重视不同，郭嵩焘在他的老家湘阴、汨罗，几乎找不到"遗迹"。我跟当地的朋友讲，五十年之后，郭嵩焘的名望会高于左宗棠，朋友不敢置信。我为什么这么说？我当然也喜欢左宗棠，多有能耐的一个人，英雄。但是，我想告诉诸位，这种英雄哪朝哪代都有，特别是在中国文化水土里，而类似郭嵩焘这种能够提供新的世界观，新的文化视界的人，却不多见，这样的人往往被我们忽略甚至敌视，因为他提供的是一种与既成观念和秩序有所冲突的事实与道理，这会给我们的内心带来焦虑和不安。

　　求解郭嵩焘，意味着我们需要正视传统文明在近代的困境，正视与我们自身的作为息息相关的累累伤痕。历史其实联系着偶然的人事，并不是一个纯粹宿命的过程，也只有看到历史的偶然性，我们才会去反思历史，去发坝历史的复杂与诡异，去理解历史与我们自身的关联。通过郭嵩焘，我们会看到，近代中国，也许有着不止一种可能的方向与命运，如果他的思想能够成为晚清社会的主流思想，如果可以按照郭嵩焘的见识去调整自我、面对西方，会怎么样呢？这虽然有点"事后诸葛亮"，但正本清源，返回历史的现场，正是作为人文学者应该具有的一种能力，也是不应该逃避的责任和使命。

一、郭嵩焘生平大概

郭嵩焘1818年出生在湖南湘阴。湘阴在清代属于长沙府，是湘江在洞庭湖的出口，一个通达之地。郭嵩焘家曾经富甲一方，到他父亲一代，家道中落。

郭嵩焘进学后，到岳麓书院读书，与曾国藩、刘蓉一见如故，结为金兰。他们的亲近跟性情有关，更跟抱负有关，用今天的话说，他们都是有志青年，郭嵩焘临终前作《枕上诗》，说他们"笑谈都与圣贤邻"，当然就是要比肩圣贤。

1841年，郭嵩焘入浙江学政罗文俊幕，见识了英国炮舰在宁波定海一带的攻击，意识到"自古边患之兴，皆由措置失宜"，由此发愿考察历史上的"中外关系"，撰著《绥边征实》。

1847年，郭嵩焘中进士。很快，太平天国起来了，曾国藩出山，罗泽南出山，郭嵩焘也亲临战场。大约在1856年初，郭嵩焘奉曾国藩之命，赴浙江筹饷，顺道去了上海。根据《南京条约》，五口通商，其中包括上海。郭嵩焘到来时，英国人、法国人在洋泾浜落脚十余年，已经经营得有模有样。这是郭嵩焘第一次与洋人打交道，他有点始料不及，传说中的"红毛""鬼佬"，居然长得很漂亮，居然很讲礼貌，修的房子居然窗明几净，洋酒——葡萄酒居然也不难喝，停泊在黄浦江上的船舰，尤其超乎想象，那完全是一种新文明的产物。

从上海返回后，郭嵩焘前往北京就任翰林，不久，入值南书房。其时，英、法诸国要求重订条约，要求更多门户开放，要求使臣驻京。在无法得到许可时，便以武力相要挟，炮舰停泊渤海，窥伺京师。咸丰皇帝命郭嵩焘参赞主持天津海防的王爷僧格林沁，以郭嵩焘已有的见识和理解，他认为"洋务一办便了，必与言战，终无了期"。这样的思路显然无法对应英雄阔步的僧王，而僧王却获得了庚子、辛丑以来与洋人作战的最大胜利，举朝欢呼。对此，郭嵩焘似乎并不开心，曾国藩在来信中就奇怪他为什么对于备战欲言又止，对于胜仗无动于衷。接下来，郭嵩焘受命作为钦差稽查山东沿海厘税而遭算计，被朝廷处分，继续到南书房任职。郭嵩焘请求回籍，他以身体为由的反复告假，连皇帝也觉得有点不可思议。

回到湘阴仅一个月，1860年9月18日，郭嵩焘从朋友来信中得知天津塘沽失陷，然后是京城失陷，咸丰帝逃往热河——号称"驾幸"。郭嵩焘"为废寝食""痛悼不已"，事情的发展是他早已有所预判的，想不到自己"不幸而言中"，而且还是"昨岁之言"。

他因此愤然说："诸臣之罪，岂复可逭哉！""僧邸之罪，杀之不足蔽辜矣！"他开列出"洋务四凶"，包括琦善、耆英、叶名琛、僧格林沁。他解释，之所以没有算上林则徐，是因为林则徐的人格实在令人钦敬，但处置洋务，林则徐同样不得要领。

同治改元后，正与太平军作战的李鸿章希望借重既懂洋务且能理财筹饷的郭嵩焘，郭嵩焘复出，先是作为苏松粮道，然后转任两淮盐运使，不到一年，朝廷任命他署理广东巡抚。1866年，因为左宗棠的纠参，也因为他自己在抑郁愤懑中的请求，郭嵩焘解职还乡，回到长沙。

长沙八年，郭嵩焘仰观俯察，对于家国天下事，有更多思考，也产生了更多忧患。1874年，郭嵩焘五十七岁，朝廷诏命他赴京陛见。这年二月，日本借口琉球渔民被害，兴师台湾。看来，正是这种敷衍不过去的危机，让朝廷想起了在洋务上似乎有些办法的郭嵩焘。

郭嵩焘束装就道，朝廷先是任命他为福建按察使，到任不满三月，又紧急召回，让他出使英国。原来，朝廷因为云南马嘉理案件，需要有大臣前往英国赔罪，此事尤其紧迫。

1876年12月2日，郭嵩焘一行从上海冒雨登舟，前往英国，正式就任驻英公使，后兼任驻法公使。在公使任上，郭嵩焘如鱼得水，他曾经对于西方的一知半解都得到了印证，他像海绵一样吸纳西方文明，寻找这种文明的动力，并由此自我反思，感叹国家迟暮，自己"年老失学"，小楷的日记有时一天写到七八千字。

不幸的是，和他一同出使的副手刘锡鸿似乎别有用心，成为郭嵩焘英伦生活的心腹大患。1879年初，郭嵩焘黯然离任，他甚至没有再到北京述职，而直接返回了长沙，他对朝廷有点绝望，对朝廷大佬们主导的洋务也几乎失去信心。

然而，伊犁事件、琉球事件、中法战争接连发生，眼见国家危殆，民生悲苦，郭嵩焘"不忍不谈洋务"，他希望人们可以从"天朝上国"的迷梦中早一点觉醒过来，对自己以及身边的世界有真确的了解与认知，尽量减少因为颠顶带来的自我伤害。

1891年7月，郭嵩焘在长沙去世，李鸿章等人上疏，请求朝廷将他的学行政绩，宣付国史馆立传，并予赐谥，朝廷的旨意是："郭嵩焘出使外洋，所著书籍，颇滋物议，所请着不准行。"

二、郭嵩焘的性情

让最高当局认为"颇滋物议"而至于妨碍给他立传赐谥的"所著书籍"，是郭嵩焘出使英国后发回总理衙门刊印的《使西纪程》。

或许是因为郭嵩焘在洋务上已经落下"口碑"，左都御史景廉在出使前就参奏他"一以顺悦夷心为事"，家乡士子更以"未能事人，焉能事鬼"相讥讽，差点烧掉了他的住所；或者是郭氏"显赫"的朝臣身份，让人对他的言行格外关注；更重要的是，郭嵩焘力求平和而其实无法掩饰的批判性的自我观照，让《使西纪程》在朝廷上下引起的反响异常强烈，好朋友王闿运认为他的文字已经"中洋毒"，李慈铭说郭嵩焘所言"诚不知是何肺肝""凡有血气者，无不切齿"。

这是当时号称有见识的学者的议论，政客的反应则是"动手"。光绪三年六月，翰林院编修何金寿，奏劾郭嵩焘"有二心于英国，欲中国臣事之"，请求将《使西纪程》毁版。接下来，张佩纶奏参，不仅要求禁书，还要求撤回郭嵩焘。

知道此事后，郭嵩焘有点想不明白，他在为反击何金寿的奏劾所上折片中说，何金寿所据为罪状者，在指摘日记中"并不得以和论"一语。《使西纪程》中确实有一段议论，说"南宋以后边患日深，而言边事者峭急褊迫，至无以自容"，"以夷狄为大忌，以和为大辱，实自南宋始"，而现在的形势与南宋不同，"西洋立国二千年，政教修明，具有本末，与辽、金崛起一时，倏盛倏衰，情形绝异"。如此，怎么能不认真讲求应付之法，怎么就一定"不得以和论"呢？无缘无故把"和"字当作罪行，"侈口张目以自快其议论，至有谓宁可覆国亡家，不可言和者"。郭嵩焘早已经听惯这种"爱国"言论。

郭嵩焘认为，办理洋务不当的重要表现，就是自己首先明确立场，以"玉碎瓦全"相激发，弄得没有立足的余地。观念和立场上的自我孤立，直接带来对策上的盲目。这种"主题先行"的做法，其来有自。他曾经指出，历史上的事，特别涉及国际关系时，必须"究知当日之情事"，才能有公允的理解，他一直对宋明士大夫"于天下大势懵然无所知""不考当时之事势，不察人情之顺逆"的放言高论，不以为然，譬如明末魏禧论岳飞"朱仙镇班师事"，他认为就"不足当有识之一笑"，为此不惜专门著文辩论。

以对于历史的理性认识为前提，不再被高亢的自我中心主义所主宰，郭嵩焘因此不仅可以从流行的议论中看出"厚诬古人，贻误后世"的历史偏弊，而且可以返回实情，还原是非。

有可靠的认知，才会有准确的判断。郭嵩焘说，办洋务必须讲道理，而且是讲全面的道理。什么是全面的道理？并不高深，只要"以之处己，以之处人，行焉而宜，施焉而当，推而放之而心理得，举而措之而天下安"就行。如果既不能"心理得"，又不能"天下安"，却人人自矜其气、自我鼓噪，这就是"妄人"了，妄人充斥的世界，情形可想而知。

郭嵩焘说，此"区区愚忱，不惜大声争之，苦口言之，以求其一悟。愿与读书明理之君子，一共证之"。没想到，苦心的"争"和"言"，

"证"成的却是"有二心于英国"的苦果。

事实上，郭嵩焘出使之前的言论，被指为"不容于尧舜之世"的出使本身，已经触犯了人们的世界观和价值观。而郭嵩焘本人，就如同少年时被人评价的"猛兽鸷鸟"，对于所见分明的是非，对于自己洞若观火的判断，不免固执，尤其不能忍受为了个人"持禄固位博盛誉"而置家国大义于不顾，谋食不谋道。曾国藩说他"芬芳悱恻"，刘蓉说他"天资粹美，莹澈无瑕"，他显然不是那种权势欲强、功利心重、可以屈己从人的人，而是精神卓越、气质清洁、灵台澄澈，似乎"非今世有也"。

因为所思深远，富有洞察力，眼界和价值理想非一时一地的功利可以笼络，又因为敏感于忧患，忠诚于使命，遭遇不可理喻的人事时，难免生发议论，议论多批评，批评难免针对现实，于是容易让人以屈原、贾谊视之。一旦以屈、贾视之，在功利主义的官场文化中，就很不容易存身，很容易成为既得利益者的敌人。

一直以来，人们认为郭嵩焘的任事能力与人格魅力远在晚清中兴诸名臣之下，他无法把自己的事业做得风生水起，做得像左宗棠那样前呼后拥，做得像曾国藩那样集"功、德、言"于一身，做得像李鸿章那样左右逢源，失败的原因正在于他自己的性格。在我看来，这样的讲法似是而非。

首先，所谓"失败"就是一个中国式的"成王败寇"标准，不足以衡量一切人，尤其不能以之衡量变革时代的人物，在一个"坏时代"，"成王败寇"的标准，尤其远离人道。

其次，人与人的相处或共事，性格当然重要，但观念与思想同时主导着一个人的性格与人格，思想上不能相安，性格再好也无法真的相处妥帖，郭嵩焘与僧格林沁，与李湘棻、瑞麟、左宗棠、刘锡鸿等人的冲突，表面上看来是个性使然，实际上无不隐含了观念上的深刻对立，包括对于曾国藩，虽然情同手足，但他没有表现出类似刘蓉那样的无以复加的尊崇，其实也在于郭嵩焘认为曾国藩"于洋务素非通晓"。因此，郭嵩焘的骄傲，正是一种基于思想观念上的骄傲，有着此种"先知"般思想观念的人，除非出落成为纯粹的哲学家、宗教家，否则，很难容忍周围的蒙昧。其实，郭嵩焘对于自己"勇于任事而轻于信人""嫉恶太深，立言太快"以至于"一事乖方，椎心自激"的"质性之隘"，所见分明，但是，因为关乎是非，关乎家国大局，他虽屡屡告诫自己，却无法"吃一堑长一智"，让自己圆通起来。

再次，郭嵩焘的时代，在今天的反观中，最重要的国务就是洋务，观念的突破是最重要的突破，没有观念的突破，一切所谓事功，所谓作为，只能范围在传统的价值理想之下，也无法改变一次失败接着又一次失败的悲情局面。如此，可以肯定地说，人们对于郭嵩焘性情的接受程度，正取决于对他的观念的接受程度，这也是如何评价他的关键。

三、先知先觉

郭嵩焘的仕途三起三落。李鸿章等人在上疏朝廷希望给他立传赐谥时，尽量拐弯抹角，强调他对曾国藩、左宗棠出山如何有推挽之功，其《礼记质疑》一书如何"折衷群经，淹贯三礼"。这自然煞费苦心，他们想把郭嵩焘纳入世人普遍可以接受的认知体系和价值体系，或者说，这些在郭嵩焘时代最能理解和同情他的人，试图按照自以为宽容的标准来肯定他的作为，以便弘扬他的业绩。

不得不承认，真正泄露了郭嵩焘的精神特质，彰显了其思想和人格魅力的，仍然要数他的三次出仕，特别是作为驻英法公使期间的表现，以及他在书信日记中的自我表白。从这里，也真正能够看到他值得钦敬的地方：求真知的勇气，至诚的天性，相对统一的人格。刘锡鸿处心积虑劾奏郭嵩焘的所谓十大罪，在今天看来都是笑话，什么让小老婆学英语，与英国公使威妥玛"尤相亲昵"又"愤争如仇敌"，无非证明郭嵩焘心地开朗，对于西洋人与西洋文明并无先入为主的自卑和自负，而活着时被指目为"汉奸"，以致死后多年，义和拳兴起时，仍然有京官上奏要对他掘棺戮尸，这样的攻讦与侮辱，无非表明他生前身后的世界如何神志昏乱而已。

按照我们在今天的"后知后觉"，郭嵩焘在近代士大夫中算得上是一个异数，他的"先知先觉"可以概括如下：

第一个方面，是对西洋特别是对洋人的认知。

甚至在见识上海洋泾浜之前，郭嵩焘就认为洋人也是人，可以"以理格之""以礼通之"，"洋人之与吾民，亦类也，未有能自理其民而不能理洋务者"。这就是先知吗？是的。举个例子，1880年，在长沙，郭嵩焘参加的一个聚会上，民国后还被聘为国史馆馆长的王闿运引经据典侃侃而谈，"彼夷狄人皆物也，通人气则诈伪兴矣"。"非我族类其心必异"，曾几何时，中国文化开始以"夷夏之辨"建立自尊，韩愈的文章，已经把"禽兽夷狄"作为一个词来使用。而在郭嵩焘看来，即使上古时候，所谓"夷狄"也只是一个政治地理概念，而不是歧视性的文化概念，"非有划然中外之分也"。这样的说法，颠覆了多少年来把"夷狄"等同"禽兽"的霸权话语。

不仅如此，郭嵩焘还认为，眼前的"夷狄"已非"古之夷狄"可以比拟，"西洋之入中国，诚为天地一大变，其气机甚远"，而且，"夷人之于中国，要求通商而已"，"得其道而顺用之，亦足为中国之利"。因此，虽尧舜生于今日，"必急取泰西之法推而行之"。否则，就会是人家西洋"以其有道攻中国之无道"，那才是真正的灾难。自然，这样的认识带来更多的是惊悚，而不是认同，对于洋人，人们"始则视之如犬羊，不足一问，终又怖之如鬼神，而卒不求其情实"。

第二个方面，是关于商人、商业的。

郭嵩焘认为，商人跟士人是平等的。这样的说法，自然也多有冒犯。古代中国，虽然有士农工商"四民"之说，但在作为统治的文化里，"商"一直多负面性含义，所谓"无商不奸"。郭嵩焘对于商人的认可，可能和他的身世有关，他们家曾经富裕，有一项营生就是借贷，他一定见识过商人的精明与慷慨，商人创业的勤勉与艰难，因此面对商人没有道德主义的洁癖。而且，从出道开始，他就替曾国藩理财，尽管持身俭朴，律己严苛，但懂得流转的必要，懂得交换的好处，懂得钱能生钱的秘密。

他意识到，"西洋以行商为国计，其势必不能竟已也"。仅此一点，西洋之入中国，就是无法阻挡和拒绝的，这是商业的逻辑，比强权的政治逻辑更加持久有力。出使之后，郭嵩焘更觉察到，西洋的商人与政府是互动的，商贾"与国家同其利病，是以其气常固"，政府的一切作为都是为了保障商业的权益，为商人提供便利。作为官员，郭嵩焘认为，通商造船，不能"官样行之"，"一切行以官法，有所费则国家承之，得利则归中饱"，"利未兴而害见焉"。西洋"富强之业，资之民商"，"西洋之富，专在民，不在国家也"，"岂有百姓穷困而国家自求富强之理"。那么，对于当局者来说，重要的就是为商民提供保障与服务，而让郭嵩焘懊恼的现实是，"西洋汲汲以求便民，中国适与相反"，中国的事情，"阻难专在官"。

一般认为，郭嵩焘与左宗棠的隔阂，主要是性格、能力和行事方式上的差异导致的，其实未必没有观念方面的原因。郭嵩焘任广东巡抚时，主张成立一个类似市舶司的机构，管理海上商贸，允许商民参与贸易与制造，与洋人竞争逐利，他甚至有过动议，与洋人一起入股设厂，建造火轮船，派士绅主持，此事未及执行，便卸任还乡了。与此同时，左宗棠在福建却得到朝廷旨意，创办福建船政局，郭嵩焘眼睁睁看着官办的企业如何被洋人"欺侮愚玩"，如何靡费国帑而效率低下。直到马尾船厂在中法之战中化为灰烬，郭嵩焘感叹自己的主意被搁置而左帅的方略得以执行，乃是"国家气运使然"。

第三个方面，是对"政教工商"所谓"本末"的认识。

李鸿章与郭嵩焘是同年进士，李鸿章一直欣赏他在办理洋务方面的才能。郭嵩焘在英国时，李鸿章极力维护保全他，郭嵩焘心知肚明，但他对李鸿章并不全盘认可，原因之一，便是郭嵩焘觉得李鸿章办洋务"徒能考求洋人末务而忘其本"，派留学生到欧洲去学开船、制炮，指望买几艘铁甲船，摆到中国海口，以为如此便可以"制夷"。在郭嵩焘看来，这是儿戏，因为"西洋立国有本有末，其本在朝廷政教，其末在商贾。造船、制器，相辅以益相强"。

在郭嵩焘看来，"惟天子以天下之政公之天下，而人能自效其诚"，这是西洋正在遵循的政教，也是西洋崛起的秘密，他引用《诗经》的话说，王者之政，"俾民不迷"，但是，秦以后的中国，"悬法律以束缚天下"，"民之受其迷者二千余年"。他甚至质疑"圣人之治"，认为靠君主个人道德维持的政治其实是不能持久的，可以持久的是"公之众庶"的政治，这就是西洋立国之本，"西洋治民以法，法者，人己兼治者也"，此"法"当然不同于秦"法"。由此出发，教育学术，人心风俗，焕然一新，工商业的繁荣，顺理成章。

但是，郭嵩焘同时意识到，取法西方，不可能一蹴而就。从技术上讲，可以"先通商贾之气，以立循用西法之基，所谓其本未遑而姑务其末者"。这样的"本末之辩"，证明郭嵩焘不仅较真，同时也务实。

第四个方面，对中国问题的观察。

郭嵩焘屡屡直言，说"天下之大患，在士大夫之无识"，"天下之乱，由大臣之无识酿成之"。刘蓉曾经议论"非英夷之能病中国，而中国之自为病耳"，郭嵩焘深以为然。

虽然与刘锡鸿势不两立，但他不觉得刘锡鸿是他的对手，他说刘锡鸿"一诪张为幻之小人，何足与较，然其中消息绝大"。所谓绝大的"消息"指什么？显然，无非是刘锡鸿背后密不透风地把持着朝政、左右着舆情的利益集团，无非是士大夫阶层面对西方文明所呈现的普遍的人格分裂，由此导致的便是郭嵩焘不忍目睹的举国"昏顽"。

郭嵩焘在英国时便注意到，此时更全面地学习西方的日本将勒逼中国，"诸公欲以无本之术，虚骄之气，以求胜于日本，于人与己两失之"。此时距离甲午战争还有二十年。

与郭嵩焘差不多同时的王韬说："中国不及百年，必且尽用泰西之法而驾乎其上"。郭嵩焘的预期没有这么乐观，晚年参天地，观世局，他感觉朝廷行政用人"颠倒失次"，而人心诡变，连读书人都无礼无信，不仁不义，"上有酿乱之有司，下有应劫之百姓，乱至无日矣"，"回首人间忧患长",苦难或许才刚刚开始。按照郭嵩焘的说法,中国需要差不多三百年才可能走出秦汉以来累积深厚、流极败坏的政教,非这样漫长不能指望振兴。他说,武器、制造,有贤者担当,也许三五十年勉强能"望见其涯略",百年树人,以百年之力或许可以"涤荡旧染",磨砺出合适的人才,再以百年之力方可以累积成人心风俗,真正的改变在于人心风俗。

作为先知,还体现在他对于自我的认知。

世上有很多聪明人,聪明人可以做出很多惊天动地的事情,但我一直觉得,最令人心仪的,是那种对于自己的处境有清明的认知而不悔初衷,同时又有着自嘲勇气和能力的人。

从英国返回后,郭嵩焘觉得自己把身边的世界都得罪了,他原本无意得罪的,但是,他毕竟珍惜自己由此得到的经验和见识,于是把"乡里士大夫群据以为罪言"编成了一本书,叫《罪言存略》,送给"一二至好",一点名心,不能张扬,也无法压抑,心底的动力依然是希望"以先知觉后知,以先觉觉后觉",为此不计"区区世俗之毁誉",他甚至沿用张居正的话说,自己"愿身化为稿荐,任人溲溺其上,终教人凭以安寝而已"。

他还写了两首小诗《戏书小像》:"傲慢疏慵不失真,惟余老态托传神。流传百代千龄后,定识人间有此人。""世人欲杀定为才,迂拙频遭反噬来。学问半通官半显,一生怀抱几曾开。"所有的骄傲与自信、苦闷与悲凉都写在这里了。他曾比较自己与曾国荃的处境,在曾国荃生日时写信戏言:沅浦(曾国荃)在山西履艰巨之任,自己在泰西作清逸之游;沅浦惠泽披亿万生灵,自己骂名遍九州四海;沅浦让山西人民俎豆敬奉而做人越来越谦抑,自己让湖南人民视为粪土而说话越来越高亢;沅浦建功社稷忙不过来,自己身兼衰病正好退休。曾经有人恭维他,认为他官至二品,朝廷将来按例会"赐谥立传",郭嵩焘在《自叙》中说,此种"朝眷","目分不敢希冀"。

他的遗嘱很有点"绝情":"三日成服,传知本家及一二至亲,并于灵前行礼,其他亲友概不通报。"如此痛苦而倔强的自我安排,证明郭嵩焘甚至已不再在乎他那个阶层的人无法不在乎的虚荣了。

被称为粗人的曾国荃，曾经替朝廷惋惜，为郭嵩焘不平，他说："居今日而图治安，舍洋务无可讲者。仅得一贾生，又不能用，此真可以为太息流涕者也。"这应该是那个时代能给予郭嵩焘的最高评价，也是士大夫所能得到的最高褒奖了。

一百年后，锺叔河先生在编辑郭嵩焘《伦敦与巴黎日记》时说，郭嵩焘在19世纪70年代中期，已经突破了"办洋务"的水平，率先创议"循习西方政教"，成为末世士大夫阶级中最早向西方寻找真理的人物。海外学人汪荣祖先生在《走向世界的挫折——郭嵩焘与道咸同光时代》中说，"当时人觉其独醉而众醒，但今日视之，实众醉而斯人独醒"，郭嵩焘是那个时代中，"最勇于挽澜之人。我们追踪其人，印证其时、其地，很可觉察到此人的孤愤与无奈。他的思想过于先进，同时代人鲜能接受；他的个性貌似恭俭，实甚自负与固执。以至于被视为易遭物议、性格褊狭之人，终身受挫"，然而，"这个弄潮儿的挫折，很可说明那个挫折的时代"。

（本文原题为"苦闷的先知——湘人郭嵩焘"，系作者为《光明日报·光明讲坛》所作演讲。）

目 录

楔 子 …………………………………001

第一章 少年心事当拿云 ………………005

　水的隐喻　　　　　　　006

　湘阴三郭　　　　　　　008

　笑谈都与圣贤邻　　　　016

第二章 鸣镝弯弓赴敌场 ………………027

　亲历鸦片战争　　　　　028

　进士及第　视民如伤　　033

　如君父何　为天下计　　036

　江南行　洋泾浜　　　　043

第三章 皇帝近臣 ………………………049

　翰林院编修　　　　　　050

南书房行走 056

第四章 官场情事 ········· 061

参赞僧王 两难心事 062

查税山东 事与愿违 075

卷怀以退 085

第五章 国变当前 ········· 089

庚申之变 090

"知幾" 099

第六章 封疆大吏 ········· 111

理财筹饷 众望交孚 112

巡抚广东 世途苦隘 119

交恶左宗棠 既伤且憾 149

第七章 赋闲长沙 ········· 167

感逝伤离万古情 168

天地气机正气歌 177

"发现"王船山 186

第八章 谤毁遍天下 ········· 191

奉诏入京 192

使英之命 197

众矢之的　　　　　　　200

进退失据　　　　　　　206

第九章　为国家任此艰苦 ·············215

天眷　天恩　　　　　216

洋务　洋患　　　　　220

第十章　西洋镜 ·············229

出使　　　　　　　　230

奏请禁烟　　　　　　235

"出洋相"　　　　　　238

西洋之本　　　　　　242

第十一章　国士之知 ·············259

激赏严复　　　　　　260

惺惺相惜　　　　　　265

第十二章　出洋"十宗罪" ·············271

"中洋毒"　　　　　　272

同室操戈　　　　　　277

一意反手关自己大门　294

第十三章　不忍不谈洋务 ·············301

吾辈之咎　　　　　　302

琉球之失   308

伊犁事件   310

中法战争   315

第十四章 伟大的失败者 ⋯⋯⋯⋯329

斯人独醒   330

天才的自信   341

附录一 "汉奸"或"先知" ⋯⋯⋯347

附录二 "未能事人，焉能事鬼" ⋯⋯367

附录三 郭嵩焘大事记 ⋯⋯⋯⋯377

初版后记 ⋯⋯⋯⋯⋯⋯⋯⋯⋯⋯385

增订版后记 ⋯⋯⋯⋯⋯⋯⋯⋯⋯393

楔　子

光绪十五年（1889），郭嵩焘在长沙的寓所开始撰写回忆录性质的《玉池老人自叙》。写作断断续续，一直坚持到他行将去世的光绪十七年（1891）三月二十日，才于病中收笔。

最初的用意，似乎只是为了安排自己的身后事。他说，自己年逾七十，精力衰耗已极。疾病颠连，累月逾时，自度无长生久视之理。而诸子诸孙，幼弱不谙人事，恐一旦委沟壑，一切应行事宜，茫然莫知所措。所以，趁自己年之未尽，预为之程式安排。届时，让他们可以有所循守。[1]

郭嵩焘交代了自己死后入殓的装束，所含碎玉，所用朝珠、棺具，棺具内他认可的饰物，报丧的范围，以及应该遵行的祭奠礼仪。他说：吾素寡酬应，年来朋旧凋落，往来知好尤少，学行声名，无关时俗轻重，无庸讣告亲友，以滋唁问之烦。三日成服，传知本家及一二至亲，并于灵前行礼，其他亲友概不通报，徒使诸老辈奔走来临，相与叹息，以重吾心之咎。他要求"删除一切繁文"，以"情所宜尽，义所应为"为准，而"不必尽依世俗通行之礼"。他告诫家人，不准延僧诵经，他深不喜释氏"福田利益之说"，禁用"争奇斗巧，烦费无谓"的纸扎，等等。

写着写着，话题很快就转移到了关于自己生平的回首和反思，谓"自少奔走衣食，中年以后又经兵乱，出入军幕，蒙被国恩。生平所以自命，必求有益国计民生，而尤以抱道自重为心，未尝敢稍自贬损"。又谓"吾自通籍后，连丁父母忧，又值粤匪之乱，遂不复以仕宦为意，而于经营国

---

1 《郭嵩焘全集》第十五册，755页，岳麓书社2012年。后引或不再注明出版社与出版日期。

计、保卫地方，无敢稍释于心"。如此，种种事迹与心迹，"今我不述，后生何闻哉？"[1]他决定把"区区一生行谊"记录下来，以稍存崖略。

"未尝敢稍自贬损"，这是郭嵩焘置身于衰颓之世的自我期待和自我许可；"无敢稍释于心"，这是郭嵩焘自觉对于天下家国的抱负和使命。他确实是在这样的自命和自许中度过自己并不平顺的一生的，为此，倾注了自己全部的心智和热情。然而，所到之处，总不免荆棘丛生，"耿耿此心，自喻之亦惟能自勉之而已"。[2]

他自承：生平自信没有害人之心，没有忌刻人之心，也没有一意自私自利之心。自处不敢宽假，而论人则常从恕道。常谓廉者，君子所以自责，不宜以责人。惠者，君子所以自尽，不宜以望于人。至于生平的学问文章，算是勉强可以"自效"，但自己皆不甚属意，只是想以自己之所学，匡时正俗，利济生民。虽然力有所不能逮也，然而，志气不为稍衰。王少鹤通政归粤西，在长沙小住，曾经对他说："吾辈已近暮年，急须料检生平志业，内毖之心，求所以信今而传后。而观君心志所属，仍在用世、兴事、立功，与希荣计利之心发用不同，而为心之累同也。"郭嵩焘悚然惊惧于王少鹤之所言，说中了自己"要害"。但是，自己始终不能对于那一种"用世、兴事、立功"的热衷有所克治。在自己见闻所及的范围之内，只要是稍关天下利病得失，必定反复推求其实，下至民间奸巧利弊，挟私求逞，无不引以为世道人心之忧患。为此，常至拊膺感愤，结塞于心，"此用世之一念，生于其心，发于其事，自然感触而莫能自喻者也"。[3]

能够"自喻"并且"自勉"的，是自己不避困窘的用世之心；不能"自喻"的，也是自己的"用世之一念"——对于家国天下、世道人心的忧患，连自己也想不明白，拊膺感愤，结塞于心，一何至此。他曾经在信中告诉曾国藩："吾人生世，要为天下不可少之人，才算全德；要为一家

1 《郭嵩焘全集》第十五册，757页。
2 《郭嵩焘全集》第十五册，766页。
3 《郭嵩焘全集》第十五册，771、778页。

所可少之人，才算全福。"他知道，此种"全德""全福"之人，只有曾文正公足以当之，自己则恰恰相反。他还说，死生变幻，本难把捉，"于吾生则亦无多遗憾，当与草木之荣落，逆旅之去来，等量齐观，不必多生悲感，过事铺张。……以我一生，了我一生应尽之责而已"。[1]

他的自述，充满确定无疑的自信与自负，也充满无可讳言的委屈和失望；充满明朗的激情和坦然的骄傲，也充满幽微的隐痛和伤情。他的大半生涯，正是在他所知清明的自我分解、自我省思、自我分辨中展开的，抱道自重，谠言直行，刻苦自励，缱绻悲悯。

回首前尘，他有一种不能自已的慷慨、激愤和悲凉，他其实深深懂得："夫圣贤，汲汲天下之利病，非自侈其知之能谋，力之能任也，其心有不得已者焉。"[2]

---

1 《郭嵩焘全集》第十五册，776页。
2 《志城五十寿序》，《郭嵩焘全集》第十五册，449页。

第一章

少年心事当拿云

　　郭嵩焘出身"富甲一方"的家族，成人时，家庭仅及中产。他十八岁中举，入读岳麓书院。道光十六年丙申，公元1836年，不满二十岁的郭嵩焘与曾国藩、刘蓉在长沙一个客栈里因为相互倾慕而"同居"五旬，结为金兰。"乐莫乐兮新相知"，这是一次多少影响了中国近代史的令人心驰神往的聚会。在他们身边，同时崛起的人物，几乎会聚了那个时代最有才华和勇气担当的精英。

水的隐喻

郭嵩焘生于嘉庆二十三年三月初七（1818年4月11日），家在湘阴县城西，郭嵩焘自述，"吾家积世城居"[1]。

湘阴位于洞庭湖东南，长沙以北，立县至今近千年。此前，秦建罗县，湘阴在罗县的范围内。清朝，湘阴县属长沙府。在这里，很早就设置有水陆驿站，"水程之四达者，亦与陆程相准"，水路与陆路一样四通八达，可谓"通达之地"。郭嵩焘在《湘阴县图志·序例》中，称湘阴为"南北通衢"。[2]

湘阴县城北七十里，是汨水、罗水合流的屈潭，或称汨罗江，即屈子自沉处。南来的是滔滔湘江，资水在这里汇入，一起流向洞庭湖，然后通江达海。

此地的风光水性，历史人文，自然影响着民情民性。

屈潭、汨罗江所暗示的是一种倔强的坚持和守护，一种充满悲情的忠诚与道义，如李元度所说："自洙泗、邹峄后，文章节义，推屈子为大宗。《离骚》一经，谓之文可也，谓之诗亦可也，二千年来流芳未歇。生其地者，莫不有擘兰佩璐之思，有能继其流风遗韵，遂复然而出其类。"[3]

---

1 《郭嵩焘全集》第十五册，445页。

2 《郭嵩焘全集》第六册，5页。

3 《〈萝华山馆遗集〉序》，《郭嵩焘集》，1页，岳麓书社2011年。后引或不再注明出版社与出版日期。

不止有《离骚》两千年来芳香未歇的"流风余韵",感染得才俊之士夐然出类拔萃,还有屈子"后皇嘉树,橘徕服兮。受命不迁,生南国兮""秉德无私,参天地兮"的自我认同,《橘颂》中的诗句,正是对忠贞之性的许可和召唤,对"独立不改"的人格与精神的揄扬。

而且,"智者乐水",水是通达和包容的,充满灵性并且一往无前。

郭嵩焘曾在《常南庚亲家七十寿序》中说:"夫九江、云梦之泽,吐纳诸水而总汇于湘。吾尝博考图经,得入湖之水九焉,湘阴实湘水之归墟,所受之水凡五。西入者资水,东入者汨水、罗水、湄水。盖湘水揽九江之全,湘阴又揽湘水之全。大川巨浸之钟滀,固将有人焉赓续以承其盛,英奇杰士,经纬区宙者,是其应也。"[1]湘阴的水面,何其广大,来得深远,去得辽阔,几乎无始无终,无可限定,可以孕育滋养"经纬区宙"的"英奇杰士",可以容纳没有边界、没有尽头的想象,可以寄托拿云的少年心事。

郭嵩焘当年应该不止一次领略过《庄子·秋水篇》中,河伯感叹过的"不见崖岸"的风光。

看到秋水灌河,两岸不辨牛马,河伯"欣然自喜,以天下之美为尽在己"。可是,当他顺流东下,走到北海,他不能不望洋兴叹了。他发现,那才是真正的无边无际。他说,他真的是贻笑大方。河伯"望洋兴叹"的感慨,郭嵩焘一定心有戚戚焉,他也一定明白,天下多的是没有见识过北海的河伯,生活在自足的世界中。自己曾经也是。

如此,湘阴渊源深厚的"人文",浩渺广大的"风水",滋养了郭嵩焘清澈、忠直、拙诚之性情,激励了他充满自信的固执和坚守——正如《橘颂》所歌唱的,"受命不迁""独立不改"。

同时,在这里,郭嵩焘成长了明敏的心智和宽容的视界,思想锐利,气质诚朴,理想激昂,具同理心,有共情力。从这里出发,他经略南北,远涉重洋,终于拥有罕见的开明见识与拥抱新世界的热烈情怀。

---

1 《郭嵩焘全集》第十五册,445—446页。

湘阴三郭

郭嵩焘乳名龄儿，学名嵩焘，又名先杞，字伯琛，号筠仙，别署"云仙""筠轩"。因为太平军兴时曾经避居湘阴县东之玉池山，又称"玉池山农""玉池老人"。因为后来在长沙筑室曰"养知书屋"，学者称为"养知先生"。

按《湘阴郭氏家谱》的讲法，"郭氏出自姬姓，伟矣"[1]。而郭嵩焘的始祖，据说可以遥遥攀引到唐代郭子仪的六世孙、南唐广国公郭晖。[2]

郭嵩焘的曾祖父郭熊（自号望湖），"善居积，富甲一邑"，所谓"首富"是也——"自曾祖父母以来，本为巨富"[3]。郭熊有子六人，"乐施与，沉厚敏捷，才气沛然有余"。[4]

祖父是一个豪爽慷慨的人，"性豪迈，尚气谊，然诺一语，斥千金不惜。尝制一狐裘（今人之谓"皮草"），甫成，客至，挈之以去，亦漠然不为意"。借钱给人，不一定要求在什么时间收回，也不规定一定是多高的利息——"不刻期，不责息"。他这样做，不仅赢得了口碑和声誉，而且"息反赢"——利息更多。寄祖父（他的儿子——郭嵩焘的父亲，是过继的）据说也豪爽，沉静"而好深沉之思，尤喜济人之急，推解无难色"。[5]

郭嵩焘的祖父辈，已经有人有功名。

传统社会，一个家庭积累了一定的财富之后，常常会让子弟朝功名路上走，心性也容易走向"豪爽""放达"一路。钟叔河先生认为，郭嵩焘不轻视商业与商人，谓"用才各有所宜"，不必偏废，日后在长沙禁烟会上甚至说"商贾可与士大夫并重"，以致为人所诟病。此种观念可能与他

---

1 曾国藩《湘阴郭氏家谱叙》，《郭嵩焘全集》第五册，331页。
2 郭嵩焘《家谱自叙》，《郭嵩焘全集》第五册，332页。
3 《郭嵩焘全集》第十五册，777页。
4 《湘阴县图志》卷三十三《人物传下》，《郭嵩焘全集》第七册，1352页。
5 《湘阴县图志》卷三十三《人物传下》，《郭嵩焘全集》第七册，1352页。

的出身有关。他们家有经营商业和利贷的传统，到郭嵩焘父亲时，仍然经营借贷。[1]见识了从商者的辛勤刻苦，包括他们的仁厚，就不会先入为主地以"无商不奸"的纯粹道德眼光来看待天下的商人，就不会把商业看成是纯粹腐蚀性的——不仅是对于"正业""正经"的腐蚀，而且是对于人性的腐蚀。而在通达的视野中，按照西人富兰克林的说法，日常的经营计算不只是自利的手段，更是一种具有伦理色彩的生活之道的表现。那么商业，岂止不是腐蚀性的，反而可能是激发性的，对于产业、对于创造、对于人性的激发。

郭嵩焘的父亲郭家彪（1794—1850），字春坊，是远近有闻的好好先生，"精医，岁储药饵，供人求乞"。医术是急人之难所必需的手艺，所谓"悬壶济世""不成良相，便成良医""治大国，若烹小鲜"。在古人眼里，医人医国，治世治生，同出一理，医国医人，同样是救世济民。这是一种有着很深传统且义理充足的世界观。郭嵩焘的母亲是长沙一位读书人的女儿，张姓，守礼法，重视子女学业。

因为"形势"，也因为传统大家庭多子女的不断"分析"（曾祖父六子，祖父四子），郭嵩焘出生时，他们家已经"日趋虚乏"了，仅有几百石的田租，"每岁衣食，足资取给"。道光十一年（1831）以后，因为洪灾，"连年大潦，所受皆围业也，坐是益困于水"，甚至不能维持小康。

即使这样，他的父亲也是"夷然不为有无顾虑"，仍然急人之难。亲戚故旧有借贷，尽量满足，或者向另外的人借贷，由他一句话作保，到时候人家偿还不了，他就代偿。因为是有钱人家出身，对钱似乎看得不重，正像一个人因为没钱，反而很在乎钱，因为贫贱，所以很在乎富贵吧。

郭嵩焘曾经在所修《湘阴县图志》中录有他父亲郭家彪的一首《守愚》诗，有儒者气象，也有道家风度。诗曰：

1《从东方到西方》，234页，岳麓书社2002年。

世人顾我笑，谓我性拘迂。

我笑谢世人，巧者拙之奴。

人生各有役，安命乃良图。

争先趋捷径，足不履康衢。

荆棘能挂身，难免颠蹶虞。

适口必肥甘，菽粟或嫌粗。

腐肠生疾病，属餍胡为乎。

请看鸡鸣起，舜跖两途殊。

勿损人为智，勿私己为愉。

欺人即欺心，方寸千崎岖。

欺心即欺天，造化焉可诬。

人自习为巧，我自安其愚。

情以愚而厚，气以愚而孚。

性愚故能定，貌愚故能腴。

守愚果愚哉，吾亦见真吾。[1]

安于拙而固于穷，不欺心，不欺人，不欺天，尽性知命。这与其说是道家的清净自守，不如说是儒家的恬淡有节，所谓"诚于己""诚于物"，所谓"不私于物，物亦公焉；不疑于物，物亦诚焉"。孔子曰："巧言令色，鲜矣仁。"意思是说，那种太容易根据别人的需要来花言巧语和变换脸色的人，很少有宅心仁厚的。理学开山周敦颐作有《拙赋》，说"巧者劳，拙者逸；巧者贼，拙者德；巧者凶，拙者吉"。曾国藩有一句很有名的格言说"唯天下之至诚能胜天下之至伪，唯天下之至拙能胜天下之至巧"，也有差不多的意思。当代学者或以"拙诚"来说明曾国藩、罗泽南之所以拔起寒乡，治平天下，能够立德立言立功。

---

1 《湘阴县图志》卷三十三《人物传下》，《郭嵩焘全集》第七册，1352—1353页。

母亲的克己待人，父亲不私己、不损人的"守愚"哲学，无疑影响着郭嵩焘。郭嵩焘在《玉池老人自叙》中说："其初仕宦，即自誓不以不义之财留贻子孙。"

这是一种义理的服膺，也是一种教养的体现。

郭嵩焘的叔伯辈中，很有一些奇人，这些人同样影响过郭嵩焘的成长。

叔父郭徵畴（西清），道光二十六年（1846）举人，此人"勤敏精锐，遇事应机立断，厘剔积弊，维持大体，略无引避"。1848年和1849年湘阴连续遭遇洪水，郭徵畴一个人主持赈务，据说活人无算。此人有足够的才能"治生"，但"积产甚薄，而岁所施舍，常数倍于所入"。

堂伯父郭家骥，也是一个不同寻常的人，性格尤其鲜明，"少负才气，纵横捭阖，诙奇自喜。晚乃折节为端谨，杜门不通宾客。而上自生民利病，国家制度律令，下至市物贵贱，言之历历不爽"。[1]

堂伯父郭家陶（字钧台），贡生，此人"沉练精敏，通知人情，而崭然一出于正。主持公事，务规久远"，"凡所可否，人皆翕然以为信"。[2]

郭家陶曾经"伟视"少年家贫的郭嵩焘，谓"是子必亢吾宗"[3]。意思是说，这个孩子必定会光大郭氏宗族。

郭嵩焘自己在家谱杂述中描述，少年读书时，天气很热，伯父郭家陶与几个朋友在阶基下纳凉，见郭嵩焘仍然默坐在书斋中用功，伯父对朋友们说："龄儿（郭嵩焘）遇事恂恂（恭敬诚实），独其读书为文，若猛兽鸷鸟之发，后来之英，无及此者。虽少，然观其志意，无几微让人，岂徒欲为诸生之雄哉！"

好孩子是夸出来的。伯父说出这段话，也许有意无意地让郭嵩焘可以听到，是欣赏，更是鼓励和期许。伯父自己其实未必会始终记在心上，

---

1 《湘阴县图志》卷三十三《人物传下》，《郭嵩焘全集》第七册，1353页。
2 《湘阴县图志》卷三十三《人物传下》，《郭嵩焘全集》第七册，1352页。
3 《湘阴县图志》卷三十三《人物传下》，《郭嵩焘全集》第七册，1352页。

但郭嵩焘显然被他的话所鼓舞和暗示了，以致"兴奋""感激"，铭记终生。他一定常常以此自励自勉。而郭嵩焘日后所发育出来的心性，似乎也真的符合郭家陶的观感：恭敬诚实，但读书作文极有个性。所谓"猛兽鸷鸟"，显然还不是一般的个性，而是有着某种特别的洞察和捕攫的能力，可以成就创造性的思想、发现和表达。而所谓"志意""无幾微让人"，也就是好胜、自负、当仁不让，不是简单地谋个出身，混个功名富贵就可以自了的人。

类似的被鼓舞和被暗示，郭嵩焘留下的文字中还记载过两次。

一次是在湘阴仰高书院读书时，同学吴樾（西乔）与他互相视为"畏友"。郭嵩焘成为秀才那一次，吴西乔报罢，于是发愤而归，"键户读书。逾年，见其文，大惊。西乔曰：'吾比年出入《史》《汉》，沉潜于诸子百家之文，自谓有得也。'予闻内惭，乃益研精覃虑，伏而读，仰而思，得文二十余篇。西乔见之亦大惊，持示钟君情田。情田叹曰'百年无此作矣'。情田，邑名宿，老于文律，于人鲜所许可。闻之，亦窃自喜。予未弱冠，邑人士谬谓能时文，由西乔、情田两君发之也"。

吴西乔后来成为进士，历任浙江昌化、山阴、黄岩知县，亢直勤廉，有口碑，卒于黄岩。钟情田则没有赚得科名，老而游幕，"抑郁以终"。但钟情田"肆力于诗古文辞"，虽然"足不出里巷，其所考订阐扬，多关系一邑人文风化，其文有不可泯者"。郭嵩焘曾经为他死后才编成的《诵芬书屋文集》作序，"序其文而益怀老成凋谢之悲"。[1]自然，他不可能不记得钟对他的赏识：百年无此作矣。

另一次对郭嵩焘有所鼓舞和暗示的，是刘蓉父亲的一个说法。

刘蓉的父亲在太平天国还没有起事前，对曾国荃（1824—1890，早年跟随曾国藩筹组湘军，咸丰六年开始独立领军与太平军作战，最终攻下南京。先后任湖北巡抚、山西巡抚、两广总督、两江总督等。郭嵩焘曾经认为，曾国荃是有大才情、大见识、大魄力的人，而不是人们一般认为的

1《郭嵩焘全集》第十四册，365页。

一介武夫）说："天下之乱已兆，无有能堪此者。（能堪此者）其吾涤生乎？君与湘阴郭君及吾家阿蓉，皆中兴之资也。"[1]

郭嵩焘记录此事，意在述刘蓉的父亲"诙奇有才识"，他的判断丝毫不爽。而让我们更多感受到的，却是伴随郭嵩焘成长的那种通过别人的期待而生发的自我期待，通过长辈的许可而萌发的自我许可。

郭嵩焘有两个弟弟。

郭崑焘（1823—1882），原名先梓，字意城，又字仲毅，晚年自号樗叟。小郭嵩焘五岁，道光二十四年（1844）举人，历任张亮基（先作为湖南巡抚，后任湖广总督）、骆秉章、毛鸿宾等的幕僚。郭嵩焘在《樗叟家传》中，说他"性简重，检束绳尺，不苟言笑"，"以身任湖南安危二十余年"，"自湖南始被兵，讫粤匪之灭，十余年以一省之力支柱东南大势，君之力为多。君名能知人，察几观变，自守尤严……盖君才志足以济世宏务，宽明仁恕，不立崖岸，要其心求利国家，不以利己。介然之节，未尝一日苟安其身，多人所不知者"。[2]

郭崑焘事遂而身退，晚年曾就养浙中（跟随儿子郭庆藩），不受羁束。王先谦在《诰授通议大夫晋封荣禄大夫三品顶戴四品京堂郭公神道碑铭》中，说他"优游幕府，屡辞荐，刢足不出里门，心不以显仕为乐。侍郎（指郭嵩焘）慷慨喜论事，剖析当否，必穷物情。而公终日恂恂，不见涯际，至于天性笃厚，接人以诚，操笔落纸，累数千言弗穷，肆应推扬贤善如不及，规画当世之务，发微洞远，若蓍蔡之于卜筮，罔不同也"。[3]

郭嵛焘（1827—1880），字志城，又字叔和，号蛰存。小郭嵩焘九岁。主持过岳阳厘务、救生局。郭嵩焘在《蛰存〈萝华山馆遗集〉序》中说："吾弟蛰存，自少通敏，喜立事。凡人世美恶贞淫，欣忧愉戚，必务剖析条理之，不与时相汩混，其于友朋故旧，困穷厄艰，一引而纳之其

1 《郭嵩焘全集》第十五册，528页。

2 《郭嵩焘全集》第十五册，509—510页。

3 《郭崑焘集》，9—10页，岳麓书社2011年。

身，情相恤而惠相周也。而其为言极事理之曲折，昭德塞违，以即乎人心之安，虽有忿争纠纷，得君言立解。是以终身汲汲赴人之急，不自宽假。人以是贤君之为，而益叹美其才。君尤自负其诗，每有作，反复驰骤，昭宣幽朗，一如其为人。敷陈利病，罔弗达也。指发幽微，罔弗应也。圣人之言：诗通于政而给于言。君又用其所得于心者，形为咏歌，衍为言论，所以推行，固有本末乎！其致之用也，犹圣人之旨也。"[1]

曾国藩、胡林翼、李鸿章曾经想有所倚重，郭崑焘均辞不赴。他的解释是："某以病躯，出而随俗，苟且任事，则负初心。若事事求实际，则精力稍欠一分，功效即亏一分，国与民交承其敝，故不为也。或乃指为高尚为怀，安岂知我者哉。"意思是说，自己身体不好，如果做官，苟且应付，那就有违自己的志向抱负；如果事事认真，则精力不济，精力不济，做事的功效就会有所亏欠，一旦有所亏欠，国家和人民还是会因此吃亏，所以只好不去做了。别人以为我"高尚为怀"，哪里算得上是懂得我的人呢？

曾国藩曾说，"湘阴三郭，论学则一二三，论才则三二一"。[2]

胡林翼曾经也有过类似的说法。郭嵩焘在《志城五十寿序》中说："往胡文忠公论吾兄弟之才，以谓意城视吾优矣，志城又益优。"[3]话的意思是，论才能，郭嵩焘的大弟弟比郭嵩焘好，小弟弟更好。学问，当然数老大最好。

郭嵩焘在《蛰存〈萝华山馆遗集〉序》中，对他们兄弟三人的性情、天分与自我拣选，尤其是对于志城的个性和涵养有所诠释："顾念吾兄弟三人，皆稍能读书求有用之学。吾性卞急，于时多忤。意城稍能通方矣，而怀敛退之心，履贞介之节，终不肯一自试其用。君（志城）独以才自喜，乐以其心与力推而致之于人，而亦终身望见仕宦夐夐然去之。其施也不遏，其欲以公之人，终亦阂而不流。情性固然耶？无亦有不达其志而因

1《郭嵩焘全集》第十四册，328页。

2《李肖聃集》，85页，岳麓书社2008年。

3《郭嵩焘全集》第十五册，448页。

以自沮耶？当同治之初，天下蒸蒸向治，道固昌矣，君于是时，亦思奋而求效。夫君子之于世，固求有以自达，折冲尊俎与其效命疆场等耳。不能达而强之政，既从政矣，而固多方遏抑之，使不得达，君子诚惧乎此也。《诗》曰'终其永怀，又窘阴雨'，君惟知之，而终不以一试，其斯可与言《诗》矣乎！"[1]

从郭嵩焘的表述看，似乎还是一种他父亲式的清洁淡泊和求完美的理想主义，让他们不愿意在名利场上轻易下手或难以下手。包括郭嵩焘，虽然几次出仕，跃跃然要一试身手，但是一旦受挫，就不愿意在自己不乐意的处境中待下去。他们都不是那种野心勃勃、心狠手辣的人，也不是那种权力欲、功名心很重的人，而是内心芬芳，赋性坦诚，情志明爽，精神卓越，骨子里有一种特殊的温柔和纯净，不太能容忍和接受俗世中强大的功名权势之欲与繁剧不堪的纷扰。

郭嵩焘晚年说，他们三人"生平有同有异，有离有合，而其志趣之所及，皆非今世有也"[2]。此话的意思是说，他们的精神都不是他们所在的时代可以范围的，他们的志趣甚至就不是他们所在的时世所能拥有，所能接纳的。

因为所思高远，见识广大，富有洞察力，郭嵩焘兄弟都是赋性清澈的人。这种赋性，不止取决于聪明与否，还与气质有关。一个人的见识是否高明，往往联系着他性情气质中的清浊成分，这种清浊同时联系着欲望，联系着本能。当然，其中并不是一对一的简单关联。越是见识高明，往往意味着越是心性高迈，内心清洁，能够超然局外，超然物外，不被某种特定的欲望和功利锁定。利欲可以熏心，可以一叶障目，不见泰山。但是，欲望毕竟是生命的原动力，对于卓越知性的追求，也未尝不是一种欲望。因此，一个人有着某种强烈的意欲，并不一定是贬义。

郭嵩焘兄弟识见高远，洞悉幽微，眼界和价值理想，非一时一地的功利目标可以笼络。因为敏感于忧患，忠诚于使命，又兼理想主义者的急

---

1 《郭嵩焘全集》第十四册，328—329页。
2 《志城五十寿序》，《郭嵩焘全集》，第十五册，449页。

切，遇事则难免感同身受而生发议论，议论自然多批评，批评难免针对现实，针对眼前的、身边的人事。于是，容易让人以屈原、贾谊视之。一旦被人以屈、贾视之，在功利主义至上的官场上，就很不容易立身，就很容易成为潜规则的局外人，成为既得利益者的敌人。

这一点在郭嵩焘身上体现得最充分。

郭氏三兄弟在日后的生涯中，充满了同情、理解、顾惜、爱重和绵绵的相思，两个弟弟对于多历失败、"世人皆欲杀"的长兄，有着既理性又不失深情的理解和支持。而兄长对于手足的信任和爱重，几乎是无条件的，特别是两个弟弟都先郭嵩焘离开人世，意城五十九岁去世，志城五十三岁去世，由此带来的感怀、疼痛和悲伤，流露在郭嵩焘的文字中，常常浸透纸背，读之令人心酸。

毫无疑问，这种与伦理有关的情感，是汉语文化中，表达得最光彩照人的一种。

郭嵩焘最初由父亲授学，他父亲甚至专门编了一本教材《训蒙真诠》。这本书在他父亲死后，被人偷去。显然，他们家周边的人认为，郭家一定有考试秘籍，因为此时的郭氏兄弟，考试成绩真是非同一般的好，郭嵩焘1837年中举，1847年中进士，1844年郭崑焘中举。通过父亲启蒙之后，郭嵩焘接下来所受的教育即是科举训练。道光十五年（1835），郭嵩焘与弟弟郭崑焘一起补博士弟子员，即成为秀才。

笑谈都与圣贤邻

在湘阴读书期间，郭嵩焘就认识了左宗棠（1812—1885），日后"至交三十年"。作为发小，他们之间的是非恩怨，意味深长。

且不说对左氏来说，郭氏曾经有过何种恩泽，左宗棠给予郭嵩焘的打击和伤害，却确实构成了郭氏晚年最重的一个心结，让他特别沮丧，他甚至因此感到痛生生地难过，不知如何自持和自遣。是性格气质的不同造成的无法相得？是对于对方人格或能力的看破和轻视？是功利目标驱使下的友谊背叛？是出于国事的担当需要和个人的远大抱负，不得不如此选择？或者，所谓"伤害"，纯粹就是出于郭嵩焘的狭隘或狷急，出于他想当然的自我臆造？在左宗棠那里，大行不顾细谨，也许完全不以为意。这是后话。

道光十六年（1836），郭嵩焘为应考举人，读书于岳麓书院。

在这里，他结交了终生的朋友同邑唐曦臣："余年十八，读书岳麓山，得交唐君曦臣。是时曦臣年二十六，貌恂恂，若不足于言，而与之论辨事理，多微中，同舍生皆目为长者。其后别去，或十余年一见，或间岁数月一见。见则恳恳劳问，如始相见时。盖三四十年之间，人事变迁多矣，独君与人交，自少迄长，其情常若有余，无损益于其初，庶几惇笃有常之君子也。"后来，郭嵩焘主持修《湘阴县图志》，唐曦臣贡献巨大，"讨论山川会合，君出入冈岭，穷涉险阻，循流溯源，策杖徒行，无间寒暑，诸年少或愧不如"。[1]

就在这一年六月，郭嵩焘与刘蓉（1816—1873，字孟容，号霞仙，湘乡人，故居在今之娄底娄星区茶园镇）成为莫逆之交。

刘蓉"少负奇气，能文，不事科举，与同邑曾文正公、罗忠节公力求程朱之学，蹑而从之，尤务通知古今因革损益，得失利病，与其风俗及人才所以盛衰，慨然有志于三代，思一用其学术以兴起教化，维持天下之敝，不乐贬道以求仕进"[2]。三十五岁时，刘蓉才在邑令朱孙诒的关照和父亲的督促下，得以"补弟子员"。据说，那完全是他们导演的一出双簧，以便刘蓉拥有起码的进入官场、进入主流社会的资格。

刘蓉性情"沉毅，而阔达开朗，倾城与人，一无隐饰"，但为人老成，学思醇正，与人以礼进退，不以得失毁誉为意，"至其临大敌，决大计，从容淡定，内断之心，人莫测公所为，相顾惊疑，事定乃大服"[3]。此时，刘蓉自然没有"补弟子员"，也就是说，连秀才都不是。由此也

1 《唐曦臣六十寿序》，《郭嵩焘全集》第十四册，404—405页。
2 《陕西巡抚刘公墓志铭》，《郭嵩焘全集》第十五册，526页。
3 《陕西巡抚刘公墓志铭》，《郭嵩焘全集》第十五册，527页。

可见他求学的目的并不在于功名，而以优入"圣域""谈道著书"为所崇尚。

就在郭氏与刘蓉一见倾心时，曾国藩从京师就试归，逗留长沙。

曾国藩与刘蓉此前于道光十三年已经认识并相好——"见刘公蓉于朱氏学舍，与语大悦，因为留信宿乃别"。通过刘蓉，曾国藩与郭嵩焘得以结识，三位日后得大名的有志青年，在长沙的一个客栈里"同居"了五旬。

据郭嵩焘后来回忆，他们的相处与往还，如切如磋，如琢如磨，令人怦然心动，是心灵的拓展，更是精神的提升，所谓"怦怦然觉理解之渐见圆融，而神识之日增扬诩矣"[1]。用今天的话说，就是眼界越来越广大，心气越来越高。夸张一点说，这是一次影响了中国近代史的令人心驰神往的相聚。

第二年，曾国藩再度来到长沙与郭嵩焘、刘蓉相聚。适逢鸟语花香的春天，良辰美景，少年心事，他们交杯酬唱，厚望殷许，雅志互期。此时，郭嵩焘二十岁，刘蓉二十二岁，曾国藩二十七岁。

数十年后，郭嵩焘临终时，作诗怀念道："及见曾刘岁丙申，笑谈都与圣贤邻。两公名业各千古，孤负江湖老病身。"谈圣贤，不只是因为他们景仰圣贤，还因为他们以此自期。如今名业千古，去世的和没有去世的都已载入史册，怎奈江湖老病，剩下自己茕茕一人。

这几句诗，对于郭嵩焘来说，真是写尽人生的伤感和快慰。可见他们的相遇相知，是一件多么可以慰藉平生的事情。

对此，刘蓉与曾国藩同样不能忘怀。

多年后，刘蓉有诗《寄怀曾涤生侍郎》曰："万古此良时，千金酬一咏。此乐复何年，盛事难为更。""林宗襟度故超群，春雨长沙共五旬。信是蓬壶好日月，德星聚处复三人。"[2]曾国藩曾经在诗中说，自己从此

---

1 《玉池老人自叙》，《郭嵩焘全集》第十五册，777页。

2 《曾太傅挽歌百首》，《养晦堂诗集》卷二，光绪丁丑思贤讲舍刊。

"日日怀刘子，时时忆郭生"[1]，感叹"三子展殷勤，五旬恣猖獗。自从有两仪，无此好日月"[2]。

其中除了友情温暖终生外，更重要的是，少年心事当拿云，他们在一起所互相激发的豪迈之情和舍我其谁的抱负，最终渗透在他们整个的人生与人格中。这种豪情与抱负，包括来自他们相互之间的砥砺、切磋、批评、竞争、敦促和慰安，是他们之所以成为时代栋梁的最重要的心理依据和精神依据。

一个心性发育得健康的人，在那个浴血的仓皇时代，能够顽强地、坚毅地、有所担当地活下去，这种兄弟一样的情谊是重要的理由，也是重要的支撑。西人维特根斯坦说，他写作《哲学研究》，仅仅是为了给几个朋友带来一点光明。对于一个拥有伟大心灵的人物来说，这样的说法并不奇怪。一个人选择朋友，其实就是为孤独的自己寻找一个化身，寻找一个能照亮自己、相得益彰的自己。因此，他们之间终生相恤如手足，殷殷期望，怀念不置，就不难理解。刘蓉在诗中甚至说："探怀出肺肝，相视成莫逆。重以松竹盟，合作金兰契。手足自相依，宁论胶与漆。"[3]莫逆、松竹、金兰、手足、胶漆，用中国文化中最温暖、最深情的词语来指称他们的情谊，没有比这更令人怦然心动的了。

影响郭氏平生的交往，远不止这些。

道光十七年（1837），宝庆府新宁人江忠源（岷樵，1812—1854），与郭嵩焘同时中榜举人。此后，江忠源"恒客都门，与当世贤士大夫游，刻意问学，以名节自砥厉"，勇于任事，急人所难。原籍新化的陕西举人邹兴愚，江忠源"以其温雅士，厚遇之。兴愚病羸咯血，又贫无仆从。公襫被就其居，为经理医药"。几个月后，邹不幸物故。几乎同时，江忠源曾经的老师——湘乡举人邓鹤龄，也病得咯血，差不多要死了。江忠源一边棺殓了邹氏，请人送归陕西，一边自己护送邓氏南归。邓氏死后，他又

---

1 《得郭筠仙书并诗却寄六首》，《曾国藩全集》诗文卷，70页，岳麓书社1986年。

2 《寄怀刘孟蓉》，《曾国藩全集》诗文卷，9页。

3 《寄曾涤生侍讲兼简郭筠仙孝廉》，《养晦堂诗集》卷一。

在湘乡为他举丧。

这些事，让江忠源急公好义的名声"震京师，人以得一识公为幸"。

郭嵩焘记述，道光二十四年（1844），他向曾国藩引见江忠源。江忠源走后，曾国藩对郭说：平生没有见过这样的人。此人必立名天下，然当以节烈死。[1]

江忠源后来果然死在战场上，赐谥"忠烈"。

曾国藩号称知人，据说会看相。郭嵩焘日后在所作《曾文正公墓志铭》中，说他"一见能辨其才之高下，与其人贤否"。其实，对于"会看相"，我们用不着想象得太神秘。一个人如果是有心人，阅人多矣，了解某人的家庭和个人背景，其为人处世的来龙去脉、前因后果，又有分类归纳、综合推理、感悟联想的能力，对于此人或此类人的性情、人格以及可能的前程作为，自然会有所把握分辨。而且，虽然人不可貌相，但终究一个人的性情是无法不反映在自己的体征和言动之上的，所谓"相由心生"。如此，对一个人，特别是那种体貌和性格特征异常鲜明的人，有一个基本的评估和预判，并非不可能。如果他对所置身社会的时地、环境、趋势有高明的洞察的话，对在此一社会生活中的人事，自然更可以有所把握。事实上，我们每个人都在具体时世的生活中接触人、结交人，本身就包含了你对于特定时世的理解以及对处于此一时世中的不同人等的预判和期待。我们之所以有时候感叹没有认准人，看错了人，就证明我们在更多的时候看对了人，认准了人。而没有认准人，看错了人，甚至可能是因为你本人的疏忽或不够精明，因为你对于时地及其变迁的理解不够全面，而未必是出于对方故意的隐蔽或欺骗。

道光二十五年（1845），郭嵩焘结识罗泽南（1808—1856，字仲岳，号罗山，湘乡人，故居在今双峰县石牛乡）。罗氏"少贫苦力学，得程朱遗书读之，慨然有圣贤之志"，长期在家乡讲学授徒，"究知天下大计"，他的很多弟子日后都成为了著名的湘军将领。

1《赠总督安徽巡抚江忠烈公行状》，《郭嵩焘全集》第十五册，487页。

刘蓉称罗泽南为"湖湘儒者之魁"。曾国藩曾经让他的弟弟们追随罗泽南求学，说朝野叹仰，以为名将，"而不知其平生志事，裕于学者久矣"，"步趋薛胡，吾乡矜式；雍容裒带，儒将风流"，"兹谓豪杰，百世可宗"。李肖聃谓"湖南之盛，始于湘军，湘军之将，多事罗山。大儒平乱之效，湘中讲学之风，皆自罗山而大著"。[1]

郭嵩焘在《罗忠节公遗集序》中说："公以武功立名天下，卒殉国难。其视天下之事，盡然而如伤，其思以一身奠安天下，泰然而自任。而其深究夫治乱之原，轻重缓急之势，充然若有以自得也。盖公之学出于《西铭》，博求乎夫仁之体，而得其理一分殊之用，研之精而辨之晰。而其为道，又在乎严理欲之防，而明义利之辨。其于富贵、贫贱、祸福、死生，泊然无足动其心者。而自其少时，艰难困苦，独处荒山之中，而世变之烦赜，民生之疾苦，无不返之于身，以求其变通屈伸之理。其言语动静，又一皆本之以敬，而达之以诚，反复夫陆王之辨，以为其流必至于放诞。此其心之所存，造次细微，立言之旨，无或逾焉者也。"[2]

罗泽南年轻时遭遇的窘困和痛苦，非同寻常。他通过理学的滋养，通过无数次攀引南岳衡山的参证、领悟与自我锻造，在心性人格上成长出来的坚卓与强大，同样非同寻常。他对于儒家义理的深沉体验、含茹、阐释与服膺，在晚清乱世中，开花结果，放射出耀眼的光芒。他经纶天下的广阔胸怀与拯衰救溺的豪迈之情，可堪钦仰，罕有其匹。用郭嵩焘在《罗忠节公祠堂记》中的话说，罗泽南"慨然以天下自任，艰难困踬，处之夷然，独念时事之日非，生民之涂炭，若有迫而伺焉，以惟吾心之咎。其视功名荣宠，猝加于其身，无足为其歆喜，傥所谓豪杰不世出之才，非耶"？[3]

是"不世出"的豪杰，然而，又是粹然儒者，充然有以自得，明体达用，泰然以天下自任。呈现在罗泽南身上的这种心性、品格、气质、胆

1《湘学略》之《罗山学略》，岳麓书社1985年。
2《罗泽南集》，3页，岳麓书社2010年。
3《郭嵩焘全集》第十五册，644页。

识、勇气和意志力，也许是郭嵩焘心底最钦仰的。

郭嵩焘还认识了曾国藩奉为"严师"的当时有盛名的理学家唐鉴（1778—1861，字栗生，号镜海，长沙人）。唐鉴以特立独行、诟讥而不悔、考德问业、明于义理、严于修身著称，为曾国藩等二三子所追慕。郭嵩焘开始认为他有神秘感，以为其言"必有殊异"。但初次接触，老先生完全一派家常，谈学问也十分"平易"。郭嵩焘不禁失望，以至有些轻视。后来读到唐鉴的《省身日课》，方才觉得很可以认同："乃知先生之学之识，惟在日用行习之间，辨之明而守之严，虽极语默之微，辞受取与之节，以道权衡，较其毫厘分寸，一有出入，即于事有违，而心之获戾滋多。"[1]

所谓"省身日课"，也就是把一种伟大的抱负与日常的生活践履联系起来，把大场面的世事与自己的寸心联系起来。讲究毫厘之差而有千里之谬，所谓人争一线，一张纸的距离就是人禽之隔、天壤之别；强调只有"内圣"才能"外王"。

这种从个人生活的细节细行中，甚至从个人内心的一念之间考求是非、锻造人格的理学思维，其实也符合现代思想者的某些思路。韩少功翻译的佩索阿《惶然录》中有一句话说："如果一个人真正敏感而且有正确的理由，感到要关切世界的邪恶和非义，那么他自然要在这些东西最先显现并且最接近根源的地方，来寻求对它们的纠正，他将要发现，这个地方就是他自己的存在。这个纠正的任务将耗尽他整整一生的时光。"这不就是"反求诸己""反身而诚""吾日三省吾身"吗？

其实，儒家哲学就是一种关于日常生活的哲学，追求的是一种通过自己去调整和完善的身心保健与精神超越。

郭嵩焘曾经抄录的"身训格言"很多，如："朱子云：立志要如饥渴之于饮食，才悠悠，即是志不立。此道非拼生舍命去理会，终不解得。提醒此心，如日之升，则群邪自息。气质物欲之来，如孤军猝遇强敌，

---

1 《唐悫慎公〈省身日课〉序》，《郭嵩焘全集》第五册，316页。

惟有舍命向前，誓不退转而已。"[1]"内重则外轻。凡外面欣羡之物能看得轻，必是里面有件物事压得他住。""意气是闷字之根。""吾人进德修业，乃国家治乱安危之所系，不可薄于自待。""东坡云：吾侪道理贯心肝，忠义填骨髓，直须谈笑于死生之际。事有可尊主庇民者，便忘躯为之。祸福得丧，付与造化。""张子言：人苟志趣不远，心不在焉，虽学无益。有限之心，只可求有限之事。欲致博大之事，必以博大之心求之。所谓智周乎万物而道济天下者也。"[2]等等。这些"格言"，既关乎日常生活的策略或技术，也关乎远大的前程和义理，其要在于一个人性格气质的修炼。

此种修炼，不仅影响郭氏，更影响了晚清以来包括曾国藩等在内的大批湖湘人物，显示出深刻的精神凝聚力和影响力。在晚清那种浮靡涣散、一切趋向于崩解的时代氛围中，必要的主体意志的张扬，必要的道德自律与心性修炼，是成就独立不苟、巍然屹立的自我的重要契机，也是"砥柱中流"的人格和心性条件。

这是关于郭嵩焘的早年最需要理会清楚的地方，也是湖湘人物崛起于近代的重要精神秘密。

郭嵩焘未满二十就中举，结识豪杰之士，自是意气风发，格调高迈。

而且，因为刘蓉、曾国藩，特别是江忠源、罗泽南、唐镜海，让他"晓然知有名节之说，薄视人世功名富贵，而求所以自立"，以致日后"数十年出处进退，以及辞受取与，一皆准之以义，未尝稍自贬损，于人世议论毁誉，一无所动于其心"。[3]

郭嵩焘曾经述及交友如何助益自己的人格养成，如何协调自己的心性，如何成就自己情感与精神世界的完整："吾友天下士三十年，其人廉以直，其言也必诤，与之交，必肃而严；其人坦以闿，其言也必达，与之

1 《郭嵩焘全集》第八册，129—130页。

2 《郭嵩焘全集》第八册，381页。

3 《玉池老人自叙》，《郭嵩焘全集》第十五册，778页。

交，必博而裕；其人忠以良，其言也纯挚悱恻，与之交，必能穷达一心而终始不渝。因其与人交而有以知其立身大节，与其终所成就。未有弃人伦，捐亲故，爱憎反覆，以意高下，而可卓然自命为豪杰者也。"[1]

修养心性，砥砺品格，服膺和践履真正的儒家精神，这对于我们今天作为欣赏对象的郭嵩焘来说，自然是好事。但对于一个处于"应试教育"时期的青年，却未必完全是好事。因为科举的目标就是"出头"，就是功名富贵；而更多由人际关系所支配的旧式官场里的往还应对，也不见得所通行的全部是"名节"和"道义"。

郭嵩焘时代的应试，考的是八股文，与真正圣人的"德、功、言"，其实相去甚远。明代"异端"思想者李贽曾经说：八股文哪管什么学问、名节、见识、抱负，就是应考，考试前背下"时文"数百篇，然后在考场上去拼凑，拼凑得恰好合考官的意，那就高中了。李贽还说，自己就是这样考过来的。

二十世纪以降，在我们所否定和唾弃的传统中，否定得最没有精神负担、最轻松自如的，自然要数八股文考试和女人裹小脚了。因为相比之下，我们觉得自己实在是太聪明、太进步了，毅然告别了对于八股文和小脚的迷恋。

事情其实也许并不这样简单便利。

只要全社会仍然是由某种单一的价值标准所主宰，仍然维持着金字塔式的差序结构，维持着当局者对于整体资源的垄断性占有与支配，同样，仍然是以应试为目标，以应试为出路，以应试决定社会等级与分层，变相地脱离了目的甚至违背目的，脱离了人道甚至反人道的"八股""准八股"考试，就会推陈出新。只要女人仍然是工具性的"尤物"，而且仍然是按照"官家"的要求和市场的逻辑，确定其性价比，比小脚更恐怖的断骨增高（且不说丰胸美乳）就会以更诱人的面貌出现。

人可以唾弃某一种获得功利和虚荣的手段，却无法背叛从身体深处生

---

1 《易揖臣六十寿序》，《郭嵩焘全集》第十四册，403—404页。

发出来的虚荣心和功利心（往好里说，自然是爱美之心，是一种对于更美好的自我的自我暗示、自我想象和自我塑造）。这甚至是一个事关人性的问题，一个是非对错并不一目了然，因此可以轻易对付打发的问题。

言归正传。中了举人的郭嵩焘接下来连续两次入京参加会试，两次落第。

第一次离京返乡，与曾国藩同行，途经安陆，遭遇大风，大风吹翻了身边的许多小船，郭氏与曾氏所乘的船却安然无恙。这件事被曾国藩悄悄记在日记里。这也是一种自我暗示吧，所谓吉人天相，大难不死，必有后福。

郭嵩焘第二次（1839年出发，考试在1840年，即道光二十年）入京应试时，堂上双亲的牵挂、依恋、忧虑，已经挂在脸上。他们倚门暗泣，他们要的是儿子早日归来，不管中不中式。结果，郭嵩焘依然名落孙山。

郭嵩焘在像兄弟一样伺候重病的曾国藩死里逃生之后，匆匆别去，离开北京，应浙江学政罗文俊之聘，南下赴任为幕宾。曾国藩为此赋诗，感叹人生奔走多艰："一病多劳勤护惜，嗟君此别太匆匆。二三知己天涯隔，强半光阴道路中。兔走会须营窟穴，鸿飞原不计西东。读书识字知何益，赢得行踪似转蓬。"[1]

刘蓉则以"君子固穷"安慰他，指望他以艰苦自玉，日后"当大任而不疑，临大节而不夺"。刘蓉说："吾弟以粹美之质，励清介之操，使得置身闲暇，殚心学问，何难升洙泗之堂，入洛闽之室，处则大儒，出则名臣，楚有人焉，未可量也。顾以承欢无具，谋道未遑，北走幽燕，南游吴越，既远晨昏之奉，徒兴行役之嗟。诗曰'哀此劳人'，尤朋旧所同戚矣。然而畸人不偶，君子固穷，从古圣贤，率资勤苦，惟不以造次颠沛丧其守，不以贫贱忧戚累其心，是故当大任而不疑，临大节而不夺。筠仙勉旃！衡虑困心，正豪杰磨厉袚濯之会，不可不及时自奋也！"

曾国藩的诗是惺惺相惜，刘蓉的信则是殷勤鼓励，他希望郭嵩焘"殚

---

1 《寄郭筠仙浙江四首》，《曾国藩全集》诗文卷，78页。

心要道，刻志潜修，穷伊洛之源，探洙泗之奥，优而游之，身体而力行之，使天下后世称之曰：楚有人焉"[1]。

刘蓉甚至在给曾国藩的信中也希望，郭嵩焘眼前所处的艰困，正是"天之所以玉成之而未可知也"[2]。

然而此时，郭嵩焘家道早已不复当年，无论生计的安排还是情感的慰藉，父母都需要他施以援手了。

此次浙江之行，决定性地影响了郭嵩焘日后的见识、抱负和作为，他直击并且参与了一件对于他本人，对于中国人来说，都是至关重要的大事，一件"三千年未有"的大事：鸦片战争。

---

1 《复郭伯琛孝廉书》，《养晦堂文集》卷三，光绪丁丑思贤讲舍刊。
2 《答曾涤生检讨书》，《养晦堂文集》卷四。

第二章

鸣镝弯弓赴敌场

　　亲历第一次鸦片战争，让郭嵩焘直面了"洋夷"。他罕见地意识到，中英冲突与"办理参差，激成衅端"有关，乃"廷臣任事者不善调停之过"，空疏的抱负也由此转变为对于"家国天下"的明确使命。

亲历鸦片战争

道光二十年（1840）九月，郭嵩焘开始作为浙江学政罗文俊的幕僚。

对于这次远赴浙江游幕，郭嵩焘在给刘蓉的信中说，自己未经熟思，原想以"笔墨自效，兼可作山水之游"，于是向人偶一言及。没想到，人家居然真的就答应了，自己反而不知所措。

同人多劝阻，郭嵩焘很快也有些后悔，但不想变卦，只好勉力而行，内心实则充满忧愁和苦涩。他说，千里独游，去友朋之乐，远室家之念，此心眷顾，悲不自胜，"维别之后，虽复闲暇，而书卷终荒，又忧愁不去心，日则忽忽以思，夜或不能成寐。远维昔贤远游之戒，近感万物迁化之言，貌是流离，无益于身，无闻于世，斯可怨耳"。[1]

之所以"忧愁不去心"，之所以"斯可怨耳"，秘密其实还是在于那种渴望努力成就自我的素心与豪情，害怕"无益于身，无闻于世"。

出京时，曾国藩对他说："君出固自佳，然过此以往，多恐不能读书矣。"郭嵩焘自述，"比闻斯语，飒然以思，凄然以悲，而眷眷此心终不能无望于一二相知之贤者"。因为自己的沉沦，他有所望于一二相知之贤者，也就是期待曾国藩、刘蓉对自己有所指引和拯救。因此，他以兄弟的口吻劝告刘蓉用功读书，因为刘蓉曾经当面流露过"不欲多读书"的想法。郭嵩焘说："每玩斯语，终不谓然。杞（郭嵩焘）意谓五经者，堂奥也；四子书、先儒语录者，门户也；廿一史者，墙壁窗牖也；诸子百家

---

1 《郭嵩焘全集》第十三册，2页。

者，则又箱房客厅之属也。不泛览群书以博其趣，深求夫古今之故以尽其变，通观夫贤圣之蕴以会其源，则虽入门户，究无遮阑归宿，或有心明其理而不能措之事，验之当世者，恐亦非学问之道也。杞性愚鲁，或有所观览，终不能记忆。念惟阁下具强记之性，秉独见之明，又实有兼人之勇，终当为古今第一流人物，甚不愿阁下之小其局而自固也。"[1]

郭嵩焘以"终当为古今第一流人物"期许和激励刘蓉，何尝又不是自我期许、自我激励呢？他担心身不由己的游幕生活，会妨碍自己读书发愤，何况自己生性愚鲁，体气虚薄，蒲柳先衰，不能劳剧。因此，如果不警觉起来，难免日月坐荒，遂成老大。

其时，因为林则徐"虎门销烟"，英国"东方远征军"开始对华用兵。首先在浙江登陆，1840年7月攻占定海，8月舰泊渤海，到达天津白河口。

道光皇帝责怪林则徐"措置失当"，以琦善取代林则徐。此后"和战不定"。

1841年初，战端又大启。英军5月炮轰广州，8月占领厦门，10月定海、镇海、宁波相继失守。慈溪、余姚、奉化一带，也一度沦陷。总兵战死，钦差大臣裕谦战死。

1841年末、1842年初，道光皇帝派皇室成员——皇侄奕经为扬威将军，组织三万兵力，谋求收复宁波、镇海。结果，各路大败，杭州震动。同年5月，英军继续北上，攻陷乍浦，闯入长江口，侵夺吴淞、上海、镇江，直逼南京。

1842年8月29日，以钦差大臣耆英为首的议和谈判团，登上英国战舰皋华丽号（Cornwallis），与英国代表璞鼎查签订《万年和约》（即《南京条约》，后来又签订对细节加以规定的《南京条约善后条约》，即《虎门条约》），规定五口（广州、厦门、福州、宁波、上海）通商，允许洋人通商贸易、居住、派驻领事等事宜。

---

1 《郭嵩焘全集》第十三册，2页。

作为罗文俊幕僚的郭嵩焘，在浙江的时间几乎与这一次战争相始终。大约在道光二十二年（1842）夏天，他才离开浙江，返回湖南，心情黯然。

战争对一个人的洗礼常常是刻骨铭心的，何况是一个年轻人，一个已经培养了"家国""天下"意识，"好谈形势"，"自许从戎"，并且试图有所担当的才俊之士，一个赋性骄傲而渴望投身宏大事业的有志者。

郭嵩焘的幕主罗文俊，作为学政（全称"提督学政"，又称"学台"。"学政"自清中叶派驻各省，其职责是按期至所属府、厅考试童生及生员，不问官阶大小，在任期间与督抚平行，特殊情况下应该可以参与地方军政大事，是所谓"三司"之一，其余"二司"是布政使藩台，按察使臬台），战事当前，显然要躬与其役。郭嵩焘因此得以像他在诗中写到的那样"浮生出入风尘里，数载惊皇矢石前"。[1]

郭嵩焘未必"亲冒矢石"，但肯定参与过运筹讨论，并曾到浙东视察，履及海隅，亲眼看到官兵的溃败，亲自见识"日照楼船""金戈铁甲"，具体感受"三年沧海有奔鲸，烽火喧阗彻夜惊"的狼狈局面。

郭嵩焘曾自称，在战地丰乐镇，见残壁上题有六首悼亡诗，记录了"西夷"入侵时，诗人家园被毁，妻子投水而死的凄婉故事。他本人读而哀之，依原韵写了六首律诗。

汪荣祖先生说，残壁题诗，未必真有。郭嵩焘目击洋人攻陷地方的惨况，借想当然之事，悬题拟作，以抒发一己实有的感怀，这感怀无疑是真的，也包含了他当时对鸦片战争的反应和认知。[2]

郭嵩焘说："当庚子、辛丑间，亲见浙江海防之失，相与愤然言战守机宜，自谓忠义之气不可遏抑。"[3]

此次战事经历，对于郭嵩焘来说，至少有两重意义。

首先，他曾经空虚缥缈的大志与抱负，经此而有了真实的施展目标，"补牢虽晚未嫌迟"，"家国天下"的使命，变得异常明确。所谓社稷江

---

1 《寄呈罗学使浙江兼简幕中诸子》，《郭嵩焘全集》第十四册，28页。
2 《走向世界的挫折——郭嵩焘与道咸同光时代》，7页，岳麓书社2000年。
3 《〈罪言存略〉小引》，《郭嵩焘全集》第十四册，298页。

山，不再是一个虚幻的概念，而是需要个人的力量和智慧去守护、去保障之所在。也并不仅仅因为本身的神圣就会坚如磐石、不可动摇，而是充满危机和变故，有时甚至是虚弱不堪的，"承平久，万事堕坏，忧且乱，相与慨然发愤"。[1]

此后，他对于国家事务，特别是边疆事务的持久关注和倾心投入，与这场战争未尝无关。因为此种经历的决定性，郭嵩焘至少不愿也不会成为那种"平时袖手谈心性，临危一死报君王"的空疏无用的"烈士"。

其次，因为见识了"洋夷"带来的烽火，他对于"洋夷"多少有些直观的感受。尽管这并不意味着他解除了传统视野中的"蛮夷"观，但毕竟不再雾里看花、胡乱揣测，以致对"洋夷"作太过主观的莫名其妙的演绎和毫无根据的判断。

其时，国人对于"洋夷"的认识还极其肤浅，包括读书人。

著名的士大夫官僚如琦善，在鸦片战争即将展开时，曾奉命"访知"，女王是自行择配。因此，他奏称"是固蛮夷之国，犬羊之性，初未知礼义廉耻，又安知君臣上下"。耆英一度认为，英人夜间目光昏瞀。后来作为湖南巡抚而著名的骆秉章，曾奏称英兵上身刃不能伤，但腿脚僵硬，用长棍一扫其足，应手就倒。即使是卓有政声，经过一番查考、准备以武力解决鸦片贸易问题的钦差大臣林则徐，也曾认为，"茶叶、大黄禁不出洋"，可以"立致诸夷之命"；中国一旦封港，其货就无处可卖；英国距离中国太远，出兵不容易；女王的叔父还在觊觎女王的宝座，所以他们不敢窥伺中国；从前，律劳卑（W.J.Napier, 1786—1834）一到虎门，马上就吓破了胆，回去不治而亡，这是明证。他同样以为，洋人除枪炮外，技击步伐不熟，他们的腿脚也因为缠束太紧，不能屈伸，所以在岸上作战就不行。还有人干脆说，突然冒出来的这许多西洋国家，乃是子虚乌有的假冒，出于恫吓的目的，什么美利坚、英吉利、西班牙、葡萄牙，名字都小迪到岂有此理，哪里可能是一个国家呢？

---

1 《郭嵩焘全集》第十五册，614页。

这些道听途说之词，郭嵩焘就未必再贸然相信。

第一次鸦片战争，成为教科书上一个历史性的重大事件——按照蒋梦麟的说法，五口通商，使中国出现了与外来势力接触的新边疆。过去中国只有北方和西北那样的内陆边疆，现在起了变化。

这一转变，正是中国历史的重大转捩点。

但是，对于当时大部分官员与士大夫来说，冲击并不如现在教科书所渲染的那样大，也未必有普遍强烈的反应。一则因为战事仅及沿海，以清朝幅员之辽阔，地域之广大，真是九牛一毛。目击者少，道路传闻容易走样，容易淹没在早已有之的"山海经"式的荒诞传说中，偶然震荡失衡的心理也容易修复；更重要的是，传统文化发展出了某种日盛一日的不平等的世界观，对于"蛮夷"，已经形成了一套完整的认知机制和"心理防御"机制，"天朝上国"的迷梦，并非局部的震动可以轻易唤醒。

漫长的历史过程中没有遭遇更高文明的冲击，逐渐强化了以自我为中心的傲慢与封闭，导致对外界的不求甚解乃至无知，无知造成偏见，偏见同时加深了对外界的敌视而更加封闭，更加傲慢。敌视甚至带来心理的病态和更大的无知，更大的无知反过来给无知的傲慢穿上了理直气壮的冠服，以至于故步自封到可笑的程度。因此，所谓"海外"，所谓"洋夷"，更多可能成为某种与荒诞不经有关的想象和谈资，用郭嵩焘后来的话说就是，士大夫"以诟毁洋人为快"，"切切焉以评论西人长处为大戒"[1]。

这是在所谓"知识界""精英阶层"出现的情况，世俗世界的蒙昧，更加可想而知。

值得注意的还有，清朝当局一直戒惧汉人的任用，不放心汉人与洋人接触，害怕"无君无父"的观念渗透而深入人心。日后开始办理洋务时，从总理衙门的大臣到同文馆的学生，也一概以旗人为主。

凡此诸端，也许就是魏源在鸦片战争后不久完成的《海国图志》，直接影响了日本的明治维新，在自己的土地上却是很长时间（近二十年）无

1《郭嵩焘全集》第十册，605页。

人问津的原因，尽管如郭嵩焘说的，"魏氏此书，征引浩繁，亦间有参差失实"[1]。

此时，包括曾国藩、刘蓉也大致认为，华夏依然是强大的，是文明的，是完整自足的，是世界的中心。洋夷"惟技是尚，贪而无礼，轻且寡谋。今所借以制胜者，恃海道之险与炮力之强耳"，"是直欺我之弱，乘我之敝，以为不足与抗耳"，而中国"时事多艰，边陲不靖，连年退避，遂此削弱"，所以"和议之成，令人愤悒"。[2]

这应该是士大夫的普遍心情。

即使是郭嵩焘，此时也未必意识到，"西夷"将是一个终生伴随的对手与问题。他尽量通过传统知识和视野来处置眼前的困境。只是当他一年以后在坐馆湘西辰州时，从朋友处进一步了解到禁烟的事实以及英国人的意图后，才恍然大悟，开始意识到，"西夷"可能不是一个可以一战了事的对手，他们的目标似乎也不只是土地、女人、玉帛、皮草，动机也不只是虚荣心、尊严和强权霸道。而"自古边患之兴，皆由措理失宜，无可易者"[3]。

他开始强调要以"理"来与夷人交涉。

进士及第 视民如伤

郭嵩焘从浙江返回后，于道光二十四年（1844）再一次赴京参加会试。

曾国藩此时已经成为翰林，矢志淬炼，内外兼修，文行交进，逐渐进入在士大夫群体中扩张自己影响力和号召力的层次。

郭嵩焘在给刘蓉的信中说："涤兄（曾国藩）气量伏一世，读书审事，具有卓识，好学深思，文行交进。以弟观之，此间殆无其匹。"郭嵩

---

1 《书〈海国图志〉后》，《郭嵩焘全集》第十四册，359页。

2 《致某官书》，《养晦堂文集》卷三。

3 《〈罪言存略〉小引》，《郭嵩焘全集》第十四册，298页。

焘由此劝勉刘蓉，希望他和曾国藩卓然树立于世，自己愿意策马追随：
"我兄勉之，使二君者卓然树立于世，弟方左鞭弭右橐鞬，周旋其间，即又何馁矣。"[1]

此次会试，郭嵩焘吃住都在前门的曾家，与曾国藩一起下棋、聚谈、作诗，曾国藩还负责送考。三月二十八日天方曙，曾国藩就送他到午门去参加大挑。"大挑"是乾隆十七年的定制，会试后拣选屡试不中的举人，由礼部分省造册，咨送吏部挑选，选用者分二等录用，一等以知县试用，二等以教谕铨补，旨在"疏通寒畯，俾免淹滞"。郭氏大挑未中，不免抑郁，曾国藩"力劝之，共酌酒数杯"以消愁。四月会试放榜，还是落第，郭嵩焘连日与曾国藩下棋解闷。

接下来，郭嵩焘参加了乙巳年（1845）会试。一同考试的有五十二岁（大郭嵩焘二十五岁）的魏源，二十三岁（小郭嵩焘四岁）的李鸿章，弟弟郭崑焘。结果郭氏兄弟与李鸿章皆落第。放榜后一个月，郭嵩焘就和弟弟离京返乡。曾国藩为此写下了日后很有名的文章《送郭筠仙南归序》，谓君子"赴势甚钝，取道甚迂，德不苟成，业不苟名，艰勤错迕，迟久而后进，铢而积，寸而累，既其纯熟，则圣人之徒；其力造焉而无扞格，则亦不失于令名。造之不力，歧出无范，虽有瑰质，终亦无用"[2]。言下有宽解劝慰，更有箴诫郭嵩焘之意。

只要"自揣纯熟"，即使不能达于"时轨"，也无可计较郁闷，也无碍于成为"圣人之徒"。或许，这也是曾国藩对郭氏的真正期待。

1846年，郭嵩焘携妻子、弟弟及曾国荃一起在吉安知府陈源兖处做幕友。陈源兖与曾国藩是同年朋友，日后更成为亲家。对陈源兖和郭嵩焘，曾国藩均以弟视之，给他们写信也是一信致两人，不分彼此，用心细致。

曾国藩甚至像家长一样嘱咐郭嵩焘，"无事时，亦须为制艺及它试所用之艺"[3]。

1《郭嵩焘全集》第十三册，第7页。
2《曾国藩全集》诗文卷，156页。
3《曾国藩全集》书信卷一，42页，岳麓书社1990年。

一年后，郭嵩焘再次应丁未年（1847）考，终于中式为进士，名列二甲第三十九名。经过一次朝考后，成为翰林院庶吉士。同科进士有李鸿章、沈葆桢、沈桂芬等，日后都成为朝中重臣，与郭嵩焘的仕途也发生了重要的关联。

这一年秋天，郭嵩焘离京，曾国藩饯别于卢沟桥。

郭嵩焘乘兴到江南游历，领略江山形胜和古往今来士子文人留恋光景的爽朗风情。

郭嵩焘到苏州，到南京，到武汉，与当道的朋友、长辈宴饮聚谈，风雅酬唱中总是免不了要议及国事、海防、外洋。他认为，"岛夷虽弭伏，舶市尚喧嚣"，"游鲸遁逃"而"黠鼠窥伺"，"狐豕奔突"而"波防靡荡""异物腥臊"。由此所表现出来的对于"洋夷"的情感，与他的朋友们，也许并无区别（对于洋人的强势，郭嵩焘心理上同样充满屈辱和挫折感，到底意难平，这大致可以称为一种士大夫共同的"民族情感"），但其忧患，却更深沉和具体。他意识到，"约法辞番马"，危机并没有就此解除。

而此时，清朝的内部危机其实已经迫在眉睫。

道光二十八年（1848），新年过后不久，郭嵩焘从武昌回到湖南，与八年未见的老友刘蓉在长沙相聚，相顾潸然，"同寓止弥月"。两人常常更阑煮茗，纵谈天下，畅论古今人物。九月间，从湘潭出发，溯流西上，结伴游南岳。一路上，观览怪石奇峰，白云黄叶，帆边风满，江山雾沉，极尽游观之乐。在南岳，步龙潭，游朱陵洞，探水帘源，望天柱峰，"攀紫盖，据祝融绝顶，以临洞庭风涛之壮"，东窥龙湫，西躔岣嵝，访仙人遗迹，观禹碑。在祝融峰巅，郭嵩焘和刘蓉还共同思念和想象他们的兄长，远在京中的曾国藩，"天际指苍烟，是君孤吟处"。[1]

南岳之行，往返四十余天。然后，郭嵩焘与刘蓉等人置酒驿亭，"剧谈"（畅谈）而别。[2]

---

[1]《寄怀曾涤生侍郎》，《养晦堂诗集》卷一。
[2]《书陈懿叔赠言后》，《养晦堂文集》卷二。

回到湘阴后，郭嵩焘亲历了一场凄惨的大水。

这场水灾虽然和太平天国没有直接联系，但见过这次水灾，也就不难理解为什么会有太平天国了。

连月大雨，长江流域泛滥成灾，金陵、汉口都成了泽国，湖南、湖北是重灾区。湖南巡抚骆秉章委派候补知府夏廷樾监督救灾，夏氏找郭嵩焘帮忙，郭嵩焘不得不放下在湘阴协助叔叔救灾的事，到长沙协助夏廷樾。

长沙城内水深数尺，只有北门丰原、衡正两条街没有浸水，饥民沿街塞途。郭嵩焘在诗中述道："三日不得粥一瓯，沟壑死骨横如丘。典男鬻妻作朝哺，一家小弱尽不留。"郭嵩焘为此景象"顾步心怀悲"。

以"字养生民"为怀抱的旧式士大夫，这一种"民胞物与"的情感，是异常真切的，所谓"视民如伤"。何况此时疮痍满目，人民是真的伤痕累累了。这与现代生活方式与文化制度下政府官员的救灾感受也许并不完全一样，因为有关"人"的"生命"的观念不一样了，从情感到理智，从伦理到法理，从臣民到公民，人与人之间，个人与国家之间，官员与人民之间的关联，同样发生了变迁。

由于灾民塞途，长沙救灾当局连准确散发赈牌都难。最初在五里墩、二里驿两处路旁搭盖棚厂，很快又赶搭了十余棚，但仍然容不下一千人。郭嵩焘日夜到棚厂探视，饥民围着他跪地哀号。他发现，白天灾民多于晚上，一时不知何故。后来有人告知，灾民晚上住在北门外被水淹没的菜园内的小舟上，相连数里。知情后，查点船数、人数，发放赈牌、赈灾物资，救灾才算开始有效率和准确性了。城内也慢慢不见饿毙的尸体。

大水延续了两月。等到水退了，灾民才可能回家种田，再到土里去刨食。

如君父何 为天下计

道光三十年（1850）七月十六日，郭嵩焘的母亲病故。半年后，他的父亲也不幸逝世。

这一年十月，落第的秀才洪秀全在广西金田大举起事。两个月后，建号"太平天国"。

此前，湖南已爆发过李沅发之乱。李是一个做工的，最初参加湘桂边界的天地会，后自立"把子会"，以劫富济贫为号召，劫狱、开仓赈饥，一度击溃了湖南新宁的官兵，好不容易才被剿除。

咸丰二年（1852），太平军从广西进入湖南，地方会党群起响应。阳历9月11日围攻长沙。居丧守制在家的郭嵩焘兄弟和左宗棠昆仲一起，率眷到湘阴东面玉池山梓木洞（今属汨罗）亲戚家躲避。此地山水清真，风俗醇厚，是避兵的佳处。郭氏和左氏还有终老此山此水之约。

一个多月后，湖南巡抚张亮基派人迎聘左宗棠（由贵州知府胡林翼推荐）。左氏彷徨，守城的江忠源从长沙来信劝驾，郭嵩焘在旁边力促，左宗棠乃慨然奔赴围城长沙，张亮基立即以兵事相托付。

长沙城得以保卫，左宗棠有功。这也是他的发迹之始。

几个月后，张亮基又把郭嵩焘延入幕府，主"文檄、函牍、调发兵食"。

郭嵩焘不仅劝左氏出山，让自己的弟弟入幕，还曾游说曾国藩办团练以抵拒太平军。

这一年，已经成为礼部侍郎的曾国藩典试江西，忽闻母丧，匆匆告假返乡，此时正在老家湘乡（今双峰）荷叶塘。十一月，朝廷诏命他"帮同办理本省团练乡民搜查土匪诸事务"。曾国藩因为母丧，也因为事出仓促，非始料所及，还有个人对前途的考虑，对地方事务的权衡，种种理由让他不愿措手。十二月十三日收到寄谕后，曾国藩草就奏章，恳请终制。奏章还未发出，太平军撤围长沙，取道宁乡、益阳、岳阳，于年末攻下武昌。

就在此时，郭嵩焘来到曾国藩家吊丧。

郭嵩焘说："公（曾国藩）素具澄清之抱，今不乘时自效，如君父何？且墨绖从戎，古制也。"曾国藩不为所动。郭氏于是去说服曾国藩的父亲曾麟书，以"力保桑梓之谊"为辞。曾麟书同意郭氏的观点，也对曾国藩晓以大义。

曾国藩其实未尝不懂得这些大义，但他可能有更多对于事情本身复杂艰难程度的权衡和预判。郭氏和曾国藩父亲的劝说，一方面是激发，一方面也使复杂的事情变得清晰明确。

曾国藩终于决定出山，年初即前往长沙，上书请求自练一军，以讨伐太平军。这大致就是曾国藩筹办湘军的开始。

此前，罗泽南已经遵照湘乡县令的指示，在家乡训练子弟，以备地方治安不时之需，因此有指罗泽南才是真正的"湘军之父"的说法。

郭嵩焘大概是与曾国藩一起到达长沙的，然后返回湘阴。

时任湖北按察使的江忠源，来信要郭嵩焘出山，信中说："兄纵不为弟出，独不为天下计耶？"此种大义，同样对应了郭嵩焘的怀抱。

经历了天灾家变的郭嵩焘，原本不再像屡试求进士时那样"以仕宦为意"，功名之心淡薄了许多。然而，对于"经营国计，保卫地方"的使命却并不回避，而且不无投笔从戎的兴奋和慷慨。尽管他知道，事情其实很糟糕，也很难办。

此时，太平军已攻占南京，改名天京，立为都城，然后开始北伐西征，围攻南昌。

江忠源率楚勇守御南昌。在江氏的一再催促下，郭嵩焘与夏廷樾、罗泽南等统帅一千四百多人，向江西进发。

"鸣镝弯弓赴敌场"，郭嵩焘写诗道。读书人上战场，多少有点浪漫主义激情。检验他是否终究一书生，就看这种浪漫主义激情能否化作刻苦的忍耐和持久的运筹，而不只是情绪化的即兴反应。

到南昌后，郭嵩焘驻扎在永和门外。

七月二十四日（1853年8月28日），他们与太平军大战，被太平军算计了一把。太平军假装撤退，然后从身后包抄他们，结果官兵死伤枕藉。郭嵩焘和罗泽南赶紧收兵入城，与江忠源一起守着围城。

在围城中，郭嵩焘认识了曾任刑部尚书、军机大臣的陈孚恩。陈孚恩在南昌守丧，同样诏办团防。两人"朝夕会议"，相处良好。此人在郭嵩焘日后的生活中，还要出现，他给郭嵩焘提供了入朝为官的经验和世故，但他最后的结局极其悲凉。

被人提及最多的一件事是，在守城观战、督战期间，郭嵩焘发现，太平军并不住营垒，而是住在船上。他们的营垒，三面临岸，一面临水，攻守都以船为据，不仅快捷机动，而且让来自陆上的打击往往鞭长莫及，无可奈何。审问俘虏，问他们有多少船只，他们回答说有十余万。郭嵩焘马上意识到"非急治水师，不足以应敌"。

此一建议，大为江忠源欣赏。

郭嵩焘立即代写奏章，这就是挂在江氏和郭氏两人名下的著名的《请置战舰练水师疏》。大意是说，粤匪陷江南，掳掠大量民船作为战用，而江南地方，大多凭水临江，粤匪得以水路救护，"出没无常，乘风急趋，一日可数百里"。因此，要克复江南，必须肃清江面；要肃清江面，必破贼船；要破贼船，必先自造战船以备攻击。

从这一动议看，郭嵩焘显然是一个敏于发现问题、找到问题关键的人。至于问题解决得圆满与否，则另当别论。

疏上仅半月，即有诏命。朝廷令四川、湖北、湖南等地督抚，尽快制造战舰（绿营废弛，水师有名无实）。于是，郭嵩焘受命在樟树镇督造巨筏，曾国藩则在衡州创办水师。

等到郭嵩焘在樟树镇制造成八艘巨筏，准备回南昌时，太平军却已撤围北去，占领九江，攻打湖北田家镇。

已升任湖广总督的张亮基求援，江忠源立即驰赴。

郭嵩焘跟随行军，山路崎岖，人烟稀少，草木凋零，村庐空虚，一派兵燹后的荒凉景象。进入湖北境内，路更难行，食更难觅，士卒饥乏，屡战不利，鸣呼哀哉。郭嵩焘自述此次"历生平未历之险，受生平未受之惊"。崎岖瑞昌山中，江忠源曾经感叹："诚乱世耶？乃使吾辈一二书生困惫至此！"[1]伤亡惨不忍睹，更兼千里乡愁，无边归心，挥之不去。

---

[1]《致邓伯昭》，《郭嵩焘全集》第十三册，84页。

此时，郭嵩焘才真正体会到，对于"士兵"来说，故乡就是天堂，对于灾祸中的人来说，躬耕就是洪福，所谓"湘岩故息壤，吾甘死耘锄"。而他在风餐露宿的行军中，忍不住想念"天堂"，也向往"洪福"了。

他可能意识到，自己大概不是一个特别适应军旅的人。

咸丰三年（1853）十月下旬，郭嵩焘辞别江忠源，十一月十日回到湘阴。

郭嵩焘与江忠源分手后，通信不断，私情公谊，溢于言表。江氏在信中劝郭嵩焘就近赴衡州帮助曾国藩治水师。很可能因为江忠源向朝廷上报了郭嵩焘江西助战之功，朝廷特授没有参加晋升考试的郭嵩焘为翰林院编修。

非常痛心的是，不到三个月，曾国藩预言过将以"忠烈死"的江忠源，在庐州与太平军交战中，真的阵亡了。

郭嵩焘写下了长篇的《江忠烈公行状》，记其忠勇事迹，记其"识远神定"的豪杰性情，谓"公忠孝大节出于天性。猿臂长身，目奕奕有神，顾盼磊然。与人交，披肝沥胆，始终不渝，尤爱才服善，闻人孝友节义事，务成就阐扬之。廓达大度，开诚示人，而见义勇发。其所必为，虽险阻郁塞，众人子子，环顾多疑，公不为动"。[1]又作《哭江中丞》诗曰："江淮草木无完垒，朝野衣冠有哭声。""孤臣闲退今华发，日倚柴门涕泗横。"诗的意思是说，无论朝野，只要是人就会为江忠源的死哭泣，而我早生华发，退居乡里，只能靠着柴门，涕泗横流。

自然，这不只是关乎一个人命运的眼泪，更是关乎家国艰难的眼泪。

郭嵩焘离开江忠源的军旅后，原来似乎有耘锄为生、老死家乡之想。现在，当曾国藩以办理捐输、经营水师相招，以"引嫌避怨至周且详""远背于大义而不自知"作痛切激发时，郭嵩焘怎能不感怀江忠源之死，以及他生前以助水师相嘱之意？每次想起江忠源在崎岖瑞昌山中的感叹，他就"为之愧歉"不已。[2]

1《郭嵩焘全集》第十五册，485页。
2《致邓伯昭》，《郭嵩焘全集》第十三册，84页。

　　不到一个月，郭嵩焘便前往衡州，帮助曾国藩建立水师营制，编练水师。

　　很快，曾国藩发布著名的《讨粤匪檄》，以太平天国之变为"尧舜以来之奇变，我仲尼之所痛哭于九原者"，并以此宣示自己出师的使命，其词曰："自唐虞三代以来，历世圣人扶持名教，敦叙人伦，君臣、父子、上下、尊卑，秩然如冠履之不可倒置。粤匪窃外夷之绪，崇天主之教。自其伪君伪相，下逮兵卒贱役，皆以兄弟称之，谓惟天可称父，此外凡民之父皆兄弟也，凡民之母皆姊妹也……士不能诵孔子之经，而别有所谓耶苏之说、《新约》之书，举中国数千年礼义人伦、诗书典则，一旦扫地荡尽。此岂独我大清之变，乃开辟以来名教之奇变，我孔子、孟子之所痛哭于九原！凡读书识字者，又乌可袖手安坐，不思一为之所也？"[1]

　　先颁"主义"，然后师出有名。

　　曾国藩率领自己编练的陆师水师万人，自衡州浩浩荡荡出发，到长沙，进岳州。郭嵩焘，包括似乎更愿意求道而非用世的刘蓉，都慨然随曾国藩出征，参与机要，助理军务。

　　领军作战，战果自然重要。但与战果同样重要的是筹饷，特别是战局胶着、战况不顺时，军饷的充足与否，便成为士气高低的重要砝码。江忠源的楚勇在南昌解围之后，就因为索饷不得，几乎哗变。这是郭嵩焘所目击的。我们不必把曾国藩从事的战争，想象成如他在《讨粤匪檄》中所表述的那种纯粹精神的"圣战"——保卫名教。"圣战"的号召力，如果不能与"饷"和"赏"相伴随，那肯定不灵，至少难以持久。而曾国藩的军队是自创的军队，朝廷似乎只给政策，不给经济上的投入，朝廷财政也未必有能力来投入。没有皇粮可吃，曾国藩必须靠自己运作来维持。

　　郭嵩焘在帮助曾国藩治水师时，就注意筹饷，建议设卡抽厘（这对于商业的市场化来说，可能是灾难性的。郭嵩焘日后曾明确建议，随着与太平军的战争结束，厘捐也应该取消），当然也要朝廷给政策，并自告奋勇

---

1 《曾国藩全集》诗文卷，232页。

负责湖南厘金总局，抽厘以济军需。

咸丰五年（1855）初，曾国藩一度攻下的武昌（郭嵩焘曾经因此喜极泪下，赋诗咏叹，以为足以振奋精神，顺势东下），再次被太平军攻占。曾国藩在九江战败，被迫退守南昌，狼狈不堪，极其沮丧。郭嵩焘立即从湖南启程前往南昌相佐，与刘蓉重聚于曾国藩的大营。郭、刘的到来，让"曾公喜甚"，作《会合诗》一篇，嘱郭嵩焘、刘蓉唱和，唱和者众，成为苦苦支撑局面中难得的赏心乐事。[1]

虽然是惊心动魄的战时，但因为他们不同寻常的相得，因为平视天下的"达观"，故友朋之乐不减，诗兴不减。[2]

曾国藩视刘蓉、郭嵩焘如同自己，嘱营内支用，不为限制。但郭氏、刘氏在曾营时，未尝支用一钱。而且，他们还与曾国藩约定，奔走效力，"不专任事"，也不求保荐。曾国藩亦如约不论荐。郭嵩焘与刘蓉后来官至巡抚，都不是出于曾国藩的举荐。曾国藩甚至劝阻过朝廷对郭嵩焘的某种他认为并不恰当的任命和安排，因为以曾国藩对郭嵩焘的了解，也以他对于中国官场规则的谙练洞达，他认为郭嵩焘是一个著述之才，而未必适宜繁剧曲折的人事和政务。

此种信任、风义，此种相互关系中的大气度、大胸怀，此种唯义理、节义是尚的道德自律、风格自许，在晚清江河日下的政局中确是少见。

从这里，也不得不承认，以曾国藩为首的一帮士子文人，能够崛起寒乡、领袖东南，中兴一个萎靡涣散的时代，与此种对于儒家风范与精神的不打折扣的真诚服膺，与此种内在心灵的自我涵养，有着直接的和必然的关联。

郭嵩焘引用朋友易笏山的话说，"与天地气数争胜，当自求胜气质始"[3]。按照我们今天的话说就是，要首先战胜自己，方可以谈到战胜命运的安排。改变自我的气质，才可能影响天地的气运、气数。这似乎有点

---

1 《〈会合联吟集〉序》，《郭嵩焘全集》第十四册，367页。
2 《〈会合联吟集〉序》，《郭嵩焘全集》第十四册，367页。
3 《郭嵩焘全集》第八册，351页。

唯意志主义的味道。但是，要与天地气数争胜，而气运、气数已经不行，只有从战胜自己衰败懦弱的气质开始，谁能说不是呢？

郭嵩焘描述他们的崛起，谓"自古风会气运之成，盖莫不由人焉。曾文正公以道德风义倡天下，名贤硕德蔚起湖湘间，电发飙举，斯亦千载一时之会也"[1]。

湘军出战湖北、江西后，已用去粮饷一百余万两，存款逐渐用罄。此时战败，士气低迷，军需更加紧迫。有人向曾国藩建议，除了在江西设卡抽税之外，还可奏请经营浙盐，但先需本钱，到哪里去筹措本钱呢？

曾国藩请郭嵩焘前往富庶的浙江，张罗此事。

江南行 洋泾浜

咸丰五年十一月二十日（1855年12月28日），郭嵩焘从南昌出发，由内陆小河道前往杭州。

从鄱阳湖水系到富春江、钱塘江水系，经过辛弃疾曾经寄籍的铅山、广信（上饶），到达现在三清山所在的玉山县时，正好是除夕。在这里，郭嵩焘走了一段陆路，转到浙江常山，再雇船下杭州。漫漫水路，悠悠扁舟，郭嵩焘直到正月十二日方才抵达杭州，总共费时近两月，费纹银十一二两。

一路走来，看风景，拜访官绅，参观书院。其间与龚自珍的儿子龚孝拱（龚橙，自号"半伦"，谓无君无父，无昆仲朋友，只爱一小妾。此人作为著名学者，"闻人"兼名门之后，言行放达，人多以纨绔视之。野史外传中，说他"游海上，以诈通于夷"，觊觎圆明园中的"三代鼎彝"，竟然至于被诬名为英法联军火烧圆明园的"带路党"，其人实则颇具一副锦绣心肠，一派名士风度）长谈竟日，孝拱出示所著《明堂图考》。还登上过严子陵的钓台。后来往返上海、苏州、杭州时，游沧浪亭，参观

---

1 《〈名贤手札〉跋后》，《郭嵩焘全集》第十四册，362页。

"虎丘大会"（此乃苏州自明以来，由有知识者和市民一起参加的"狂欢节"），造访阮元创办的诂经精舍和号称古艳的苏小小墓。旅途所见，偶尔有经历过兵燹的痕迹，但整体上还称得上殷实繁荣，商业及各种产业并未因战事而凋敝。

郭嵩焘还注意到，过常山以后的江浙，市面上都用洋钱，称为"花边"。这让他感受到了一种陌生的支配性力量的存在，有点不寒而栗，也有点愤怒。

晚年回忆自己当年见识浅薄时，郭嵩焘曾经为此忏悔。

光绪十一年（1885）四月廿二日郭嵩焘在日记中写道，朋友李芋生说："三代之兴，首隆礼乐，而授时为立政之本。中国圣人立教所以异于夷狄，扶阳抑阴、贵男贱女而已。明太祖定服，父母皆斩衰，乱阴阳之纪而礼坏，琴瑟皆失其传。而所用之乐多杂夷器，而乐亦坏。自利马窦用西法推测二十四气，相沿至今，自汉承用太初历二千余年，专用夏正，至明之季，中国相沿之正朔，已潜移为西法矣。此三大政，皆为用夷变夏之渐，是以可惧。"[1]

听到这种自以为卓越的滔滔之论，早已通达于此的郭嵩焘，不禁为之怃然。

于是，他记起自己乙卯年（1855）于杭州见邵蕙西（1810—1861，邵懿辰，又称位西，道光十一年举人），就是到杭州为曾国藩筹钱的这一次，他看"西洋书，言日不动而地动，颇以为疑"[2]，邵蕙西为他解释。而自己还自以为高明地对邵蕙西说："往来江浙屡矣，今日始知其人心风俗，皆有折入于夷之势。"蕙西请究其说，郭嵩焘说："西洋人重女，江浙亦重女；西洋人好楼居，江浙亦楼居；西洋人好游，江浙亦好游；风俗人心皆急趋之。一代之兴，首定圜法，以转移天下货物，谓之国宝。江浙统而归之洋钱，上海商贾总汇，但知有洋钱而已，并不知有银钱。所用之洋钱且须申平，使驾出银钱之上。是国家制用之大经，皆暗移之洋人，此

---

1 《郭嵩焘全集》第十二册，100页。
2 《郭嵩焘全集》第八册，25页。

尤情势之显见者。"蕙西很平静地说:"此相沿数十年,不始今日。"郭嵩焘说:"如此,尤可危。或起自此一二年,犹亦力与挽回,为其机初动而根不深也,愈久乃愈可惧。"没想到,邵蕙西当年对于自己这种一知半解的说法,也不禁为之怃然。[1]

晚年对于西洋已经拥有全面认知的郭嵩焘,自嘲当年的无知与浅薄,但这样的无知与浅薄,多少年后却仍然在他身边的朋友中延续。那种对于西洋的揣摩和想象,就如同我们今天依然恐惧于西方文化及其价值观的破坏性和颠覆性,设想他们策动货币战争或者文化侵略,以图颠覆破坏,不知道我们同样可以顺势而为的道理。甚至,仍然有耸人听闻的舆论说,为了不被西方文化所左右,所钳制,我们大有必要改用中国的农历纪年,弃用公历,却不知世界已然一体,如何再区隔"夷""夏"?而我们所用的农历,其实早已是中西文明交汇的产物,同样包含晚明传教士的心血和功劳。

却说郭嵩焘在杭州拜见官员,衙门走动,湖上招饮,酒馆应酬,同年同乡络绎造访,席不暇暖。此行为筹款而来,但款不易筹。有人建议他,可以打打上海厘金的主意。于是,郭嵩焘一方面写信给曾国藩和浙江巡抚,希望他们会同向朝廷上折,奏明办理此事,一方面决定赴上海一行。

上海是《南京条约》规定的通商口岸之一,此地在近代以前寂寂无闻,仅为一个建制历史并不悠久的县。而到郭嵩焘到来时,其繁盛的程度,已让他感叹"殆罕伦比"。

郭嵩焘曾经在十多年前的战争中见识过洋人船炮的厉害,在这里,郭嵩焘则见识了船炮之外更加让他耸动的"文明"。他在日记中详细记述了他所看到的洋泾浜——那个中国最早的西化样本。

洋泾浜原是上海县城北的一条小河。1843年11月8日,英国领事、商人、传教士抵达上海,11月17日上海正式开埠,划定洋泾浜以北,李家庄以南之地,为英国人的居住地,即后来的租界。1915年洋泾浜填平,筑成爱多亚路,据说就是现在的延安东路。

---

1 《郭嵩焘全集》第十三册,100—101页。

尽管开埠才十多年，洋人已经在上海洋泾浜圈地立足，安营扎寨。

郭嵩焘首先有所感触的是他看到的洋房、洋楼、洋设施："极明爽，四面皆离立，环以窗棂，玻璃嵌之。高或三层，皆楼居，而下为议事厅，或曲折作三四间、五六间，置诸玩器，精耀夺目。"[1]不仅建筑与道路"雄敞可观"，他们的活动场所也"穷奢极靡""靡不精洁"。郭嵩焘登门拜访过的法国领事公馆，厅堂陈设"细致精妙，非中国所能为也"。

其次，让他有感触的是洋人。他发现，不仅洋动物高大，"马牛皆高骏，鸡尤奇巨"，洋人也长得高大。他还特别注意到，"夷妇多出游"。在街上碰到的两个洋孩子也"极秀美"。这与人们传说中对于"鬼佬"的认识和想象，特别是对于"天主堂""基督堂"以及"传教士"的种种观感和猜测，迥然有别。鲁迅《朝花夕拾》中述及，他小时候听大人说，教堂里的洋人残害中国小孩，被残害的小孩眼睛被腌成一坛一坛，相当恐怖。鲁迅家乡绍兴算是沿海地区，尚且如此，由此可以想见，在整体上，国人对于洋人的了解程度。同治九年（1870）发生的让曾国藩"外惭清议，内疚神明"的著名的天津教案，其导火索正是此种耸人听闻的以讹传讹的谣言。

从《左传》中有所谓"非我族类，其心必异"的说法后，这句话在汉语世界日益深入人心，不仅"其心必异"，也包括"其身"，成为华夏中心主义的经典表述。韩愈在《柳子厚墓志铭》中，以"此宜禽兽夷狄所不忍为"说明那种落井下石的小人的作为，把"禽兽""夷狄"视为同等，显示出让人惊悚的对于"夷狄"的轻蔑和敌意。此种"禽兽夷狄"观以及相应的"夷夏之辨"，甚至与近代以来那种高扬的民族主义情感联系在一起。

除了对洋楼、洋人的外貌之好表现出没有成见的喜欢之外（这真是很难得），郭嵩焘也毫无保留地赞美了洋人的礼仪规范。与他打过一次交道的几个法国洋行"头目"，再次遇到他时，就殷勤致意，"握手款曲"，

1《郭嵩焘全集》第八册，30页。

虽然语言不通，但礼数周全，让他大为感慨，直言"内地所不如"。

这与他日后出使英国后发出的感慨是一致的。

他甚至认为，西洋人生活中所体现的仪式、礼节、规范，堪称礼仪上国，而号称礼仪之邦的中国，却似乎已经失去了理想中的风范。让他更加感叹的是，在"夷馆"受役使的中国人反而不如"夷人"可爱，"状貌狞异，气焰嚣然"，大有我们日后所深恶痛绝的所谓"洋奴""买办""帮闲""高等华人"的味道。

这似乎也是一种鲁迅所揭发过的"国民性"，即主子好打交道，奴才反而不好打交道，奴才的嘴脸比主子难看。

让郭嵩焘有更深感触的是"机器"，还有洋人之间职责分明，秩序井然。

黄浦江上，停泊有许多外国货船、兵船。咸丰六年（1856）二月初九，郭氏由人陪同参观了英国的火轮船。先是从船旁的悬梯上船，两旁有两个极秀美的"小夷目"侍立，引导客人，非常有礼貌（似乎并不是那种中国式下人的卑微，而是一种职业的工作状态）。登上船，看到五千斤的大炮一尊，三千多斤的大炮有十几尊，还看到有指南设备，救生船。船上的英国领事向来访的客人脱帽致敬，行握手礼。有一个姓密的洋人会说汉语，充当翻译，引导参观。郭氏等人看了船头，又看船后舱的机器，翻译解释得很详尽，他在日记中记载得也很详尽，他对于机器有特别的留心。看过机房，又看舱房，看大餐厅。主人在餐厅设几席，置酒款待，郭嵩焘第一次喝到洋人的葡萄酒，还有牛油做的蛋糕，说"酒味甘浓"。

此后，郭氏又参观了传教士在上海开设的墨海书院。

在书院中见到李善兰与王韬，郭嵩焘觉得李善兰"淹博"，习"勾股之学"，王韬"语言豪迈"，是"方雅"之士。从郭嵩焘对李善兰、王韬的观感，看得出他的新锐和包容，李善兰是近代中国最杰出的数学家，是西方科学影响中国的先行者（同治年间，郭嵩焘曾推荐他入京作为同文馆教习而不果），王韬则是中国近代最早对西方文化有见识和见解的人之一。但是，他们没有进入核心的士大夫体系，无法影响别人。他们领先的知识和素养，只能处于社会的边缘，他们本身就是中国社会和中国传统文化的边缘人。而此时，为官作宦、为人"父母"的士大夫文化以及体制，依然是垄断性的。

这也许正是多少年后，严复不惜心力屡败屡战，仍然试图从科举进身的重要原因之一。

郭嵩焘来上海之前，就想替曾国藩买些"洋器"。但因为"索值极昂"，他只买了一个"风雨表"（寒暑表）和一个"双眼千里镜"（望远镜）。

离开上海之前，他寄信曾国藩，"陈近事八条"，其中有关于洋情的议论，显然必不可少。

两年后，曾国藩在给左宗棠的信中还提及，写作了《瀛寰志略》的徐继畬，曾经"张大英夷"，郭嵩焘上海之行后，对洋情也大表震撼和惊讶。可见曾国藩对于郭嵩焘观点的记忆之深。而曾国藩本人则仍然相信，中国地大人众，英夷"土固不广，其来中国者人数无几"，又"蹈骄兵、贪兵之二忌，恐不能久"，且"夷狄以利交，利尽则交疏"，"或非深患"。[1]他并没有意识到，此番"夷狄"之来，已经不是历史经验所足以解释和应对的了。

因为郭嵩焘此行一直以船为居所，离开上海时，得以绕行沪城，观看了美国人筑的城墙。然后到苏州，再返回杭州，继续协调筹款。直到五月初一，郭嵩焘回到南昌，向曾国藩复命。

和曾国藩小聚后，郭氏决定回湘阴老家，曾国藩亲自以长龙船相送。

郭嵩焘一路翻山越岭，直到咸丰六年（1856）八月二十三日半夜，才在大风大雨中狼狈万状地回到家中。

为湘军，为曾国藩效力，奔波吴、楚之间近四年，郭嵩焘作为湘军幕后筹划者的使命，告一段落。

1《曾国藩全集》书信卷一，622页。

第三章

皇帝近臣

　　郭嵩焘进京就任翰林院编修，体验京师士大夫诗酒征逐的生活，很快获得咸丰的信任，成为皇帝近臣。进入南书房不久，又前往天津参赞僧格林沁军务。然而，让郭嵩焘始料不及的仕途坎坷，就从他和僧格林沁的共事中开始。

翰林院编修

回到湘阴后的第二年（1857）五月，郭嵩焘前往湘乡荷叶塘吊唁曾国藩去世的父亲，与曾国藩相聚数日，顺便告诉曾国藩，自己将到北京就任翰林院编修，就是江忠源为他争取到的没有经过考试的特授编修。

此时，他的经济状况很窘迫，赴京的资斧还是从朋友处筹措的。据说，这也是郭嵩焘顶着编修之名，迟迟没有赴京的原因。

郭嵩焘到达北京，已经是1858年2月。

翰林院是养才、养关系、养见识，然后待命出发任职任事的地方。作为"无定额"的编修，郭嵩焘享有翰林的清誉，却并无繁重的实际工作，因此有足够的闲暇读书、治学、访友，到琉璃厂看书观画。琉璃厂在正阳门外，乾隆后逐渐成为闹市，尤多书铺、古玩、字画、文具，积久便成为京城一大文化中心，为士子文人流连之地。

郭嵩焘把更多时间花在了应酬上。

京师王公士大夫多，交往者中不少是达官贵人，招饮邀宴，几乎无日无之。郭嵩焘虽然混迹其中，但似乎有一种湖湘士人特殊的批判意识，让他感觉有点不熨帖。他在给曾国藩的信中说："京师气象凋耗，而相与掩饰为欢，酒食宴会，转胜往时。文昌、燕喜诸处，无日不音乐，无日不有绿呢轿排列门首。"

这应该不只是一种乡下人进城，对于都市繁华的不惯与不耐。

他是从江南战场上过来的人，曾经为造船，为练兵，为筹饷，风雨兼程，八方奔走。江忠源、罗泽南、曾国藩等，更是流血流汗又流泪，为江山社稷不惜付出性命。因此，他更觉得京师上下恬嬉欢乐的气氛，实在难以理解。他甚至觉得自己身体衰颓，老态俱至，不可能在京师作长久计，或者只是到此一游而已。在给曾国藩的信中，他还说："弟一身作客，尚自绰然，京师本销金之地，近时销化愈速，乃觅得一馆居之。惟精力虚耗，日甚一日，目不耐视，心不耐想，黄昏后便当静坐，种种老态俱至。幸当时未以家累自随，小住一二年，再作区处。"[1]

此时，"夷船"在窥伺天津，石达开驻军广丰，浙江戒严。河南固始被围困两个月。安徽、河南交界的地方，太平军与捻军会合，动逾数万，百姓离散，徐、颍一带，数百里无人烟。内乱外患，早已交迫，而都中人士，却似乎不知道也不理会普天下的兵荒马乱。

之所以如此，他认为，从体制方面说是由于上下太隔，不能同气相求，吏道废弛，纲纪毁坏，廉耻丧失。加上捐官普遍，造成官吏队伍的混杂，他说"仕道杂而多端，旷古以来无若今日者"。如此，管理层的不肖者占大多数，朋比结党，互相牵引，乌烟瘴气。占少数的贤臣循吏，反遭疑忌，以致同样含糊模棱，以每个人的身家性命为第一考虑。加上士大夫有太多的精力用在功名富贵上，持禄固位博盛誉，为人际关系，为利害权衡绞尽脑汁，但对于国计民生，特别是新的形势下的国计民生，包括对于洋务，反而普遍地"无识""蒙昧"，有所主张也只是习惯性地乱唱高调或随声附和而已，完全不可能有所担当。

郭嵩焘说："京师浮言最甚，然浮言之起，由士大夫之无识。"[2]"仆常以谓天下之大患，在士大夫之无识。"[3]

因为无识，故不能高瞻远瞩，加上"无心""无力""无能"，且不能同气相求，甚或无耻。事情真的来了，就只有崩溃。对于这方面的观察，晚年郭嵩焘尤其犀利。按照郭嵩焘晚年的说法："天下之乱，

---

1 《郭嵩焘全集》第十三册，26页。

2 《郭嵩焘全集》第八册，119页。

3 《郭嵩焘全集》第十三册，60页。

皆在官者为之也。""百姓之乱犹可治，官人之乱乃真乱也。"[1]"以官为市，而方伯为之居间，纪纲扫地尽矣。此大乱之征也，闻此为之慨然。"[2]"涉世故四十年，深悟士大夫之无耻，无往不极其致。其端兆自人心，而其害必中于国家，求免于危乱，难矣。""自古世道之乱，原本人心风俗，而其患皆起于士大夫。"[3]

郭嵩焘对于自己所置身的士大夫阶层的问题，洞烛幽微。

而作为社会的精英，士大夫阶层的窳败，将意味着整个社会的窳败，国家局面，由此不堪收拾。

处衰乱而思康庄。郭嵩焘自述，自己三次梦见康熙皇帝，要么是被召对，要么是扈从在途。[4]

郭嵩焘自我解释，这种梦寐不是偶然的，而是"思慕所结"，是对于盛世的向往，更是对于"神武英断""美恶是非，鉴别分明"的圣明君主的翘首。只有这样的君主，才能对应他的家国情怀和用世的壮心，才能使"贤者有以自达"。

咸丰八年十月初六，他在睡梦中作诗，"慷慨悲壮，高吟而觉"，醒来还记得的两句是"流离身世生何晚，微薄功名死即休"，"梦中自言，次语取'君子疾没世而名不称'之义"。[5]同月十七日，又梦见自己坐在大泽中，"吹笛赋诗，慷慨叱咤"，醒来记得其中一首曰："八驼九骆风扬沙，沙上人烟家复家。万国车书大朝会，清晨吹角夜吹笛。"[6]

这些慷慨悲壮的梦，印证的同样是郭嵩焘内心的需要。

正是这种需要，才召唤出他对于康熙的魂牵梦萦。

当了半年多梦想多于实务的翰林后，突然有一天，郭嵩焘被召往国史馆总裁、翰林院掌院学士、南书房总师傅翁心存的官邸。翁心存奉旨保举

1《郭嵩焘全集》第十二册，31、33页。

2《郭嵩焘全集》第十二册，12页。

3《郭嵩焘全集》第十一册，610、603页。

4《郭嵩焘全集》第九册，519页。

5《郭嵩焘全集》第八册，144页。

6《郭嵩焘全集》第八册，149页。

南书房（又称南斋，乃是内廷词臣上班的地方。南书房行走，就是皇帝的秘书或顾问），他推荐了郭嵩焘。

翁氏算得上是道光咸丰以来的重臣，名望很高，被人恭维是具有"选士造士"能力的"经师人师"。其实，就是有选拔人才的眼光和话语权，眼光也许还在其次，重要的是有话语权。

郭嵩焘与翁心存"素不相闻"，非师非友，翁氏要保荐他，让他感激且惭愧。

翁氏告诉郭嵩焘自己在南书房的工作经历以及一些家居逸事，"语言纯实"，郭氏大有亲切感。据说，此时同样作为重臣而比翁心存更有权势的肃顺，在皇帝面前极力推荐"楚贤"，皇帝也似乎对湖南人有好感。

如果真是如此，翁心存其实做的只是顺水人情。

咸丰八年（1858）七月十八日，郭嵩焘和其他四位被保举的官员前往圆明园应试。

咸丰皇帝喜欢园居，一年中大部分时间住在那里。

考试在第二天，试题是限韵作赋（"拟唐王勃《九成宫东台山池赋》"），限题作诗（"赋得明月前身"）。中午十二点多考完，应考的五人接受皇帝赏赐的奶茶、奶油饼，另外还有人为他们准备了几样面食。

七月二十二日，郭嵩焘再次前往圆明园，预备陛见。

次日八时，由太监引入园中书房，等候叫起（皇帝召见旨下，进入奏事门，谓之"叫起"）。等了一个多小时，一名周姓太监才出示叫起的名单。

终于轮到郭嵩焘被叫起。他由两名穿着十分考究的太监引入勤政殿后的朝房。大约十点多，再进东苑门，走过长廊，转过殿角向北，太监掀帘引入，俯身以手指地，郭嵩焘心领神会跪下，两个太监随即离去。

时年二十八岁的咸丰皇帝注视了四十岁的郭嵩焘好一会儿，才开始问诘。问他是湖南哪一府的人，可见皇帝已经知道他是湖南人。问过出身与年龄后，皇帝问他作为书生在江西、湖北带兵打仗的事，问及曾国藩、江忠源、罗泽南等人，郭嵩焘一一作答。

陛见完毕，郭嵩焘回到在圆明园的临时住地，等待上谕。

下午四时，上谕到达，五人中有两人到南书房行走，郭嵩焘不在其中，因为他的诗赋作得不如人家。

郭嵩焘在日记中说，其他几人都能背诵王勃《九成宫东台山池赋》，能仿照原文。言下之意是自己背不得，所以写得不好。他并不失望，他对于召见还有特别的得意，就是皇帝与他对话时，两廊以上没有其他人，以便他"畅所欲言，无所避忌"。只是皇帝问话有限，他未能"尽所欲言"。第一次见皇帝，他自己摸不清"龙心"，所以也不敢"无所避忌"。

几天后，朋友问他召对时是否紧张，郭嵩焘说得很堂皇。他说，若不把富贵功名放在心上，有一段慎独的工夫，就能够据实陈奏，不会紧张。[1]

不到两个月后的九月初十，郭嵩焘忽然奉命前往户部，与其他七人共同磨勘这一年顺天乡试朱墨卷，就是复查考生试卷。

这一查，引出了一件轰动一时的科场大案。

先是有人发现第七名平龄的卷子有问题，平龄据说是一个胸无点墨的荡子，居然可以高中第七名。接着，郭嵩焘查出第一百四十一名阎镜塘的卷子有问题，他怀疑有人捉刀。

两份卷子皆交部议。

盖子被揭开一角，如果不能及时合上，事情就热闹了。

果然，御史（言官）孟传金上奏，参劾此次考试犯规的情况，以朱墨不符的平龄一卷作为附参。主要问题是，主考官、同考官，互相呈荐、录取考生，为此甚至将已经录取的卷子临时更换。

咸丰皇帝闻之大怒，特命怡亲王、郑亲王、全庆、陈孚恩等会审。于是，又查出罗鸿禩的卷子有问题，并将已录取的常顺一卷换掉。查出主考

1《郭嵩焘全集》第八册，117—120页。

官派定录取的吴心鉴一卷也有问题。

原为刑部主事的罗鸿祀，十月初就被传唤，效率之高让人惊讶（九月初十才开始查卷）。

罗氏供认，曾托同乡兵部郎中李鹤龄，以五百金打通主考官柏葰的门房浦安，浦安转托主考官柏氏信任的家奴靳祥，靳祥做手脚换掉试卷，让罗氏得以录取。

据说，罗鸿祀本人的试卷错字多达三百，真是匪夷所思。咸丰曾经特召罗鸿祀到南书房，另出作文题"不亦说乎"，诗题"鹦鹉前头不敢言"，单独测试，令肃顺等人监考，陈孚恩阅卷。结果，诗文果然谬劣得不堪入目。为此，所有中式的卷子全部复查勘验，罗氏被递交刑部治罪。靳祥畏罪自杀，主考柏氏、兵部郎中李鹤龄、门房浦安、罗鸿祀处死，其他与此案有关或死或徙的还有十几人。

后来的野史外传记述此事，难免当作是权力斗争的一种结果，或者干脆指认为肃顺借此公报私怨。传统政治的逻辑与运作方式，很难不让人作此种猜测，因为那原本就是一门主要靠琢磨人而不是琢磨事才能有所作为的"大学问"。

其实，科举时代对于科场弊案的重视程度和处罚程度，非我们今天可以想象。一方面因为江山是皇帝家的，皇帝为管理自己的"万世基业"选拔人才，自然儿戏不得；另一方面，科举是古代读书人几乎唯一的进身之阶，读书人不会不重视，这叫万众瞩目。为此建立一套较为完整的考试制度和监察制度，并不奇怪。我们不必认为皇权政治就只有官官相护，毫无公理可言，只是一元性的威权政治导致它最终无法改变监守自盗的结局。鲁迅家当年由小康堕入困窘，让他备尝苦辛，也因此见识了人情冷暖，就是因为他祖父不小心犯下的科场案，老人家差点被处极刑，后来改判斩监候，几乎在杭州的监狱里终老。鲁迅兄弟只能逢年过节去看望陪伴他。科场案成就了一个伟大的鲁迅和一个文化名人周作人，也算是歪打正着。

自然，到了咸丰年间，科场法规确实有所废弛，这也是每个朝代必然发生的如同斜坡上滚石头的加速运动。案发前，贿赠关说，已经很普遍。

而此案东窗事发，暴露了国家取才以及公平竞争的大危机。

皇帝不能不震怒。

南书房行走

参与查勘试卷两个月后的一天晚上，郭嵩焘回家看钞报时得知，他在南昌认识的时为兵部尚书的陈孚恩举荐了他，让他在十二月初二预备召见。

此次召对在紫禁城内。时值岁暮，喜欢住在圆明园的皇帝，必须回宫主持一些典礼。

十二月初二（1859年1月5日）清早，郭嵩焘从东华门入城，到达乾清门左九间房，等候叫起。这一天共有五起召见，十时整轮到他。他从乾清门入养心殿，两个太监引领到最里面的套间，以手指地，郭嵩焘会意跪下。咸丰像前一次一样，对他注视良久。

"汝在军营数年，可在安徽？可在湖北？"

"臣在江西、湖北军营数年，未尝至安徽。"

"汝系保举留馆？"

"臣蒙皇上天恩，保举留馆。"

"汝何科？"

"丁未科。"

"汝殿甲第几？"

"殿试第六十名。"

"汝在营是带勇，是幕府参议？"

"三年上，江西省城被围，曾带勇二千赴援，以后只在幕府。"

"打过仗？"

"督过两次阵。"

皇帝又问他："汝看天下大局，宜如何办理？"

这是一抒己见的好机会，陈孚恩曾告诫他说话小心，郭嵩焘虽不以为然，但毕竟还是谨慎。郭嵩焘说，天下大局，将帅和督抚并重。已失的城池，要将帅去收复，未失的土地，靠督抚保全。

皇帝问："究竟从何处下手？"

郭嵩焘回答说："仍当以讲求吏治为本。"

皇帝问："汝看天下大局，尚有转机否？"

郭嵩焘的回答十分得体："皇上，天也。皇上之心，即天心所见端。皇上诚能遇事认真，挽回天意，天心亦即随皇上以为转移。"

皇帝继续追问："如何便能转移？"

郭嵩焘回答："不过认真两字。认真得一分，便有一分效验。湖南北所以较优，亦由抚臣骆秉章、胡林翼事事认真，吏治、军务两事，都有几分结实可靠。一省督抚办事能认真，便也能转移一省大局。"

接下来，咸丰还问了一些江南战场上的人事，然后，皇帝"欠伸"。郭嵩焘会意，"起立，徐退至殿外"。[1]

回到寓所，皇上的旨意就下来了：翰林院编修郭嵩焘着在南书房行走，钦此。

第二天天未亮，郭嵩焘赶到乾清门外九间房，呈递头天晚上就写好了的谢恩折。天亮后，宫里有人出来告知，皇上今日一共召见四起，郭嵩焘在内。这一次，太监先引入南书房小坐，又到军机处坐，然后入养心殿西暖阁见皇帝。

郭嵩焘脱帽致辞："臣郭嵩焘叩谢皇上天恩。"

皇帝说："南书房的笔墨事情不多，任命你到南书房供职，也不在办笔墨，而是要多读有用书，勉力做有为人，他日仍当出办军务。"

郭嵩焘感谢"皇上教训"。

皇帝又问他，看了什么兵书。

郭嵩焘回答说："明臣戚继光《练兵纪实》最佳。"

皇帝问："还有何书？"

---

1 《郭嵩焘全集》第八册，170—171页。

郭嵩焘对以《孙子兵法十家注》《阴符经》《太白阴经》等等。

皇帝告诫说："文章小技，能与不能，无足轻重。实事却要紧。汝平日看书，当多近史鉴一路。"

郭嵩焘说："然。"

皇帝问郭嵩焘，他认为史书中哪一种书最佳。

郭嵩焘说："《资治通鉴》。司马光一生心血，借古以证今，故曰资治。"

"《御批通鉴》何如？"

"御批所见尽大，又非司马光所能及。"

"汝可识左宗棠？"

"自小相识。"

"自然有书信来往？"

"有信来往。"

"汝寄左宗棠书，可以吾意谕知，当出为我办事。左宗棠所以不肯出，系何原故？想系功名心淡？"

"左宗棠自度赋性刚直，不能与世合，所以不肯出。抚臣骆秉章办事认真，与左宗棠性情契合，彼此亦不能相离。"

"左宗棠才干何如？"

"左宗棠才尽大，无不了之事，人品尤端正，所以人皆服他。"

"年若干岁？"

"四十七岁。"

"再过两年五十岁，精力衰矣。趁此时尚强健，可以一出办事，也莫自己糟蹋。汝须劝一劝他。"

"臣也曾劝过他。他只觉自己性太刚，难与时合。在湖南亦是办军务。现在广西、贵州两省防剿，筹兵筹饷，多系左宗棠之力。"

"闻渠尚想会试？"

"有此语。"

"左宗棠何必以科名为重。文章报国与建功立业，所得孰多？渠有如许才，也须得一出办事才好。"

"左宗棠为人是豪杰，每谈及天下事，感激奋发。皇上天恩，如果用他，他也断无不出之理。"

皇上还问及，"曾国藩所用人还有谁？""湖南人才还有谁？""捻匪如何办理？"

郭嵩焘皆如实作答。

最后，皇帝要他经常和僧格林沁谈谈军务，显然是要派他去参赞僧王在天津的防务事宜，有点"挂职锻炼"的意思，似乎想培养出一个北方的曾国藩。

当时，僧格林沁驻防天津，主要任务就是应对夷人的窥伺，地属京畿，人是王爷，显然是皇帝信任倚重的人。曾国藩曾在致郭嵩焘信中问他："僧邸为当今贤王，天下共仰，闻其精力过人，可以终日不倦，终夜不寝，信否？"[1]

皇帝告诉郭嵩焘："北边马队，原与南边不同，彼此却不妨考证。"然后说到僧格林沁。

郭嵩焘说："僧格林沁忠直，臣素常也是佩服他。"

皇帝叮嘱道："汝与他是平行，不是随同效用，不要认错此意。"

对："谢皇上教训。"

皇帝又嘱咐："汝有所知，尽可书言无隐，不须存顾畏之意。"

对："臣蒙皇上天恩，知道一分说一分，断不敢有所避忌。"

皇帝"欠伸"，郭氏退出。[2]

从第二天（十二月初四，咸丰八年的年末岁首）起，郭嵩焘就算是"入直"南书房了。有时替皇帝作诗写字，节庆大典可以随驾，还可以看到内府的珍奇字画和图书，郭氏称这为"生平至幸"。

在皇帝身边办事，随时可以得到赏赐，十二月十六日得赏福字一份，二十三日得赏全羊一只，野鸡五只，糳面四筒，二十七日又得赏衣料、貂

---

1 《曾国藩全集》书信卷二，916页，岳麓书社1991年。
2 《郭嵩焘全集》第八册，171—173页。

皮、荷包、手巾等。

咸丰九年大年初一，郭嵩焘等齐集于太和门内，皇帝升殿，众官排班跪候，行三跪九叩大礼。皇帝要到圆明园去，军机、南书房、内务府都须有人先期抵达，以便迎候。郭嵩焘正月十六日凌晨两点多就到圆明园迎驾。

郭嵩焘在南书房上班两天，僧格林沁就来访，谈练兵、筹饷、制造器械三事，要求提供意见。第二天，肃顺以及好几位亲王又召见郭嵩焘，商谈与俄国人换约的事。

过了年，郭嵩焘初四"入直"上班，内监告诉他，僧格林沁两次找他。郭嵩焘前往月华门一见，僧王出示酌定兵饷的折子让郭嵩焘过目，又告诉他二十六日去天津的决定，奏请郭嵩焘同行。

郭嵩焘到京师一年，"入直"南书房不到两月，就此离开北京。这对于前程未必有利。但郭嵩焘称："天津之役，断不敢怀趋避。"

他不敢辜负皇帝刚刚给予的信任，也急于一展怀抱。他的好朋友，远在南方的曾国藩，对于他与僧格林沁的合作，充满喜悦，充满期待。

但是，郭嵩焘的坎坷仕途，就从他和僧格林沁的共事中开始了。

第四章

官场情事

　　"王大臣"僧格林沁获得庚子以来对洋人作战的最大胜利，举朝欢呼。郭嵩焘也获得褒奖，但他反而落落寡言。以钦差身份赴山东沿海稽查厘务，郭嵩焘乘兴而去，狼狈而归，降二级调用，继续作为南书房行走。豪迈自许，不以功名利禄为意的郭嵩焘，感觉从未有过的沮丧和灰心。

参赞僧王 两难心事

郭嵩焘在湖南做事，为湘军出谋出力，是在比较熟悉的人中间活动，身份也多少有点客串（"不专任事"）的性质，显示得多的是风度洒落，充满才情和智慧。

此行去天津，身份和环境，则完全是另一种情况了。

自第一次鸦片战争后，英、法、俄、美诸国，逐渐不满足在中国少数口岸获得的通商和领事权力，力求有所扩张，加上互相觊觎攀比，更显得"欲壑难填"，"得寸进尺"。而清廷上下，依然以"蛮夷"视之，能够勉强对付一天就是一天。

殊不知，商业利益的驱动，早已是列强立国的基础。战争不再如同古代，主要是为了领土，为了人口（奴隶），为了尊严或者虚荣，而是由商业利益以及与商业利益直接相关的民族利益所驱使，这是一种并非出于个人政治野心的持久的强有力的驱动。在没有建立和完善世界性的共同规制的数百年间，由此带来的扩张和殖民，向世界推广了工业化、近代化过程中蓬勃兴起的科学与文明，但同时也充满血腥的杀戮和野蛮的征服。

咸丰六年（1856），按照先前所订条约的约定，列强要求重新讨论条约所载各项。清廷原不以为所谓条约就是绝对的约束，而多少觉得当年订约不过是权宜之计。因此，尽量设法拖延，也没有特定的机构来应对这种改变，互相推诿，莫衷一是。列强不得不逼迫清廷修约，并要求进京换约。这样的逼迫，似乎也不能得到清廷的积极响应。地方督抚与各部衙门，习惯于按旧的章程思考和办事，何况朝廷处理"夷务"的政策，原本就并不明朗。于是，上上下下，举棋不定，出现"剿""抚"两难。

有点不可思议的是，尽管鸦片战争过去近二十年，列强居然依旧没有获得在北京派驻使节的许可。要知道，英国人1793年甚至更早就在作此努力（此前，葡萄牙、意大利人也曾经恳请派人留驻北京），马戛尔尼曾经率领庞大的使团借乾隆八十大寿的机会造访北京，在承德避暑山庄觐见了乾隆，却被乾隆皇帝像打发讨要糖果的孩子一样打发了，而马戛尔尼却通过此行洞悉了广大的东方帝国内部的空虚、窳败、腐朽与贫瘠，洞悉了它在行政运作方面的低效、无能、欺瞒与贪腐。

从咸丰六年开始，不能获得清廷响应的英国人，开始在广东用兵。咸丰八年（1858）四月，英国人突击大沽，进入天津郊外。清廷一方面派僧格林沁视师通州，一方面遣大学士桂良议和。六月，先后签订中俄、中英、中法《天津条约》，英、法、美三国兵船始退。七月，僧格林沁移军海口，修筑大沽、北塘等炮台。

此时的郭嵩焘，经历了在上海洋泾浜与洋人打交道，也通过自己对于历史上的中外关系（他关于边疆事务的历史考述《绥边征实》，此时正在酝酿准备中）的考查，包括对于"夷情""夷务"的持久关注和了解，加上对于当时主流的士大夫习气的洞悉，已经拥有一种相对独立真确的"夷务"观。

咸丰八年郭嵩焘致胡林翼信，谈及朝廷行政，特别着意中外交涉，他说"中外所倚任，得之一二，失之三四，恐酿乱无穷期也"。意思很明白，在郭嵩焘看来，中外交涉的目的，并不是要"致武"，而朝廷用人失当，主事办事者模棱参差，遮遮掩掩，将后患无穷。他在信中还说，"顷时天津夷务，诸王主之于内，一二任事之臣眩惑于外，所介之多者，全五十余条。随复遣使东行，人言籍籍，谓且悔前约，而朝廷故严秘，至密谕谓，语及者当追问所自来，而道途之口已无不知之。奉使者亦知其难任也，相与推诿迁延，事端数变，识者颇谓非宜。晚（郭嵩焘自称）意夷人之至天津，志在恫喝而已，非有所愤激呈憾于我。□明白剖析，允其所可行者，绝其所不可行者，坚以持之，则彼之气亦沮，所谓折冲尊俎，不待致武者也，此夷情也"。然而，当事者对于"夷情"惝然不知，"徒务反复，以授夷人之胁责，诸臣误国之咎，可胜言哉！夷款最巨者，汉口以下准给口岸三处，而诸王所欲悔变，则在入京建立夷馆一事。盖自五口通商，夷事已无可为，此议成而患遂烈矣，苟幸二三十年无事已耳。卞宝书一小臣，自天津至京，即时召见，段承实一随带司员，主款夷者，特加四品卿衔，为正使，二君小人之尤者，宠视如此，所谓小人道长者乎"！

在这里，郭嵩焘所指责的，事实上已经不只是诸臣，而是诸王，即决策者因为无知而带来的反复，办事者同时迁延推诿，最忌讳且引为大患的，居然是洋人"入京建立夷馆一事"。

郭嵩焘说，自己从入京以来，目见耳闻，多所感触愤激，之所以"不敢以众人所讳者秘之"，就是希望"肩重任，负时望，与国同休戚"的胡林翼等重臣，能够权衡利害，早做设计安排。[1]

郭嵩焘是一个率真直性的人，具有某种在官场上尤其罕见的孩子般的真诚、质朴和正直，习惯兴冲冲地去做事，说话很少拐弯，似乎并不太多思前想后，计较前因后果，也不太喜欢察言观色，揣摩别人的心思，而是奔着自己认为正确的方向走去。他的小弟弟志城曾说他"勇于任事而轻于信人，易于发言而疏于防范，处上下之交为不相宜，处君子小人之交尤为不相宜"。郭嵩焘自称，志城"数语切中"。[2]

某一天，郭嵩焘到他的好朋友陈孚恩处，适有客数人在座，正高谈洋务，一意主战。郭嵩焘笑曰："洋务一办便了，必与言战，终无了期。"闻者默然。顷之，客散，陈孚恩引郭嵩焘至僻静处，告曰："适言洋务不战易了，一战便不能了，其言至有理，我能会其意，然不可公言之，以招人指摘。"

1《郭嵩焘全集》第十三册，27页。
2《郭嵩焘全集》第八册，546页。

郭嵩焘把陈孚恩的话记录在《玉池老人自叙》中，同时说"予不能用其言，而心感之"[1]。

后来的记述者评论此事说："此即是国人最大病痛，盖明知其不可战而不敢不言战，发言公廷，与议论私室，截然不同。此非咸同之际为然，至今恐尚尔也。"[2]

"洋务一办便了，必与言战，终无了期"，这确实是郭嵩焘作为翰林时就已经形成的观点。他意识到，此番"夷人"东来，挟着某种不可阻挡的大势，不是可以简单处置的，更不可能一举荡平，天下从此交安。

因此，他对于那种高亢的大言并不以为然。

意识到"战无了局"，郭嵩焘认为，唯有尽量了解洋人，了解他们的需要和目标，才可能对对方有所把握，然后以"理"与"诚"相折冲，求得安全。

此种论调在激昂的时论中，显然极其异端和极其少数，容易被视为怯懦，甚至是投降主义。加上自古官场一种随众的自我保存术早已深入人心，正如陈孚恩悄悄叮嘱他的，错了是大家的错，不需要承担责任，如果固执一己之见，冒犯众人的利益和尊严，哪怕侥幸正确，反而可能"招人指摘"，所谓"枪打出头鸟"。对此，郭嵩焘自然不可能不懂得。

但是，此时，湖湘水土滋养出来的蛮性、认真和耿耿忠诚，似乎在他身上占了上风，作为真儒的精神在他身上显灵。他要毫不避忌地建言了，皇帝不是也说过要他这样做吗？

就在他即将前往天津的正月二十二日，郭嵩焘草拟了奏折和附片，准备二十四日跪安入奏。第二天，又是好朋友陈孚恩"力嘱"他不要具折言事，以免"误触忌讳"，于事无补而于己有损。郭嵩焘没有辩驳。但在晚上，他把奏折给另外一些并不位高权重因此同样不谙世故的朋友

1《玉池老人自叙》，《郭嵩焘全集》第十五册，761页。
2《花随人圣庵摭忆》，197页，山西古籍出版社1999年。

看了，朋友多怂恿他，以古道相期许。其中有人说，自从当年曾国藩给道光皇帝上《三流弊疏》后，"仅见此文，亦今之《广陵散》矣"。

借用魏晋大名士嵇康刑场上弹奏《广陵散》的故事，比喻有点不伦不类，那种慷慨的情怀则是公然流露的。

郭嵩焘对此感觉良好，对朋友的热烈反应也感觉良好，说他们"可谓能尽友朋之义者矣"，完全一派被使命感和献身感所支配的饱满天真。

郭嵩焘自己表白："谴责所甘受，但视此文稍足启发朝廷一二，即上之勿疑。"显然是决心早定，朋友的建言或期待仅仅强化了他的勇气。

在奏折和附片中，郭嵩焘很明确的意见可以归纳如下：

第一，对夷人宜主"抚"，不宜主"剿"。因为"夷船沿海侵扰，所驾火轮日行数十里"，根本无法堵剿，所以必须"筹数十年守御之计，非务防堵一时"。

第二，对于具体海防，郭嵩焘认为，"夷人所恃，船坚炮利，中国物力所不能及"，不能"筹之于外洋"，又不能单凭陆路抵御，因此"当筹之于内江"，尽快建立内江水师，建造内河战船，招募沿海水勇，以"扼海口之冲，而补陆军之不及"。

第三，他认为，要制御远夷，"必务疏通其情"，要通晓夷情，必须"熟悉其语言文字"。他坦陈，通市二百多年，交兵议款又二十年，始终没有一个人能通晓夷情，熟悉外国语言文字。他认为，习知夷语以通夷情，乃是当前最切要的事。这显然是倡议设立同文馆的先声。多年后，郭嵩焘在回忆中记述："咸丰九年，予直南斋"，希望朝廷寻求"通知俄夷语言文字者二人"，"通知英、法、米三国语言文字各一人，贡之京师，以理藩院一优职处之。文宗极为之动，饬郑王、怡王会同军机大臣议行，而终无敢赞一辞者。至咸丰十年，夷人入京师，始开同文馆局，而国体全伤矣"。[1]

1《郭嵩焘全集》第九册，428页。

第四，郭嵩焘直陈自己对于政局的最大忧虑，即"上下之情太格，名实之数太淆，欺罔之风成为积习，其患不可胜言"。说得明白一点就是，朝廷不知国情民情，是非标准混乱，欺骗成风。具体到政治运作，一方面，朝廷依赖军机大臣召对时事，但这些人大多"无兼营之智，而多贻误之举也。军机若此，部院何莫不然"，人人"相与圈图迁就，以为和衷"，完全应付不了大局。另一方面，吏治隳坏，纲纪废弛，"销磨善气"，积习相仍，瞻徇掩护，直接导致了内乱不已，因为"吏治不清，虽日克一城，日破一贼无益"，因为"克"完，"破"完，接着会有更多要"克"的城、要"破"的贼在等着，所谓兵连祸结。总之，无论朝廷还是地方，"专务粉饰弥缝，无取征实，不知寇乱之起，根本欺诬"，循常守故，踵事虚浮，"当官乐便给而远忠直之士，遇事工回护而轻干济之才"，如此，自然不足以弭祸乱而厉人心。

凡此种种，他希望皇帝能有所改变，如果皇帝能够"事事认真体察，使天下晓然于圣心之所注措，万事万务，自然就理"。他直言"天者务刚其气，王者务强其政。求自强之术，不以盗贼为忧，而忧耳目之多所蔽；不以艰难为惧，而惧积习之未能除。皇上洒然振兴于上，天下臣民精神俱奋，区区寇乱不足平也。故臣以为挽回世运，存乎皇上一心之用而已"。

最后，郭嵩焘深情地说，是皇帝的英明和"特达之知"，让他得以在南书房行走，追随左右。现如今，在即将要"荷戈从征"的前夕，"瞻望天颜，倍增依恋，稍有得于一隅之见而不竭诚尽言，则臣为负此心以负圣恩，为咎滋大，是以卒忘其愚贱而备言之"。[1]

咸丰九年正月二十四日（1859年2月26日）丑刻，郭嵩焘就来到宫门坐候，片时，进入北朝房奏事处，递上奏折，然后回寓。早上，再入宫，内监传示叫起单，他是当天七起召见中的第四起。快中午的时候，

---

[1]《谨推陈致理之原疏》，《郭嵩焘全集》第四册，3—5页。

内监把他引导到勤政殿东暖阁，他按照指示入跪。

皇帝问："汝赴天津是否亦以廿六日启行？"

答："随同僧格林沁廿六日启行。"

问："汝当是办理文案？"

答："听从僧格林沁派办何事，想是办理文案。"

皇帝提起他的上书，说："汝所论造船事宜，此非旦夕可行，当徐图之耳。"

郭嵩焘解释："此原系为经久之计。据臣愚见，他从水里来，亦须从水里防备他为是。"

皇帝又提及："汝正折所言，或尚有不能形之笔墨者，当尽情陈说，不必隐讳。"

郭嵩焘于是畅所欲言："今日总当以通下情为第一义。王大臣去百姓太远，事事隔绝，于民情军情委曲不能尽知，如何处分得恰当？事事要考求一个实际，方有把握，故以通下情为急。今之论者，动曰出主意、求人才。天下艰难至此，从何出主意？只是朝廷之上，认真一段工夫，破除积习，切实做去，立竿见影，天下自然从风。即如人才，岂是能一见即定他为将才、为名臣？亦多是朝廷立个一定主意鞭策之，人人晓得朝廷志向，自然跟着这一路来，久之积成风习，便觉气象光昌。故总须是朝廷立个榜样才好。"

郭嵩焘这一段言论，无疑是那个时代最有建设性的大胆言论之一。

"通下情"，求"实际"，包括通"民情""军情""夷情"，如此才有"措置"的方法，才有"把握"。什么是"把握"，就是玩于股掌之间而没有差池，就是得心应手。而最根本的主意和办法，是树风气、立标准，包括是非的标准，廉耻的标准，好坏的标准。譬如人才，任何时候，任何地方，从来不缺少人才，鸡鸣狗盗之徒也可以是人才，王安石《读孟尝君传》中说："世皆称孟尝君能得士，士以故归之，而卒赖其力，以脱于虎豹之秦。嗟乎！孟尝君特鸡鸣狗盗之雄耳，岂足以言得士？不然，擅齐之强，得一士焉，宜可以南面而制秦，尚何取鸡鸣狗盗之力哉？夫鸡鸣狗盗之出其门，此士之所以不至也。"王安石说的就是在上者的规则和标准。关键看在上者需要什么，然后才可以成就什么。也就是说，标准和取向决定着你所能获得的结果，"举措赏罚，圣人所以整齐天下以使从化者也"。需要考试高手就会有考试高手，需要投机高手就会有投机高手。人的本性是趋利的，这一点古今中外皆然，这也不是什么人性的弱点。正是这样，才可以把人引导到你需要的方向上去。至于引导到什么方向，那就是皇帝和当局者的选择了。

听了郭嵩焘的一番议论，皇帝说："然。"

然后，皇帝又问到他住在翰林花园还是在外面租房住，他回答说翰林花园已住满，他住在朋友家。皇帝问他到天津带几个家人，他回答"带家人三个"。直到皇帝"欠伸"，郭氏站起来，退后三四步，又跪下奏言："臣郭嵩焘叩请皇上圣躬万安。"皇帝颔首致意，郭氏这才退去。[1]

果然是"瞻望天颜，倍增依恋"。

当晚，朋友饯行，郭嵩焘又去面见了僧格林沁和肃顺。回到寓所，已是深夜，但还是宾客云集，他感觉"极苦疲倦"。历史人物中，很少有人像郭嵩焘这样对于官场应酬作完全不留情面的自我反思，他一生对于自己置身其中的士大夫间的无聊的往还，常怀惆怅和反感，日记中为此留下大量感慨和喟叹，包括自责与自省。他在日后乡居时说，天天应酬，天天写信，天天受人请托，或天天请托别人，生命就虚耗在这些无谓的事情上。其实，这也是没有专业分化的人情社会的必然，是当局者对于社会资源的绝对垄断所导致的必然结果。

第二天，收拾行装。第三天，冒雨出京。当晚在通州过夜，郭嵩焘只找到一间破屋住宿，在市上买了两个炊饼充饥。

正月二十八日深夜，郭嵩焘抵达天津。

一进城，就风闻英军统帅，那个"昨岁在天津桀骜不驯，逼书和

---

1 《郭嵩焘全集》第八册，183—184页。

约"的卜鲁斯，坚持赴天津来更换和约。新驻上海领事系原广东领事，据说也是个"最称凶狡"的狠角色。

郭嵩焘深感"英夷殆非可以轻易处断者"。

僧格林沁是主战派，所以积极经营炮台，布置岸上的防务。郭嵩焘随同到处看炮台，观看演习，视察工程，非常认真，甚至为一些具体安排和僧王意见相左。按照现在的说法，他是不明白"挂职锻炼"应该少管事的道理，反而尽职尽责，心里真把自己看成与僧王"平行"而非"随同效用"的大臣了。

清廷虽然退让求和，签订了《天津条约》，却心有不甘。士大夫更多愤激之辞，喜欢作"处士横议"。因此，在有关进京换约的问题上，朝廷上下充满疑惧，也自觉委屈，所以有点不情愿，似乎希望收回进京换约的许诺，还想对跋扈不臣的"洋夷"有所惩处。

任命僧格林沁布防天津，正是和战不定，既恐惧洋人又不信任洋人的体现。

二月初一，郭嵩焘与僧格林沁的幕僚夜谈。郭氏直言，去年的失败，就是因为朝廷内外无主见，"临时商议，参差反复，愈办愈坏"。所以，今日之事就应该有个踏实的主意，是和是战，战败了怎么办，如何收拾，幸而战胜了又如何为持久之计？必须彻始彻终，通盘筹算，然后斟酌一办法，请示朝廷。

郭嵩焘批评说，如今朝廷议和议战，皆"务为尝试而已。任事者亦贸贸焉与之为尝试，以事度之，胜败两无所可，理势俱穷"。而且，在他看来，今日的外夷之患，是亘古所没有的，做决策的人却总想欺诳人家，怎么可以？既然议和，允许人家进京换约，却又在海口作严防死守的安排，怎么去"晓谕"外夷？

在参赞僧格林沁军务过程中，郭嵩焘的日记和书信中，充满了此类分辩和叹息。他还为海防事用《易经》占卜过，"得明夷之贲"[1]。

---

1 《郭嵩焘全集》第八册，211页。

三月初八（1859年4月10日），怡亲王载垣来到天津营地，郭嵩焘随同僧格林沁跪安觐见。

从亲王那里知道，在上海与"外夷"的谈判，已经结束，入京换约之议，不能改变，只能接受。但天津的防御不撤。亲王还说，奉旨密商，假如夷人入口不依规矩，可悄悄击之，就说此乃乡勇所为。

郭嵩焘听了大不以为然，力争道："凡事须是名正言顺，须缓缓商之。"但亲王"愤愤可笑"，不为所动。

四月十七日，僧格林沁的幕僚就曾按僧格林沁的意见，草拟了一份奏折，"谓当以议抚属之上海，以议剿属之天津，且谓和约仍当从上海更换，先以天津民勇强悍阻其赴津之心"。

所谓天津"民勇强悍"，就是为怡亲王"悄悄击之"的说法张目。

事实上，"悄悄击之"也是僧格林沁一班人的主张。对此，郭嵩焘极力反对，在他看来，必须"力破此见，而后可议剿抚之方，岂可复据此为言乎"？[1]

郭嵩焘一直认为，不能背信爽约，不能欺诈，要以礼自处。否则，难以服人，也难以成事。这在聪明人看来却是近乎迂阔的书生之见。包括僧格林沁在内，当时无论议和议战者，都难免怀"聪明"的侥幸之心。

在晚年日记中，郭嵩焘曾经述及，曾国荃说："大抵《中庸》之言，不诚无物，便与洋人议和，须出以诚，议战亦须出以诚。今人都喜炫弄聪明，以诚为笑，吾乌知所终极哉！"对此，郭嵩焘极为推服。[2]

除了具体交接上的区别，郭嵩焘在战略上坚持自己"战无了局"的看法。

他在回忆中提及，僧王刚开始办理天津海防，回京度岁时，曾经在朝房询问他，办理海防和剿除捻匪，担任哪一样更适宜？郭嵩焘回答，捻匪是心腹之患，办理一天就有一天的功劳；洋人以通商为目标，应当

1《郭嵩焘全集》第八册，211页。
2《郭嵩焘全集》第十一册，367页。

071

讲求应对之方，不应当动不动以称兵打仗为事。因此，海防无功可言，无效可记，不宜担任。

僧王听了，默不作声。[1]

有此基本观点的差别，来到天津参赞军务，郭嵩焘"有所匡益，必蒙驳斥"。郭嵩焘说，他总共上说帖十七次，基本观点是，假如要攻击对方，必先循理，循理而胜，保无后患，循理而败，也不至于有悔。

但是，这样的意见，"终不能用"。

僧王则以为，外夷与捻匪一样可以剿平，以至于有轻视之意，谓"洋兵伎俩，我所深知，何足惧哉"！

无法阻止夷人入京换约，僧格林沁仍极力交涉，要求夷人由北塘入口，绕道天津，再由水路经通州入京。因为"大沽海口布置均已周密"，"不可令其窥伺"。美国公使华若翰就是由北塘转天津入京的。

但英国统帅，桀骜不驯的卜鲁斯果然不愿意这样，坚持由大沽入口，并要求撤除僧格林沁布置的拦江障碍。照会不被理会，便开炮攻击，并派步兵登岸。

按照另一种说法，也就是郭嵩焘认同的说法，僧格林沁不奉诏旨，派人到"拦江沙外"去晓谕夷船，而是任由夷船入内河九日，不做理会。同时"去衣冠自称乡勇，诱致夷人，薄而击之"，这才有英国军舰的炮击。英国人没有想到，大沽的工事不再是咸丰八年那样薄弱，甫一开炮还击，英舰便四沉六伤，仅一艘逃出，登岸的数百英兵，亦被僧格林沁所率领的马队击杀，并活捉二人。清军虽有伤亡，但毕竟是把洋人打跑了。

一战而胜，朝廷大事奖赏，赐僧格林沁御用珍服，郭嵩焘也得赏花翎。时论更一哄而上，认为"洋夷"毕竟也是蛮夷，不足为惧。

远在南方的曾国藩复信郭嵩焘，难掩兴奋之情，说："五月二十五日之战，自庚子、辛丑夷务初起后，至是始一大创之，中外人心为之大

1 《玉池老人自叙》，《郭嵩焘全集》第十五册，760页。

快，惜来缄叙战事太略。"[1]李鸿章也以为"贤王名士，共建奇勋，中外方交庆之"。

郭嵩焘为什么会"叙战事太略"？因为他内心深处或许就不认为这是应该庆祝的事，它只是更大的危机的前奏而已。

前此，在给曾国藩、左宗棠的信中，他总是欲言又止，既不敢不认同英雄气概的僧格林沁，说他"贤劳忠实，事必躬亲，精神肆应，夜以继日，用之不竭，其坚忍耐苦，有非人所能受者，国家柱石，犹见斯人"，说"当世无比"的僧王"以防一海口，宜无可虑者"，但又不得不婉转交代，"惟夷人始终未尝求战，中国乃彷徨反复，以诱致之"，而自己"厕身众人之中，与时俯仰，即有才识，亦不过任一事、效一职，为众人之为而已，鄙人钝拙，自审非宜"。一方面不能不附和僧格林沁修炮台，设拦江工事，庆贺"五月廿五日之捷，为二十年未有之快举"，一方面又深知"惟夷船之来无时，而防师不可撤，虑难与持久耳"，"惟夷人来去不可知，终非了局耳"。"去岁主和诸公遗误一至此，故谓夷务至今日，剿抚之势两穷。其或交兵以战，彼之来去无常，而我力有尽，且自广东以达盛京，海疆诸要害，谁与守者。必主剿也，胜败之机两失。论者但知以战为是，而言和为非，遂为公论所从出。主款诸公又徒为悾愡而已。盖自南宋诸君子议论繁多，至今得失不能办，汉唐控御夷狄之规模，所以为后世所不能及也。僧邸治海防主战，他非所宜，知所以云能者，事理固如是耳。"

两难的心事，无人懂得，也无人理会，郭嵩焘只有俯首沉默。所以，甚至在友朋认为他昂首阔步、大有可为的时候，他却让人扫兴地说："拘迂直拙如鄙人者，与今世尤相背驰。"他甚至想到了如何退休林下，"遂吾初服"。

在给左宗棠等人的书信中，郭嵩焘反复念叨："弟之北行，求匿迹朝巿，非求任事者，寻常闭门，不与人交接，往返至交，乃多为世

---

1 《曾国藩全集》书信卷二，1024页。

非，叹负奇异，与世参差。顾念天下事，非迂拙偏急所能堪，求归者屡矣。""自念内进一阶、外守一郡，有职分可循，尽吾事焉足矣。其不然，委蛇进退，稍濡时日，犹当引身乞休，遂吾初服。""海防恐无了期，日长炎炎，念少佳趣，欲脱然以去，又无以为辞，老兄何以教之？"[1]

然而此时，举国喧阗，一片鞭挞讨伐的激越之声。

对此，郭嵩焘显然无可建言，即使可以建言，也与汹汹舆情背道而驰。曾国藩在咸丰十年六月的来信中，忍不住动问，关于"西夷"之事，为什么郭嵩焘每次来信，"始终不一说破，战耶和耶，抑别有一术出于战和之外者耶"？"所谓康庄者安在？荆棘者又安在？可以不战者安在？战而胜与胜负皆无悔者又安在？"曾国藩甚至请求郭嵩焘，"告我浅显之情，无故作深妙之语，至要至荷"。[2]

其实，这正是郭嵩焘欲说还休的尴尬处。谔谔一士，他说什么好呢？

与郭嵩焘截然不同的是，僧格林沁在战胜之余，不仅长了信心，也长了脾气，他原本就不把郭嵩焘的书生之见放在心里，此时变得更自信、固执和骄横。郭氏"战无了局"的说法，自然更难入僧王之耳。

五月大沽之捷后，郭嵩焘曾携僧格林沁的密折进京。这不是捷报，捷报已上过好多次，这一次奏陈的是关于下一步应对"外夷"的建议。

僧王的折片说，胜仗之后，夷情"较之上年颇为驯顺，未尝非慑我兵威之故，趁此机会，正当力求控御之方，申明大义，振起国威；此机一失，后难复得"。又预警说，英国人虽然跑了，但由北塘入京的"美夷"与"俄夷"，"入京后必将铺张英、佛（法）两国强悍情形，大言恐吓，代为要挟，该二夷借此渔利。若仍一味迁就，益将轻视中国"。

所以，僧王建议，朝廷应该停止由事事俯就洋人的桂良议和，应另"派有胆有识大臣，帮同妥为办理，务要词严义正，折服其心"。

1《郭嵩焘全集》第十三册，32—36页。
2《曾国藩全集》书信卷二，1434页。

僧王还建议朝廷将英、法历年来的狂悖情形，宣示中外，"该夷如知愧悔，中国不为已甚，仍准和好。倘执迷不悟，即绝其通商，该夷惟利是图，或可就抚"。又说，"英、佛二夷挫败后，意图报复，势所必然。然越七万里滋扰中国，非处万全，必不肯轻动"。

"绝通商"云云，仍然是类似林则徐二十多年前的判断和应对之方。

最后，奏折还称道了郭嵩焘的襄助之功："编修郭嵩焘自到防以来，随同奴才布置一切，昼夜辛勤，于剿抚各事宜均为熟悉。"

僧王的奏折，郭嵩焘应该有所预知，但显然不能左右刚刚大捷的僧王的主意，更不可能加己意于僧王。郭嵩焘显然也认同"振起国威"，掌握有利时机去谈判，但不会奢望用武力和"绝通商"去"折服其心"。他的低调难以被认同，对于朝廷上下来说，委屈压抑了二十年，刚刚出一口气，谁愿意听自我贬抑的低调？

郭嵩焘奉命从前线回来办事，皇帝自然立即召见。

因为郭嵩焘此时的日记缺损数月（五月至九月），我们不知道他在皇帝面前的应对情形，从上谕看，他没有也不可能对胜利"浇冷水"。

皇帝就此认为，既然僧王于"议剿"有把握，"则抚局自可不至迁就"。也就是说，战既有把握，就不必委屈求和。

结果自然是"始料不及"的，战并无把握，以至屈和也不可得。日后，夷人确实是以清廷不讲信义为由，拒绝再谈，而长驱直入京师。而且，在战事中还获得清廷一边议和，一边密令剿灭他们的确切证据，让清廷无可抵赖。

但这些跟郭嵩焘关系不大了。他五月回京，七、八月间才回到天津。不久，就奉诏命离开天津，前往山东诸海口，查办厘税。

查税山东 事与愿违

赴山东的任命，可能与肃顺有关。

五六月间，郭嵩焘在京与肃顺颇多往还。肃顺当时是户部尚书，知郭氏能理财，曾向郭氏征求意见。郭嵩焘在"海商课税"与"变通盐法"两方面有自己的想法，他曾经也和陈孚恩谈过。而此行，正是去办理"海商课税"事，并兼察盐法、盐务，目的是为朝廷开拓利源，头衔是"钦差大臣"。具体朝命为：前任山东巡抚崇恩试办烟台海口抽厘，尚有不实不尽之处，命郭嵩焘轻车简从，前往严查。并命僧格林沁拣派妥员随从。

僧王派的人叫李湘棻（1798—1866），字云舫，道光十二年（1832）进士，山东安丘人，在山东不仅有影响，应该也有根基。曾作为漕运总督，因事被遣，僧格林沁保奏，获准留营，经营日照合山矿务，显然是僧王的亲信。郭嵩焘称之为云老。

此人与郭嵩焘这一次钦差使命的成败，大有关联。

郭嵩焘从天津出发的时候，李湘棻就借故不与郭氏同行。郭嵩焘对此毫无意识，也毫无防范。他是兴冲冲的，把皇帝的差遣，真的当成了自己的使命。

奉旨公干——密查，郭嵩焘按照皇帝的指示，也按照自己心目中理想的方式行事，一路不惊动州县，也不住公馆（政府接待处）。沿途设立的那些公馆，派出的探差也常常只打听李大人（湘棻），仆人"语以郭姓，皆去不顾"。

郭嵩焘以为人家是旧显贵，所以"动人"，没有在意。他还认为，此行是奉旨严密查办，不宜这样招摇。

郭嵩焘费用自理，每天约费六七金。而且，到处考求民生，访问贤能，对于地方百姓的忧戚，念兹在兹。经过黄县时，当地县令前来迎接他，并准备了程仪和打发随从的几份小礼品，郭嵩焘不仅退回，而且就此传集身边的几个人，"剀切晓谕"，又"传谕前途，不准再有此举"。

在这样做时，郭嵩焘想到，李湘棻之所以不愿意与他同行，大概是怕他要求太严格吧。同时，他也看到，自己身边的人"虽皆唯诺听命，而不能无愠色"。

后来有人对他说："君不住公馆，不受饮食，历来钦差所未闻也。"

王闿运知道他一路拒绝"苞苴"后，责备他，说他中了曾国藩的毒。郭嵩焘说，曾国藩是中了圣贤的毒。

郭嵩焘果然是按照当年他和曾国藩、刘蓉所自期自许的那样做的。

在不到两个月的时间里，郭嵩焘风尘仆仆，沿着山东半岛的海岸走了一圈，"周历海口二十余县"。郭嵩焘所至之处，"清查出入款目"，翻看各种簿据，以致"目痛手疲，心力俱瘁"。如此细致的勘问，很容易证实那种到处见怪不怪的管理上的马虎：各口岸官商勾结，税费不明确，收缴也不完全，互相隐瞒，上下截留，一起分成，或者在税费之外敲诈勒索，其额度有的超过正税四倍多，或者因为贪污贿赂而流失。如此，管理成本浩繁，种种利益全盘私人化，吃亏的是脚头（商人百姓中，当然也会有人占便宜），吃饱的是中间（管理层），需要孝敬的是顶头（任命管理层的管理者）。

早在作为翰林时，郭嵩焘就意识到，"自古治财无他法，生财之源、节财之流而已，而要以锄去渔利者为本"。但当时京师之大，没有几个人敢这样说。[1]

于是，郭嵩焘每到一处，对此（"渔利者"）都有所处置，处置的办法其实也简单：把不公开的征缴公开，把公开的加以明确，把落入私人和地方的款项，统一归口。同时，设局抽厘，在烟台首先试办。他安排蓬莱太守（张健封）和自己的同年进士萧铭卣"总司局事"，并就此通报了山东巡抚文煜。

据郭嵩焘自己说，这样"每岁可得税银二百余万"，"时方隆冬，每日犹得二三千金，留三日征及万金"。为此，他很得意，得意自己理财的能力，得意自己的清廉，也得意自己向皇帝说过的如此"认真"的作为。

---

1 《郭嵩焘全集》第八册，150页。

可是，统一归口管理税费，这显然严重侵犯了地方利益，打破了原本可能相安无事的利益格局，设局抽厘，又是增加新名目。对于商民来说，旧的负担未必因此可以减免，新的负担则不容逃脱。新的厘局管理者们也未必能够保证清廉。结果，厘局成立不久，郭嵩焘刚刚转身，就发生了福山县商民怒捣厘局的激变，说他们"伪设官局"，总司萧铭卣被殴致死。

这时，郭嵩焘此行的"会办"——"云老"李湘棻出面了。

他其实一路都在对僧格林沁"负责"，监督郭嵩焘的所作所为。郭氏在山东的所为，未必没有动他这个山东人的奶酪。郭嵩焘开办厘局时，他就向僧王报告，如此大事，郭嵩焘并没有与他会办商议。而他的身份就是"会办"。

僧王原本对于郭嵩焘的"书生本色"（不卑不亢，自有主见，有时还显得目中无人。旧式官场人际，习惯以奴才、主子的方式相处，不习惯以职业身份和职业方式交接）没有太多好感，此行大小决定又多没有与自己派出的会办协调，其恼怒可以想见。此刻酿成民变，绅士致死，僧王立即以郭嵩焘未与会办李湘棻同办，未与山东巡抚面商，擅自派绅士设局抽厘，以致激起民变为由，上书参劾了郭嵩焘。

这时，郭嵩焘收到福山县令悄悄寄来的一个出自李湘棻之手的文件。郭嵩焘看了非常气愤，因为所写的完全是"一片污枉之词"。

不过，当郭嵩焘听说，山东巡抚文煜已赶赴烟台，调查"厘局"事项，他"颇为之一快"。因为事情想必可以澄清，自己原本问心无愧。所以，到了省会济南时，他听说王闿运在附近，还邀请王氏一起夜谈，并同游大明湖，访趵突泉，登千佛山、优侗山，写了一堆诗，兴致很高。

可是，很快，郭嵩焘收到了一封僧格林沁指责他的信，他觉得"极可怪"。

过了几天，山东巡抚文煜回到济南，和他谈话，"悲叹竟日"。显然，文煜有难言之隐，不能或者不想替他澄清。而且，从文煜那里，郭嵩焘又知道，李湘棻曾经上给文煜一条陈，"语语侵及鄙人，而多为琐屑谬妄之词", 以此自鸣得意, 还假惺惺自称, 因为是"奉会商之旨", 不敢"缄默自全", 不能不告诉巡抚。僧王的态度也极不谅解。

这时候, 郭嵩焘始知"滔滔天下, 吾安适哉"!

他似乎进入了一个别人事先安排好的圈套。

更糟糕的是, 郭嵩焘请文煜将李湘棻的条陈与自己的辩状, "会同拜发"。但文煜显然害怕得罪正盛名炎炎的僧王, "遂起反噬之心", 故意延留时日。很快, 十二月十日, 上谕就到达了, 旨意是郭嵩焘"交部议处"。

郭嵩焘愤慨之极, "乃历陈数日情事", 诘难文煜。文煜无以为对。

让郭嵩焘最为伤心的还不是自己"交部议处", 而是"虚费两月搜讨之功, 各海口情形一一具载", 各种文件以及所制定的章程, 作成"凡七巨册", "发二百年之锢弊", 利弊情伪尽在其中, 可以由此规划山东全局。结果却是眼前不堪收拾的"溃败决裂"。"敝衣徒步, 严寒海上, 手足皲裂, 艰苦厘定"[1], 不仅"忍苦耐寒"的努力"尽成一梦", 而且殃及无辜——他所访求提拔的有声望、才干的士绅, 反遭查询, 同年萧氏更因此罹祸丧身。他因此"私心痛悼", 岂待言哉?

此种失望和失败感, 如何释怀?

后来总结此行的失败, 郭嵩焘自认为, 主要原因是:

首先是自己没有知人之明。云老这个人, 需要谄媚时就能谄媚, 该张牙舞爪时就能张牙舞爪。而且, 趋利的欲望很强, 趋利的手段很猛, 所谓"柔恶又加以阴鸷, 能谄能骄, 其树根固, 其趋利尤猛"。按郭嵩焘的说法, 此人劣迹原本"著闻天下", 自己与他同处, 共事僧王, 却是很久才知道他奸恶的本性。僧王之类, 当然也不会有知人之明。

其次是僧王的打压。咸丰十年 (1860) 十月初十, 郭嵩焘在给陈孚恩信中说, 英法联军最终兵燹北京, 火烧圆明园, 直接原因就是僧王

---

1 《郭嵩焘全集》第十三册, 74页。

"诱击夷人"的决策。他本人曾经"陈谏再四，又虑语言不能通晓，两上书力争"，认为所关安危大局，不敢不言。"夷人之来有辞，当求折冲樽俎之方，不足与用兵"。即使没有办法而不得不诉诸一战，"要使理足于己，庶胜与败两无所悔"。圣上那样"忧勤"，做臣子的"岂可乘骄愤以贸天下之名哉"？

郭嵩焘的话，自然是僧格林沁不爱听的。

僧王正在建功立业的兴头上，说得好听一点是"武死战"——作为武臣，不惜为君父牺牲，说得不好听一点，就有"贸天下之名"的意思。郭嵩焘如此离心离德，又不是那种深藏不露的人，喜怒好恶习惯挂在脸上，形于辞色，"深恶异己"的僧王，岂能不心知肚明，所以最终打击他不遗余力。

郭嵩焘的分析，难免主观。但据王闿运后来从山东回来说，郭嵩焘离开山东后，僧王曾有信到山东咨查，说郭嵩焘在福山取银两千，不知作何使用。又说福山地方无土特产，由于郭氏勒派，四家只好各出银五百两，以应所求。

郭嵩焘在日记中说，这完全是莫须有的捏造了。

看了僧王的咨文，郭嵩焘感叹："僧邸贤者，而立心如此，世途真险矣哉。"在致曾国藩信中，他更愤然表示"小臣官虽微，固钦使也，僧邸下檄府县，搜求阴事，辱小臣乎？辱国而已矣。"

郭嵩焘最终有所省悟的是，他的所想和所为，最大的敌人其实不仅仅是某个人，而是晚清官场趋向于腐败的风气和已经成型成例的利益规则与潜规则，它们一环扣一环、不可或缺、愈演愈烈，链条上的任何人要超越成例，超越潜规则，甚至首先就得遵循它们。郭嵩焘把此种陈陈相因的状态，归结为朝廷上下的颟顸。他所敬重的大臣肃顺，希望用严刑峻法整饬弊端，但这未必有效。

郭嵩焘认为，"国家致弊之由，在以例文相涂饰，而事皆内溃，非宽之失，颟顸之失也"。"一切以为宽而以严治之，究所举发者，仍然例文之涂饰也，于所事之利病原委与所以救弊者，未尝讲也。"所谓

"宽""严"，都难以改变"例文之涂饰"，都不足以"救弊"，因为"向者之宽与今日之严"，其为"颟顸"一也，"颟顸而宽，犹足养和平以为维系人心之本，颟顸而出之以严，而弊不可胜言矣"。因为，以"刑威劫持天下"，即使仅仅是为了理财，结果也难免形同"搜刮以实京储"。[1]

好多年后（同治七年五月），郭嵩焘梦见康熙。似乎是跟随康熙南巡，也不知道到达了什么地方，之前仿佛康熙让他查办一些案件，他在查办时，尽力为当事人开脱。康熙问他：朕听说他们的那些事很确凿，你为什么也替他们开脱？郭嵩焘说：皇上所说确实，不只是一两件事情而已。但是，国家定制，"必以亲供定谳"，这几个人，都不肯"具亲供"，这些事又比较小，不宜急急忙忙刑讯逼供。而且，想到皇上天恩浩荡，所以就开脱了他们，无非替这几个人保全廉耻罢了。康熙听了，颔首说：就该你这样办理。朕当时也是迫于形势，不能不查一查他们，不查他们，就会让人"玩法"，但也不必滥施刑罚，滥施刑罚也会使人"玩法"，而且最终丧失廉耻的。

所谓"保全廉耻"，正是一个社会健康与否的标志。无耻之耻，才是大耻，等到这个时候，不论是一个人，还是一个社会，挽救起来就更不容易了。

郭嵩焘在日记中言之历历，说犯颜直谏者也得康熙怂恿其说，"怦怦然以为真圣人也"，生平恨不能生在圣祖时。[2]

与其严，宁取宽，关键是自知自觉地掌握掌控，而不是无知无觉的颟顸。

所谓"颟顸"，不只是无知无识，更出于一种系统性的因循，你这样做，我也这样做，照行不误，不必问这样做合理不合理。

这样的因循，难道唯独只有郭嵩焘才可以发现？人的聪明愚蠢其实差别不大，郭嵩焘并不见得比别人多一个脑袋，因此而可以有所洞察，

1《致陈孚恩》，《郭嵩焘全集》第十三册，61页。

2《郭嵩焘全集》第九册，331页。

只是比别人认真一点、"无欲则刚"一点，保留了见怪则"怪"的直率的心性。"利欲"可以"熏心"，而且，利益往往又联系着人情，人情联系着伦理，一旦为人情、为伦理所牵制，所以模糊、因循，就逐渐成了惯例。

为什么不能解除对于这些惯例和"潜规则"的依赖？因为遵循这些惯例和潜规则，可以保证每一个人的最大利益而且相安无事，可以成为政府运行和社会生活的润滑剂，久而久之，演变成一种规范，于是"积非成是""政由贿成"。面对这些规范，不仅没有任何内心道德冲突和愧疚感，而且具有一种履行了"人情"的神圣感。所谓"世事洞明皆学问，人情练达即文章"，并不见得像从我们今天的口吻中说出来那样简易轻浮。在某种意义上，它所呈现的世俗理性是神圣的，是凝重的，包含了如同吃饭穿衣一样的重要的"人伦物理"，有着基于传统哲学义理的合理性和正当性。

此种局面，因此也就成为一种"正常"的局面。

一个人如果置身于此一系统而不能遵守这种系统性的因循（其流弊，说得直白一点，就会是同流合污），反而会被排斥，他们的存在，也多少会妨碍这种习惯性的体制"正常"运行。

郭嵩焘此次山东之行，可能就做了这样的妨碍者。

极端一点看，这就如同当年制度安排最严格的科举。当它成为一种没有反思性的惯例，并且由此形成了完整的"食物链"时，设立这一制度的初衷和目标，已经不再重要，重要的是人人由此获得出身，获得自己安排身家性命的那一份。这时，即使皇帝想废除它，也常常无可奈何。据说康熙曾经就动过废除八股文取士的念头，最终还是作罢。当然，科举在古代社会形态中所具有的开放性的功能和作用，也是它能够长期存在下去的首要原因。

话题回到郭嵩焘所遭遇的"因循"。

这种由颟顸造成的情况，日深月久，愈演愈烈，以致从反常演变为正常，正常反而成了反常。现在，郭嵩焘就成了反常。但当这种局面积累到完全丧失效率或者已经无法满足参与者的利益分割时，当这种"非组织力量"大于体制所能做到的自我修正时，社会就会有崩盘、打碎的一天，特别是加上某种类似元朝入主、清军入关的外部因素，加上人口的自然增长带来的生存压力，那可能就是玉石俱焚，谁也救不了谁的时候。

这常常是传统社会周期性崩溃的原因之一，传统社会也通过这种周期性的崩溃和重构，得以保持其动态的稳定与持久的运行。只是对于文明的递进和财富的积累来说，则是灾难性的。

官场人情，自古势利。

郭嵩焘被劾，返京途中，即备受冷遇。有县令瑟缩鄙吝，居然以"下乡为辞"，避不相见。郭嵩焘平生第一次真正有根有据地慨叹世道人心。

一路上，郭嵩焘心情压抑，苦闷化为诗情，于是不断题诗于旅店壁上。

咸丰九年十二月十九日（1860年1月11日），题绝句于献县旅店壁曰："人生都是可怜虫，苦把蹉跎笑乃公。奔走逢迎皆有术，大都如草只随风。"[1]二十三日在宛平长辛店又题壁："劳劳八年事，未敢问行藏。荒岁冬无雪，寒天夜有霜。道孤妨世隘，心短觉途长。浩劫干戈满，驰驱益自伤。"就在旅店墙壁上，郭嵩焘还看到一幅"开襟露胸"而"手装鬈花"的美人图，他也写诗寄意，原诗是："妾身委君求媚悦，又送人门借颜色。人憎人爱岂有常，向君谣诼谁解惜。可怜此心无复知，解衣示君君勿疑。装花满鬈自言好，莫笑区区微贱姿。"还有一首："妾家门前乌臼树，君来系马临广路。可怜广路车班班，君欢君怨须臾间。妾心不为妾身计，愿得一事可君意。工缣工素求君知，不如逢君欢乐时。"[2]诗的意思是说，我再怎么用心，再怎么解衣露胸，再怎么

1 《郭嵩焘全集》第八册，254页。
2 《郭嵩焘全集》第八册，255页。

乐意投怀送抱，都得等着你上门，还要等着你开心，但终究你的恩情能在我这里持续多久呢？这是一种我们耳熟能详的妾妇的怨望，这是中国士大夫的重要情感元素之一，中国文学和文化中的某一部分，就是由这种情感元素所编织、所成就的。这种情感可以造就美丽的诗篇，特别是当它超越了具体的题旨和情境时。

题壁看来属于当时的"言论自由"，所题的诗也算得上是民间"语文"。我们今天说起来，还算风雅，但对当事人来说，却只能是"苦闷的象征"。

郭嵩焘"惹"的事，不为时论所嘉许，而多谴责。他的牢骚无人领会，所谓"侧身天地，至无所容"。就连他的好朋友曾国藩似乎都认为，是他自己把事情弄坏了，他不得不写信申诉，说："甚哉！事之曲直，理之是非，未易明也。"

回京后，郭嵩焘按例在紫禁城西暖阁得到了皇帝召见，向皇帝汇报。

"汝几时到京？"

"昨日。"

"几时从山东起程？"

"十二月十五日。"

"烟台闹事时，汝已往何处？"

"已抵即墨。"

郭嵩焘把设局缘由，详述了一遍，最后说：皇上天恩，如果允许，我将所有制定的条规以及告示，缮写誊清，呈送御览，皇上可以一目了然。

皇帝没有说话，仅仅颔首而已。[1]

皇帝似乎并没有太责备他，"烟台闹事时，汝已往何处"的问话，可以理解为替他做了某种开脱，也可以理解为不满意。

很快，军机处传旨，让他第二天早上到军机处报告。为了准备文件，郭嵩焘"竟夕未寐"。第二天，他在军机处争辩得很厉害，主要是

1《郭嵩焘全集》第八册，255页。

希望为那些无辜受累的地方士绅正名平反。但这是不可能的，朝廷既然已经拿问处置，如何可能收回成命？

陈孚恩告诉他，如果力争，不但于人无益，反而于己有损。官场讲求的逻辑主要是平衡和稳定，而不完全是是非和曲直。

皇帝虽然没有更多责备，但按照成例，作为"肇事者"，郭嵩焘受到"降二级调用"的处分，以资惩戒，仍回南书房。

过年的时候，皇帝照样有所赏赐，如荷包、香橙之类。还给南书房四人赏了一尾鲂鱼，分割后拈阄，郭嵩焘得到的是鱼头。郭氏在日记中写道，人家说得鱼头的人，往往会被委派赴外任（可见放外任是美事）。郭嵩焘感叹说，放外任未必，或许倒是"出书房之征耳"。[1]

这其实更多可能是他自己的想法。

富有戏剧性的是，他也去见了僧格林沁。僧王问及烟台事，他直截了当说，其实没什么，只是李湘棻"一言鼓动人心，以致有此意外之变"。僧格林沁慰藉再三，还说：可惜此行，费力而无济于事。李湘棻那样掣肘，你怎么没有一个字告诉我？假如早告诉我，我撤了他，岂不就好了？僧王又问到郭嵩焘起居何处，说恐怕有事，便于寻找，开年就要赴山海关一带，然后转大沽，须及早料理。郭嵩焘提到去军机处报告的事，僧王说，你开给军机处的文件，也要让我知道，以免问起来说法"歧出"。

郭嵩焘在听僧王说这番话时，肯定有所琢磨，此老究竟算是一个什么样的人。

卷怀以退

转眼就是大年初一，皇帝照例在太和殿赐宴群臣，席开一百四十桌，每桌三人，郭嵩焘也置身其中，更蒙赏加一级之恩。

---

1 《郭嵩焘全集》第八册，257页。

咸丰皇帝喜住圆明园，郭嵩焘也经常随驾。咸丰十年（1860）三月十一日，和朋友有幸畅游皇家花园——清漪园，以为"生平所历，未有此奇丽之景"。他观看了从西洋运来的两部自行车，"制法极精巧"，看到了文昌阁上的自鸣钟。几个月后，英法联军就把郭嵩焘此次看到的清漪园烧掉了，到同光年间，清廷在清漪园的废墟上重建颐和园，但并没有重建郭嵩焘多所描述的后山胜景，郭嵩焘日记中的记述，无意间成为了最后的"清漪园赋"。

郭嵩焘在京师的生活恢复正常，应酬不断，有时和朋友"痛饮狂歌"，但终究有点意绪寥落。他自谓："自粤寇起，不敢复存利禄之志。自山东之役，即办事之心亦隳。"可见山东一行对于他的打击之大，尽管他算是个比较情绪化的人，情绪容易坏下去，也常常容易调动起来。

咸丰十年三月十七日，就在他畅游清漪园后几天，出人意料地，他具折请假，要求回籍，说"去冬因海风感动肺气，夜咳加剧，或至终夕不能成寐"，多方医治，久而未效，沉疴日积，负疚弥深，乞假回籍就医。私下里则说"怀此久矣"。[1]

咸丰皇帝有点疑惑，在召见军机处的人时特别说起郭嵩焘的病状，问"咳嗽之外有无他证"，还询问郭嵩焘"所以乞病之意"。

郭嵩焘究竟为何如此选择？从做官的角度看，他这样做全无好处。曾国藩就颇不以郭嵩焘的举动为然。

据说，朝中大臣某人向皇帝说，郭嵩焘可能是嫌南书房艰苦，不能久处。皇帝因此有所怀疑，难道是没有再派他赴膏腴的天津军营而让他心灰意冷？满足臣子们的利益趋求，在皇帝那里，自然也是一种激励机制。

郭嵩焘听说后很生气。这样的猜测，等于把他当成了唯利是图，以利禄为进退的小人了。他之所以不愿意待在天津军营（他说，在那

1《郭嵩焘全集》第四册，11页。

里简直"不可终日"），他自己最清楚。他对于钱财的态度，也是他自己最清楚。他曾经在日记中仔细开列了他外任时的花费，以及所支取的薪水，从天津到山东共花掉五百多两，而他每月支薪十四两多，两者相抵，他"赔垫"很多，完全靠亲友"帮款""寄助"。

事实上，当他听说朝中大臣居然以所谓不耐"艰苦"来掂量他的选择，他就"决计引退"了。而当他看到皇帝听信该大臣猜测不实之言，也因此误会他时，他觉得更没有必要让人觉得他"有所系恋，不能舍去"。而且，既然"上之情意颇不相属，谋洁身远引，谓庶几知小臣之所守耳"[1]。这甚至影响到他返回湖南后湘军各路英雄对他的召请。

看来，这也确实是他最终定夺的关键所在。

毕竟，郭嵩焘要侍候的是朝廷，是君上；所要实现的是自己治国平天下的初心，而不是利禄。君上不信任，甚至同样以利禄之徒视之，郭嵩焘自然只能如屈原一样"远游"了。

最初以几乎无病之身而借病乞归，郭嵩焘也许确实有希望获得皇帝信任的潜在动机，包括可能有着臣子对君王那种情感寄托上的扭捏，即希望皇帝明察秋毫，有所宠顾，所谓"妾妇"之怨望，私心之中也未尝没有抗议之意，抗议朝廷上下是非不明，做事的不如告状的，明白的不如懵懂的，心怀坦荡的不如心怀叵测的。

郭嵩焘是试图有所作为的。

既然难以有所作为，则不如归去，他为此反复表白，"吾道之必不可行也，而遂浩然以归"，"得志则以实心实政求裨益毫末，不得志则卷怀以退，无所顾计"，"与其进而负于君，不若退而合于道。此吾之所以归也"。[2]"仆疾病蹉跎，凡百荒废，生平非尽无志者，一再试之，而知天下事之难与吾道之不易求合。徒坐视其败坏，无益于人世而增此心之隐痛，则何如引身以退，使天下之是非得失不复留于吾心，吾之所养不较多哉！所以自守迂拙，固如是也。""君子之进退，审时量己，

1《郭嵩焘全集》第八册，293页。

2《郭嵩焘全集》第八册，325页。

求当于义，古今人所处，当亦不甚相远耳。"[1]

他反复的自我表白，显然把自己的心迹祖露得足够明白了。其实，他也不是完全不懂得虚与委蛇地应对，他可以在被僧王参劾之后去见僧王，也可以与在皇帝面前说他"不能久处"艰苦的朝中大臣赋诗唱和。

但是，他曾经和曾国藩、刘蓉读圣人书，咬牙立志，高标自许，终究不是为了来应对和唱和的。如果只剩下应对和唱和，那当然不需要再羁留时日，虚耗性命。他说曾国藩中了古圣贤的毒，他其实也许"中毒"更深。否则，就不会有这一次连曾国藩看来也未免轻率的主动请辞了。

---

[1] 《郭嵩焘全集》第十三册，59页。

第五章

国变当前

　　似乎有先见之明，郭嵩焘居然主动请辞，辞去南书房职务，离开北京。回到湖南后一个月，北京被英法联军攻陷，咸丰皇帝逃亡热河。他曾经有所预判的事情，一一成为现实，郭嵩焘既悲伤又愤怒。

庚申之变

郭嵩焘有满腹心事，但似乎无人可告诉。

确实，有些东西，说出来就显得不再是那么回事了。

皇帝在未必知道真相的情况下，允许他告假回籍，他立即具折谢恩。赏识他的陈孚恩劝他暂居京师，他不想应命，决心求去。

对此，懂得的人或许能以"得志""不得志"（成就事业与否）视之，在一般人看来则无非是"得意""失意"（顺心开怀与否）而已，而在更一般的人看来就只有"得路""不得路"（占得便宜、好处与否）的区别了。

郭嵩焘自己在给曾国藩的信中说："天津之役，人皆分美及鄙人，而独引以为忧，知僧邸之深恶异己也，而以言争之。凡此者，皆自谓亘天地万世不悔者也。取咎僧邸以是，故详具之，用明其理而已。凡人显晦，时也；穷达，命也，无足计者。而僧邸方有重名于世，独不幸为所纠，天之穷鄙人也，又益甚焉。世乱法烦，诸邸方用事，无故入人罪者多矣。是以超然怀远引之思，宁讳其名，一去而终不悔也。朝廷不能以职司督我，朋友不能以事任责我，其蒙叟所谓全天者乎！"[1]

郭嵩焘以"时""命"解释自己的出处，用"蒙叟"（庄子）、"全天者"的思想自我开脱，表白自己的释怀，心中的郁闷耿介，自然瞒不过曾国藩的眼睛。

---

[1]《郭嵩焘全集》第十三册，40—41页。

曾国藩虽然未必满意郭嵩焘不免草率的决定，但在致刘蓉信中，依然表达了自己完全不同于流俗的同情与爱惜。他把郭嵩焘的所作为、所遭遇与事后可能带来的心境，跟自己当年的境况相比，他说："其赴山东查办事件，毅然自任，难免卤莽灭裂者，与鄙人昔年气概相同。其遭群疑众谤，是非难剖、心迹难白者亦略同。其为圣主所眷待、而去就自涉草草者，又复略同。将来还家后，必有郁郁不自得之隐。"曾国藩因此希望刘蓉在郭嵩焘返乡后，将郭嵩焘邀请到自己家里去，"慰劳而疏豁之"，并且期望他们在秋冬时节一起到他所在的行营一叙，"或久或暂，听两君之自为谋，决不相强"。他本人则还要写信给郭嵩焘，对郭嵩焘所作的某些事情加以"诘责"。[1]

不久后，在致郭嵩焘的信中，曾国藩更体贴到郭嵩焘"所怀本多不适"，返乡途中"又值盛夏南风，沿途阻滞"，难免更加"怆恨"。同时，曾国藩认为，郭嵩焘办事，与自己当年"卤莽而耕，灭裂而耘，约略相同，其横被口语，几难自明也亦同，圣主之若有意若无意也又同"。最后，曾国藩再次重申了要刘蓉邀请郭嵩焘去"逍遥散遣"，秋冬时节再东去与他"会合"的意思。[2]

此种只有作为兄长才会自然表达的殷勤顾问，郭嵩焘也许并不知情，他甚至可能并不完全认同曾国藩的评论。

咸丰十年四月十二日（1860年6月1日），郭嵩焘与王闿运、邓辅伦等联袂南下。

此次离京，"依依去国之感，惟有悲伤而已"。

在路经湖北的某天晚上，南风，晴空，他看到西北天空有彗星滑过，长三尺许，光隐约不甚明显。这在古人"天人相应"的世界观里，意味着什么？郭嵩焘之所以留心它，未尝不是某种对于灾难的预感。

他显然感念咸丰皇帝对他的知遇之恩和眷顾之情。对于皇帝，作为士子的郭嵩焘，那种如同游子和情人一样的怀抱依然炽热，因为受阻遏于

1《曾国藩全集》书信卷二，1445—1446页。

2《曾国藩全集》书信卷二，1464页。

"官场情事"，此时更充满幽怨和伤感。而对于与皇帝连接着的国事、天下事，他的感怀与忧患依旧。甚至，去京数千里外，与人谈及"沽防"，仍然"相与慨然"。

舟次汉阳的咸丰十年五月二十四日，郭嵩焘致信曾国藩，表达了自己对于国家与"西夷"交接的悲观，同时用自己的观点表明自信和骄傲，他说："中国与西夷交接二十余年，至今懵然莫知其指要，犹为国有人乎！京师知者独鄙人耳。又奉命居大帅幕府，与闻机要，以其所知，反复陈之而不见省录，此天也。顷道保定，鲍筱山观察为言今年僧邸方力主和，嵩焘以二语断之曰：去年无战法，今年无和法。何谓无战法？彼不求战，我何苦而战；何谓无和法？彼不受和，我何为而求和。请传语申甫，细味吾言。国家与夷人相接，始终出一辙，所谓舍康庄而由荆棘者也。寿臣制府所由，一荆棘也，僧邸所由，又一荆棘也，辛阶前辈所由，又一荆棘也。吾将振拔之荆棘之中，而哗然不信，洎今乃多有诵服吾言者，则途径已四塞，无复可由，此天也。"[1]他的意思很简单，即与"西夷"交接，已经错上加错，途径四塞，很难挽回。

咸丰十年六月二十四日未刻（1860年8月10日下午），郭嵩焘返抵家门。

他原拟到曾国藩所在的大营去"作数日之谈"，但接到意城的家信，方知老妻病危，"寒家老孟光病且笃，殆不可治，以情以义，不能不一归视"。[2]于是，不得不放弃东去之计而南下回到湘阴。四天后，刘蓉来到了他家里。第五天，意城带来了曾国藩、胡林翼等人给他的信件。

仅过去一个月多一点，咸丰十年八月初四（1860年9月18日），他从朋友来信中，得知天津塘沽失陷。他不知道的是，就在收信的这一天，僧格林沁又大败于通州——就是郭嵩焘赴任天津时深夜吃炊饼的那个地方，京师为之震动。几天后，咸丰逃往热河，号称"驾幸"。一周后，僧王再败于东直门外，残军跑到了古北口。京城失陷。郭嵩焘"为废寝食"，

1《郭嵩焘全集》第十三册，40页。

2《郭嵩焘全集》第十三册，39页。

"痛悼不已"。

事情的发展，让他"不幸而言中"，而且还是"昨岁之言"。

他因此甚至愤然说："诸臣之罪，岂复可逭哉！""僧邸之罪，杀之不足蔽辜矣！"[1]

但是，郭嵩焘能够称为高明和先知的并不在于此，而在于他所见深远，不止诘责当事者而已。他认为，问题的根本不在于僧格林沁，而在朝廷上下不懂洋情，不通古今大局，士大夫沿袭南宋以来的空谈虚骄风气，精神胜利，不考求实际，不顾时移势易，也不能判别曲直是非，不知道洋人所为何来，以便与洋人折冲。因为不能与外夷作合乎情理的往来，以至于"咎朝廷之议和，诬百姓之通夷"，自己让自己下不来台。

七百年来愈演愈烈的"华夏中心主义"心态，膨胀到以为天下除了自己的"族类"其他的都不是人类的程度——"非我族类，其心必异"。郭嵩焘的朋友，民国初年还曾经被袁世凯的民国政府聘委国史馆馆长的湖南名人王闿运，到了光绪六年（1880），也就是此次事件再过了二十年以后，仍然说"彼夷狄人皆物也，通人气则诈伪兴矣"，埋怨郭嵩焘恭维他们，把他们看成是人。[2]

四十年后，更有膨胀到以为自己可以"枪炮不入"，以为拥有用身体抵挡洋枪洋炮的"法术"，以"扶清灭洋"为号召而获得生存空间的义和拳。而且，最高当局者出于自身利益需要的判断和选择，怂恿加剧了这种自我膨胀，慈禧太后在关于义和拳的御前会议上曾经断然说，义和拳"法术不足恃，岂人心不足恃乎"？

僧格林沁只是同样无识颟顸，同样感染了这种思维和文化习气而已。

咸丰十年九月二十四日，给朋友（秦鹿笙）信，言及"津沽事"，郭嵩焘积郁在心中的想法和情绪终于喷薄而出。

他说："仆自与闻夷务，居海上一年，稍知夷情之曲折与事局之始末，而因以通悉古今大局。自汉唐以来，所以控御夷狄者，皆颇能知其节

1《郭嵩焘全集》第八册，357页。
2《湘绮楼日记》光绪六年二月初二。

要，而觉南宋以来，议论事局，与古一变。学士大夫习为虚骄之论，不务考求实际，迄今六七百年，无能省悟者。故所在申明其义，欲以晓世人之惑，使不至以虚浮之议论贻误国家。凡仆所言，皆理也。自三代以来，抚御夷狄，时移势变，为法不同，其以理定曲直则均也。至于今日之势，则鄙心且有不忍言者。居海上，以此义晓譬僧邸再三，不能悟。间语诸朋好，多见抵牾。古人得位乘权，所以运量天下者，惟其见之明，审之当，坦然处之而不疑，而人心自定。朝无大臣则群论嚣然，相与旁皇迷乱，趋于祸败而后已。祸犹缓也，而迫之使速，事固易也，而挠之使出于难。亦岂非君子之所当痛哭流涕者哉！因来书语及之，故乐为足下一道其详焉。庄生云：千金习屠龙之艺，而无所用之。仆之艺是也，顾安所得龙者而屠之？世俗之悠悠，又安知吾艺之果足以屠龙乎哉？微足下，亦无以发吾之狂言也。"[1]

朝无大臣，议论嚣然。郭嵩焘自认为是那个懂得抚御夷狄的屠龙手，却不能不依随众人，彷徨迷乱，直至趋于祸败，君子怎能不痛哭流涕呢？

自然，此时郭嵩焘之所怀疑与批判，并不指对最高当局者，尽管他也多少知道，"圣人"未必总是圣明，但他依然免不了习惯性的回护。

在转年（咸丰十一年，1861）正月复叶云岩的信中，郭嵩焘说，局面之所以决裂，不是朝中无人，而是无深识远虑、宏济艰难之人，多的是以战为名的人。只有自己区区一小臣，能仰体圣人之心，却只能彷徨太息，而无所用其斡旋之力："天津夷患，由上次办理乖方，以长其骄，前岁僧邸违背诏旨（其实正是诏旨所暗示），诈称乡勇诱夷船深入击之，以增其愤，至去岁而固无可为。鄙人数言，夷人满万，至天津，万非僧邸所能御，实见之明而虑之审也。前岁与僧邸反复辨论，触其忌怒，未尝一为阁下道其事。盖夷务曲折，举京师无人能知其要领，独鄙人能见及一二而已。以告僧邸，愦愦不能省悟，至好如皞臣、眉生、碧湄，恺切与言，略无知者。是以鄙人于夷务不甚谈论，为知此者实无人

1《郭嵩焘全集》第八册，357页。

也。两朝圣人于此知之明，虑之隐，日求所以控制之略，在廷诸臣，瞢然莫知所应。当国事者，怄惧而已矣。主议论者，愤争而已矣。独有区区一小臣能仰体圣人之心，旁皇太息，而无所用其斡旋之力。来书所谓无人，谅哉，是言无人者，无深识远虑、宏济艰难之人，非无大声疾呼、以战为名之人也。"

谈到具体的海防与朝野对于战事的那些想当然的议论，郭嵩焘以自己的亲身经验，揭破了人云亦云、以讹传讹的各种谎言与谣言，揭破了主兵者的荒唐与荒诞，揭破了世俗议论之不足为据，他说："阁下于夷务亦未通晓，而来书所言，有万不可不一辩者。其曰：廷臣主事，大将不能奏功。廷臣所主何事，弟不能知，而天津防兵，万数千人，糜饷数百万，炮台工程之坚固，炮之多，一举而尽失之，不责主兵者而责廷臣，冤矣。其曰：僧邸伏地雷北塘，令夷人自入陷阱，为百姓所告。此弟所目悉。北塘市镇千余户，有一炮台甚小，不能守，僧邸伏地雷四尊其中，此特戏具耳。即此地雷真能伤人，夷人悉数攒入，数丈之地，所伤能有几人，而遽为制夷之胜算乎？其曰：廷议让北塘，令夷人盘踞。此尤不然。前岁御史某公奏称，北塘宜设防，自是议者纷纷以北塘为言，僧邸置之不理，以北塘本难设防故也。由大沽以北达临榆，南达海丰、盐山，永平、天津两郡界中，凡为海口十余。山海关以北，山东海丰以南且勿论。区区以守北塘为言，所见已狭，又以北塘之失归过廷议，则尤诬矣。夷务始终无知者，不足怪，海防一失，辱国殃民，乃使都城震惊，乘舆出狩，臣子宜如何痛心，而犹以战为功，推崇僧邸，曲诬朝廷百姓，以成其说，谬悠之公论，且将下诬万世。此弟所尤为感慨悲叹者也。"

最后，郭嵩焘总结道："君子之论事也，深明存亡得失之幾；众人之论事也，但睹成败；今并成败不论，而一意归过朝廷，此何说也？主战可也，诬朝廷不可也。国家用兵筹饷，若何经营，流离奔避，若何艰苦，而忍曲诬之乎！阁下幸存弟说于心，而徐考夷事之本末，僧邸两年防堵之得失，而后持此以断群言之是非，所见必有大过于今日者。乃遂遍语所知，以略明两朝圣人之深略，为天下臣民留忠孝之心，不胜大幸。"[1]

在郭嵩焘看来，圣人知之明，虑之隐，日求所以控制之略，朝廷、圣人不可诬，这样做也是"为天下臣民留忠孝之心"。如果连这一点也没有了，国家事当更加不堪。

现在的问题在于没有当国的大臣，真正具有"谋国之忠"的大臣，不是那种"持一端之议论者"，而应该是"通古今理势之大而运量于一心"的人。[2]他甚至把"经生之论"与"通达古今时势之言"区别开来。[3]

因为没有"通古今理势之大而运量于一心"的谋国者，以致原本完全可以避免的事变不幸发生。

事变当前，郭嵩焘迅速给曾国藩、胡林翼、刘蓉写信，陈述自己的见解。其中为胡林翼提供了三条直接的对策："一、请乘舆西都长安。一、传檄山东、河南、山西、陕甘，会师勤王。一、照会英酋额尔金、佛酋葛罗，晓以大义，为之讲解。盖揣夷人之情，度朝廷之势，始终必出于此。"[4]

郭嵩焘意识到，通州崩溃后，面对洋人，朝廷几乎无可据以措辞，唯勤王之师可以"理势兼谕"。因此不能没有"此一枢纽"，否则没有任何谈判的筹码。他还不免自负地说，这一层，只有他一个人"喻之于心，天下盖无知者"。尽管他知道，胡林翼不会听从他的说法，他也只是"姑言其理势之当然而已"。

郭嵩焘反复强调，问题其来有自，自南宋以来，议论横生而任事愈益艰难："刘敬、季布、董仲舒之言，宋元以后无敢道者。即郭汾阳单骑见回纥，富郑公使金议岁币，使在今日行之，徒供群口之诟詈而已。人才所以不古若，不独文法之拘忌为之，亦议论之劫持为之哉。古语云：主忧臣辱，主辱臣死。二语今始得解。盖主有忧则臣虽辱不辞。辱者，委屈挫

---

1 《郭嵩焘全集》第十三册，50—52页。

2 《致陈孚恩》，《郭嵩焘全集》第十三册，61页。

3 《复方子听》，《郭嵩焘全集》第十三册，64页。

4 《郭嵩焘全集》第八册，357—358页。

折之谓也。苏武于匈奴，洪皓于金，皆辱也。回纥责唐使臣不舞蹈，鞭之有死者。当时谏臣，不闻鼎沸以争礼节，其情隐，其心苦，皆辱也。至辱及其主，则臣有死而已。夷人通商网利，并邻国交际之谊，亦无可言者。疆吏失抚绥之宜，诓诈无礼，以为所劫持，二十年如出一辙。圣人独心忧之，求所以消弭其患，而在廷士大夫哆口言战，千百为群，其立言不过主尊朝廷，攘夷狄，以议论相高。本非辱也，而视以为大辱若不可忍者。朝廷为议论所持，旁皇迷乱，莫知所措。僧邸乃遂以无道行之，以速成其祸。士大夫之无识，贻祸天下固有余哉。今主且辱矣，僧邸以其兵退扎古北口，朝官纷纷出都，其能死者谁也？南宋诸君子之议论，非以遗毒后世，而遗毒有明以至今者，士大夫之无识为之也。可胜浩叹！"[1]

郭嵩焘写下这些文字的那一天，大雨滂沱。

多年后，1867年4月6日，恭亲王向同治皇帝呈递的那份著名的有关洋务的折子言及"溯自洋务之兴，迄今二三十年矣。始由中外臣僚未得款要，议和议战大率空言无补，以致酿成庚申之变"云云，实在只是把郭嵩焘寻根溯源的思想，具体化为现实的应对策略而已。难怪在日后，恭亲王要那样不分场合地美言郭嵩焘，说他"精透洋务"。

在十月初四给刘蓉信中，郭嵩焘对"庚申之变"阐述了自己更深入的看法。他说："夷人之变，为旷古所未有。其祸成于僧邸，而实士大夫议论迫之然也。"自己虽然于夷务交涉甚浅，但是，考求古事，体察当今，关注事情原委始末，以此来推知夷人之情状，自谓十得二三。曾经叹息京师的士大夫不考古，也不知今，只是把持舆论，贻误国家而不惜，看来自己的说法不为无见。其实，夷人进入广州，与督抚错居，并不杀人，进入天津，与道府错居，也没有越货。那么，他们到京城来居住办事，想必也就是如此而已。他不明白的是，为什么士大夫们以讲和为耻辱。去年和僧格林沁为此争论，舌敝唇焦，但不见采听。在郭嵩焘看来，夷人者，当然是中国百年之忧患，但现在却是因为我们要拒绝他们，赶走他们，所以酿

1 《郭嵩焘全集》第八册，358页。

成今日之祸。如果这样，真是一点办法也没有了。因为，你既然没有能力赶走他们，你不想面对，也终得面对。[1]

十月初十，郭嵩焘致"鹤丈"书，更直截了当发表了自己对僧格林沁的看法：中国与夷人交接，已经二十余年，却无有能知其要领者。主战的僧格林沁方为时望所归，他对于自己心存嫉恨，正是因为考虑到小臣我可以持其短长，可以说出他的有勇无谋。然而，就算我再怎么愚劣，"亦略闻君子之义矣，岂敢违公论以扬僧邸之过？世俗之悠悠，能知而辨之者甚少。故惟以一退自全，而明吾出处之正"。"僧邸忠勤耐苦，可谓贤者，而不知人、不明理，所乐奔走便给，而恶诚笃朴讷，斯其所短耳。因是而有省悟，国家柱石终必赖之。"郭嵩焘并不否定僧格林沁的忠勤、勇敢和能力。

至于自己的安排，他说："异时或诣涤公，或诣咏帅，遇警而乘城，临寇而赴敌，亦恐不能免。要之不受一钱之馈，不私一阶之迁，始终此心之无他而已。往尝告肃尚书，自粤寇起，不敢复存利禄之志，自有山东之役，即办事之心亦瘅。以吾道贻误国家之事，君子固当引以为咎。"[2]

郭嵩焘虽然"灰心"，但并不妥协迁就，坚持"不受一钱之馈，不私一阶之迁，始终此心之无他"的原则立场。而且，他自信自己观点的正确性，并且自信有能力去破解国家眼前的困局。他说，"中国之控御夷狄，太上以德，其次以略，其次以威，其次以恩，而信与义贯乎四者之中而不能外"，自己"所著《绥边征实》，以砭南宋以来士大夫之为虚词，而数千年是非得失、利病治乱之实迹，遂无知者。物穷则变，变则通，朝廷无人，则草野著书者之事。事有成败，理有得失，不相掩也。今天下能辨此者，舍我而谁哉？亭林大儒，岂能方比。要以一事之特见，即为大儒之言，不必尽从。处极弱之势，无可据之理，又于外夷情形懵然不知考究，而思以诈胜，仆再三陈辨，则怀憾而力倾之，僧邸所为，延夷祸于无穷，岂徒曰羁縻之而得，邀击之而遂失哉！君子立身处世，以识为本，司马德

1《郭嵩焘全集》第八册，359页。

2《郭嵩焘全集》第八册，362—363页。

操之言曰儒生俗吏，不谙时务。俗吏无论也，读书而不为儒生之见所囿，则识远矣"。[1]

他和僧格林沁的别扭，至此也更加清楚，即僧王"诱击夷人"之类的策略，思以诈胜，不顾信义，都是"无识"的表现，都是他完全不能认同的。因此才有在僧王营中"不可终日"之说。而僧王不能容忍异议，对郭嵩焘即使相知而并不相属，又曾赢得沽口大捷，正是时望所归。

所以，郭嵩焘"惟以一退自全，而明吾出处之正"[2]。

据说，僧格林沁于惨败后，曾经想到郭嵩焘的"力争之言"，追悔不已。僧王终于懂得郭嵩焘的难得，他说："初击洋人，人皆歌颂，独力争以为不可。其后炮石如雨之中，无肯来营者，又独渠一人驰至。见利不趋，见难不避，天下安有此人。"[3]

这话出自别人转述，未必句句真实，但大意也许可以相信。

郭嵩焘曾议及僧王的出身，谓"僧邸武夫，九岁为御前大臣，其骄溢有自来也。惟其言而莫予违，一言可以丧邦"[4]。他还认为，"自古家国之贻误，成于一二人之私，其终乃至贻祸天下"[5]。

显然，在郭嵩焘看来，"骄溢"而气魄雄大的"武夫"僧格林沁，就是这种"贻祸天下"的"一二人"，尽管他是"贤者"，他也并非存心"丧邦"。但"真诚的无知和认真的愚蠢"带来的后果，往往更加具有灾难性。

"知幾"

回到湘阴梓木洞的家中，各地督抚曾经召唤郭嵩焘，他们连敦促郭嵩焘启程的路费都准备妥当，并安排人呈送，郭嵩焘不得不一一退还。据

---

1 《郭嵩焘全集》第十三册，64—65页。
2 《郭嵩焘全集》第八册，362页。
3 《玉池老人自叙》，《郭嵩焘全集》第十五册，760页。
4 《郭嵩焘全集》第八册，455页。
5 《郭嵩焘全集》第九册，391页。

说，胡林翼来信催请不下十次，李续宜更坐等三月，都指望他前往同舟共济。

郭嵩焘致信胡林翼，表达了感激之情，同时自我表白，面对胡林翼的"盛谊""盛德"，他是多么不安，如何惭愧，希望少假时日，以顾全自己"小人之私"，他说："过蒙书问之临存，聘使之枉逮，恢闳以绵密，恺恻以芬芳。君子之取人为善，不计其人之能任之也，而固畀之。而嵩焘之受之，不任其职而被之也，不称其宜，是重滋鄙人之愧，而使贻山林傲睿之讥也。敬乞少假时日，俟吾行之徜徉焉，上全君子之谊，下遂小人之私，不亦休乎……承赐资斧百金，虑及嵩焘之缺为行费，盛谊滋深。然自湘阴水程可径达蕲水，行不过二百余里，安事此繁费乎！即有他适，取给军中，无忧缺乏，势未能即行，而糜盛德之赐，尤所不敢安也。谨因使奉还，以明不敢妄费之义。赴营之约，谊不可负，心固迫也，而势多违，义弥隆也，而情滋恶，谨卜之异日而已。"[1]

而在给李续宜的信中，郭嵩焘更客气地表达了自己对于"恢宏博大""苏世庇民""负天下之重"的李续宜的"瞻仰"和"心感"，他说："嵩焘疾病颓废，重以家累，自度稍有益于麾下，绝不敢重违大君子之命，自取疏外。欲强扶病一行，恐适足以上累求贤之雅谊。若曰以郭隗为之招而已，则麾下师武臣力俊乂云腾，虽百隗无所增益。惟祝恢宏博大，负天下之重，以苏世庇民，瞻仰何已。承赐路费二百金，谨因使奉还，惟有心感。"[2]

在给曾国藩的信中，郭嵩焘对此也曾经有所剖白。

他说，自己之所以不肯从军，只是因为皇帝垂问的意思，政府大僚的意思，都曾怀疑自己不喜欢待在南书房做侍从，而是希望到军旅发财。如果我自己不仔细掂量一下，就贸然出来应事，天下人都会以为我就是这样的人了。如此，自己在出处进退之间的选择算怎么一回事呢？无非再次让人骂，让人笑话而已，所谓"徒以圣人勤勤垂问，及政府之意，皆疑小臣

---

[1]《郭嵩焘全集》第十三册，44—45页。

[2]《郭嵩焘全集》第十三册，53页。

劳侍从之事，而有所期幸于军旅。苟不自揣量，而强从事焉，则天下之人疑有所利，而出处进退之无据，是重贻訾笑也"[1]。

看来，最终还是一点"清洁的精神"，一点他认同的为官作宦所应该有的洁癖，让他不惜挫折朋友的信任和期待。

其实，他的朋友也早已经意识到，郭嵩焘"天资粹美，荧澈无暇"[2]，荧澈无暇的心性人格，如何可能接纳说不清、道不明的混浊与卑污？此种接近于审美主义的人格特质，将同样体现在郭嵩焘日后的取舍抉择中。

一年后，胡林翼病卒于武昌军中。郭嵩焘听闻此事，为之"怆然终日"。

数天后，他又念及胡林翼对他的殷勤召唤，叹"于国家失一大臣，于乡里失一名贤，于吾身失一知己"，抚枕寻思，涕泗横流，作挽联倾诉自己的景仰和哀恸："召我我不赴，哭公公不闻，生死乖违一知己。"[3]

事实上，郭嵩焘虽然拒绝胡林翼等人的邀请，却绝不是回避天下事，而是希望真正有所事。在给易笏山的信中，郭嵩焘深情鼓舞"同志者"的所作所为，哪怕募勇带兵，也不只是"武夫之所为"。他说："兵者，用人之新气而已，士苟才与志足以有为，则遂为之。幕府治文书，逶迤议论，何足以羁天下士也！故于足下之募勇，私窃庆幸，既可以观足下之发摅，亦念时事艰危，人才难得，身虽隐退，而固愿同志者之联翩以起也。……方今召募之勇盈数十万，武夫无籍者，奉尺一之符发兵，自名勇敢作气势，所在皆是也。吾辈既已为之，则斡旋世运，宏济艰难之责，分任于此身。圣人不得已而用之，吾辈不得已而身亲之，沉谋密虑，去矜与名，持之以贞固而行之以恻怛，君子之道所由，异于武夫之为也。"[4]

他深知，世事的转圜，正是与天地"气数"争胜，至关重要的是

1 《郭嵩焘全集》第十三册，43页。
2 《复曾涤生检讨书》，《养晦堂文集》卷四。
3 《郭嵩焘全集》第八册，469页。
4 《郭嵩焘全集》第十三册，59—60页。

有没有"强毅敢为"的君子，这样的君子是否可以有所作为，"时事艰危至此，惟有慷慨自许，以任君父之忧而已"，"恃以为土地人民之固"，[1]"天下大局所系属，非多得强毅敢为之才，与之共功名，则军气不振，将与天地气数争胜，顾不能使贤者回心易虑，以从所命乎"！[2]"今方与天地气数争胜，坚忍以俟之。……天其或者尚有意东南，而试诸君子坚忍之性乎！"[3]

他把"东南"的浴血硝烟，视为上天对于"诸君子坚忍之性"的考验。

当初，郭嵩焘听说京师失陷，咸丰逃亡，曾托人转告胡林翼，如果胡林翼得旨赴援勤王，他当立即"随侍麾下，效介士一夫之用"[4]。只是不久，朝廷通过已经没有任何尊严可言的谈判，和议就告成，"赴援"自作罢论。所谓"随侍麾下，效介士一夫之用"，自然也无从说起。

郭嵩焘曾经动念要去探望重病缠绵中的胡林翼，但听说胡林翼"自忧不起，遂欲以鄂事相属"，他"自揣才力不足以继文忠，又望浅名微，人所不服"，而且，他自忖"未有豪杰自爱，诱之以美利而遽冀非分之获，舍己以从者"，所以最终没有果行。[5]

咸丰十一年七月十七日，苦命的咸丰皇帝驾崩于热河。

郭嵩焘得知后，"北望悲号"，"凄恻无已"。郭嵩焘自述，悲号的原因有三：一、抚念时事之艰难；二、怆怀圣躬捐弃；三、未知朝局之变又复何如。[6]

这一年的变故，果然远不止此。

郭嵩焘于十一月初十（1861年12月11日）始闻辛酉政变，太后临朝，垂帘听政。十二月初三，又得知咸丰托孤授命的郑亲王、怡亲王自尽。赏

---

1 《致曾国藩信》，《郭嵩焘全集》第十三册，38、41页。
2 《致曾国藩信》，《郭嵩焘全集》第十三册，42页。
3 《复李续宜》，《郭嵩焘全集》第十三册，53页。
4 《郭嵩焘全集》第八册，362页。
5 《郭嵩焘全集》第十三册，83页。
6 《郭嵩焘全集》第八册，441页。

识郭嵩焘也让郭嵩焘赞其"才美"的肃顺，授首菜市口。与他交好的陈孚恩，被流放新疆，日后全家惨死于新疆伊犁的叛乱中。

郭嵩焘倒吸了一口凉气，感叹陈孚恩大人，机警到"能测洋务之必有变，而不能测及圣躬"，感叹"祸福茫茫未可期，大都早退似先知"。[1] 在后来的回忆中，他说，自己也就早退一两个月。当时，陈孚恩还曾极力挽留他不要离开京师，是自己决意离开。如此，才侥幸没有被党祸牵连。

这是一件可以自慰的事，又何尝不是一件真正悲哀的事，特别是对于陈孚恩他们来说。在日记中，郭嵩焘引小弟弟志城的话说，人生自是多愁，古人制字就暗藏玄机，如"喜"字"乐"字，都不是"心"旁，而"悲""愁""恼""憾"诸字，则都是"心"主导。由此可见，喜乐皆自外来，而愁恼实从心出。

而此时，世俗舆论中，又多以郭嵩焘能够及时引退为"知幾"，为神机妙算，这让他更加哭笑不得。

他在致朋友（桐云）信中说，很惭愧，前年天津有警讯，自己力陈办理方略，去年参赞僧王，尤其"痛切言之"，成功失败的时机，也就一步之差。假如前年能有人相信自己的话而用之，则"理势俱伸"。去年照此办理，还能否有所成功不敢说，但至少"理犹伸也"。到了今天这个地步，全天下的人都束手卷舌，一句话都没有了。这才是郭嵩焘所悲伤的。而仅仅以他之离开，为"见幾""知幾"，为有先见之明，料事之神，他从何接受？

郭嵩焘说，所谓"幾"，所谓一步之差而有霄壤之别的时机，自己似乎有所见，自己恰恰踩上点，但其中的问题，并不是别人所能懂得的。山东之行，自己准情酌理，为国家开无穷之利源，以济军粮，而不扰民，自认为圣贤处此，也不过如此。可李湘棻挟奸贪之私，山东巡抚文煜怀狷忌之意，相与摧败之以为快，不惜挫折士绅之气，助长奸民之风，使已经成功的事情，最后一定行不通，才算罢手。责任在山东巡抚，但似乎又不是

1《玉池老人自叙》，《郭嵩焘全集》第十五册，762页。

山东巡抚应该承担的责任。道之不行，是一定的了。所以自己只有离开，这算是所谓懂得"时机""机会"，所谓"知幾"？

郭嵩焘又说，关于海防的谏争，自己实在是自信道理已经讲得足够明白，一切为了大局。僧格林沁既不满意有人违拗自己的意思，又担心某人"持其短长"，所以全力构陷。既弹劾，事后还遣手下人捏造某人贪有赃款，向怡亲王倾告。郭嵩焘自认为，僧格林沁身边不贪财的，仅自己一人而已。人们习惯于谋私利，也习惯用自私的眼光打量别人，碰上一个真正不谋私的人，反而难以相处了。僧格林沁当时正是盛名煊赫，自己何必为小小一官招他的嫉恨呢？也只有离开，这又是把握所谓"机会"，懂得所谓"时机"吧。

郭嵩焘接着说，皇上对他将信将疑，他本人也无从让人信任。他是因为保举而被委任的，生平立身行己，粗有本末，也不敢妄自菲薄。然而，中枢大臣们却没有人能仰承圣人求贤的大好时机，加以迎导，反而贬抑鄙人以为痛快。众人之所安，君子之所惧。自己奔走经年，耗竭心力，糜私财，累友朋，道无从立，功无从成。想一想，不敢指望恩宠，也不敢指望利禄。相反，眼前世界却有不测之隐忧。此时不归，还等待什么呢？这更是所谓占得"先机"了。

概而言之，如果以君子的标准要求自己，就应该有不可随意委曲的原则和道德，而不一定会计较自身的安危。如今去古远矣，大家的目的都在仕途，不再看重退隐自修。如果自己是因为料到天津海防会出事而趁早抽身离开，说这是"知幾"，是神算，这难道是君子所愿意做出来的事吗？[1]

同治元年，在给老朋友潘伯寅（祖荫）的信中，郭嵩焘对于自己的出处进退，作了更加理直气壮的周到解释，他说："汉世重高行，至宋而犹有隐士之征，近数百年，无闻斯举，廉洁退让、世守高节者，世亦不甚贵之。嵩焘仕效一官，名闻于朝，固非隐者。居京师三年，默察当世之事

---

[1]《郭嵩焘全集》第八册，374—375页。

势，深求古人之行谊，常用忧然。内自循省，古人成一事，立一名，摧之折之，困之辱之，艰难持久而后效。气挫而志愈坚，道诎而心愈隐，劳不成绩、忠不见录而行愈安，凡此者，皆非浅薄所能及也。往者亦信君子之道，志乎古必戾乎今，苟行之而心安，斯可矣，成败毁誉在所不计。然既当事，则事有所不可择，名有所不可居。为大臣者，躬自任之，无所于悔。嵩焘区区一官，进而在位，无益于邱山，退而野处，无损于培塿，何为俯仰逶迤，从询纳尤，以不得自适哉！先皇于小臣，知遇至深，苟被召命，义无可辞。今此愿毕矣。湘乡相国视师久，嵩焘常在戎幕，而不一奏请，知非鄙意之所存也。江忠烈、罗忠节皆生平至交，令与武夫游客，营营求进，何遽不富贵？必俟垂老退休，起而应人之求，知者之所笑，抑亦愚者之所訾也。……自念生平去就，或毁之，或誉之，而皆无当于鄙心。既已通籍，为人臣子，艰苦患难岂得辞哉！值其时，处其地，惟所自致而已矣。老病侵寻，精力日减，环视天下，达官显仕，接踵相望，奚所不足而欲以鄙人附益之？天下之乱，积成于无识。故为才者有矣，而学难，学矣，而识难。且欲养吾志焉，为仕为隐，惟天所命。"[1]

从郭嵩焘的话里，可以看出，他并不是想做那种"荐之不起，招之不至"的"高蹈远举"者，他其实愿意接受"艰苦患难"，甚至可以不计"成败毁誉"。关键是要"行之心安"，不安则去。他归之于"天命"的仕隐进退，其实系于一身的自我感受。说得更明白一点，就是说，我走人，难道我愿意？不是我不愿意待下去，是我实在无法安心待下去。郭嵩焘所不能明明白白形于言辞的，所谓别人未必懂得的，其实就是朝中曲折神秘的"党祸"和官场日甚一日的利益争夺与精神窳败。

与此不同，涉及"洋祸"，则是郭嵩焘所自信的，也是他乐于畅所欲言的。他在给龙皡臣的信中说："西夷之祸，自谓能见及之而痛言之。京师留心世务有学识如君者固不多得，而无能一发其愦愦，其他则又何说。窃独深念古人之言与其行事始末，目南宋以来，控御夷狄之道，绝于天下

1《郭嵩焘全集》第十三册，82—83页。

者七百余年。老朽不才，直欲目空古人，非直当世之不足与议而已。"[1]

虽然"当世之不足与议"，但他仍然愿意形之于言辞，愿意当仁不让地加以议论和批评，甚至愿意大声宣告，以让天下人有所省悟，以最终改变内务蜩螗、洋务窘迫的狼狈局面。

关于道光年间以来的洋务，郭嵩焘有系统的是非分明的判断和评价。

以郭嵩焘的观察，自从"洋夷"到来，国人罪"和"议"剿"，但又有谁明白什么是"和"什么是"剿"，为什么要"和"为什么要"剿"，怎么"和"怎么"剿"。一切都还没有弄明白，就议论纷纷，义愤填膺了。如此，怎么可能对症下药？"夷人之于中国，要求通商而已，并无通使之烦，岁币之扰。世儒执一和字，以为朝廷罪。果可谓之和乎？凡言剿者，甘誓所谓剿绝其命也，夷人距中国七万里，其来也，连舟海外，乘便而入，彼处于有余之地，而我之力常不给。世儒又执一剿字以胁持朝廷。果可得而剿乎？和、剿二者，何名何义夫且不能辨之，而纷纷藉藉，挟此说以诬朝廷，何为者也？"

他直截了当地说："本朝办理夷务有四凶，曰琦善，曰耆英，曰叶名琛，曰僧格林沁。林文忠（即林则徐）之贻误事机，甚于琦相，而琦相列之四凶者，心术不正故也。耆、叶罪大，人皆知之。僧邸之时，夷务已有端绪，处置尤易，而蹈三顽之覆辙……僧邸之罪浮于耆、叶多矣。"[2]

把僧格林沁列为办理洋务"四凶"，认为林则徐"贻误事机"，这在今天也是差不多要惊世骇俗的判断。

但是，我们无法不承认，郭嵩焘确实言之有据。

洋务之所以弄到不堪收拾，一败涂地，并不仅仅是几个"坏人"干出来的事，而包括全体当局者、知识者的认知和选择。在郭嵩焘看来，对于洋人东来，士大夫或"无心"（道德的角度），或昧于理、势（认知的角度）。而从来处理边疆事务，郭嵩焘认为，懂得"理""势"，洞察

1《致龙皞臣》，《郭嵩焘全集》第十三册，88页。
2《郭嵩焘全集》第八册，453页。

"理""势"，是面对问题的关键所在，处理洋务同样如此。

"理"就是道理、事理，"天下事，一理而已。理得而后揣之以情，揆之以势，可以平天下之险阻而无难"，"君子之道，必协人情，未有非人情而可强行者也"。[1]而明理就会讲理，能讲理才会对洋人处之以礼，才会"理得"。以礼相待，以诚相对，是尊严的体现，而不是屈辱的体现，是强大的体现，而不是虚弱的体现。

"势"指局势、情势的轻重，轻重之所趋，若不能力反，则只有顺势。因此，汉唐有汉唐盛世之势，可以有"孝文之服南粤""光武之绝西域""唐文皇之灭突厥"。即使康熙年间，也可以有"绥定俄罗斯"之势。但是，像"南宋之孱弱""明季之昏乱"，仍然"矢口谈战"，就是不知情势之轻重，就是不知死活了。

因为无人通达夷务夷情，既不明"理"，又不能"揣之以情""揆之以势"，办理洋务就难免手足无措。

对于此种情形，郭嵩焘批评道："吾尝谓中国之于夷人，可以明目张胆与之划定章程，而中国一味怕。夷人断不可欺，而中国一味诈。中国尽多事，彝人尽强，一切以理自处，杜其横逆之萌，而不可稍撄其怒，而中国一味蛮。彼有情可以揣度，有理可以制伏，而中国一味蠢。真乃无可如何！夷患至今已成，无论中国所以处之何如，总之为祸而已。"因为怕，因为诈，因为蛮，因为蠢，而不是循理顺势，以致不能自我保存，同时暴露自己非理性的虚妄与孱弱，结果所呈现的反而是，"西人强势，而一切行止仍未尝不衷诸理，中国一以意气自雄，漫不知理之所在"。[2]

郭嵩焘相信，假如能知情明理，能以柔相制，祸就小一点，来得迟一点，否则就祸大一点，来得早一点。曾经有人告诉他，衡州驱逐洋人，湖南省会长沙不准洋人入城，人们以为这是民气所驱使，证明国人"士气"高昂。郭嵩焘直言，这是"速祸""召祸"，是习气、戾气、蠢气。他坚

1《郭嵩焘全集》第十三册，76页。

2《郭嵩焘全集》第十一册，326页。

持认为，洋人所争的是"利"，"并无致死于我之心"。[1]

因为不明"理""势"，就只剩下以毫无理性可言的"怕""诈""蛮""蠢"去应对，终于酿成难以挽回的灾难，当然也不懂得什么是真正的"幾"，什么是真正的未雨绸缪，当机立断，"特事有理有势，而行之必以其幾，此则众人之所忽，而豪杰有为者之所争也。周子言诚、神、幾，谓之圣人。诚者本也，神者用也，幾者介乎动静之间，大而治国平天下，小而处置一事，皆有幾者存其间，顺之则得，逆之而失，其初甚微，其流而为功效，相去判然"[2]，"天下事只坐一幾字，非徒大政之行、大变之生，知幾之君子所必争也，一事之成毁，一言之从违，与夫人心一日之向背，皆有幾焉。幾一滞而百端为之壅塞，周子屡言幾，诚哉，其知天人之变而妙理势之通者也……《周易》，忧患之书也，而动必以幾"[3]，"鄙人近数年颇有悟于《周易》言幾之旨，以为道非诚不立，非幾不行，事之大小，天下之治乱，皆有幾者行其间，天也，固人也"[4]。

郭嵩焘不承认自己对自己的前程有未卜先知的能力，所谓"知幾"。但关于天下治乱，却深信有基于天地人事的"幾者行其间"。"幾"是对事情有通盘的认知和准备之后，见微知著，相机而动，应时因势而发，把隐患消除在萌芽状态。因为无知，才会颠顿，才会恐慌，因为懵懂，才会神秘，才会不知所措，而所措皆错。

咸丰十一年底，郭嵩焘听说当权的恭亲王急于求和，又私心自利，让洋人"纵使横行"，"长江数千里与通贸易，深入内地，乃事之大变。又尽毁其防维，纵之出入，以其税归之上海，使内江一无所稽查。三国通商条款所载征税事宜，至为严密，恭邸咨行章程，乃悉与相悖，一听洋人之便，而自驰其防，自蠹其利"，被人愚弄而不自知，或者是托洋人以蒙蔽

1《郭嵩焘全集》第八册，420页。

2《郭嵩焘全集》第十三册，75页。

3《郭嵩焘全集》第十三册，80—81页。

4《郭嵩焘全集》第十三册，90页。

朝廷，洋人亦遂以其网利之私心，附上海以偷漏榷税。他因此感叹："国家无人久矣，国体、事要、商情、地势，四者无一能知，外人亦遂加之以愚弄。"[1]（恭亲王在1867年4月的折子里，言及那时他受命留京办理"抚务"，对此有所辩白。他说，他不得不俯循王公大臣士大夫们的"舆论，保全大局"，而"京师内外尚不以早定约见责"，所以一切都是在仓促中办理。）

相形于自上而下的普遍见识，此时郭嵩焘关于洋人洋务的见解，自然如空谷足音。但是，"屠龙之技，无所用之"，他有的只能是感慨和愤怒。

当他的朋友中有人，包括左宗棠、刘蓉，怀疑他此时的抑郁和不满，或许出于自己的"失意"时，他力辩"无所郁"，但坦然承认，自己对自己之所遭遇"不能无愤"，而所愤者，"公也，非私也"，"慨国步之日艰，伤吾言之不用"，"大声指斥之则有之矣，并无不得于心而有所郁郁不能释也"。[2]

郭嵩焘不是为一己的遭遇而悲哀，而有着更大的感应和感怀，"他所看见的，是没有人所看见过的；他所了解的，是没有人所能理解的；他所热烈鼓吹的，是没有人愿意附和的"[3]。也许被人伤了心，也许是无人可了解。这两样他都占了，能不黯然伤神、疾首痛心？

这一年（咸丰十一年，1861）的正月二十八日，他的妻子，跟随他奔波几千里，遭过不少罪，受过不少委屈，唯独他宦游京师时却因病不能相携，替他生养过三个女儿、一个儿子的陈氏，一病不起。

陈氏曾经和郭嵩焘一起在咸丰二年遭乱徙居玉池山，后又避寇前往湘潭一个叫作石潭的地方，奔走流离，相呴相濡，私咻咻然。日暮投宿就旅舍，她甚至让身边的人看好万一紧急时可以用来自尽的"池井溪渠远近"。

1 《郭嵩焘全集》第八册，495页。

2 《郭嵩焘全集》第八册，371页。

3 吴以义《海客述奇——中国人眼中的维多利亚科学》，36页，商务印书馆2017年。

　　按照郭嵩焘的记述，陈氏性情纯悫，"约己厚施，与人无怨恶"，而他自己则"性褊多怒"，脾气大了去。遇到家里人有什么过失，陈氏总是"一意掩护弥缝，无敢声言"。事情久后或被发现，郭嵩焘难免迁怒陈氏，家里人也都知道陈氏怕事，便相互把责任过失全部编排到陈氏身上，陈氏"呐口短气自怼，所以蔽覆之益勤，一不出语自明"。郭嵩焘曾经笑话她谨慎畏葸，她也"无以易其性"，只是更加勤劳。郭嵩焘的母亲死前对陈氏说，你待我很好，我看得出你的孝顺，上天会报答你的。可是，郭嵩焘说，上天不仅没有报答，居然不能护佑她柔弱的性命。[1]

　　此时，病入膏肓的陈氏，时而明白，时而糊涂，胡言乱语，郭嵩焘终夜不寐。想到世事家事，没有一样是称心如意的，在他乡下的房子里，郭嵩焘不觉悲从中来，独自"流涕不已"[2]。

　　五月初六，陈氏病故。郭嵩焘在诗中写道："独掩涕以潜处兮，孰知予心之惨戚？"[3]

---

1 《陈恭人墓碣》，《郭嵩焘全集》第十五册，639页。

2 《郭嵩焘全集》第八册，387页。

3 《陈恭人百日祭文》，《郭嵩焘全集》第十五册，674页。

第六章
封疆大吏

　　郭嵩焘应李鸿章之奏请，慨然赴任江苏，理财行政，表现堪称完美。仅仅一年，朝廷便又任命他署理广东巡抚，令其火速赴任。封疆大吏，郭嵩焘无意中得之，丞欲一展平生抱负，有所作为。然而，却最终遭遇解职，郭嵩焘难免抑郁不平。与左宗棠生嫌隙，更让他痛心疾首，终生抱怨遗憾。

理财筹饷　众望交孚

　　咸丰十一年（1861）底，湘军与太平天国的战事，仍处在胶着状态。曾国藩保奏李鸿章任江苏巡抚。

　　李鸿章有任事之才，也有任事的野心与性格。任巡抚之前，已奉命招募淮勇，乘西洋轮船穿过太平军占领区，到达上海，组织淮军，试图有所作为。他在上海常与洋人周旋，因此需要懂得洋务的人，他要练兵、购器、打仗，因此需要善于筹饷的人。

　　郭嵩焘既懂洋务且能理财筹饷，又与自己的老师曾国藩以及湘军有很深的关系，自然是李鸿章非常想用的人。而且，他与郭嵩焘是丁未（1847）会试同年，早就认识并且倾慕。郭嵩焘在晚年所作的《玉池老人自叙》中曾经感慨，"生平受合肥傅相（指李鸿章）之惠最多，而无能报之"。聊以自慰的是，自己也曾为李鸿章"崛起草茅"，踏上显达之途，发挥过"参谋"作用。

　　当年，曾国藩驻师祁门，危机四伏，以皖南失陷而弹劾李次青（李元度）。李鸿章不以为然，力争之而不能得，愤然求去。曾国藩不为所动，立遣之行。李鸿章写信向沈葆桢询问福建情形，沈葆桢回复说"闽事糜烂，君至徒自枉其才"，力阻他前往投奔。李鸿章嗒然回到合肥，不复有他望。

　　正好此时，他接到了郭嵩焘的来信，郭嵩焘在信中"力言此时崛起草茅，必有因依，试念今日之天下，舍曾公谁可因依者？即有拂意，终须赖之以立功名，仍劝令投曾公"。李鸿章"读之怦然有动于心，乃复往祁门从文正公"。李鸿章日后的发达，从此开始。

由此可以看出，郭嵩焘也并非不懂得"成功学"。

李鸿章对于郭嵩焘没有"成见"，他心中留存的郭嵩焘，是明朗通达、勇于任事且豪迈自许的郭嵩焘。

李鸿章与曾国藩函商，要奏请郭嵩焘出山。

曾国藩开始并不赞成，他毫不讳饰地告诉李鸿章："筠公（郭嵩焘）芬芳悱恻，然著述之才，非繁剧之才也。阁下与筠公别十六年，若但凭人言冒昧一奏，将来多般棘手，既误筠公，又误公事，亦何及哉。"

曾国藩的意思非常明确，郭嵩焘不宜任事。

在他看来，郭嵩焘与僧格林沁闹翻，坚辞南书房，都是过于激烈的行为，显然缺少任事所必要的耐心、细致和周到。但因为李鸿章的坚持，似乎也考虑到当时沿江沿海的局面，考虑到郭嵩焘所具有的过人之识力与判断力，曾国藩最终写信给郭嵩焘兄弟，说"少荃急求筠公以自辅，似宜强起一行"，即使不遽尔任职莅官，也可以趁机遨游皖、吴、淞、沪。[1]

同治元年（1862）四月十八日，李鸿章署任江苏巡抚之后第三天，便向朝廷奏请启用郭嵩焘。五月一日，朝廷诏任郭嵩焘为苏松粮道。

对于李鸿章的延请，郭嵩焘在致曾国藩信中几次谦辞，说自己"顽钝褊迫"，"岂复能堪世用"？又说自己怕官，不能"强颜以事官人"，李鸿章"岂能度外容此野逸"？那么，"与其共事而有参差，何若先期而自审量"[2]。在给李鸿章本人回信时，郭嵩焘更详细表白了自己不能任事的理由：

平素做事认真，认真就会急迫，就会褊狭，所谓"赋性褊迫，少所容纳。一言忤意，抵胍求胜；一事乖方，椎心自激。史称许慈、胡潜好为忿争，初以辞义相难，终以刀杖相屈。此在浅薄，往往同之"。

1《曾国藩全集》书信卷四，2745页，岳麓书社1992年。

2《致曾国藩》，《郭嵩焘全集》第十三册，99页。

对于看不惯的人事很痛恨，"疾恶太深，立言太快，以之自守，差为无害于人，岂足以综人物之参差，揽倚伏之要最？此质性之隘，不足与处世者"。而且，"任事太深，则同官侧目；立言太峻，则群小惊疑"。话说出去，事情做下来，产生的效果就不是自己所能控制的了。

"治事以才，而运才以气"，但自己"多病迁遭，精气销耗"，"且所经营，未晡已忘，心所注措，出言屡误"，这怎么可能有所成就？

"人之才质，各有所限。束发受书，以为天下事皆可意为裁量，惟兵事变化呼吸，所不敢任耳"。然而，"今之仕宦，大率与兵事终始"，自己"无一旅之师以相颉颃，则亦焉用此匏瓜之系为哉？嵩焘惟自知其不足，是以在军五年，涉仕十稔，不敢求进一阶，兼摄一职。岂有就枯之禾，反希荣于霜露，垂秃之鹜，乃争饰于毛羽"。[1]

总而言之，是自己的个性、才能与状况，不足以任事，不足以处世，不足以审幾，不足以共功。因此，但求"内不失己，外不失人"而已，不敢有别的奢望。

这样的表白，自然可以当作是向邀请者通报自己的个性，看对方能否接受，并不足以构成不宜任事的真正理由。

事实上，郭嵩焘虽然坚辞南书房，并非绝意仕途，更不是绝意世途。只是他有两个方面的坚持，"鄙人非无意于世者，而不能委曲以事人，涉世数年，誉者或过其实，毁者亦损其真，得失颇自知之"[2]。一方面，他坚持要有所作为，如果不能作为，绝不尸位素餐，所谓"君子之仕也，行其道也。道足以济世，摩顶为之而不为过；道足以自靖，鞠躬将之而不为迂"[3]。另一方面，他必须证明自己的操守，委身屈己，并非不可以，但看为的是什么，绝不是利禄，也绝不能让别人看成是利禄。

这才是他决意南归的动机。

---

1 《致李鸿章》，《郭嵩焘全集》第十三册，101—102页。

2 《致刘蓉》，《郭嵩焘全集》第十三册，93页。

3 《致曾国荃》，《郭嵩焘全集》第十三册，94页。

就在他南归乡居时，友朋"多相勉以进取"，但也有个别人"以退为义，而谕以固守"。郭嵩焘的回答是："仆之所处，非敢以退为义"，关键在于如君子一样"退不失时，进不失志"，自己虽然"未敢庶几君子之道，而心窃向往之"。然而，"时事益艰，今之时非古之时也，吾辈正不知所以自处"[1]。

这显然道出了他退守的犹疑和进取的彷徨。

然而，李鸿章的延请，对于郭嵩焘来说，几乎是不可能拒绝的诱惑。

因为这符合他第一个方面的愿望，也并不妨碍第二个方面的坚持，所谓"进不失志"。自然，他也意识到，因为江南之乱，"文谋武略汇聚一时"，假如自己勉强"与诸贤齐列"，无非"效其分寸毫厘"，或许并无大用，"尽鄙人之知虑，无裨于邱山；效鄙人之才能，无加于走卒"。而且，"天下藉藉"，"议论猥繁"，面对国人洋人，强与其事，可能徒资"非笑"与"菲薄"[2]。

还有，就是具体情节上的考虑，譬如，"此命"虽然最终"出自朝廷，无可言者"，但毕竟起先是因为李鸿章的私相倚重和荐引；又譬如，自己的性格"可以为知县，而断不可以为府道"，此行却是授命为"苏松粮道"，正是"府道"之属；再者，假如自己这些年精力旺盛，"能任军旅、效奔走"，"上者募千人为一军，附（曾国藩）大营自效，其次中堂（曾国藩）左右品棋谈笑，馀非所能堪也"，何必像今天这样，"废吾读书有用之日月，以俯仰从人，名业无成，心迹交屈，此所不能甘耳"[3]。

让郭嵩焘真正有所犹豫的，确实是与读书有关的"名山事业"，是他自己设定的"十年读书之约"，他希望可以完成《绥边征实》一书的撰著，他自知并不习惯无谓之周旋，无益之奔走，而"天下惟官不可

---

1 《复嵇月生》，《郭嵩焘全集》第十三册，65页。
2 《致曾国荃》，《郭嵩焘全集》第十三册，94—95页。
3 《致刘蓉》《致曾国荃》，《郭嵩焘全集》第十三册，93—95页。

为"："家居三载，觉此心稍近书理，意图有所撰述，而忽舍之而去，以从事无谓之周旋，勉供无益之奔走，天也何尤！"[1] "其颇自任者，则《绥边征实》一书，取秦汉以来中外相制之宜，辩证其得失，而不必以成败为是非，其于经世致远之略，粗有发明。自南宋以来，议论多而控御夷狄之道绝于天下者五百余年，'征实'者，以砭南宋后虚文无实之弊也。此书出，后世必有信吾之说以求利济于天下者，此鄙人之志事也。然皆粗具规模于心，而未能成书，以腹笥太俭，又义理之蕴于心者尚未为充实，欲更读书十年，乃成书耳。顷以圣恩简授苏松道缺，使符纷下，敦迫就道。天下惟官不可为，而苏松无土地，无人民，虚具一官而已。两朝圣人遇我厚，不可以避难辞险，义当一往，稍平即归。十年读书之约，又成虚愿，颇自惜也。"[2]

十年读书之约，名山事业，又成"虚愿"，自己都觉得可惜。

尽管如此，曾国荃的来信促驾，还是无法不让人心动。

曾国荃来信说，自己之所以"劝驾为官"，最重要的原因，就是想借重"有道君子"，改变吴中农夫长期苦于苛赋的命运。据说，从明朝开始，苏州、松江、太仓的赋税就特别重，原因是元末的张士诚在争天下时，定都平江（苏州），长期与朱元璋对立。朱元璋成事后，痛恨这里的豪族富民曾经支持过张士诚，不仅没收了大量的民田，而且税赋比别的地方多出很多倍。清以后，沿袭了明朝的惯例。曾国荃希望减轻吴中的赋税，但并不是不与民争利，而是要酌留商贾之税，扩大财源，以弥补国课，培养元气。

同时，曾国荃希望看到，曾国藩作为总督，李鸿章作为巡抚，郭嵩焘管钱粮，自己提兵打仗的局面，由此底定东南至少半壁江山。曾国荃认为，能够平定吴地（东南）乱局的，一定是郭嵩焘和曾国藩、李鸿章三人。他还说，李鸿章是一个血性男子，有办事之识，有任事之力，肯

1《致朱石翘》，《郭嵩焘全集》第十三册，92页。
2《致陈懿叔》，《郭嵩焘全集》第十三册，96页。

商量，可以"相与有成"。[1]

且不说那样神圣的使命——"苏松无土地，无人民，人知其艰难也"[2]，对于郭嵩焘来说，可以唤起足够的用世激情，他的骨子里显然不缺少《庄子》所谓尧舜"不傲无告，不废穷民，苦死者，嘉孺子而哀妇人"的温柔用心。何况，他原本就对小他五岁的李鸿章有好感，尤其李鸿章在上海与洋人交涉，不卑不亢，布置有方，让他觉得"识力过人"。

对于敦促他出山的曾国荃，郭嵩焘同样倾服，不仅钦佩其任事之力，更钦佩其办事之识，晚年日记中甚至说："沅浦宫保所见洋务极精透，识解尤远且大。吾初自视方今言洋务当首屈一指，与沅老谈，自愧不如，其神识过人远矣。"[3]

这是郭嵩焘平生唯一一次承认，堂堂中国，有比自己洋务认知水平更高的人。

还有，同治改元，对于在咸丰皇帝面前没有获得完全信任和充分展开的郭嵩焘来说，多少可以唤起新的希望和热情。他说："朝廷新政焕然，尤加意求贤，直是从大处落墨，百余年所未有也。"[4]"国家中兴之业，可复见耶？"[5]"拨乱反正之机，宜在今日。"[6]

言辞中隐隐然可见一种跃跃欲试的兴奋。

因此，七月间，当李鸿章再次请曾国藩兄弟促驾时，郭嵩焘毅然出发，离开湖南，先到安庆——曾国藩驻节的大营。

出发的时候，大风大雨，郭嵩焘的右脚大拇指上还长了一个毒疮。但是，他坚持忍痛成行。

郭嵩焘在曾国藩大营停留数天，曾国藩待以盛礼，亲自登舟回拜，

1 《曾国荃集》第三册，233页，岳麓书社2006年。

2 《致刘蓉》，《郭嵩焘全集》第十三册，93页。

3 《郭嵩焘全集》第十一册，609页。

4 《郭嵩焘全集》第十三册，80页。

5 《致龙皞臣》，《郭嵩焘全集》第十三册，88页。

6 《郭嵩焘全集》第十三册，84页。

再三促膝畅谈。

作为曾国藩尊贵的客人，曾经的皇帝近臣，江湖上大名鼎鼎的名士，郭嵩焘在曾国藩营中获得上下拥戴，让他有如归之感。他与曾国藩屡商"出处之宜"，自然也为此行可能出现的局面征求了曾国藩的意见，包括如何与李鸿章相处的意见。

既然已经出发到了安庆，顺江东下，其实已经是水到渠成的事了。

曾国藩赠联曰："好人半自苦中来，莫图便益；世事多因忙里错，且更从容。"还以二语见示："名微而后可远猜嫌，事简而后可精思虑。"曾国藩显然是太知道郭嵩焘认真、急躁、固执、少所容纳的性格，太想对他有所勖勉匡正了。

此时，李鸿章已派西洋兵船前来安庆迎接。如此盛情，郭嵩焘想有所顾盼犹豫，也是来不及了。

曾国藩在致郭崑焘信中开玩笑说，"斯世滔滔，出固莫知所届，处亦难以自由"，"祝发而仍不免喧嚣，何如早作下山之计，一为酒肉之僧"。[1]

这是对于郭氏兄弟"萧然物外，不受羁绊"的清净之性、清洁之想的戏谑，其实也是曾国藩自嘲自况。

同治元年闰八月十二日（1862年10月5日），郭嵩焘抵达上海洋泾浜。离他第一次来这里，已经六年多。

此时，上海开埠二十年，华洋杂处，堪称繁盛。见闻之多和信息之快，远非内地可比。郭嵩焘耳闻目睹，除了咸丰时已有的洋楼洋船外，又见到许多洋枪洋炮。

当时，李鸿章正借重洋兵洋将与太平军作战，郭嵩焘得以陪伴检阅英兵操练，步武之整齐，设计之严密，严肃可观，西器之利，印象更深。

他还结识了李鸿章左右的有识之士冯桂芬、丁日昌等。

1《曾国藩全集》书信卷四，3047页。

冯桂芬在这时完成了著名的《校邠庐抗议》二十二篇，这是近代史上重要的思想文献，尽管其抗议（下对上谓之"抗议"）时政的动机，是出于"地球中第一大国，而受制于小夷"。但是，书中对"西学""洋器"毕竟有了较为宽容的视界。对此，郭嵩焘想必是先睹为快，并且引以为知音。冯氏还特别关注苏州、松江、太仓地区的减赋事，这也正是郭嵩焘所要着手的事。

郭嵩焘曾与冯桂芬到沙利洋行参观机器生产，大感神奇；他又与冯桂芬合力建议在上海设立同文书院，招收近郡文童，学外语，学科技。经李鸿章奏请，同治二年奉旨，获准于上海、广州设馆。后来设在上海的名为"广方言馆"，算是开风气之先。郭嵩焘日记中有"拟《同文书院章程》十四条"的记录，应该就是为此设计的章程。

因为郭嵩焘理财筹饷的名声，不久，浙江巡抚左宗棠奏请郭嵩焘兼督松浙盐务。这是同治二年初。

不到一个月，朝廷又安排他作为两淮盐运使，曾国藩指望他去整顿两淮盐税，以充军饷。

由苏松粮道到两淮盐运使，这算是升官，贺客纷集。

为此，李鸿章还特意要郭嵩焘更换顶戴，以便堂堂皇皇接受别人的祝贺。郭嵩焘自称"终日酬应，颇觉无谓"。

郭嵩焘在上海江淮履任不到一年，其所作为，堪称完美。

李鸿章在致曾国藩信中说："筠仙到沪后，众望交孚，其才识远过凡庸。""淮盐经筠仙整饬，月销引数倍增，上下游厘饷顿旺。"从这一次的情况看，郭嵩焘并非不能任事，而是看他为谁任事，看其才识和决策权力在多大程度上被认同。

巡抚广东 世途苦隘

郭嵩焘在泰州任两淮盐运使不到两月，同治二年七月十二日，收到由曾国藩转来的上谕，"郭嵩焘着以三品顶戴署理广东巡抚，并着迅速前赴署任，无庸来京请训"。

此一任命，显然不是出于曾国藩、李鸿章的推荐。

曾国藩要郭氏主管两淮盐运，理财筹饷，绝无席未暇暖即要他调往广东之理。而且，郭嵩焘有约在先，不受曾国藩的荐举。

郭嵩焘走后，李鸿章若有所失，怀念不置。他有可能调郭氏返沪赞襄，而不太可能推荐郭氏抚粤。

朝廷又连下谕旨，要郭嵩焘火速赴粤，既不必赴京请训，且令郭氏径取海路赴任，不得延缓。要求郭氏到广东后，迅速体察地方事宜，认真整顿。

显然是广东事大。

郭嵩焘打听到的广东近事，也果然麻烦，按照郭嵩焘自己的说法："广东风俗强犷，趋利背公，习为固然。又擅山海之饶，商贾巧诈，居奇动赢巨万，无艺之民，眼热心忮，聚而为盗贼，平时已号称难治。重以地方殷富，官吏之诛求皆足遂其所欲，相与利其顽梗，以各餍其贪婪之私。凡在官之办事行为，无一非酿乱者。至于吏治，败坏已极，风俗益因之而波靡，自搢绅以至走卒，傲狠嗜利，莫不皆然。"[1]广东是太平军的源头之一，寇匪连年不能除，兵顽饷绌。新宁有土、客之争，导致客民反抗官兵。士绅则习为巧伪，官吏则甘坐卑污，人情虚浮奸猾，民强贼横，兵勇怯于应敌，工于扰民。加上广东富名太著，多方勒索摊派，反而利源阻塞，财力虚耗，外强中干。还有涉"洋"的种种纠纷，纷至沓来。

郭嵩焘还未至广东，就在上谢恩折的同时，上《缕陈广东大概情形疏》，向皇太后、皇帝表白自己，将"推求轻重缓急之宜，斟酌通变达时之术，于军务、饷务、吏治三者，稍有所知，必与督臣细心体察，力求整饬，区区驽钝之力，不敢复有顾惜"。[2]依然没有改变立言太快的习性。

---

1 《郭嵩焘全集》第四册，18页。
2 《郭嵩焘全集》第四册，18—19页。

郭嵩焘原拟陆路南下，以便到安庆与曾国藩一晤。此时，他对曾国藩已经不止是敬重，而近乎崇拜了。

他曾经记下朋友对曾氏的议论，说"相国（曾国藩）好谀而不废逆耳之言，好霸气而一准诸情理之正，是从豪杰入者。其于用人处事，大含元气，细入无间，外面似疏而思虑却极缜密，说话似广大不落边际而处事却精细，可为苦心孤诣。尝言李申甫能知我深处，不能知我浅处。又尝言古人办事不可及处，只是运用得极轻，庖丁解牛、匠石运斤成风，有此手段，所谓不动声色措天下于太山之安者，轻而已矣"[1]。

这都是郭嵩焘认同的说法。

郭嵩焘其实是一个能够看到和懂得别人的好，并且不吝赞美之辞的人。

他崇敬曾国藩的，既是他的性格，也是他的人格，他的可以笼络一切的度量。当然，还有才华，曾国藩并不是一个干枯平庸无趣的人，只是情感较之常人更深沉绵厚。

因为不敢违背朝廷旨令，不能前往安庆见曾国藩，郭嵩焘还是在赴沪途中经过浦口，设法与曾国荃见面。

他与曾国荃年龄更接近，似乎更能推心置腹。

他向曾国荃请教办事用人的方法，曾国荃说了一大堆，郭嵩焘都小心记在日记里，譬如，"办事要有次第"——由"署"及"城"及"县"及"军"；"除弊须慎之又慎，多其察，少其发。发之不当，则威损矣"；"自府道以至县令，每食召二人，可于坐谈之间察知其人之性情心术"；"为政要持大体，不可过勤小务"；"办事须具愚公移山、精卫填海之心力，求人须存宁受百欺、务得一十之愿量"；等等。

因为说话投机，曾国荃又"强留一天"。

在上海停留时，郭嵩焘与李鸿章等朋友见了面，和刚从广东回来的丁日昌（丁是广东潮汕人）长谈丁氏所熟悉的"粤中一切事宜"，为之

1《郭嵩焘全集》第八册，556页。

佩服不已。

在丁日昌那里，郭嵩焘看了西洋地图以及翻译的造枪造炮的各种书，又向两个前来拜访的潮州人讨教广东风俗人情。

潮州人说到自己家乡的风俗，直言"多不可以情理测者"。郭嵩焘问，还有治法吗？对方说，只有廉明之吏，使民心服，可以治理。郭嵩焘问，是宽好还是严好？对方说，严才好。粤俗嗜利，如果有不要钱的官，人就怕他，就像邪鬼不敢见正人。但只要一沾钱，人们就高兴了，因为人人都知道钱能生权、权能生钱。

除此之外，郭嵩焘还办了一件大事。

此前在上海，朋友很热心为他说媒续弦。郭嵩焘对朋友说，自己已经四五十岁的年纪，求偶"在德不在色"，底线是"不求美，然不可有破像；不求才，然不可有劣性"。郭嵩焘的标准，其实也就是所谓人之常情常理。相对而言，女人原本较男人更感性，如果"劣"，则意味着性情强固偏执，遇事就容易走向不可理喻，如果理性、认知力薄弱，教养缺失，行事做人难免更加极端。

朋友给郭嵩焘介绍了流寓上海的苏州绅士钱鼎铭之妹。

郭嵩焘认识钱鼎铭，认为他是个厚实人，质直，俭约，忠诚。于是，想当然地以为有其兄必有其妹。加上好朋友如冯桂芬之类的游说，郭嵩焘便答应了这门亲事，并且就在停留上海期间完婚。

婚礼按照苏州习俗办理，其中有的场面如同演戏，郭嵩焘很觉不自在。为此，他在日记中还发了一通议论，意思是说，婚姻是人道之始，是一件应该庄重的事，吴中这个地方内政不修，从婚礼上就看得出来。有这样的风俗，君子之道消，小人之道长，大不可取。

始料不及的是，接下来还有让他更不自在的状况出现。

婚礼后，郭嵩焘就发现"新人貌陋"。这算是无所谓。但郭嵩焘还发现，新人的"一切举动似非纯良"。这感觉如同一股寒气袭身。郭嵩焘在婚礼当天的日记里就不禁感叹：遇上这样的人，难道是我的命运该当如此吗？

接下来的相处，果然让他苦不堪言。

钱氏女脾性躁悍，终日叫闹，痛骂郭氏，秽恶万状。本来就长得不好，此时貌更凶戾，眉目皆竖，有点歇斯底里（犹如疯癫）。在赴广东的船上，为了躲避喧嚣，郭嵩焘有时甚至不愿意待在船舱中与之相对，干脆在舱面上"终日吹风"。

郭嵩焘大呼上当，埋怨"为冯景老（桂芬）所误"。

后来知道，钱氏女吵闹的主要目的是要回上海，而随嫁的仆人却未必想回，此时赴粤的船已经开行。抵达广州十来天，郭嵩焘趁随员返沪之便，便如其所愿地把钱氏遣返了。

此事似乎颇让舆论责备，由此更加指认郭嵩焘素来任性妄为，对于婚姻同样如此。但郭嵩焘不避物议，大大方方、干净利索地打发了钱氏。汪荣祖说，郭嵩焘虽为旧式婚姻所误，却敢于以现代人的婚姻态度果断与钱氏分手，由此亦可见郭嵩焘超越时代的一面。[1]超越时代的说法，也许有些溢美，但由此说郭嵩焘做人做事任情任性，并不愿意被教条束缚，则是真的。

有一种说法，说郭嵩焘于陈夫人在世时纳妾邹氏，邹氏甚得郭嵩焘敬重。续弦钱氏，郭嵩焘并不想改变自己对于邹氏的敬重，而是把她和钱氏同等看待。钱氏吵闹也有此一原因。郭嵩焘之所以遣返钱氏而并不要她勉强归来，也是考虑到她们必不能相安。而外界的议论则要戏剧性得多。据赵烈文《能静居日记》称，曾国藩在同治六年曾批评说："妇始入门，其老妾命服相见，为妇室下首，而妾居上首，此岂知礼者所为乎？比至粤官，与夫人、如夫人用绿轿三乘入署，第二日夫人大归，第三日即下勒捐之令。持躬如此，为政如彼，民间安得不鼎沸？郭悍然不顾。"[2]

囿于传闻而并非郭嵩焘本人的报告，也基于自己对婚姻、对行政的理解，曾国藩私下里也许真的就这样议论过自己最熟悉不过的情同手

---

1 《走向世界的挫折——郭嵩焘与道咸同光时代》，86页。

2 赵烈文《能静居日记》第二册，1077页，岳麓书社2013年。

足的郭嵩焘（作为人人不免的私下议论，曾国藩在赵烈文的《能静居日记》里，自然不再保持"圣人"的面貌，对身边的人事，对天下皆知的各色人等，多所臧否，不再模棱两可。在同一天的日记里，赵烈文还记载曾国藩说刘蓉"亦非能作事者，其过亦在自命太高。天下人才智心思，相去不远"，不能"恃己蔑人，行空蹈冥"。前此，曾国藩还议论到沈幼丹"窄狭"，李筱荃"血性不如弟，而深稳过之"等等[1]。由此反观郭嵩焘在日记中对于自己极其隐秘的内心情感的交代，对于朋友同侪的褒贬，实不能视之为郭嵩焘在大庭广众中的非理性，或者说完全是郭嵩焘未免狭隘褊急的特殊心性使然，更不必视之为郭嵩焘德性上的缺陷），因为古代的婚姻制度确实强调名分，强调到甚至完全可以"不顾情分"的程度，即任何情感不能逾越尊卑礼制，这其实未尝不是一种"家庭管理学"。而作为封疆大吏，士人表率，行政讲求平衡与稳定，必须避免一意孤行，在越来越位高权重而沉潜深厚的曾国藩看来，不低调也不以韬光养晦为能事的郭嵩焘，不免想当然了。

郭嵩焘从上海赴广东，船有两班，一班是英国船，八月二十六日启航，一班是法国船，九月六日开行。法国船虽晚开，但船大而快，且价钱便宜，乃决定坐法国船。可是，当英国船开航后，郭嵩焘忽然急着要动身（或许是因为钱氏的吵闹）。于是，经丁日昌介绍，找到一小轮船，价格极廉，可以提前出发。但这小轮船在大海中"颠簸万状，昼夜不息"，让老郭"吐泄并作"，懊悔不已。

钱氏吵，船还颠簸，郭嵩焘一路上不得安静。

但是，抵达广东，郭嵩焘显然雄心万丈，不想懈怠，试图"认真"作为，试图"与天地气数争胜"。

"斡旋世宙力，讵非吾辈责？"[2]

他自述"初任粤抚，方在盛年，体气原极虚弱，而精力尚足，未尝

---

[1] 赵烈文《能静居日记》第二册，1054页。
[2]《郭嵩焘全集》第八册，616页。

敢以第二流人自处。其于国计民生，稍有关系，随时整理"[1]。而对于广东此行的艰巨，郭嵩焘其实有足够的心理准备。

广东"吏治不修，武备不饬"，民人"嗜杀轻生""贪横残忍"，风俗"流极败坏，非一朝一夕之故"。郭嵩焘所面对的问题包括治安、厘务、税饷、吏治、防御等等，问题的核心自然还是吏治，他很快就有所发现，一边向朝廷上疏，一边开始整顿："窃查广东吏治不修，积时已久。民情之扞格，盗贼之横行，几为意想所不能测。自古世治则正气必昌，世乱则戾气先积，在官为纪纲法度，在民为风俗人心，皆可以察其阴阳消长之机，以知治乱之本。广东戾气之充塞，正气之微茫，至今日而已极。官民之气不交，而更加之锢蔽；义利之分不辨，而益奖其贪邪。人第知民俗之顽梗视他省为强，而不知民情之郁结亦视他省为甚。不及此时勤求吏治，疏通民气，万无可以支持之理。"[2]比郭嵩焘更老成持重的弟弟崑焘在家书中劝告其兄，不要"遽期速效"，只有"因事整顿"一种办法。

广东素有富裕之名。因此，从京师到地方，都习惯向广东伸手，各种公私催征应接不暇，连曾国荃也很自然地向他索饷，这首先让郭嵩焘头痛。到任之后，他发现，广东财政其实支绌得很，多年来，已经有算不过来的亏欠。因此，他不得不和总督毛鸿宾联名上奏，说明广东"万无力可以旁及"的窘迫。曾国荃在信中说，若非郭嵩焘亲自告知，他也不会知道广东"库藏之穷"。但是，还是指望他在厘捐上想办法。

广东厘务情况也颇特殊。第一，广东货物不尽产于本地，多半接自外夷，售销不全在乎中华，兼可行之异国，来去之源流莫定，无法确定数额。第二，广东货物不归商行（原归十三行掌管，有点计划经济的意思），悉听商贾自便，难以掌握物价和销售详情，抽厘数额难以推求。第三，广东从商的人多，官商难辨，往往出厘之人就是办厘之人，利害关己，谁能慷慨？银钱进口袋容易出口袋难，人皆知道。第四，香港已

1《玉池老人自叙》，《郭嵩焘全集》第十五册，763页。
2《郭嵩焘全集》第四册，89页。

成为粤商的重要基地，不仅可以囤货，而且可以依附洋人，规避抽厘，甚至以洋人为奥援，横生枝节，官吏害怕挟制，听其阻扰。第五，因为利益关联相对复杂，社会生活中难免比其他地方有更多的纠葛，更多的争斗哄闹，官吏怕事含糊，形同姑息，加上玩忽职守，甚至中饱私囊，事情就更难办。[1]

厘金难抽。可是，因为士绅包揽，反而关卡林立，各自为政。郭嵩焘接任后，一方面裁汰各卡，归并一局管理，同时不得不以捐输（向有钱人摊派）应急。

捐输往往触及富绅巨贾的利益，难免对抗，因此才有所谓"下劝捐之令，民间鼎沸"的情况出现。而且，导致言官参奏，朝野议论。

尽管如此，郭嵩焘总结，他到任后，不仅厘捐增加，事实上也没有真正敢对抗官府、毁局肇事的。在他解除巡抚一职时，他曾问过手下办事的人："办理厘捐，毁局几何？"对方回答，无数，甚至殴伤委员，抢劫银钱。郭嵩焘又问，前任（劳崇光）期间毁局几何？对方说，更多。郭嵩焘又问，自我抵粤后有无毁局之类的事？手下办事者想了很久，回答说，没有。郭嵩焘于是告诉他，两年下来，言官好几次参奏厘捐的事，朝中大臣也议论横生，一时喧嚣。但事实上却并没有像从前一样有敢于毁局的，这是"鄙人一心之运用，诸君不能辨也"。郭嵩焘晚年回忆这件事时，依旧引以为荣，浑然忘记了当年举步维艰、绕屋彷徨的实况。[2]

厘捐之外，清理盗匪，把执法者和犯法者区别开来，消除兵匪一家、官匪一家的积弊，也曾让郭嵩焘晚年颇以自己当年"一心之运用"而自豪。当时他却曾"形神为之俱敝"，感到齿冷。御史某不仅不说好话，还参劾说"广东捕务因循，盗风日炙"。郭嵩焘有口难辩，哭笑不得。

这两件事，郭嵩焘自以为得意，却一点也谈不上是政绩工程，相反

1《沥陈广东厘务情形疏》，《郭嵩焘全集》第四册，49—51页。
2《玉池老人自叙》，《郭嵩焘全集》第十五册，764页。

还成为了他巡抚任上的绊脚石。

得心应手的，当然还有洋务。

广东是最早给清廷的长治久安带来"洋"麻烦的地方，"夷情""夷务"复杂，弄不好就会出现危机。郭嵩焘给自己立下的办事原则是，有约必尊，有令必行，不以"虚文相蒙"，对于洋人同样如此，也尽量让洋人知道这一点。强调"处置洋务，务必以理胜"，懂得"能知洋情者，固洋人所最心服者也"。[1]

到任不久，郭嵩焘就见到英国领事为英商被骗事发来的照会。

洋行经理香山人某，曾骗取洋行银钱二十余万两，广东地方咨查三年，居然没有结果，领事因此愤责。郭嵩焘严檄香山县限期查办，结果十余天事情便水落石出。英国领事为此特致感谢。

接下来，郭氏又协调各方，清还了由广东绅士某替政府筹借美国旗昌洋行的几十万两捐输银。此事始于咸丰八年，属于前任遗留下来的啰唆事。美国领事曾经出面要求申还，一直没有结果，以致美国公使为此照会总理衙门，提出抗议。

同治三年九月，与荷兰使臣换约，系前年王爷崇厚与荷兰人在天津订的商约，朝命郭嵩焘在广州办理。换文之际，郭嵩焘发现对方所持条约系抄本，而不是原本，而且只有洋文本，没有汉文本。郭嵩焘因此与荷兰使臣发生激烈争执，争执再三，荷兰使臣答应请示本国。三个月后，荷兰使臣前来表示歉意，认为本应该按照郭嵩焘说的那样办理，只是他们原来没有遇到这样的要求，就习惯成自然了，请郭嵩焘不要怪罪。

从这件事也可以看出，当时清朝的官员，于外交文书方面，并无讲究。而最关键的还是，满朝野的士大夫，也未必把这种契约当真。签订条约，多半并不是为了去履行，而是应付不过去时的交代。在习惯

1《郭嵩焘全集》第十一册，606页。

性的文化认知中，契约似乎是被逼无奈的结果，是失去了情分的表现，是强者对弱者的侵凌，是屈辱的，契约所规定的主要是强者和弱者的身份，而不是有关双方的责任和承诺（譬如传统社会的卖身契、借契给我们的感觉）。而且，在传统的熟人社会，人不对面，契约往往就是一纸空文，可以无效。更何况，有朝一日，当一方不再被逼无奈时，或者双方的势力地位身份发生改变时，那一纸空文的契约自然不再有太大的意义。

说到底，当时朝廷与西方国家订约，一方面是迫不得已，出于无奈，另一方面，又不把对方当回事，更没有理性的国家之间的权责意识和契约观念。

这其实也是我们可以想见的马虎与势利。

近代中外关系中的条约，确实充满屈辱。但从另一种角度看，屈辱更是一种自我的心理感受，是虚的，条约所规定的权利和义务才是最要命的，才是实质所在。近代西方进入中国，所需要的显然不是你的屈辱感受，而是实实在在的利益和基于特定世界观价值观的相互认同。不懂得这一点，为了虚荣而不去考量实际利益，不按照实际利益的目标去确定洋务的方向和方式，结果常常是虚荣和尊严也不得不一起赔上。

即使在今天，当一个民族过分沉溺于历史的屈辱感中，现实交往更多受制于夸张的虚荣、莫名其妙的骄傲和基于意识形态的所谓尊严，而不能以现实的利害考量和理性安排作为国际关系的首要目标时，其结果也难免如此。在理性的由现实主义逻辑所支配的国际关系中，超越恩怨而不是在恩怨中难以自拔，常常是强者的表征。

其实，在商业社会的人际关系中，也未必不是如此。当然，价值观的牵引往往决定着相互认同的程度，另当别论。

问题其实又回到了郭嵩焘在天津时就指出过的，处理"夷务"，首先要知道人家所为何来，人家家里的情况如何。否则只能是盲人摸象。同治二年末，郭嵩焘"拟《粤海同文馆章程》十三条"。第二年，正式开办广州同文馆。这依旧是他希望国人因此可以早日"通知夷情"而作出的努力。

因为有一种难得的平等观——这是郭嵩焘在洋务上可以先知先觉最重要的原因之一，在郭嵩焘的诠释和运用中，传统理念并非不可以良性地过渡到现代国家的政治架构中，譬如"理""信""诚""知"。其实，从郭嵩焘、严复的绍述和践行，也未尝不可以看到，传统中国文化及其哲学，也许可以有一种方式能够与近现代西方政治经济文化融合嫁接，相对平稳地开创出新的现代社会形态，而不一定要通过否定之否定的方式，才能转换成为现代与后现代思想文化资源。但是，一方面是晚清知识界与政界的保守和颟顸，一方面是迫不得已、势不可遏的革命潮流，终于湮没了这种原本极其艰难微妙的可能性。以致今天，我们只能在历史的现场寻寻觅觅，偶然发现表明这种可能性的某些断简残章——反而使得郭嵩焘在面对洋人交涉洋务时，有一种轻松宽缓的心态。或者说，因为郭嵩焘面对洋人，交涉洋务，有一种自如的心态，使得他拥有一种难得的平等观。

于是，他可以用对方所适应和主张的"理""法"说事，以争取自己的权益。他并不因为自尊或自卑而自外于"理""法""情""势"的正常考量权衡，先入为主地把自己和对方的关系置于势不两立、不能妥协的境地，以至自我颠覆而不惜。

侯玉田（1829—1865，又作侯裕田，本名侯管胜），曾经是太平军水师主将。天京失陷后，流亡香港，开店经商，假借生意之名，暗中运送军火粮食，接济福建的太平军余部。

郭嵩焘侦得此讯，与港方联系，诉之于法律，以解决这一在旁人看来几乎无可措手的事情。据称，侯玉田"行劫"海中，作为"海盗"，港粤多有被害者，这显然有违公法。郭嵩焘并没有采取别的手段，仅仅让被害者出面指证，控告侯氏。同治四年四月，侯玉田便由香港解归广州。当局施以酷刑，将之凌迟处死。

按照今人的有关论述，这个被称为"郭嵩焘诡计"的案例，当时曾受到国际舆论的谴责和英国议会的质疑，认为违反了文明世界通行的原则。一方面，侯玉田作为太平天国一方的流亡将领，属于政治犯，不能简单以刑事犯视之；另一方面，凌迟处死也不是文明社会可以接受的。因此，伦敦方面曾经训令港英当局，除非得到确切保证移交后不施加酷刑，港府不得向清廷移交任何逃犯，这造成了此后很多年内地和香港之间逃犯移交的困境。

郭嵩焘在同治四年四月二十八日给朝廷的《拿获盘踞香港招伙济贼逆首审明正法疏》后的"自记"中说："香港藏奸之薮，地方官求之愈急，洋人护之亦愈坚。此次洋人解送侯玉田，为历来未有之举，由鄙人稍知夷情窾要，钩而致之。澄帅（瑞麟）遽加以铺张，反复开陈，终以不悟，卒使洋人往复驳诘，无词以应之。此后香港捕盗门径，永以杜塞矣。"[1]

在郭嵩焘看来，是瑞麟对于侯玉田的夸张的处置——凌迟，让洋人多所诘难，以至无可应对，酿成后果。晚年回忆此事，郭嵩焘依然得意，之所以能够如此办理，实在是有赖于自己"稍明洋情"。而此事，"盖办理洋务五十余年未有之创举也"。

以"理""法"面对洋人，郭嵩焘同样试图以"理""法"面对自己的同胞。

有一件事情多次出现在郭嵩焘巡抚广东时的日记中，就是英国人进入潮州城的事。

这同样是一件旷日持久的烂事。

咸丰八年（1858），清廷允许潮州开埠，作为通商口岸，这自然也是被逼迫的结果。潮州在岭南，算得上文明早启之奥区，"酷好学问文章"而未必长于"经纶天下"的韩愈，曾经因为"谏佛骨"——认为"佛本夷狄之人，与中国言语不通，衣服殊制。口不言先王之法言，身不服先王之法衣，不知君臣之义，父子之情"，因此上书反对崇奉此

1《郭嵩焘全集》第四册，368页。

"夷狄之一法"——而被贬为潮州刺史八个月，留下"一封朝奏九重天，夕贬潮州路八千。欲为圣明除弊事，肯将衰朽惜残年"的著名诗句。

韩愈为潮州带来了文明，所谓"传道起文""功不在禹下""今古同仰""吾潮导师"，潮州从此人物辈出，人文大启。韩愈拒斥"夷狄"的姿态和那种以"先王之法"为依归的教导，在某种意义上不仅意味着唐代文化由开放到守成的转折，也预示了整个中国古典文化由外向到内敛的发展趋势。用鲁迅先生的话说，就是一个人只有胃不好了才会挑食，才会害怕这个，忌讳那个，如果自体本身足够强大，就能够一切为我所用。

韩愈所召唤的文明自负、文化自卫的那种神圣抱负和情感，显然易于传播和感染。说潮州地方因此不免成长了"文明之邦"的傲慢心气而不屑"夷狄"，也许并不为过。

总之，开埠归开埠，条约归条约，潮州人拒不开放，英国人就是无法进入潮州城。这正像郭嵩焘出山到上海去之前在老家听到的，衡州和长沙地方绅民禁止洋人入城，自以为得计的情况一样。咸丰十年，汕头的英国领事拟进潮州城（州治所在）会晤地方官，再次为士民所阻。

在这种阻扰活动中，士与绅应该是起主要作用的，或者还有涉及自身利益的有钱人，前者是因为有文化，后者是因为有实惠。而朝廷对于开放的首鼠两端，疑虑无奈，难免纵容迁就地方的过激反应。事实上，中国的民，特别是一无所有的老百姓，对外人倒未必有成见，似乎也从不排外。但愚民之政，由来已久，一经煽惑，无知百姓很容易偏执莽撞。

英国人进不了城，英国前后两任公使卜鲁斯、威妥玛曾先后向总理衙门抗议，朝廷也因此屡次下诏，命令广东督抚按约办理。但为士民所阻的事，依然接连发生。

郭嵩焘出任巡抚后，深感潮民强悍，且屡次得逞后，其势更张。地方政府夹在洋人与潮民之间，左右不是人。施以强硬鲁莽，也许会刺激成更大的事件。

因此，郭嵩焘试图设法开导。他曾派道员张某打探潮民之所以不想让洋人进驻的隐情，得知潮民一方面害怕洋人按照通商条约入城"开张行店，设立关卡"，侵夺商利；另一方面，则害怕洋人修建高耸的教堂，破坏风水，影响当地人的福祉。

既然如此，道员张某就与英国领事商量，英国领事一口答应，不开店、不建教堂。洋人有此保证，问题似已解决，潮民应该没有再行拒绝人家入城的理由。

此时，正好接到朝廷的谕旨，要刚刚署理总督的瑞麟赴潮州办理洋人入城事宜。因为道员张某已经先行解决，瑞麟不果行。谁知，九月某日，当张某陪同英国领事入城后，潮州府县当局者，居然将栅门封闭，依旧拒不相见。

英国领事坚佐治对此莫名所以，声称要留下来住上一个月。

地方士绅民众眼见府首县令拒绝洋人，便以为这一切都是道员张某使的坏，于是把洋人入城的罪状加在张某身上，扬言要烧掉他的道署。张某见事情闹大，怕不得脱身，就谎骗英国人说，太守有请。英国人信以为真，跟着他走，结果却是一路狂奔，仓皇出城，登舟而去，沿途民众还放肆扔石块，掷砖头，情形极其狼狈。

英国领事为此恼羞成怒，向总理衙门抗议。

清廷担心事态恶化，就在同治五年三月十五日（1866年4月29日）寄总督瑞麟一道密谕，说是李鸿章推荐，派潮州人丁日昌由沪来粤，协助处理潮州交涉事宜。

丁日昌一直跟随李鸿章在上海帮办外事，与郭嵩焘也是旧识。

但是，值此风口浪尖，瑞麟与丁日昌都不敢亲赴潮州。

此事本来已经与卸任在即的郭嵩焘并不相关，但郭嵩焘仍然挺身而出，建议传令集合潮州为首的有头有脸的士绅十余人前来省城，郭嵩焘亲自加以晓谕。

他首先令手下印制通商条约，人手分发一份。然后与他们剖分情理，示以利害。

郭嵩焘告诉潮州士绅，条约既然已经由圣上下旨允行，再违抗就是违背皇上的旨意。他还告诉他们，条约所没有的，可以以理拒之，条约上已经明确规定的，则不得不遵循，否则就会重蹈当年叶名琛的覆辙。叶氏（叶名琛）当年（丁巳，1857年）在广东任总督，拒绝洋人入城，不战、不和、不守，不死、不降、不走，"以静制动"，乖戾无解，以无知应对强权，结果省城失陷，叶名琛本人成了人家的俘虏，后来枉死异乡。此事过去（丙寅，1866年）不到八年，潮州人为什么要效法他呢？洋人既然能够攻陷广州，难道攻不下一个小小的潮州城？

郭嵩焘说的其实是实情，希望潮州士绅因此接受现实，以免因小失大。

通过如此分解，果然奏效。潮州士绅"唯唯而退"，从此不再有异议。

郭嵩焘感慨："常谓开谕洋人易，开谕百姓难。以洋人能循理路，士民之狂逞者，无理路之可循也。"

这话今天听来有点刺耳，可话说回来，说的又何尝不是大实话？

郭嵩焘曾经认同英国公使威妥玛和总税务司赫德在同治五年有关清廷的论述，谓"中国不独于夷人有不能明言之隐，于百姓亦然"。这里的所谓"中国"，实际上就是政府，就是朝廷。所谓"不能明言之隐"，就是难言之私。对于洋人，不能示弱于百姓，对于百姓，不能示弱于洋人，一切以自身威权的稳定和"长治久安"为目标，舍此之外皆非所顾惜。用今天的话说，之所以对洋人和对百姓，有"不能明言之隐"，就是因为这样的政府不是人民的政府，不是能够代表民族和人民利益的政府。而构成人民的百姓，当时的见识自然也并不比朝廷更高。

朝廷在同治初年要求沿海各督抚制造火轮船（正如北洋水师之设），郭嵩焘说，广东商贾多依附洋人的火轮船出海贸易，但朝廷却至今根据惯例，禁止中国人的商船出海，所以中国商人只有与洋人交通一气，深相结纳，才能出海贸易，官府也因此不能过问。

郭嵩焘建议，朝廷应该仿效元朝明朝的制度，在沿海设立市舶司，专管出海商船，允许商人自己制造火轮船，由市舶司登记在案。官办的火轮船，也由市舶司管理和经营，与商船同样装载货物，同等待遇。

郭嵩焘认为，要想让中国造的火轮船与洋人争胜，仅仅依靠几条官船是不中用的，必须让商民都可以制造火轮船，这样才能分洋人之利，能够与洋人分利，才谈得上与他们争胜。如果仅仅以"官样行之"，各种候补官僚中可能充任船局委员的人很多，这些人官越大，于"事理愈隔"，被洋人舞弄的程度就越深，还不仅仅是大开谋利的方便之门，而且也因此会成为洋人"狎侮"的材料，以致损伤国体，尽失体面。

郭嵩焘赴任广东不久就指出，"为利不在上，即当在下。在上固以济军国之需，在下亦仍为商民所自有；所不可不拒绝者，全在中饱之弊耳"，以期"恤商裕国"。[1]日后，郭嵩焘更加明确地强调，应该"通商贾之利"，"宜以开采、制造等事委之于民，而官征其税"，"果为利所在，百姓尽能经营，无待官与"。而商贾"与国家同其利病，是以其气常固"。因此，他一直不以官办代替民办为然，认为"一切行以官法，有所费则国家承之，得利则归中饱，积久，无所为利焉而费滋烦，于是乎心倦而气益馁"，"利未兴而害先见焉，将并所已有之成功而弃之"，"强夺民业，烦扰百端，百姓岂能顺从，而在官者之烦费又不知所纪极，为利无几，而所损耗必愈多"。他意识到，"泰西富强之业，资之民商"，"泰西立国之势与百姓共之。国家有所举废，百姓皆与其议；百姓有所为利害，国家皆与赞其成而防其患"，"民有利则归之国家，国家有利则任之人民，是以事举而力常有继，费烦而用常有余"，"西洋之富，专在民，不在国家也"。而中国，"言富强者，一视为国家本计"。然而，"所谓利国者何？利民而已矣"[2]，"岂有百姓穷困而国家自求富强之理？"[3]

1 《郭嵩焘全集》第四册，51页。

2 《郭嵩焘全集》第十一册，273页。

3 《郭嵩焘全集》第十三册，477页。

他直言，中国采矿、制造、商业，包括铁路、轮船、电报之不能兴旺，其"阻难专在官"，"西洋汲汲以求便民，中国适与相反"，"诸事一揽其权于官，而不知其有损而无益也"。[1]

出于此种觉悟，他曾经与英国领事商量约定，设立船厂，一同建造火轮船，派一名广东绅士主持，先造小型的，各出银四万两，就可以造出两条船，十有八九可以成事。后来，事情还没有付诸行动，郭嵩焘就黯然下台了。

郭嵩焘的建议不被采纳，左宗棠日后争取得到朝廷的旨意，在福州设立船政局，由沈葆桢出任大臣。郭嵩焘说，他们极力铺张，结果是被洋人"欺侮愚玩"得利，三年才造出一艘船，但已经花费百多万两。

郭嵩焘把他本人的主意被搁置而左帅的方略被执行，看成是"国家气运使然也"[2]。

他似乎也确实找不到一个可以具体承担这种阴差阳错的责任者，这种或许事关成败的洋务安排，并没有改弦更张，而是在旧的观念与体制的惯性中运行，其结局自然也一定会与这种观念与制度的整体结局相一致。

出于不能自已的热切情怀和对于家国天下的执念，在从广州启程返湘的前五日，同治五年五月十五日（1866年6月27日），郭嵩焘还致信总理各国事务衙门，阐述了自己对于洋务以及相关国家事务的看法。

不在其位而谋其政，郭嵩焘实在是不得已于言。

他说："窃以为中国之大患三：一曰散，一曰文，一曰私。是三者皆原于猜嫌之过甚，而终归于虚浮。"所谓"散"就是国家没有整体感，人民如一盘散沙，"以法律治天下"，却上下左右"情意阻隔，人心疑异"，"防禁愈严，龁法亦愈甚"。所谓"文"，就是"议论盈天下"，"人相务为虚浮，官吏行文书相督相禁，而不知何者之为情实；士大夫尚议论而相推相奖，而不知何者之为事功"。所谓"私"，就是

---

1 《郭嵩焘全集》第十一册，142页。
2 《郭嵩焘全集》第九册，430页。

"官与民交相菲薄，中与外互相诋谋，同官积为猜嫌，同志亦相倾轧。营私则联结一气，顾公则阻遏百端，乃至兴一利，除一弊，皆各以其私乱之，卒相与因循瞻顾，涂饰耳目，而莫知其非"。

郭嵩焘认为，这三样，在洋人那里，其趋势正好相反。而问题的根本"非民之无良，而官吏之尽不类也。御之以猜嫌，而导之以虚浮，积重之势然也"[1]。

因为这三者积重难返，在处理开放事务时，很多举措不仅不利民生国计，反而似乎总是"代洋人禁制中国"。而对于与西洋的接洽，郭嵩焘坚持认为："洋人之于中国，其初本无深患，由中国士大夫不明事要，以议论激成之，沿至于今。其患固已成矣，二三十年后，且不知所终。届非先使吾民与各国商民交错纷纭，分据其胜，亦别无自强之术。寻常与款接，尤须坦然示之以诚，曲示周旋，与过怀疑忌，二者皆蔽也。尝论与洋人相处，在先使之相服，凡洋人之所要求，可允者允之，不可允者毅然拒之，此人所共知也。然而，可不可之间，其辨固已微矣，自非深识远见，周知天下之故，鲜不罔惑者，其大要在有以服其心。而处国家艰难措置之时，尤在于大力任之。推求一事之始终，博览天下之利病，知彼意之所必至，而豫为之防。度吾力之所可行，而先善其用，则存乎王爷大人之神断，而非众多之议论所能参与者。"[2]

"洋患"已成，二三十年后，还不知会怎么样，此时需要的是像管理"吾民"一样管理"各国商民"，让他们"分据其胜"，这也是唯一的"自强"之道。与洋人最终能不能和谐相处，除了待之以诚信之外，也没有别的办法。至于事情的关键，还在于"王爷大人之神断"，即决策者的智慧，而不在于"众多议论所能参与"。

此时，不能不承认，郭嵩焘的思路，是唯一可行的思路。

在离任广东后，郭嵩焘曾自鸣得意地说，"在粤处置洋务，无不迎机立解"。他同时还有些自负地宣称，"方今天下，能推究夷情，知其

---

1 《致总署》，《郭嵩焘全集》第十三册，185—186页。
2 《致总署》，《郭嵩焘全集》第十三册，187—188页。

所长以施控御之宜，独有区区一人"。

这样的自信，当然并不仅仅是他在广东任上建立的，也不只是他自己这样认为的。

在广东与郭嵩焘再次相处的丁日昌就说，郭嵩焘在广东潮汕事件中所做的，二百年来没有过这样的办法。郭嵩焘自己也这样认为，只是放在心里不敢说出来罢了，他在同治五年四月二十五日（1866年6月7日）日记中说："雨生（丁日昌）言吾所为，粤东二百年无此办法。吾谓此言也，鄙人亦心存之而不敢自言。乾嘉以前，人才盛矣，而时际承平，雍容文酒而已有余，虽才无所表现。道光以后，则直相与酿乱而已矣，人才实不多见。吾辈身际艰难，所以自命，亦直不肯自居第二流人物，非敢自信其才力之裕，亦值时然也。此意也，吾与雨生亦心会焉，而不可与俗人言也。此粤东三年所最心焉领收者也。"[1]

同治八年（1869）二月二十日，李鸿章在致郭嵩焘书中说："去秋在京晤恭邸，谈次以见在通达夷务治体者，首推执事。"李鸿章与恭亲王都很遗憾，郭嵩焘不能继续有所施展，而竟然被"放废"。

除了洋务，处理积案，处置纠纷，调节人事，奖惩属吏，交际应酬，在粤抚任上不到三年，郭嵩焘"独抱深忧"，"忧勤惕励"，自问无愧于心。

在《玉池老人自叙》中，郭嵩焘提到，丁日昌在广东逗留时，曾认真抄录他在巡抚任上的文札告示条规一共"两巨册"。丁日昌还告诉郭嵩焘，他曾在上海碰到前来的广东人，问，新任巡抚政绩如何？人说，不合适。问，贪吗？说，不贪。问，酷吗？说，不酷。问，那为什么不合适？说，操切。最近再次问及，则说，是一好抚台。问，为什么？说，认真。

丁日昌说，"操切""认真"，"本同一心"，大体上是"求治太急"了。如今来广东，见到郭嵩焘所行政以及有关文告，觉得大人其

1《郭嵩焘全集》第九册，209页。

实"求治太缓"。郭大人事事从根源上"疏剔"，人人所乐于隐蔽不宣的，一律不让他们"自匿"。如此，难免会有埋怨。但是，因为出之以和平，没有大的惩创，所以人家也就怨而不怒。久之，知道郭大人明明白白的用心后，就只有感激，吏治和民心也由此有所转移改善。可惜，郭大人就这样离开了。这是大人的不幸，也是我广东的不幸。

在当时的日记中，郭嵩焘也做了同样的记述。

丁日昌并不认同有些人以为郭嵩焘"求治太急"的说法，而始终认为郭嵩焘在广东"考求一切措施之宜，无一不搜求底蕴，维持而匡正之。取怨一时，成名数年之后，而收效则远及数十年之久，此王道之久道化成者也"[1]。

然而，郭嵩焘终究是黯然离职的。很多人，很多事，让他一辈子都不能释怀。

书生意气，中兴抱负，郭嵩焘曾经用十二分的热情和勇气，以所思所知，付诸所事所行，倾情倾力而为，做了太多的事，说了太多的话，操了太多的心。从天下家国的角度看，这样做也许无可非议，从职分、权力范围、人际关系的角度考虑，则未免有枝节、琐碎，甚至有越俎代庖之嫌，违背了不仅属于官场的"规则"，而且有大意之处。

一个"仁"字，是中国哲学的核心主题之一。

"仁"者"通"，麻木不仁就是麻木不通，"仁"可以理解为从生理到心理到伦理的感通与沟通。中国传统社会作为一个以伦理为中心的"关系"社会，其中的"关系"建构，是有着哲学的本体论依据的。也就是说，中国哲学在某种意义上就是"关系"学，所谓"天人合一""天人感应"是一重"关系"——一种从人际上升到天际的关系，一种从人际到物际的关系；所谓"民胞物与""天地君亲师""仁义礼智信""君臣父子夫妇兄弟"，则是另一重关系，所谓人际关系。前者

1《郭嵩焘全集》第九册，212页。

更多是哲学意义的，后者则更多是社会学、政治学意义的，他们互为体用。因此，作为传统文化中的个人，特别是作为人民"师表"的官场中的"领导""领袖"，他可以无所作为，但不可以把前后左右上下的关系弄得一塌糊涂。事情做得好不好，是能力技术手段问题，关系理没有理顺，常常被视为是德性问题。

按照传统社会的逻辑，德性比能力更重要。在社会运行过程中，则稳定、和谐、均衡比效率更重要。自然，也可以有相反的情况，此时的所谓效率，就仅仅是某些关于个人利益的效率，此时的所谓能力，则是近乎流氓无赖的能力。

这样看来，郭嵩焘的思想和作为，对于周围关系的良性运行，实在有着某种他自己未必自觉的破坏性。

问题还在于，郭嵩焘没有像曾国藩那样，甚至也不像左宗棠那样，真正建立自己的行政团队和奥援，并以足够的耐心驾驭属于自己的团队和奥援。左宗棠就曾讥笑他在广东开府两年多，没有发现人才，更没有造就人才，所以办事不力。这是后话。用我们今天的话讲，郭嵩焘办事时，其洞察力和创造性的想象力，远远大于他所具有的执行力。而他对于苍生、对于百姓的未必自觉的悲悯心、平等心，更让他可能莫名其妙就与同僚、与官场大佬交恶，譬如与骆秉章（1793—1867，广东花县人，道光十二年进士，曾任湖南巡抚、四川总督）的关系。

按照李超平在《郭嵩焘与骆秉章关系考》一文中的考述，咸丰三年三月，骆秉章任湖南巡抚。五月，郭嵩焘建议骆秉章开办湖南全省厘捐，这是两人交集的开始。六月，因江忠源告急，郭嵩焘奉命与夏廷樾、罗泽南、朱孙诒等率湘勇1400人驰援江西南昌。这个"奉命"，应该是奉巡抚骆秉章、督办团练大臣曾国藩等之命。咸丰八年十二月初二，咸丰帝召见，郭嵩焘以"讲求吏治为本"回答皇帝的提问时，曾提及骆秉章、胡林翼等"办事认真之人"，是国家变好的指望，说明他对骆秉章并不陌生，且有好感。

咸丰十年三月，郭嵩焘辞任南书房，返回湘阴老家。十月初四，接骆秉章托刘蓉转来的信件，论英法联军入都事。郭嵩焘在当天的日记中留存了他复信的内容，其中有云："夷人之变，为旷古所未有。其祸成于僧邸，而实士大夫议论迫之。"

咸丰十一年三月十五日，郭嵩焘在致左宗棠信中，评论骆秉章获任四川总督时说"此老德威所积，非人所易几也"。在致刘蓉信中称颂刘蓉在四川"盛德大业，富有日新，言者谓蜀人颂籲公（骆秉章）之德，比诸甘棠之归召公，尤见我兄左右宣导之力也"[1]，谓"两贤相与，蜀当无忧"[2]。说明两人关系良好。

同治二年六月二十九日，郭嵩焘获擢署理广东巡抚，九月九日接篆就任。不久，因为一桩坟地纠纷，他与骆秉章的关系变得微妙。

这件发生于同治二年的葬坟官司，起因是花县（今广州市花都区）生员邓辅廷在骆氏祖坟不远处葬骨坛三穴，被骆氏族人指控为"盗葬"。县衙没有对骆氏宗族所控给予支持，骆氏族人不服，遂告知骆秉章。骆秉章请广东督抚进行核实，郭嵩焘支持了花县官方的意见，骆秉章而后直接咨请礼部和刑部。

礼部、刑部的咨复支持骆氏宗族的诉求：定例庶人茔地九步，穿心十八步，凡发步皆从茔心数至边。邓辅廷盗葬该督祖茔之处，系在例文禁步之内，应照例科罪。郭嵩焘所称该省现行章程，系与礼部定例不符。坟茔禁步，自应恪守定例办理。若概用本省章程，以前后左右各得一丈为准，恐倚势侵占者得所借口，盗葬之风益炽，流弊伊于胡底？着瑞麟、郭嵩焘申明旧例，通饬各属，嗣后审断坟山案件，无论官民，均照例定禁步为限，毋得率以本省定章定谳，以致争端难息，流弊滋多。

郭嵩焘再次上奏，重申遵循广东省章程的合理性，请求嗣后仍可援引，理由是："国家定例，所谓庶民者统言之耳，其中贫富强弱，相去天渊。贫且弱者，纵横枕藉，万冢交错，从无争论。惟富强者营一棺之地，即谋占踞禁步，纵横侵至数丈。当时详定省例，稍济例文之穷，

1《郭嵩焘全集》第十三册，87页。
2《郭嵩焘全集》第十三册，90页。

而杜豪强侵占之计，以平百姓之争。盖以省章为断，丈尺多少，出价承受，绅民犹可通融办理；以例定禁步为断，则直授豪强以兼并之资，使启争端。所以遵行数十百年，据以断案，犹能使百姓相安者此也。"[1]

简言之，广东省章所定坟山禁步尺寸比国家定例所定尺寸要小，因此对于盗葬的认定也更加宽松，这种宽松或者说通融的规定，在郭嵩焘看来符合广东省的实际情况。如果都按国家定例禁步标准，则一坟的占地面积太大，很快会面临无地可葬的局面。而且，有钱有势的人显然会更有能力多占面积。因此，郭嵩焘认为省章更加合理，既可提高土地葬棺数，又可以减少坟葬纠纷，并有利于平民百姓。

远在四川的骆秉章并不认可郭嵩焘的这番苦心的计较，再次上疏，逐条批驳郭嵩焘的奏议，请求坟茔禁步应该严格遵守定制，而不应援引省章。骆秉章的奏请得到了朝廷的认可，同治五年十二月上谕：四川总督骆秉章奏，前署广东巡抚郭嵩焘陈奏粤省坟山禁步各情，舍向来通行之定例，而用未经奏定之省章，涉于回护矫强。应请令无力升科者仍遵定例，庶人茔地九步，穿心十八步为限。以昭公允而息争端。这也就是说，广东方面以后不能再援引省章判案，须一律以国家定规为准。

在这场隔空较量中，最终骆秉章占据了上风。

郭嵩焘日记中没有提及在广东巡抚任上处理的这个案子及与骆秉章书信磋商的情况。骆秉章于同治六年十一月十七日病逝于成都，郭嵩焘也没有在其日记中有所提及。显然，他因为没有照顾骆秉章的家族利益，与骆的关系冷淡了。从骆秉章致朱学勤的信札中，可以窥见骆秉章后来对郭嵩焘的观感和态度。

朱学勤（1823—1875，字修伯，浙江仁和人），官至大理寺卿，曾国藩曾赞其"学足论古，才足干时"。朱学勤的特殊之处是曾入值军机处，许多地方督抚争相结交。骆秉章在四川总督任上写给他的信札，多有涉及郭嵩焘的内容。从这些信看，骆秉章对郭嵩焘的反感，主要就是

1《遵查骆氏祖坟一案片》，《郭嵩焘全集》第四册，774页。

因为祖坟的事而生："此端一开，民间盗葬之风日炽，凡有祖坟无不被人挖掘，所关非细，此弟所以不能不请部示也。正月初五日已将部文移咨广东督抚，但恐细侯（指郭嵩焘）负气，又以应照省章入告，斯时不得不再费笔墨。来谕谓伊外虽负气，中情实怯，断不敢奏。弟思细侯因香山富民悭吝不捐，即奏请严拿治罪，其任性糊涂，焉知何者为是，何者为非耶？""郭筠翁在湘与弟相好，在幕数月，觉其人甚正派，今观其抚粤，竟是糊涂任性，勒捐之虐，京中已饫闻之，不待弟言……粤人传为笑柄者甚多，不特逐妻一事。此翁如此举动，岂朋友之言所能规劝者乎？"

骆秉章信中所说的勒捐事，就是郭嵩焘做的一件得罪大户的事。郭嵩焘到任广东巡抚后，开始整顿厘捐，下令劝捐，以致富绅大贾，纷纷逃匿，恨之切齿，有官员背景的人家就弹劾，朝廷乃密谕广东将军瑞麟等访查。

《孟子·离娄上》曰："为政不难，不得罪于巨室。巨室之所慕，一国慕之；一国之所慕，天下慕之，故沛然德教溢乎四海。"读圣贤书出身的郭嵩焘，不会不知道骆秉章家族就是粤中大户，也不会不懂得"不得罪于巨室"的道理。如果他懂得而仍然这样不管不顾地做，证明他一定是过于认真，过于"理想主义"，以至不惜让人觉得"别有用心"，或者糊涂任性，不可理喻。

在同治六年六月初十《复李瀚章》信中，郭嵩焘透露了自己对于骆秉章的观感："粤俗以强陵弱，以众暴寡，籲公（骆秉章）贤矣，而气习未除。弟在粤见其屡陈粤事，横生议论，颇不谓然。昨麓溪诵其疏争坟山一案，援引例文，力求一遂其私。此后官地一惟有势者侵据，小民侧足而立矣。苟可负强以便一日之私，则遂毅然为之而不顾天下之利病，此所谓小人。粤之君子乃安行之，风俗之颓敝可想。"[1]

看来，仍然是"天下之利病"左右了郭嵩焘的选择，也让他看到

1《郭嵩焘全集》第十三册，209页。

连骆秉章这种被人称为君子的人，也难免有"小人"的作为。看到这一点，对于怀抱天下的郭嵩焘来说，不知有多么寒心，多么失望。

这或许也正是郭嵩焘日记中不再出现骆秉章的原因所在。

而在友朋之间的书信往还中，包括关于湖南治乱的言说中，郭嵩焘依然保持了对于骆秉章的尊重和推崇，说"骆文忠公之功忾于湖南，涵濡酝酿十有余年，惟能久耳"[1]，"楚风之敝极矣，骆文忠去后十余年，遂至江河日下"[2]。

如此这般，郭嵩焘遇事掣肘、焦头烂额、义愤填膺的时候，便所在多有。

与骆秉章交恶，还只是得罪故旧，让官场上聪明伶俐的人疏远冷落。而"受抑于总督，难以施展"，则常常让他灰心沮丧，让他意兴索然。

让郭嵩焘意兴索然的人，不止一位，包括总督毛鸿宾和接任总督的瑞麟。当然，让他最感到受伤的是自己的老朋友左宗棠。

郭嵩焘与毛鸿宾（1811—1867，字翊云、寄云，山东历城人，道光十八年进士）原本交好。在毛鸿宾作为湖南巡抚，郭嵩焘赴任江苏时，书信往还，互通款曲。郭嵩焘甚至说过自己在湖南"承事左右，饫闻德教，从容谈论"，如今"优游之雅，不可再得，怅惘何言"的客气话，[3]与人言及，也说毛乃是"诚笃君子"[4]。

同治二年，毛鸿宾擢任两广总督，很快，郭嵩焘"忽奉恩命权摄粤抚"。在给毛鸿宾的信中，郭嵩焘一方面称颂毛鸿宾"陈奏广东情形一疏，指陈利病，则洞入症结；研精条理，则妙合枢机。时事艰难，补救之宜，措施缓急先后之序，权衡在心，有符烛照。而老成谋国勤上之

---

1 《刘锡斋中丞八十寿序》，《郭嵩焘全集》第十四册，416页。

2 《郭嵩焘全集》第十三册，270页。

3 《郭嵩焘全集》第十三册，79页。

4 《复罗小溪》，《郭嵩焘全集》第十三册，90页。

谊，一出之肫诚，艰难困敝，身任之不疑，无几微激切之意动于辞色，允为当世仅见之名疏，不独区区之私服膺而已"，一方面表达自己将要巡抚广东，"惶悚旁皇，莫知所措。独幸随侍铃辕，得一切叨聆训迪，以有所依循，深惬二十余年奉教之心"。[1]信中所说，虽然有场面上的应酬性质，但毕竟意味着他们曾经有交往，有信任。

学者认为，郭嵩焘与毛鸿宾在广东任上的纠葛，主要源于督抚同城的体制上的弊端，此种状况晚清有识者如冯桂芬，就提出过批评。郭嵩焘自己在离任之前、之后也对此有所反思，他说："督抚同城，爱憎好恶之异情，宽严缓急之异用，同为君子，而意见各持，同为小人，而诪张倍出。如举一人也，此誉之，彼毁之，则是非淆；劾一人也，此远之，彼近之，则趋避易。徒令司道以下，茫然莫知适从，其君子逶迤进退以求两无所忤，其小人居间以遂其私。……是皇上设官以求治也，而督抚同城乃万无可言治。"[2]

据曾国藩说，毛鸿宾任命为粤督后，即保举郭嵩焘堪任粤抚，可谓有德于郭氏。[3]

毛氏敬佩郭嵩焘的文采，颇欲纳交，屡思延至幕府。曾国藩因此批评郭嵩焘，到任后与总督彼此争权，后来以至于切齿。并且认为，王闿运等一般文士到广东后，互相标榜，袒护郭嵩焘而诋毁毛鸿宾，飞短流长，以致坏了郭嵩焘的名望。

郭嵩焘自己并不这样认为。

他原有足够的清明洞察身边的人事，问题是他不想也不可能像其他官员一样，以做官为事业，乡原敷衍，多一事不如少一事，息事自然宁人，或者说事息则人宁。郭嵩焘原是带着自己的抱负来广东的，他以为，巡抚一方，应该可以做一点伟大的事。不承想，上下左右之间，似乎一开始就多所隔阂，并不称心遂愿。壮志难酬，他又不甘心，也不甘

---

1 《郭嵩焘全集》第十三册，108页。
2 《郭嵩焘全集》第四册，743页。
3 赵烈文《能静居日记》第二册，1067页。

休，于是冲突就不可避免。而对于毛鸿宾来说，原以为身边有了一个能拟奏疏，能铺陈锦绣文章，也能理财的巡抚，可以为自己所用。哪里知道，郭嵩焘不但有主见，而且直言不讳、当仁不让。

如此隔阂的相互预期，如此始料不及的性格悬殊，总督觉得有所不安，巡抚觉得有所不适。不安者自然要加以压制，既然压制，则不适者更加觉得不能施展。因为不耐烦这种状况，因为灰心于这种状况，于是更多牢骚和反弹，更容易生激愤，激愤则生引避之想。

毛鸿宾、郭嵩焘之间的冲突，有时确实涉及名分。

信宜地方的匪患克复之后，毛鸿宾不顾督、抚二人共同列名上奏的惯例，以总督的名义具奏。郭嵩焘提出质疑。毛鸿宾居然傲狠地说：广东向来没有督抚同列的事。郭嵩焘为此深感伤情和失望，以为这不仅是个人的屈辱，更是巡抚尊严的丧失。自己不幸成了为人家司笔墨的幕友。在日记中，郭嵩焘甚至有些悲愤地说：自己"身膺疆寄，而所供者仅一幕友之职"，怎能不感到屈辱。[1]

这自然是出现在私人日记和笔记中的牢骚。作为同事，郭嵩焘毕竟保持了必要的容忍克制和君子风度。因此，当毛鸿宾因事于同治四年正月二十六（1865年2月21日）被"交部议处，降调一级"时，郭嵩焘终究难掩惺惺相惜之情。

接任总督的是原将军瑞麟，系满族亲贵，据说与慈禧太后同出一族。其官运未必与此无关。此人在郭嵩焘私下里看来，纯粹等而下之，不仅见解浅陋，而且办事猥琐夸张，不识大体，不通夷情，内心全无主宰，而表面上意气风发。

瑞麟与郭嵩焘的冲突，主要出现在军事调度上，为此甚至"抵排攘斥"。

最尖锐的冲突发生在同治四年七月。太平军余部，来王陆顺德、天将林正扬占领嘉应与龙川之间的长乐，惠州受到威胁，"搬徙一空"。

---

1 《郭嵩焘全集》第九册，28页。

郭嵩焘决定亲往惠州督师。不承想，这一决定，大触瑞麟忌讳。瑞麟认为，这是巡抚"越职侵权，有意陵冒"。但郭嵩焘认为，这正是他的本职。

郭嵩焘不仅将此事毫无隐饰地上报朝廷，而且在日记中大为感慨，戒之日后，"毛公以傲狠为能，此（瑞麟）又以阴凝为力，两俱不可共事，而毛君优矣"。[1]他还因为瑞麟的个性人格而得出结论："识暗而情愈僻，力柔而毒愈深。"[2]瑞麟当然就是他所说的此种"识暗"而"力柔"者。

与毛鸿宾、瑞麟不愉快的共事，与郭嵩焘所不能容忍的官场的普遍习气有关。

郭嵩焘曾不止一次感慨上下官僚"以办事为大忌，而又各怀私见，多所瞻顾，惟恐一有举措而不得保其私利"[3]。这是他在山东之行中早就领教过的。同时，也与他所面对的不堪收拾的地方及国家局面有关，"季世人心如野狗"，人人但求自保自私，而任由天塌地陷、洪水滔天。

同治三年（1864）七月中旬，曾国荃攻克天京。

郭嵩焘非常兴奋，更替老友的"不世功勋"感到欣慰和自豪。对于曾国藩兄弟迭更患难，不顾疑谤，苦心经营，坚忍不拔，他赞美备至。

然而，金陵克复，太平军并未被完全消灭，而有点像是打散了的蜂窝。

太平军多粤人，南窜乃其必然之势。

金陵未破，郭嵩焘已经在家书中提醒兄长，"若金陵克服，则当以闽粤为归宿"。果然，同年九月初四，太平军侍王李世贤南下，直指闽粤。郭嵩焘曾亲历军旅，自然是多少懂得战争的。但有未必知兵的总督、将军主兵，郭嵩焘自认为知兵而不能主兵。

而以郭嵩焘的性格，又肯定知无不言。因此，则难免形成对立。

1《郭嵩焘全集》第九册，99页。

2《郭嵩焘全集》第九册，138页。

3《郭嵩焘全集》第九册，27页。

此时，江南战场上遣散的粤籍兵勇，国家既不能加以豢养，天下未定，他们也无法归田，或无田可归。于是，涌回广东佛山等地，纠众打劫，地方不得安宁。朝廷震动，对此大张挞伐，严旨参劾督抚。

同时，广东内乱不绝，原本军费开支浩大，还要协济他省。筹饷之难，本可想见。郭嵩焘为了应付这种局面，也为了公平，更定捐输章程，试图让富商分摊捐输，以消民怨。然而，人情常常是，愈有钱，愈一毫不肯放松。巨商富贾、高门大户原不是一般无依无靠的人，如今又可以避居港澳，依附洋人。接下来还散布谣言，说官府逼捐，使商贾纷纷逃亡，民间恨之切齿。

于是，又有人奏参广东督抚派捐，任意勒逼。

朝廷不敢不信，密令当时还是广东将军的瑞麟查访。

郭嵩焘不得不将实际情形上奏，指传言无实，更说造谣者"影射规避，挟私求逞"，别有用心。

对此，朝廷给的上谕是"不可一意孤行"，基本上不分是非好歹。

郭嵩焘在日记中说："朝廷听言太杂，最为今日大患。"[1]

很长时间后，郭嵩焘退居长沙时还感叹，"朝廷专意崇尚无稽之言，以制贤人之进退。"[2]对地方封疆督抚的任用很草率，对他们的怀疑和处理，则更加草率。总之是"无信"，因为"无自信"，所以也"无他信"。

谕旨回复郭嵩焘的上奏说"不可一意孤行"，已经让郭氏很郁闷了。而事情却还没完。毛鸿宾、郭嵩焘曾发起"捐廉助饷"，得到"从优议叙"的奖励。然而，广东学政、司道等所捐，均分别移奖"子弟"。毛鸿宾、郭嵩焘也准备一体办理。朝廷得知后，却认为他们"意存计较，不知大体"，"所见甚为卑陋"，"所捐银两即行发还"。不但因此撤销"从优议叙"，而且要"交部议处"。

郭嵩焘说"波及之冤，无可自明"。

1《郭嵩焘全集》第九册，31页。

2《郭嵩焘全集》第九册，267页。

　　大约，移奖"子弟"的做法，完全是遵照总督的主意，郭嵩焘因此有苦难言。

　　"议处"的结果是"革职留任"。较之先前传说要"降调三级"的处分，这算是恩典，郭嵩焘还得为此谢恩。郭嵩焘在《革职留任谢恩疏》中，除了说"惶恐图报"之外，还倔强地自我表白，自己绝无"营私之意"，希望不要将已捐之俸退回，否则无颜面以对僚属。

　　因为纠缠在这样一些琐碎情事中，甚至不得自白，郭嵩焘有时"独居愤郁，当众怒詈"，可见其内心抑郁躁急，以至难以控制情绪。

　　郭嵩焘在同治三年十二月初六日记中说："牙痛大剧……乃至头昏心跳，恶寒尤甚，其薄弱不能堪摧残如此。"又听说，闽中与粤匪交战，在武平、漳州各牺牲大将一名，贼势殊不弱，心甚忧之，忧愤到甚至说："横政之所出，横民之所止，不忍居也。粤俗近之。"

　　一个人，因为情绪心境的左右，可以让一些观察和判断越过理智，失去平衡，而显得极端和绝对。但是，这种极端和绝对，作为一种修辞性的表达，有时也显得更加准确和真实。

　　从《古周易订诂》的《明夷》卦中，郭嵩焘看到"居治世而天下之道出于一，居乱世，其道多矣"的表述，觉得此话真是"精义入神"。

　　在日记中，郭嵩焘还记录弟弟志城的话说："办天下事只是气，气盛则江河直泻，才虽小，亦乘势以飞腾；气荼则百端阻滞，虽有长才，无所用之。豪杰大有用之才，只是鼓得人气起。吾谓圣贤豪杰长处，尤坐一赖字。险阻忧虞，艰苦挫折，都赖得下去。直是一赖字，澈上澈下，停停当当。低着头干，终其身无成功，亦只坐定如此干去。此为豪杰非常之才，不必其智虑果殊绝于人也。"

　　显然，郭嵩焘也在为自处不堪作为的逆境而勉力振作，试图"赖得下去"。此种自我处置之法，类似曾国藩私下里跟赵烈文聊天时所说的"须顽钝无耻，乃可做事""余惟麻木不仁处之而已"[1]。

---

1 赵烈文《能静居日记》第二册，1054页。

同月十九日日记，郭嵩焘全文抄录黄石公《素书》六篇。他知道此书系"后人之伪托，意味亦浅"，"其言亦出于老氏"，但其中"多有切中鄙人之隐病者"[1]，其中甚至有愤激之辞曰："山将崩者下先隳，国将衰者人先弊。根枯枝朽，人困国残。与覆车同轨者倾，与亡国同事者灭。"这样的说法，显然也符合郭嵩焘某些时候的感受。

看得出来，郭嵩焘豪情犹在，而悲观已露，"老景渐催年似日，世途苦隘古犹今。殊方纷扰蛟螭窟，大地微茫蚤虱音"[2]的诗句，就写在此时。

郭嵩焘意绪怫郁，曾国藩自然察言知情，何况他是那样了解郭嵩焘的性格。

曾国藩曾于同治四年正月初二（1865年1月28日）写信给郭嵩焘，希望他不计毁誉，"俯默精勤，以冀吾志之大白，不宜草草遽赋归与也"。

问题是郭嵩焘做得到"精勤"，却难以做到"俯默"。也就是说，可以呕心沥血做事，但不可能不说话发牢骚。

李鸿章也来信劝慰，说"主少国疑"，"粤匪残焰犹张，中土边疆传烽正盛"，老成宿将，不宜引退。

郭嵩焘没有引退。但是，对于郭嵩焘来说，等待他的却是更加揪心的凌逼。

这种凌逼，主要来自他的老朋友左宗棠。

交恶左宗棠　既伤且憾

左宗棠是郭嵩焘的发小，比郭嵩焘大六岁。太平军席卷湖南时，他们曾一同避寇于家乡东山，当年有"为山居结邻"之约。咸丰二年，左宗棠之出任湖南巡抚张亮基幕宾，守卫长沙，与郭嵩焘之劝导有关。后来，郭

---

1 《郭嵩焘全集》第九册，49页。
2 《郭嵩焘全集》第九册，54页。

嵩焘在与友朋往还中，对左宗棠多所推重。

咸丰六年，郭嵩焘在致王鑫信中谓："季老大力包举无遗，有贞固之气，所以能济大事，间有抬杠，亦其小节而已，处今之时，此乐又岂易得哉？"[1]咸丰七年，他致曾国藩信中说"季高诚粗浅，然窥其勤勤之意，未尝不倚注老兄"[2]。在咸丰皇帝面前，郭嵩焘对左宗棠也不吝赞美之辞，他把自己与咸丰皇帝的对话，抄录给左宗棠，说："圣言尚多，略记大概如此，字句之间，未必能十分吻合，然非圣人所语及者，未敢稍附会一语。"[3]

在作为南书房行走时，郭嵩焘还直接参与过拯救左氏的活动。

左宗棠有才略，有手段，也有胆量，性情阔大自负，自诩诸葛亮，在湖南巡抚骆秉章幕府时，权重一时，湖南甚至有"文武官绅非得左欢心者不能得意，而得左欢心者无不得意"的说法[4]。官场乃利薮，从来险恶，何况，左宗棠"负性刚直，嫉恶如仇"，自出机杼，自以为是，弄权使事中，难免与人结下梁子。

署理提督、永州总兵樊燮"声名恶劣"，可能出于左宗棠的"赞画"，巡抚骆秉章以"贪纵不法"为名，将樊劾罢。樊氏不服，逞控于湖广总督官文及都察院，并首先指控左宗棠"欺罔贪狠"，把持湖南政局。

一个"贪纵不法"，一个"欺罔贪狠"，都是狠角色。朝廷命官文等查办此案，并指示，倘确有不法情事，即将左宗棠就地正法[5]。

左宗棠曾经看不起作为湖广总督的满族大员官文，于两湖军政事务的交接方面，因此多所冒犯。樊燮案正好给了官文惩治左宗棠以口实。

左宗棠不得不主动退出骆秉章幕府，于咸丰十年正月启程赴京，准备参加这一年的"恩科"会试。但半途中得知，官文正在寻思"构陷之策"，不利于他的流言蜚语"已满都中"。"帝乡既不可到，而悠悠我里

1《郭嵩焘全集》第十三册，21页。
2《郭嵩焘全集》第十三册，22页。
3《郭嵩焘全集》第十三册，29页。
4秦翰才《左宗棠逸事汇编》，14页，岳麓书社1988年。
5薛福成《肃顺推服楚贤》，《庸庵笔记》卷一，光绪二十三年刻本。

仍畏寻踪"，左宗棠深知自己处境危险，"侧身天地，四顾苍茫"。但是，按他自己的说法，他决不肯"死于小人"而甘愿死于疆场。

于是，左宗棠前往曾国藩大营。

此时，不止一个人在为援救左氏出谋划策。

据说，骆秉章、胡林翼等人请托当时在肃顺家做"家教"的王闿运，要他找肃顺帮忙。肃顺表示，必俟内外大臣有人保奏，皇帝因此问起，方有机会说话。[1]王闿运将此一情节显然告诉了熟悉并且高看左宗棠能力的郭嵩焘。郭嵩焘与潘祖荫同值南书房，郭嵩焘对潘祖荫说："左君去，湖南无与支持，必至倾覆，东南大局不复可问。"[2]潘祖荫以此上书，谓"国家不可一日无湖南，即湖南不可一日无宗棠也"[3]。同时，曾国藩、胡林翼也先后上奏说，左宗棠"刚明耐苦，晓畅兵机"。如此这般，终于得到皇上旨意：左某是否仍应回湖南巡抚衙门办理事件，抑应饬令带兵，着曾某（国藩）查明覆奏。曾国藩于是奏请同意，令左氏募勇，以至日后"专任浙事，不复就讯湖北"[4]。

左宗棠确实在咸丰十年获得曾国藩保荐，得以襄办皖南军务，并自组楚军五千人，转战江西，由此施展所长，建功立业。第二年三月，击败太平军侍王李世贤于乐平。十一月，李秀成克杭州，浙江巡抚王有龄自杀。左宗棠接任浙江巡抚，转败为胜，渐次恢复浙江。然后擢升闽浙总督，赐衔封爵，威望日隆。

同治四年，太平军败退广东。左宗棠南下追剿李世贤、汪海洋部。这期间，左宗棠与作为广东巡抚的郭嵩焘发生关联。

由纯粹的朋友乡亲，转变为共事者。左宗棠原本并不完全服膺曾国藩。此时，左氏对于大局诸方面的看法和策略，已经与曾国藩不够融洽。郭嵩焘家书中说："浙江与安庆水火益甚，盗贼未平，诸君之意见尤难

1 参朱东安《曾国藩传》，138页，四川人民出版社1985年。

2 《玉池老人自叙》，《郭嵩焘全集》第十五册，759页。

3 潘祖荫《奏保举人左宗棠人才可用疏》，《潘文勤公奏疏》。

4 《陶凤楼名贤手札》册五。

平，念之慨然。""浙江"指左宗棠，"安庆"指曾国藩。在左宗棠看来，郭嵩焘显然属于曾国藩的同志同党，这多少已经决定了郭嵩焘在左宗棠心目中的地位。

正如郭崑焘所预料的，曾国藩兄弟占领南京后，太平军余部由江西南下，广东防务紧急。郭嵩焘在所拟《防贼窜粤片》中说，"岭表地广人稠，无业游民数倍于耕作之众，且群贼多籍隶粤东"，很容易与粤东本来就没有肃清的盗贼合流，须以"控制赣南为第一要义"。郭嵩焘害怕曾国藩为了保全赣西、兼顾楚西，而放弃赣南，因此"飞咨曾国藩、左宗棠、杨岳斌、李鸿章、曾国荃、沈葆桢等会商"，希望在闽粤交界处，会同江西大军合力进剿，各地方文武协力防御，以期一鼓聚歼。

但是，事情在实际操作中要复杂诡异得多。而且，兵无常势。

首先，郭嵩焘自己在粤东战事的安排上，就受制于总督。

郭嵩焘想让他所赏识的广西提督冯子材督办东江军务，结果却被毛鸿宾调走。他力争而不果。同治四年四月，在湖北金口鲍超辖下的太平军降卒，突然哗变，攻陷咸宁、崇阳两县。郭嵩焘五月份得悉叛军已从湖南安仁到达永兴，靠近赣粤边界。他与瑞麟商议，要求派军防守粤北南雄，另调军队驻防嘉应、龙川，以便兼顾。瑞麟反对，以防守粤东嘉应为借口（此处据说有四万重兵，粤北无一兵一卒）。郭嵩焘力争无效，气急败坏，在日记中痛骂瑞麟"阴凝为力"。事情正如郭嵩焘所料，叛军攻陷粤北乐昌（南雄之西），郭嵩焘又请求调冯子材（时驻粤西）前往防堵，又不获允。终使叛军与太平军康王汪海洋所部会合，形成更大的力量。

郭嵩焘简直想拂袖而去，只是因为军事紧急，不便乞辞。

此时，闽浙总督左宗棠正在福建追剿李世贤、汪海洋部，前锋逼近龙岩、漳州一线。

左宗棠尤其得力于淮军将领郭松林、杨鼎勋部的协力。郭松林（字子美，湘潭人，郭嵩焘在日后所作《郭武壮公神道碑铭》中，说他"气高负奇，读书颖异，尤健于力"，"不乐章句之学"，是那种"宁为百夫长"的人。曾隶属曾国荃军，后来从李鸿章赴上海，与李秀成大战于沪西，战功了得。同治四年，李鸿章派郭松林由海道赴援，帮助左宗棠追剿）、杨鼎勋（字少铭，四川华阳人，曾随鲍超、李鸿章督师上海，后加入淮军）系由李鸿章派往福建，帮助左宗棠作战。

李世贤、汪海洋部被围逼于闽南，其出路不外入海或前往粤东赣南。

左宗棠克复漳州等地，受到朝廷奖赏。但粤东防务更加吃紧。果然，败退的汪海洋部由闽入粤，很快占领广东镇平。

漳州克复后，左宗棠奏请，调已经抵达离广东边境不远的淮军郭松林、杨鼎勋北上，前往江楚作战。也许在左宗棠看来，李世贤诸部已经剿除殆尽，汪海洋部余党也已不多，太平军大部已不存在，小股流寇不难歼灭，由粤军对付就足够了。而北方捻乱彼猖，宜于河北、山东厚集兵力。郭松林部多系皖人，应即调回苏省，以备派遣。

而郭嵩焘则认为，郭松林、杨鼎勋所部既然已经距粤境不远，自当直趋潮州、嘉应，扫荡镇平顽敌，然后取道平远、长宁，开赴江楚。因此他与总督会奏，并且致函郭松林、杨鼎勋，对郭、杨所部南下，充满期盼。

郭嵩焘直言，听说左宗棠奏请郭、杨北上剿捻，实于"地势之宜，军情之因"，都有所未详。希望郭、杨二军"左公之议且姑置之"，至于军饷，当"不至阙乏"。

显然，左宗棠的视野，是朝廷的视野、国家的视野，是直接替皇上操心的视野，也是他建功立业的大视野。而不是郭嵩焘替广东划算的本位主义。

郭嵩焘言辞恳切的请求，自然难敌左宗棠的命令。郭松林、杨鼎勋奉命迅速北去，很快返抵上海。

郭嵩焘知道后，叹息"季高此举，使人郁闷"[1]。

郁闷之故，在于左宗棠不仅不计私情，不留商量的机会和余地，让郭嵩焘筹思很久的计划落空。而且，在郭嵩焘看来，此举不免有贪图个人"报效"之嫌。

1《郭嵩焘全集》第九册，120页。

小弟弟志城在致李瀚章信中，就直接说出了自己的看法，认为"欲防江楚，自宜折入平远之西北迎头遏击，粤中无久延之寇，江楚庶无不了之防"，而"左帅亦骛于勤王之名，而未合筹其缓急耳"[1]，图远略而未规近局。

郭嵩焘在私人信件中，痛责左氏"此等处置，几于老悖不复可以人理论"。

郭嵩焘并未因此罢手。郭松林已经北调，他仍然驰函李鸿章幕友丁日昌，直言企盼郭、杨二军再度来粤追击败寇，以竟全功，也因此不再遗累粤省。他说，军食已经备妥。在信中，郭嵩焘还直诉了自己心中的委屈，谓郭、杨二军开赴福建之初，就已经邀请他们来粤助剿。岂知左宗棠不顾闽粤交接，不惜借朝命，将二军北调，不知何所居心。

郭嵩焘认为，"左帅此举，辜数省之望，遗累无穷，深所不解"。激愤之情见乎辞。

最可气的是，左氏于军情汇报中，全不提及军事调度，故意把郭嵩焘蒙在鼓里，以便造成既成事实。郭嵩焘在信中告诉丁日昌，粤军虽然"精悍能战"，但"积习太深，纪纲法度，一切废弛"。而且，此时广东的总督、将军都不知兵，难以担当澄清之责，所以不得不有请于李鸿章。

郭嵩焘的想法没能成为现实。

正在此时，即同治四年七月中旬（1865年8月底），太平军来王陆顺德、天将林正扬，又占领了嘉应与龙川之间的长乐，惠州受到威胁。郭嵩焘要亲赴惠州督师，却被瑞麟视为越职侵权，有意陵冒。郭嵩焘完全不能理解这种猜忌，他不仅将此事毫不隐饰地上报，而且直陈广东军务政务败坏，"幕客、门丁、书吏扶同渔利"（因为有违自己的操守和原则，他在粤抚任上，曾毫不客气地把一直跟随在自己身边的仆从，悉数予以打发，尽管他自己为此觉得并不愉快而多少有些伤感），而总督"慈柔宽裕，狃于见好"。面对此种局面，他自叹"竟亦无可为自效之术"。[2]

1《萝华山馆遗集》卷四，《郭嵩焘集》，114页。
2《郭嵩焘全集》第四册，517—518页。

失望之余，郭嵩焘于七月三十日（1865年9月19日）正式具稿，以病乞休，请朝廷另简能员接任广东巡抚。

曾国藩、李鸿章等来函劝留。郭嵩焘说"其计早定"，并已向老友透露过。在给李瀚章信中，郭嵩焘说："论者遂以乞病为大不宜，不知鄙人志在求去，非以倾人也。终久得去，适获我心，其不得去，则亦君父之命耳，于心无尤。前后两公犹不失为贤者，正恐后来者每下愈况，天下岂有两政并出，而能有裨于民生国计者哉！鄙人虑之审矣。霞老竟以微故去官，人皆惋惜，我独欣然，喜吾道之不孤，得是以为之先路也。"[1]

信中言及的霞老，说的是刘蓉，其时，刘蓉在陕西巡抚任上，因为带兵与捻匪交战遭遇失利，被弹劾。

而郭嵩焘的这一次请辞，早在七月二十三日，在送志城回乡之际，就已经和朋友们有所交代，志城和朋友也都赞成他辞职。

"乞休"疏中，郭嵩焘以"才力浅薄，百不从心，年余以来，疾病侵寻，衰态日作"为由，请求"准予开缺调养"。但在附件（附片）中，他直言不讳地痛批毛鸿宾、瑞麟的积习和失误，认为"非有刚强严毅之员接任巡抚，帮同瑞麟经理"，则恐"隐忧日积日深，终至不可收拾"。

郭嵩焘还请求派左宗棠督办粤东防剿，认为左氏虽然已有越境追剿之命，但粤、赣、闽三省兵力，并不连属，将自为营，人自为战，日久相持，使贼得以其间休养余力。

所以，他建议以左氏的威望来统一指挥调度，以利攻战。

从这里看得出，郭嵩焘虽然与左宗棠已经龃龉，却并不以私害公。他毫不客气讥讽的是"以左帅督办三省剿匪事宜为嫌"的瑞麟，认为做人、治军、行政要有"二义"，或者"自强"，或者"善下"。"自强"就是能够刚强自断，"善下"就是可以接受别人的领导和建议。而瑞麟则是那种既不能"自强"又不能"善下"的人，"二义"全失。

郭嵩焘上疏之后，朝廷除了诏命左宗棠赴粤督师、节制三省军事外，

1《复李瀚章》，《郭嵩焘全集》第十三册，158页。

不仅不准郭嵩焘开缺，而且严行申饬。类似郭嵩焘这样放言无忌的上疏，在官场原本罕见，郭氏的言论从字面上就不合"惯例"。所以朝廷甚至谴责他"何至以无可自效，谬思整顿等词，冒昧入奏，殊失立言之体"。

郭嵩焘"乞休"不准，与瑞麟的合作有所好转。虽然私下里牢骚满腹，在日记中不断抱怨，却也能理性地认为，毛鸿宾、瑞麟终究"不失为贤者"。

但是，此时，左宗棠已经很不耐烦。

在诏命左宗棠统帅三省军务之前，朝廷对漳州收复后李世贤、汪海洋的下落，便十分关心，令左宗棠"迅催闽军入粤，会合粤省兵勇两面夹击，尽扫贼氛。不得以贼已出境，遂置粤事于不顾"。还要求左宗棠在郭松林、杨鼎勋已经北返后，如何添派劲兵，妥筹兼顾粤、江防剿，"不得稍分畛域"[1]，隐然有责备左氏之意。

左宗棠似乎也难辞"不兼顾""分畛域"之咎。

左宗棠节制三省不久，即上疏奏责粤军会剿不力，谓闽军追剿六昼夜，不见粤军一卒一骑，而粤东土匪反而乘机袭击官军。还指控粤军曾经杀害他的子弟兵——湘勇。

郭嵩焘与瑞麟很快接到朝廷谕旨，让他们迅速派遣军队，会同闽军剿匪。而且，要他们清查杀害湘勇二百余名的粤军官兵，将贼犯正法，"毋稍宽纵"[2]。对于左宗棠所说的军务贻误，朝廷更"严行申饬"。

接下来，左宗棠又在奏章中，直指瑞麟、郭嵩焘难副督抚之任。说郭嵩焘"勤恳笃实，廉谨有余，而应变之略，非其所长"，粤事则"贻误已深"，这种种情事让他"忧惧交集"，并谓广东督抚须得李鸿章、蒋益澧之才，方克有济。

蒋益澧何许人也？何德何能比肩李鸿章？自然是左宗棠亲信的人。以蒋益澧、李鸿章相匹，左宗棠的命意不难看出，左宗棠希望以蒋氏取代郭嵩焘。

---

1 《郭嵩焘全集》第九册，128页。
2 《郭嵩焘全集》第九册，161页。

左宗棠深知朝廷要消除粤匪的迫切心情，也知道自己在此项使命中不可或缺的地位，以撤换广东督抚为条件，去完成朝廷想要完成的工作，朝廷不可能太不尊重，何况他连接任的人选都暗示出来了。

另据学者推断，太平军主力被歼后，湖南人在政坛势力太大，裁撤几个湖南人，正是朝廷出于自身安全的考虑。所以，郭嵩焘的去职，几成定局。

除了在奏章中指名参劾，左宗棠在私函来往中也毫不客气。

郭嵩焘与左宗棠原本书信不断，但郭嵩焘力促郭松林、杨鼎勋入粤，以及此事引起的风波，让左宗棠深感不快。他将郭嵩焘来函置之不理。当接到节制三省之命，不得不与郭嵩焘联络时，则在信中托词说，不知道有郭嵩焘邀请郭松林、杨鼎勋入粤一事，否认自己"虚骛勤王之名，而纵目前应剿之寇"。又说，"粤东、江西、吾闽之兵不下十万"，何必留下郭松林、杨鼎勋？认为郭嵩焘的要求全无必要。而残寇之所以入粤，正是因为粤军"讳罪居功，讳败言胜"。同时，在致福州将军及福建巡抚信中，左宗棠说，贼势平定指日可待，令人忧虑的只是广东的人事。

左宗棠知道郭嵩焘与广东总督之间的问题，批评他们因权势相倾轧，责备郭嵩焘对于总督心知其非而不能自达其是，求委屈共济而无效，继而"懦忍"贻误，继而侃侃有词，但事情已经被耽误得厉害。如此糟糕的局面，非彻底整理不可。左宗棠甚至表示，并不想沾惹广东方面的事情。进入广东时，他更直接批评郭嵩焘"开府两年，于粤、楚人才，未甚留心，已难辞其咎"，在小情小事上则"推求打算"，唯恐不周密，"近于迂琐"。[1]说郭嵩焘所能作为的，也不会好过毛鸿宾、瑞麟。一个人的才能真是不可勉强的，自己明明没有本事，干别人何事！

郭嵩焘对于来自左宗棠的讥弹，开始不以为意。

郭嵩焘本人也一直认为，广东吏治玩愒，军务混乱，左宗棠的督责是件好事，是天借其手整理广东，"其督责粤军颇厉威严，在事诸公皆若迅

---

1 《左宗棠全集》书信一，645页，岳麓书社2014年。

雷之震耳。数十年梦寝沉酣，亦稍为之回薄，于事局大有裨益。要之，吾粤积患已深，而蕴孽无穷，乱必不可弭。其遂假手此老，一收斡旋转移之力，以稍遏乱萌，则又天之为之矣"[1]。

左宗棠的责备，甚至让他深自愧恨。他虽然意识到左宗棠的某些话，有悖谬不经之处，但更多还是自我谴责，不舒服也仅仅审己问天。他在同治四年十一月十八日（1866年1月4日）日记说："接左帅咨十余件，指陈军事，与鄙人批饬李星衢、张寿泉者，无一不相符合，而词加严。发聋振聩之功可喜，亦窃自愧也。"四天后，他又接到左宗棠的信，"诮责之中，至流于悖谬。内见嫉于同事，外见侮于故人，吾亦且无以自解，岂非天之厄我哉"！

在给李瀚章的信中，郭嵩焘很克制地说："左帅至粤，横绝一世，得其咨函十余，惟闻诟詈之声。其居粤境两月，于各州县无稍苛扰，并犒军银二万亦却之；而以其兵米之余，放嘉应州赈一千石、镇坪八百五十石，一切磊落出之，其所谓豪杰，吾且怨且感且敬之，而尤愧之。其论粤东筹饷事宜，举蒋湘泉至粤督办，已奉谕旨。鄙人冀幸得所托付，洒然洁身而去，中心悦而诚服之，不以为忤。"[2]

但是，慢慢地，郭嵩焘觉得味道有点不对，自尊心也到了承受的极限。

同治四年十一月底，他接到"季帅（左宗棠）一信五咨，嘻笑怒骂，无所不备，乃使我等诸君同受此辱，可慨也"！十二月十七日，又"接左季高信，立言愈谬，诟詈讪笑，皆吾辈所不肯以施之子弟者，君子交接不出恶声，所以自处宜如是矣"[3]。

同治五年正月初，嘉应克复。郭嵩焘拟赴粤东与左氏面商，左宗棠不仅拒绝，还盛气凌人，一方面自诩"阁下览至此，亦必服其戡定之敏，调度之周"，另一方面，斥"粤东吏治、军事玩愒粉饰"，说郭嵩焘"力图

1 《复李瀚章》，《郭嵩焘全集》第十三册，167—168页。
2 《郭嵩焘全集》第十三册，181—182页。
3 《郭嵩焘全集》第九册，174、183页。

振作，而才不副其志，又不能得人为辅，徒于事前透过，事后弥缝，何益之有"，并满怀忧虑地叹息："巨寇虽平，忧虞正迫，如何！如何！"[1]

至此，郭嵩焘觉得左宗棠的居心真有问题了。因此决定，"嗣后于此公处竟不宜时与通问也"[2]。

粤东平定，功劳自然主要是左宗棠的，郭嵩焘也同沐恩泽，获赏二品顶戴。

但几乎同时，郭嵩焘奉命解职。左宗棠向朝廷暗示过的蒋益澧，诏命为广东巡抚。

有功而解职，郭氏心中的郁闷、愤恨可以想见。尽管他曾经"乞休"，骨子里也并不恋栈。但终究有被人在背后算计了的窝囊感觉，而且是在所谓"熟人熟事"的情况下。

日后，郭嵩焘更知道了左宗棠曾经四次参劾自己（见同治五年二月十六日日记），并且力主以"才气无双"的蒋益澧取代自己的事实，叹曰"左帅之用心，亦曲矣"。

左宗棠确曾在奏疏中称："浙江布政使蒋益澧才气无双，识略高臣数等。若蒙天恩，调令赴粤督办军务，兼筹军饷，于粤东目前时局，必有所济。"[3]

在左宗棠看来，蒋益澧也许确实就是他所认可的"才大气粗"的能吏，而没有郭嵩焘那样的书生气，所谓"勤恳笃实，廉谨有余"，所谓"迂琐"（从另一面看，"迂琐"就是认真，就是认死理，就是不苟且）。蒋益澧也果然如左氏所赏识的，日后在广东任上，敢于推翻前轨，一意孤行。据说，还在自己主持刊刻的诗文集中"集矢"郭嵩焘，表彰自己的"明德"[4]。

但在郭嵩焘看来，左宗棠明明是私心大于公意，居然大言欺人，不顾

---

1 《左宗棠全集》书信一，648页。

2 《郭嵩焘全集》第九册，183页。

3 《左宗棠全集》奏稿二，309页。

4 《郭嵩焘全集》第九册，332页。

旧谊，霸道嚣张到匪夷所思，"最不可解者，与某公至交三十年，一生为之尽力。自权粤抚，某公来书，自谓百战艰难，乃获开府，鄙人竟安坐得之。虽属戏言，然其忮心亦甚矣。嗣是一意相与为难，绝不晓其所谓，终以四折纠参，迫使去位而后已"[1]。

郭嵩焘感到，左宗棠的倾轧，其实是出于嫉妒。

而更让他不爽的是左宗棠在事后的推脱。

郭嵩焘在致曾国藩信中说："鄙人致憾左君，又非徒以其相倾也，乃在事前无端之陵藉，与事后无穷之推诿。"[2]所谓"无穷之推诿"，是指在郭嵩焘一直"不能测其为何心"[3]时，左宗棠不仅对于老朋友无所交代，而且极力推诿，说郭嵩焘咎由自取，自己不仅未倾轧他，还曾经保全他。郭嵩焘听说后，哀叹左氏"负其强辩之才，伸缩自由，其力又足以取信于人"。因为左宗棠倾轧他时，曾经"遍告诸友，明正其罪"，意在让郭氏无可置辩。

郭嵩焘说，左宗棠"始终以援引蒋君一念之私，倒行而逆施之，又务充满其量以济其强狠，不惜反复诪张以逞志于空山偃蹇之一老友，其心果何心哉！使天理而未尽绝于人世，吾未敢信左君之必邀天眷也"[4]。

最后一句话，不惜有对天赌咒的意思了。

类似的表述，在郭嵩焘的日记中不止一见，谓"季高无端归罪之词，规以重鄙人之过，而图自解耳"，"左氏无积累之德，骤极荣显，而一用其强狠倾险之术以凌人，心窃危之"。[5]同治六年十月十七日日记曰："接库仁甍信，始知其与左季高牴牾，一力引避之。季高才大气粗，侥幸以成功名，而一以凶横佐其权谋之术，倘亦天道所不容者耶？"同年十一月十六日日记曰："得库仁甍书，传左季高之命阻其行，颇有进退维谷之势。左君乃以施施之声音，拒人千里之外。天下猜忌人多可与共患难而不

1《玉池老人自叙》，《郭嵩焘全集》第十五册，773—774页。

2《复曾国藩》，《郭嵩焘全集》第十三册，206页。

3《郭嵩焘全集》第九册，204页。

4《郭嵩焘全集》第九册，275页。

5《郭嵩焘全集》第九册，281页。

可与同安乐，左君处患难犹尔，斯亦寡助之至矣。"[1]

似乎是每念及此，郭嵩焘心中就波涛汹涌，难以平复。

他自己说，如果当时不是丁日昌在身边宽解他，他简直就觉得活不下去了。寄丁日昌诗《自序》残稿有云："文襄不察事理，不究情势，用其铺张诡变之情，使朝廷耳目全蔽，以枉鄙人之志事，其言诬，其心亦太酷矣。非得丁雨生急力为我解说，稍自宽譬，几无复性命之存矣！"[2]

"几无复性命之存"，该是何等的悲哀、激愤、伤情，才至于此？

事情过去两年后，同治七年九月十四日夜，郭嵩焘早已回到长沙，田园家居，还是梦见与左宗棠会晤，左氏"深自引咎"，至于"批掌自责"。郭嵩焘心中于是稍稍释然。醒来才知是梦。

郭嵩焘自解其梦："季高阴贼险狠，鬼神亦欲于其睡梦之中督使省悟，但有一念悔心之萌，则生人之理犹未甚尽绝于其心。"

这哪里是鬼神在督促左氏省悟呢？分明是郭嵩焘压抑的愤懑和心结，在松弛的睡梦状态中倾泻而出。梦中左宗棠的"深自引咎"，"批掌自责"，只是郭嵩焘被伤害后的心愿和欲望的曲折反映而已。

其实，郭嵩焘也知道，梦境终归是自己的一厢情愿而已。现实是，左宗棠的功业在上升阶段，为人正"猖狂"，"观其厉气方昌，殆非鬼神所能斡旋者矣"。[3]

郭嵩焘对于左宗棠的不满，开始并没有得到曾国藩兄弟以及老友刘蓉的充分理解，曾国荃甚至曾经认为左宗棠"能相恤"[4]。曾国藩虽然以去职为"幸出恶风骇浪之外"的说法安慰郭氏，言下却不以郭嵩焘对于左氏的介意为然。当郭嵩焘说到左氏也不断诟骂曾国藩时，曾国藩自许以"不诟不詈、不见不闻、不生不灭之法处之"，其内心其实何尝没有郁结？

郭嵩焘没有曾国藩的胸怀和自我克制能力，终生都没有原谅左宗棠。

1 《郭嵩焘全集》第九册，311页。

2 《花随人圣庵摭忆》，176页。

3 《郭嵩焘全集》第九册，344页。

4 《郭嵩焘全集》第九册，268页。

光绪七年（1881）十一月，左宗棠从新疆回京，诏授两江总督，然后以封疆大吏的气派返回长沙和湘阴。在长沙时，左宗棠登门拜访，时间在十一月二十八日。一见面，左宗棠就大骂沈葆桢忘恩负义，左宗棠这样骂骂咧咧时，郭嵩焘想到的却是，左宗棠竟然不自知是"忘恩负义之尤者也"。

郭嵩焘在日记中记载，左宗棠驾临时，扈从达百余人，"亦云豪矣"。意思是说，本事大排场大哦。

他们是亲家，郭嵩焘维持了君子风度。

第二天，郭嵩焘回拜左宗棠。左宗棠侃侃而谈，一种舍我其谁的气象。郭嵩焘无可如何，也无可欣赏。这也是两人最后一次见面。

十二月初一，左宗棠离开长沙之前，邀饮亲朋，郭嵩焘"送蔬肴数品，由弟弟崑焘往陪"，他本人则未去。虽经友人促驾，他也最终未去。

在光绪九年五月十一日日记中，郭嵩焘对于左宗棠筹办海防所上奏折痛加驳斥。自然，其中或许有意气，但更多的应该是郭嵩焘看不起左宗棠在洋务方面的无知而"高视阔步"、旁若无人："满纸虚骄之气，影响之谈。绝不意此老暮年笔墨之支离，乃至于此。"郭嵩焘说，当时构衅的是法国，左宗棠却在痛骂英国，而且，"与西洋通商逾四十年，犹言和局可暂而不可常。援引宋人之言，能守而后能战，能战而后能和，为此阔远无稽之论。与西洋交涉，得失利病，亦在官者所应知也，犹言林则徐为忌者所间，事权不属，不克竟其设施；陈化成力扼吴淞，不幸右路先溃，致夷兵萃于左路，遂以身殉，当有任其咎者。一片梦呓之言，不过借以诓惑朝廷，盗取世俗之名耳。即倪抱存、杜鹤田辈，就今时大势纵为此言，犹为下下等。奏疏出之左相，绝不一筹及天下大局，而据吴淞一口自诩其部署之略，应敌之方，如东坡在黄州说鬼，寄情放诞而已。且以洋务自任，竟视通商大臣为海防之专责，以战为功，不知其他，是所职司，亦未一反求其故也。欺心昧良，以求歆动天下耳目，谓之无耻可矣"。[1]

1 《郭嵩焘全集》第十一册，580页。

读左宗棠的书信和奏稿，确实可以看到中法交恶时，左宗棠在吴淞自"诩其部署之略，应敌之方"的"阔远无稽"，确实妄自尊大，不着边际。

光绪十一年（1885）七月二十七日，左宗棠奉命视师福建，卒于福州。

郭嵩焘在长沙家中闻"左相之丧，伤感不能自已"。他说：想想三四十年的情事，且伤且憾。伤的是，毕竟生平交谊所在，而左氏对于国家来说是元勋，所关天下安危；憾的是，左氏专恃意气，本来可以作为一代名臣，但他自毁太甚，"凡其所以自矜张，自恣肆，皆所以自毁也。曾文正之丧，顾念天下，若失所凭依，怅然为之增悲。恪靖（左宗棠）之视胡文忠、江忠烈，遗泽之及人者，犹未逮也"[1]。

既伤且憾，郭嵩焘对于左宗棠的盖棺之论，并不因为他们的关系而丧失准确性。他的判断，表面看来也许不能令人信服，但随着事功的意义在历史流转中逐渐淡化，德性、风操、远见、思想，日益彰显，郭嵩焘的说法就会显得越发没有疑议。

八月十八日，左宗棠遗体在长沙成服，郭嵩焘亲往行礼。

第二年十一月十三日，郭嵩焘又前往文昌阁公祭左宗棠。

两天后，郭嵩焘在日记中写道："尽古今人才，只有狂狷两途。曾文正公，狷者类也。吾辈守之，仕不必求进，禄不必求丰，苟得行其志焉，斯可矣。万钟之禄，不以为泰；不得行其志而退，终身泊然。其有不足，舌耕笔耨，取给一身而无所歉。左文襄公，狂者类也，知有进取而已，于资财无所校量，日费万金不惜也，而亦不可与居贫，闲居静处，则心不怡而气不舒。"[2]

说得更清楚一点，在郭嵩焘看来，曾国藩是圣人，圣人死了，天下人都觉得"失所凭依"，是狷者，是风骨、操守、道德的象征。左宗棠是英雄，是能够进取的狂者，是"豪杰"，讲究的只是当世事业，强调的是手

1 《郭嵩焘全集》第十二册，118—119页。
2 《郭嵩焘全集》第十二册，208页。

腕智力，"财大气粗"，而无与乎人心风俗，其能够泽及后世的人格和道德魅力，甚至不如文忠公胡林翼、忠烈公江忠源。

其实，当左宗棠收复嘉应，自诩大功时，郭嵩焘就说过："左帅以盛气行事而不求其安，以立功名有余，以语圣贤之道，殆未也。"[1]

在与李瀚章的信中，他还具体言及曾、左的不同以及左宗棠的自负："前岁过安庆，曾侯为言南北用兵不同，以楚勇肃清东南，当以淮勇平定中原，惟少荃（李鸿章）宫保为能任之。当时服其远见，亦竟不料前后数年间运量经营，悉符所言。左帅自诩胜于曾侯，岂惟德量之不相及哉！此等大处，非所庶几，而其廓然以天下为心，总揽英贤以规远大，如左帅者，尚未能窥其墙堵，而妄欲陵跨之，殆所谓不知量者也。"[2]

与左宗棠生出嫌隙一年以前，郭嵩焘非常欣赏弟弟志城关于"豪杰"的一个说法。

郭嵩焘在同治四年正月十六日日记中载："接左季高两咨，言闽省军事颇悉。"同日又记录志城的话："军务是豪杰人办理之事，不是卑鄙（没有见识和眼界）人办得；贪财好色无赖人皆可以办理军务，总须有豪杰气概。"郭嵩焘"深赏其言"。[3]

王船山当年说，圣贤一定是豪杰，而豪杰未必就是圣贤。

这就是郭嵩焘眼中曾国藩与左宗棠的区别。

郭嵩焘之不能完全认同左宗棠，有他对于"英雄豪杰"与"圣贤"的甄别。在我们今天看来，作为"英雄豪杰"，左宗棠平生行事，更多的自然是与朝廷的要求相一致的工具性的观念和作为，每一个时代都会有这样的进取者，这样的功业成就者，他们的功业，并不能左右历史的方向，而最多是守护固定了某一种方向。更重要的是，这样的人往往并不以道德、人格、精神的完整和完美为目标，其行为往往是铺张的，其主义多是实用主义的、现实主义的。

---

1 《郭嵩焘全集》第九册，190页。
2 《郭嵩焘全集》第十三册，183页。
3 《郭嵩焘全集》第九册，63页。

郭嵩焘日后对于李鸿章比对左宗棠更多一分认同，这当然与李鸿章对于他的爱护有关，也与李鸿章在洋务上的见识比左宗棠高明有关。但是，对于李鸿章，郭嵩焘的评价同样有所保留。

李鸿章有着和左宗棠媲美的行动力，而比左宗棠更有亲和力。他在洋务上的作为和见识，多止于器物层面，器物又往往指向枪炮船舰，他没有充分意识到器物背后具有决定性的精神元素和制度元素的驱动，或者说，他意识到了但也无法左右和决定这些元素在中土落地，只能挑选朝廷上下所能勉强认可的事情去办理，去为老大帝国修修补补，当裱糊匠。李鸿章甚至看透了西方人的商业动机，因此试图以在利益上满足洋人的欲求来达成和平的为我所用的局面，这都是郭嵩焘所不能餍足的。早在同治二年（1863），在给曾国藩的信中，郭嵩焘就曾议及李鸿章通过"理泰葛雇觅兵船"一事，他说："自有洋务三十年，无若少帅（李鸿章）之控制适宜者。故论少帅之精能，筹兵筹饷，犹有能及者，惟此为独擅，尤所服膺。然以大势揆之，三四十年后，少帅亦且穷于术，彼皆怀利而至，求者无已时，而来者无穷尽，骤有奸狯起其中，能遂晏然乎？"[1]通过贿赂性的利益交换，满足某些洋人的索求，并不能理顺与洋人的全部关系，更谈不上可以与列强建构一种新型的联结。

李鸿章所擅长的仍然是一种中国式的实用主义的人情思维。

李鸿章同样是现实主义和功利主义的。他行事用"权"，而多少放弃了对于"经"的信仰与恪守，不仅以此应对世事，也以此要求自己。李鸿章曾经在签订《马关条约》后希望利用俄国的力量以抗衡日本，签订《中俄密约》，俄国获得东北路权并且胁迫租让旅顺口，就在谈判租让事宜时，李鸿章可以收受俄国外交官送去的五十万两银子，此何人哉？李鸿章在同治皇帝弃世后如何成全慈禧太后继续垂帘，自己又如何成为了相当于首辅的文华殿大学士，其中何所作为？尽管这首辅徒有虚名，并非真正的行政团队领袖，同样只是奴才而已。李鸿章在辛丑事件时，如何与革命党

1《郭嵩焘全集》第十三册，112页。

人暗通款曲，以谋求自己新的位置，也不必问。凡此种种，与其说基于不得已的天下形势，基于政治家的韬略，还不如说是李鸿章历来的行事方式使然。

这样的随机表现，自然不是郭嵩焘在世时所知见，却也未必不是郭嵩焘早可以意会，因此而不能更多认同嘉许李鸿章之所在。

郭嵩焘真正推崇的是曾国藩。

按传统的说法，曾国藩集功、德、言于一身，既是行政领袖，又是精神领袖，既是一个理想主义者，又是一个现实主义者，既影响了一个时代的现实局面，也影响了一个时代的精神氛围。这种影响甚至可以延伸到将来，其精神遗产通过立言，也通过立身、立人、立德而构成。

曾国藩是有所坚持和恪守的，有所不为的狷者。他甚至构成一个时代的精神标高，一种让人仰望的方向。

让郭嵩焘觉得有所不足的是，"恩重心逾小，功深虑转微"，曾国藩晚年精意销蚀，太为自己完人的设计所拘束，以致不能更多"进取"。同治元年六月二十日，曾国藩曾致信沅浦说："至阿兄忝窃高位，又窃虚名，时时有颠坠之虞。吾通阅古今人物，似此名位权势，能保全善终者极少。"类似的计较和讲求，在曾氏的家书和日记中满篇满纸，不一而足，成为人们修身齐家的经典案例和积德惜福的智慧出处，成为人们琢磨效仿的方便法门。

这样的自我规训与管制，显然不是"性近急遽"，自承"强敌在境，刀镬在前，坦然视之可也。吾人处事，苟当于理，于圣贤何让"[1]的郭嵩焘所乐见的，更不是他所能全盘认同的。

---

[1] 《复曾国藩》，《郭嵩焘全集》第十三册，215页。

第七章
赋闲长沙

　　卸任巡抚，返回长沙，郭嵩焘乡居八年，应对的是故乡人事和自己的家事，并不宁静。他最看重的儿子刚基英年早逝，伤感伴随了他整个下半生。老友曾国藩、刘蓉千古，湖湘三人行，仅存他一人。他从天地气机，从当局者的行止作为，感觉到国事的紊乱和时地的荒凉。

感逝伤离万古情

同治五年（1866）五月初四，郭嵩焘接到前来广东赴任的蒋益澧，于当日办理了公务交接，财务方面尤其一清二楚。

郭嵩焘自认为，"节省"实是出于天性，无论公私，正像自己的为人，无论"居官居乡，一以直道行之，所信此心此理而已，不顾人喜怨，非敢为倔强也，性自定尔"。[1]

与广东任上的相识相知一番盘桓酬酢后，郭嵩焘从佛山取水路北上，经三水、清远、英德、韶州、乐昌，再经湖南的宜章、郴州、衡州、湘潭，七月初二早晨，抵达长沙。

在"苦热"的舟中，郭嵩焘随身只带了一本《毛诗训故传》，一路上"讽诵吟哦，即其词以求其义，因其时以测其变，颇有所发明"，完成了《毛诗馀义》的撰写。

郭嵩焘在这本著作的自序中感叹，经过孔子删述的《诗》，垂示着"经世之大用"，"其于盛衰兴废得失之原，察之世变，征之人事，其词婉，其义深"，而"变雅诗人处人事之穷，而于君臣朋友之间，反复推求以通其意，情深而文明，悱恻而芬芳。君子读之，悲忧慨慕，不能自已"。[2]

这其实就是郭嵩焘自己当时心情思虑的写照——悲忧奋发，不能自已。

---

1 《致郭家铺》，《郭嵩焘全集》第十三册，169页。
2 《毛诗馀义》，《郭嵩焘全集》第二册，611页。

抵达长沙后，郭嵩焘始则在长沙北乡罗汉庄置田二顷，营建寒蒲（又写作"波"）塘山庄。同治九年（1870）移居长沙城内。

三年粤抚，显然有所积蓄。正俸不多，按照清制，一般大员年俸一百八十两，禄米九十石，但养廉银较为可观。据说，巡抚年俸可得一万三千两，三年有三万九千两。郭嵩焘自己给亲戚信中说，"所得惟养廉及韶关经费，外无别款"[1]。所谓"韶关经费"，不得其详。总之，除去开销，郭嵩焘在巡抚任上所得，足够成为长沙地主，应该可以无疑了。

作为知名的乡绅，郭嵩焘在长沙度过了平常而不平静的八年。家务类似政务，颇多蜩螗；立言不比立功，可以会通心意，自出机杼。

日子大体上是这样打发的：

看书。郭嵩焘乡居期间曾自订功课，早起读经书二十页，白天治史，修辑有关《绥边征实》的史料，晚上灯下读《朱子全书》。

著述。曾国藩曾在给郭嵩焘的来信中说道，"知阁下近著甚富，经史子集四部皆有。纂述数种，博而知要，敏而不倦"。这是羡慕，也是督促。郭嵩焘确实著有《礼记质疑》《绥边征实》等，《中庸章句质疑》应该也在酝酿写作中。主持修《湘阴县图志》，试图以"区区一县之掌故，尽古今人事之变"，"追求千数百年因革损益之宜"。郭嵩焘认为，"天下者，郡县之积也"，"郡县得其理，即天下治矣；郡县失其理，推而至于天下犹是也，而大乱以生"。[2]又参与《湖南通志》之编撰。地方志的编撰因为涉及乡土人事，涉及具体的历史传承，议论者多而任事者寡，难免掣肘迁延。《湘阴县图志》历时十四年才得以付梓。《湖南通志》的修撰，更多丛脞。

写信。郭嵩焘说，"一生精力，多耗于往来书牍"。[3]

喝酒，聊天，各种各样的应酬。和老朋友如刘蓉、曾国荃的聚会、饭局，别人为求馆谋差的请托。刚建寒蒲塘时，招待来客，至于"上自

1 《致郭家镛》，《郭嵩焘全集》第十三册，169页。

2 《郭嵩焘全集》第六册，2页。

3 《郭嵩焘全集》第九册，385页。

海味鸡鸭，下至蔬果，举皆无之。而人客日相缠扰，颇厌其烦，而意外之来顾者尤多，惟有奉身以避之而已"[1]。某天，王闿运到寒蒲塘探访，门人遵令阻客，王闿运无奈离开。某某人的老婆为人骗买而不得申诉，郭嵩焘出面为之设法。与父老乡亲既话桑麻，也话时事。

各种各样的家政。收租子。大雨冲垮了家里的围墙。家里的长工不顶用，虽有四个长工，但家里的菜园居然还是荒的。和邻里的田土纠葛，有人侵占自家田地。要给家里的婢女裹小脚，不止一个婢女跳塘投水，居然不肯就范。

还有个人的琐事。"食鱼为刺鲠，苦不得出，颇觉委顿"[2]。同治十一年（1872）九月二十六日，那天立冬，他到城里去，抬轿子的人嫌他重，抬不起。他下来步行到府正街，有人牵一匹马正好走在他前面，他想绕过去，从马的后面抄左边走，距离马还有三尺，马突然奋蹄，把他撩翻在地。回到家里，左肘和右腰"痛甚"。他想，难道自己和那匹马有什么"夙孽"？狭路相逢，怎么会有这样的恶剧？

牵动他的心力和情感的事情自然不会少，无非家事、天下事。汪荣祖先生曾以"伤逝"为题，描述了郭嵩焘在长沙遭遇的变故。

郭嵩焘的长子郭刚基，乳名篪儿，是郭嵩焘原配夫人陈氏所生。陈氏与郭嵩焘患难与共二十六年，感情深厚，作为他们的情感见证和精神纽带，刚基聪明好学，能按照科举程式读书作文，又擅书画诗歌，端的是少年英俊，只是身体较弱。从郭嵩焘的表述看，他是那种有才而温雅、清秀、谦和、大方、自律的青年。

郭家的郭刚基与曾国藩的女儿曾纪纯早有婚约，曾经商定于同治四年（1865）底在广东举行婚礼。后来曾国藩希望婚礼在湖南举行，郭嵩焘也有离开广东的意思，所以就推迟了婚期。

回到长沙不久，曾府通过曾纪泽函商，拟定同治五年十月十九日成婚。但因为寒蒲塘的居室没有完工，不能马上办喜事，又改定佳期为十

---

1 《郭嵩焘全集》第九册，239页。
2 《郭嵩焘全集》第九册，377页。

月二十四日。

婚礼在二十四日举行，曾国藩夫人亲自送女儿到长沙。曾国藩本人虽然不能前来参加婚礼，但对于女儿婚事，也极为关切。

刚基结婚时不到二十岁。郭嵩焘对于儿子充满怜爱，也充满期望，温柔地关注着他每天都有所进步的成长。

同治六年（1867）元旦，郭嵩焘就命儿子到故里代自己展谒祖先墓地。这样的安排，自然有一种把家政大事移交给儿子的意思，有一种对于儿子成家立业的信任和托付。儿子能胜任这样的安排，郭嵩焘感到非常惬意。

结婚一年，曾纪纯生下一子。郭嵩焘有了孙子，曾国藩有了外孙，两家人都高兴得很。曾国藩不仅为此事欣喜，而且为刚基的"拟墨""斐然可观"而"至为庆慰"。对于刚基，曾国藩同样充满期待。

果然，同治七年（1868），刚基二十岁时，通过县试，并夺得案首。郭嵩焘得知儿子"文笔挺拔舒展"，欣慰无似。同年应院试，录取为第二十四名。这样"一路飙升"的成绩，在科举时代，不能不让长辈们浮想联翩。据说，曾国荃就曾经说，侄女婿将来有尚书或侍郎的官运。郭嵩焘说，自家侄儿会"掇高第、享大年"。这当然包含了祝福的意思。

还是在这一年，曾纪纯又生下第二个儿子。

两个孙子生下来后多病，常常整晚整晚哭闹，郭嵩焘为此不仅睡不好，还忧虑万分。他的如夫人邹氏也一直有肺病缠身，不得安宁。

郭嵩焘是一个惯于操心的人，似乎也不太能把具体事情进行分割分解，以图自己方便省事。出任苏松粮道和两淮盐运使乃至广东巡抚时，大多数公文就常常是自己操刀。因为太操心操劳，家里的琐碎事情又接连不断，郭嵩焘颇觉精力不济。

同治八年（1869）十一月十二日，曾纪纯突发痘疹。接着刚基也生病了，上颚肿痛，郭嵩焘没有太在意。就在十一月二十九日夜半，一个孙女物故，"此孙女之生，吾视之甚贱也，一切皆不甚留心照料，而不虞其遽殇，为之怆然"。第二天，阴天，"往视屋右山地，竟得一穴，以孙女厝之。老年多感，使心摧也"。[1]

还没有从孙女物故的悲哀中回过神来，十二月初三晚上，刚基的病突然加剧。郭嵩焘彻夜未眠，不知如何是好。第二天晚上，郭嵩焘"躬祷于神"。但半夜，刚基就死了。死前一直神志清爽，"无谵语亦无呻吟声"。郭嵩焘一直记得，儿子那天晚上让侍候的人扶起来，他原来都是坐起来吃药，可这一次起坐，却突然气绝而去。

刚基死后三天，郭嵩焘"犹如梦寐"，不知真假，不明所以。初七大殓时，郭氏"心为之摧，泪亦为之枯矣"。他在日记中特意抄下三副挽联，其中侄儿某的挽联是："家门方顺，年齿方盛，学业方新，踏壁记联吟，怪尔常多悲楚语；老父在堂，寡妻在室，诸孤在抱，抚棺成一痛，嗟予难遣弟兄情。"郭嵩焘评价说："情词兼到，使人不忍卒读。"

郭嵩焘痛惜爱子，刻意要找一块好墓地安葬，先把棺材暂放在瓦雀堂。

在检理儿子遗留下来的文字时，看到其中的七律诗数十百首，郭嵩焘说，这些诗"自成一格调，极其量可以追踪杜牧之"。但是，作者未尽才而去，"徒为老人伤心之具"。郭嵩焘读着读着，"不知其涕泗之交颐也"。

二十九日，郭嵩焘在日记中写道："晴，暖。居然除夕也，追忆亡儿，惟独坐涕零而已。"

同治九年（1870）大年初一，郭嵩焘依旧沉痛。往年习惯做的宗堂拜年，开笔写吉祥语等俗套，一概无心从事。只是照例写了一首"元旦诗"，但完全没有了以往的欢快，而说"年年景物山川在，独立空庭泪暗含"，凄恻不已。

正月初四，儿子的生日，郭嵩焘又作诗哭之："汝念生辰岁岁新，汝今一月九原人。晨昏已断门闾望，霜雪何心天地春（是夕立春）。

---

[1]《郭嵩焘全集》第九册，394页。

砚匣注泉犹带润，书帷扫地欲生尘。伤心豚酒年年会，落日空庭独怆神。"凄绝之余，更见苍茫失落之情，甚至有对于天地的诘问。

他也真的忍不住要大声诘问天地了。

在正月十六日日记中，郭嵩焘写道，那天下雪，他拿了前一天晚上写好的"具告文"，亲自到广济真人殿，为家人辈求茶、求水、求签，他的一个女儿也重病在家，但所求的签"竟日抵牾，为之茫然"。他自思"吾家之祸恐未已也"。

这让郭嵩焘充满委屈和激愤。他说：自己从小贫贱，一力支持。二十年来受人陵践多矣。从中举以后，出应人事，谨约自守。间或有不能不以身自任的事情，总是直道而行，不乐徇私。即使这样，也仅仅是经营乡里，未尝真正落实自己的志向。李鸿章以苏松粮道的职事，谬相荐引，一年后就位列封疆之吏，以为自己的理想或者从此可以实现一次了吧，可是毛鸿宾、瑞麟、左季高几位，或者是"知契"，或者是"至交"，同官同事同乡，却横加陵侮倾轧，终至于让我去位。其中，对于左季高，自己不能不生怨望，其他人也就淡然置之。自从儿子结婚成人，连举二孙，以此深自慰幸，不仅不敢有分外之想，而且每当夜晚，扪心寻思，常常害怕自己德薄福浅，无以堪之。因此，一切待人接物，自己都退一步着想，不敢有所过分。如今相处者中，李辅堂、罗研生，包括"至戚"如曾国荃，也时时不免出之以有心无意的"陵厉"。自省对待亲人友朋，从不敢如此。通计一生，每天都在别人的欺凌之中，这固然无损于自己。可是，为什么神鬼也要群起而施欺凌，已经夺走自己的儿子，又在戕害自己的女儿，这些孩子极其老实，可爱可怜，为什么会这样？天地神明为什么要以此种灾难相加？

郭嵩焘倍感无力和孤苦。他的伤逝、伤感，绵绵无尽。

往年一些日常信件，儿子已经可以代劳。如今触景生悲；儿子未葬，棺木简陋，他深自愧欤。

三月初七，是郭嵩焘自己的生日。亲友来贺，他仍然意兴阑珊，尽是老年失子之痛。

刚基逝世一年，郭嵩焘亲自料理一切，挽留招呼送冥资的亲友吃饭，撰写祭文，痛呼"儿乎归来"。

两周年忌辰时，为儿子寻找的墓地，据称风水不合适，安葬的事被耽搁。郭氏不得不奔波在风雪交加的路途中，老泪纵横，痛苦不堪。

此后，郭嵩焘为找墓地，费尽周折。直到儿子三周年忌辰时，总算找到据说很好的墓地（他自己将信将疑好多年），陈夫人的棺材也移至此地，并为自己定下百年后的归骨之所。他说，卜地三年，一棺之土，如此艰难，难道是儿子"自愤其不终，不肯即葬"？

接连多年，每当儿子的忌辰和生日，郭嵩焘常常"触绪皆悲"，无法自遣，只能和泪写诗。直到光绪六年（1880），他从海外归来，历时已十二年，在儿子忌辰时，他仍然"念之凄然"，不能自已。

刚基去世后，郭嵩焘府上凶讯不断。

生病的女儿和如夫人邹氏在几个月内相继去世。邹氏是陈夫人生前为他纳的妾，育一子二女，深得郭嵩焘爱重礼敬，实视为夫人。同治八年，邹氏身体不佳，便执意让郭嵩焘纳婢女冯氏为妾。郭嵩焘在日记中反复说，自己又老又病，完全没有纳妾的心思，但拗不过邹氏夫人的一片心意。

接下来，二十二岁的女婿左浑（左宗棠兄左宗植的儿子）在同治十一年病逝。左浑，性早慧，十二岁就补县学生，二十岁中举，郭嵩焘非常器重他，说"少年能文，清腴雄俊，皆其选也，未见有思力深厚若此者"。左浑"读五经三史，皆手自钞写，为正句读，辨讹误，积案盈二三尺。一室悄然，不知有人。虽少，慨然有著述之思"。[1]女儿为左浑之死痛不欲生。外孙也病夭。

除了亲人亡故，让他有鬼神都陵厉、挤兑他的无告悲苦，他的两个伟大的朋友曾国藩和刘蓉也先后谢世。

1《郭嵩焘全集》第七册，1356—1357页。

曾国藩曾经深为同情郭嵩焘的亡儿之痛，也为女儿哀伤，在给郭嵩焘的书信中说："以依永（刚基）之仁慧，又念亲家之伤怀，悯弱女之早寡，百绪凄恻。"其悲戚不逊于郭氏。而对于刚基短暂的生涯所显示的才情，曾国藩同样充满了痛苦的惋惜，所作《郭依永墓志铭》，言及郭刚基"自场屋经义、律赋试帖，以至唐人楷法、名家绘画，皆窥其藩而究其趣，而于古近体诗为之尤勤"，中为秀才后也并不专事"科举之业"，自信"志广途远"，于是"矫首长吟，丛稿满室"。他还说郭刚基的诗："嵯峨萧瑟，如秋声夜起，万汇伤怀；又如阅尽陵谷千变，了知身世之无足控抟者。"[1]

此时，曾国藩虽年事不高，但事无巨细，操心操劳，艰苦刻厉，勤求己过，敛退虚抑，企慕圣人之识量怀抱，而终年置身战地的生死考量，风霜雨雪，日夜忧危，劫波历尽，健康已坏，身心俱损。

郭嵩焘曾经多少有点不乐意地看到曾氏锐气日渐丧失，所谓"湘乡晚年，精意销失"，"明哲保身"，叹其遗折"冗弱不伦"，以为他"恩重心逾小，功深虑转微"。事实上，曾氏的雄心，伴随着身体的衰颓而确实衰退了。但是，刘蓉说，曾国藩"虽晚岁际遇已隆，而未尝自逸也"[2]。

同治九年（1870）四月十四日，曾国潢告诉郭嵩焘，曾国藩的左眼其实已经失明。此时，曾国藩不到六十岁。

不到两年，同治十一年（1872）二月十四日，曾国荃忽报曾氏之丧。

曾国藩的遗体从南京经武昌运回故乡。

郭嵩焘赶赴岳州，迎接他的灵柩。于五月十六日午时大风大雨中见之，为之恸哭。挽联说："论交谊在师友之间，兼亲与长，论事功在唐宋之上，兼德与言，朝野同悲惟我最；其始出以夺情为疑，实赞其行，

---

[1]《曾国藩全集》诗文卷，326页。

[2]《曾太傅挽诗百首》，《养晦堂诗集》卷二。

其练兵以水师为著，实发其议，艰难未与负公多。"[1]挽诗曰："滇海沉星日，江淮泣雨辰。皇图资底定，臣节凛艰辛。力洗烟尘净，重开日月新。蛟龙惊夜半，一瞬失斯人。"

郭嵩焘对曾国藩，给出了无以复加的崇高评价。

在诗中，郭嵩焘还说到曾国藩如何选贤任能，以及与自己的关系："擢拔无遗士，经纶天下才。独无书荐达，相对语谐诙。"因为曾国藩知道，郭嵩焘和刘蓉原不是一个时代、一个职位可以笼络的人，"心不在是"，所以"从未一荐论"。这也是他们之间私下的约定。没有荐论，则不需要改变相处的身份关系，所谓君子之交，没有恩惠也就没有恩怨。他们是自始至终都可以"谐谑"相对的朋友，不必拘礼，也不必照例，他们是尊重对方并且珍惜对方的兄弟。

三人中，最愿意担当也最能够担当一个衰敝的时代的兄长，终于成为那个时代的符号，成为他们内心最温暖、最深情的记忆。"只今余二老，洋溢楚人哀。"郭嵩焘以为，他还可以和另一位老人，一同哀悼这不幸的永远的沦失。

可是，就在曾国藩去世不到八个月，同治十一年（1872）十月初一，沉毅阔达、倾诚与人而从容淡定的刘蓉（霞仙）也病逝了，享年五十八岁。

五年前的同治六年，当郭嵩焘从广东归来，刘蓉也正好卸任陕西巡抚，由秦中抵鄂，"挂帆而南"。他们曾相约涉洞庭，上君山，登岳阳楼，游眺竟日，以平生最淋漓的诗兴和游兴，酿成婉转流丽的诗章，风雨平生，仓皇进退，山川依旧，风月无边，故人来归，惺惺相惜，唏嘘无穷，感慨不尽。

其时，刘蓉已有"泉壑"之想，而郭嵩焘"追谈往事，意若不自适"。刘蓉在诗中劝以豁达，谓"至人身超万物表，不忧不惧惟其天。世态白云幻苍狗，人事沧海成桑田"，"要探道妙穷神奥，岂与俗子争

1《挽曾国藩》，《郭嵩焘全集》第十四册，264页。

嬺妍"。[1]正像他们出道的当年，刘蓉曾经屡屡以"务正学，穷经术，勿徒词翰是习"规诫郭嵩焘[2]，刘蓉在郭嵩焘面前似乎一直有一种老成兄长般的持重和殷殷之情。

如今，规诫者飘然逝去。

郭嵩焘不得不在雨中怆然奔赴湘乡，前往祭拜，"感逝伤离一泫然，江湖来去自年年"。他在赴湘乡的小船上怀念亡友，感慨故人渺渺，斯文沦丧，"夙昔三人友，峥嵘万古情"。而现在，只剩下他一人白头痛哭，衰病心惊。

让人心惊肉跳的，除了天地对于生命毫无怜惜的斫丧之外，也有人世间对应于"天地不仁，以万物为刍狗"的苍凉，对应于"圣人不仁，以百姓为刍狗"的残忍，因为灾祸而来的流离转徙。末世的气运，是天心，更是人心；表为天文，也表为人文。

天地气机正气歌

郭嵩焘在同治八年（1869）元旦，曾大量抄录历代有关"天人之际"的论述："明主谨于尊天，慎于养人。阴阳者，王事之本，群生之命"，"众贤和于朝，则万物和于野"，"和气致祥，乖气致异"，等等。[3]

在乡居的日子里，郭嵩焘更能感受到阴阳推移、自然流转、祸福消息，他时时为天地间兆示的荒歉、萎靡、乖戾而忧心忡忡，也时时为世道人心同样的荒寒、萎靡、乖戾而不胜幽愤。

无论在广东，还是在长沙，郭嵩焘一直觉得人情浇薄。

所有的问题，都是因为人心出了大问题。人们不再有诚信和操守，没有信任，因为不再自信；没有忠诚，因为朝令夕改；没有操守，因为

1《游君山》，《养晦堂诗集》卷一。

2《与郭筠仙孝廉书》，《养晦堂文集》卷四。

3《郭嵩焘全集》第九册，356页。

操守常常成为生存的累赘。他说："政至于反覆，而人民之蹙亟矣。朝下一令焉，迫民从之。夕下一令焉，迫民改之。倏驱之西，倏转之东，倏召之还，倏麾之去。而人民乃伥伥焉穷促无所复之。居反覆之朝，未有能行其义者，君子固将远避之。自诒伊戚，诗人之所为心伤也。"[1]他甚至感叹"广钱可以通神，亦自古然矣"。[2]

古人的世界观里有更多"天"的因素，与人心相对的是"天心"。因此，他有更多对"天""地"的观察、推究和联想，甚至直接以此印证人世间的变化与变故。

郭嵩焘曾经把天地之气分为"顺""逆""沴（音力，灾气，伤害）"三种："天地大气运行，而其气之鼓荡万物者，一顺一逆，显分两道。得顺气者，无往而不顺，气与气相感召，凡顺者应之，否者拒之。得逆气者，无往而或顺，亦气与气相感召，凡逆者应之，否者拒之。至于沴气之作，天地亦自失其调摄，随之以推荡，又于此两气外别是一种凶戾之气，而与逆气相比以行。"[3]

如果天地之气仅仅是天地之气，而无关人事，那自然不必计较。问题是天、地、人三才，人参天两地而立，而且，"非徒为圣人之赞化育者言也。苟为人，即可以参天地"。那么，无论君子小人，都可以得气之运。

区别在于，"任天地之忧者，圣人也"，"圣人所以为功万世者，惟显出善恶二字，使民心有所归依"，"岂区区祸福死生之足以介其意哉"！[4]

俯仰圣人的郭嵩焘，在极端低迷的时代精神状态下，仍以君子自许，仍然执着于善恶的判别和选择，"颠沛流离，不易其守"，"任是举世人陵践侮犯，即鬼神亦加愚弄，此心却不可自馁。生世一日，且尽

1《郭嵩焘全集》第九册，220页。

2《郭嵩焘全集》第九册，313页。

3《郭嵩焘全集》第九册，401页。

4《郭嵩焘全集》第九册，401—402页。

一日职事，忧患凶险只好付之适然之数，岂能与造化较论短长"。[1]这是他在失去儿子后诘问鬼神之陵厉的倔强之辞。

自然，这并不意味着他放弃了对于天地的仰观俯察，以便建立他对于现实的基本判断和估价。在他的日记书信里，因此有大量表征着天地气机、对应着世间人事的记录：

同治七年八月十七日日记："两日甫见日，阴雨又作，天意荒矣。默观物理，猫犬之佳者不可得也，即家常所畜，一病辄毙，而鼠鼪纵横，为患日剧。乡间蚕蜜，俱不能旺，而松生虫，百菜生虫，其他虫产之繁亦较甚于往日。大抵正气销沮，沴气日昌，不独人事然也，物类尽然。天运之流而日靡也，谁与匡而正之？"[2]

同治八年二月三十日日记："雨，寒。昨日鹿房山礐围墙溃，致伤鹿足。今日马厂山礐围墙又溃，而雨势且未有已，……推之湖南北两省，亿万生民，被患何可胜言矣。"[3]

同治八年四月二十三日日记："日午清检书房书籍，所积存志稿为鼠啮尽矣，其他书本受伤损者甚多。求一捕鼠之狸，数年不可得，所畜一二懒狸，盗窃食物而已，与群鼠耦居无猜。始悟末流之世，官司失职，盗贼横行，人物一理也。"六月十七日又言："佛狸不捕鼠而善盗肉，毁窗际所置瓶盎。衰世物类皆然，司牧民之责者，求无毁瓶盎难矣。"[4]

同治八年八月初三日记："雨竟日。早郁热甚，中午大凉，晚次乃更郁热，终夕大雨如注，天意必致人于乱亡，机兆盖已久矣。"初五日记："雨，寒。一日之间，屡郁热屡寒，混沌开辟以来，殆无如今岁天象之奇者矣。"[5]

同治八年致李瀚章信中说："自去秋七月一雨，至今未已，甚或

---

1 《郭嵩焘全集》第九册，401页。
2 《郭嵩焘全集》第九册，340页。
3 《郭嵩焘全集》第九册，362页。
4 《郭嵩焘全集》第九册，376页。
5 《郭嵩焘全集》第九册，380页。

连日夜倾注，盖非徒转一年之雨纳之此数月中，直竭数年之雨矣，将来必有奇旱奇荒，而伏匪益繁，不可按抑。天下之乱十余年，吾楚受祸独浅，功名富贵相望以起，骄盈之习、奢汰之风日甚一日，断无满而不溢之理。"为此，他甚至有避地西湖之想，希望托庇李瀚章，"受一廛而为氓"。[1]或者，因为"吾楚风土人心浮薄猥陋，思就皖南淳厚之地居之"[2]。

这自然都是心绪缭乱、神思纷扰时的念头，难以落实。而且，他也心知肚明，"万方一概，难为托足之地"[3]。

对于湖南本土的社会状况，郭嵩焘不仅有周到的洞察，对此他甚至有所总结，他说："嵩焘心忧湖南之乱久矣，综其本末，约有三端。军兴以来，荷戈从军者无虑数十万人，骄横毒很（狠），习与性成，其势不复能终安田亩。强者思逞，贫者乐祸，相与眈眈虎视，有变生肘腋不测之忧。此致乱之端一也。东南数省更苦兵戈，受祸为深，惟独吾楚承乱日浅，而乘时徼幸，窃取功名富贵，井邑相望，视若固然。《易》曰'天地盈虚，与时消息'，岂有戕贼东南生命而加厚吾楚，以使久享之理。此致乱之端二也。湖南功名之盛，人皆知之矣。……至于殷实之家告困于诛求，商贩之业逃死于科敛，朘膏及髓，坐致倾覆，重以水旱频仍，民气凋枯，盖十室之邑绝粒者而九。古人有言，民穷则易与为非，吾楚之穷，岁益增剧，此致乱之端三也。顷年以来，根本之地尤可忧者又有三焉，则吏治之敝坏，人心之偷薄，风教之陵夷，有莫知所终竟者矣。嵩焘尝论吾楚民气之强，自昔已然，不自今日始也，视上所以整齐变化之而已。"在郭嵩焘看来，出路在于"通民情"，"以防壅蔽之渐而杜奸乱之萌，常使民气疏通，以不至积成疮痏。……方今救敝之道，在严以治乱民，而宽以安善，其于吾楚尤为要言。使在官者能移其姑息土匪之仁，以勤求民隐；能移其猜忌士绅之义，以防闲乱民。则伏莽虽

1《复李瀚章》《郭嵩焘全集》第十三册，221页。

2《复金安清》，《郭嵩焘全集》第十三册，223页。

3《郭嵩焘全集》第十三册，270页。

多，终不及善良之众；乱民潜逞，岂能逃官法之严"。[1]

如此透辟的分解讲说，实是一篇"治安策"。

同治十年郭嵩焘致刘蓉信谓："疾痛疴痒，常不去身，医者谓其肝郁已甚，盖自一身一家推而至于天下，无之而非郁者，宜其然也。"[2]由一省而及天下，说到底，郭嵩焘所敏感的仍然是社稷江山，是天地气数。

同治十一年五月初十，郭嵩焘听说黄州吊桶山无故自崩，出来窖藏的米三千多石，米全都是黑的，捻之即粉碎，用水煮则越煮越坚硬。他说，这恐怕不是几十年前的东西。还出来一块碑，载有鲁肃的名字，碑面上有四句话："裂破平地生花，紧防二八交开。遍地龙蛇走马，五洋大乱中华。"郭嵩焘说，不论是不是鲁肃时候遗留下来的东西，总不是什么佳兆。而且，人心思乱，"自大府至诸有司，皆以求乱为心，其兆固已早见矣"。[3]

同治十年十二月，郭嵩焘要把儿子刚基的灵榇，从瓦雀塘移葬老家，事先请人看中了一块地。但抵达墓地当天，却有朋友力言，此地不可葬。郭嵩焘亲自登山察看，也觉得这块地果然犯了堪舆书上的忌讳，不得不将灵榇再一次临时安葬到昌蒲塘，只好用看好的这块地改葬邹氏夫人。他的行程也因此耽搁。

在借住的房东家，郭嵩焘遇到一件极其古怪的事。

房东侯氏说，他的妻子最近为妖魅所祟。就在郭嵩焘来此之前的某天，十余人围炉夜坐，他妻子的头巾突然不见了，这天晚上就生病。过了几天，病才慢慢好转，人却为妖魅所祟，大仙似的，白天黑夜，抛砖击瓦，不胜其扰。十二月一日夜里，后园的六七个大花钵，无缘无故自己翻过来，倒在地上。这些花钵很重，一个人搬不动。从此之后，闹鬼

1《致郭柏荫》，《郭嵩焘全集》第十三册，217—219页。

2《郭嵩焘全集》第十三册，230页。

3《郭嵩焘全集》第九册，531页。

闹得更加厉害。过了一天，家里又是十来个人围炉夜坐，似乎有人拽他妻子的衣服，他妹妹的头巾又突然被揭走，到处找也找不着。半夜才发现那块头巾盖在他妻子的脸上。直到十二月初七，郭嵩焘一行到来，家里才安静下来。

第二天，志城来看他，郭嵩焘送到门外，忽然，一块大砖头从屋后山冲落到了墙缺处的空地上。中间有几天，郭嵩焘去昌蒲塘看儿子灵榇的安葬，那一向，闹得尤其厉害。据说，鬼祟还告诉他妻子，明天会回避，因为明天这屋子鬼魂不能进，等明年正月再来。这时，他们家里并不知道郭嵩焘明天会返回这里。第二天，郭嵩焘果然回来了，接下来十来天没有动静。

郭嵩焘听说了，很惊讶也很奇怪。他说，自己也算倒霉到家的人，上天的打击挫抑，已经十分厉害了，却还能够让鬼怪之物敬而避之，看来自己在人前或许没有面子，在鬼祟面前或许还很有面子。

等到郭嵩焘要离开了，主人侯氏向他讨办法。

郭嵩焘自己心里其实也觉得茫然，但还是当场写了几句话："孝顺翁姑，和睦乡里，周济穷困，哀怜孤寡，不存妄想，不起邪念。"他让主人贴在妻子床头，要她早晚讽诵这几句话，遵照这几句话做事，无稍间断，并且正色正语告诫侯氏"中邪"的妻子："这不是你曾经惹的冤孽，就是你被邪心所感召，又值家运衰落，妖魅容易乘虚而入。我听说你祖母十九岁守节，辛苦积累，你们家才算勉勉强强可以自给，你的父母亲也极为忠厚。所以，你应该日夜以此自省，即使确有曾经惹的冤孽，你也应当自己一身担当，不要牵累了你的家庭，你的父母。你想想你的先祖母，你的父母，他们能够受这样的扰累吗？扪心自问，你何以为心，何以为人？趁现在邪气还没有深入你的身体太多，你赶紧提起正气去抵挡。我这几句话，就是帮助你提升正气的金刚神咒。如果到了明年还这样，你们再告诉我，我再想别的办法。"[1]

---

1 《郭嵩焘全集》第九册，512页。

从郭嵩焘记录的这件事，多少看得出，郭嵩焘本人在一系列变故之后，内心其实也有点茫然无助。在晚年所作《玉池老人自叙》中，他还提及此事，并且记述"庚辰（1880）岁，展墓湘潭丛木桥，原有庄屋一所，因改佃刘姓，住刘家大屋就宿焉。至则举宅惊惶，亦不知为何事。次晨，有妇人推户入，跪求拯救，问何故，曰为物祟，不胜其扰。昨夜公至，竟夕安然，此必畏公矣。为书《正气歌》一通畀之"。[1]

郭嵩焘自述，自己并不信鬼神。但乡村社会的蛮荒气氛中，万物生灵，更多一些暧昧性和不确定性，加上传统的有机主义世界观，并不视阴阳人鬼为全然隔绝的两个世界，而相信甚至认同其中的某种统一性，并从这种统一性中，获得可以能动作为、主动安排的理论依据和下手之处。

因此，郭嵩焘详述此事，并不奇怪。他所给出的除邪方案，倒是真正体现了士大夫所服膺的"儒家精神"，用"正气"抵挡祛除"邪气"。而所谓"正气"，无非是以儒家仁、义、礼、智、信等义理来充实为人的正大、光明、刚健，并且由此种正大、光明、刚健，贯注成为生命所必需的精、气、神。

据说，在江西有些地方，特别是赣南，文天祥的《正气歌》至今还被老百姓供奉。人们相信，《正气歌》可以驱邪，可以辟瘟，可以镇宅。而在左宗棠的柳庄，至今还在堂屋的神主位置上挂着的，也正是"天地正气"四个大字。

"正气""邪气"，是非常有中国特色的语言，"正""邪"主要是道德概念，而"气"更多是一个生理、物理概念，但它们可以结合得如此妥帖，如此富有表达力和穿透力。实际上，所谓"正气""邪气"，以及孟子"养浩然之气"，其实都是把生理之气、心理（包括观念）的作用、道德勇气、义理正气，打成一片，并不把生物、生理、心理与人伦物理区隔开来，而是联系起来，做统一的观照和处置。

1《郭嵩焘全集》第十五册，780页。

这自然意味着黄仁宇所说的不能分解物质世界与义理世界的混沌和蒙昧，却是一种活生生的世界观，也是一种思维方式和行为逻辑，是混沌的，却也是有魅力的（如果沿用今天所谓"祛魅""返魅"的概念的话），内含了有关中国文化的非常深刻的秘密。

同样的道理，也贯彻在郭嵩焘关于现实社会的考量之中。

不论物候、天象、神迹如何惊心动魄，他可以施展的建设性，只能是人事，问题的根本其实也是人事。他将孟子"得道多助"解释为"得事之理而已。得其理，万事序，人心自然帖服而相与赞助之。失道者反是"[1]。

天道最终返回人道，并且归结于人道。

郭嵩焘意识到天象所兆示的时代衰敝，表征为人心风俗的颓堕，这种颓堕甚至是自上而下的。他在这一段不短的赋闲岁月里，有比自己作为任事任责的当局者时，更多客观的审视，感叹也更多。

不论是出世还是入世，不论是采菊东篱还是身在廊庙，传统士大夫的价值和思想中心，无疑都离不开皇权政治及其具体的人事安排与制度安排。郭嵩焘离开广东时，多少有点厌倦官场，回到长沙后，朝廷在同治五年（1866）曾让他回任两淮盐运使，他立即具呈乞病开缺。朝廷开始没有允准，郭嵩焘辞意坚决，直到第二年七月才获准。他甚至在同治九年（1870）四月，将自己署理广东巡抚任内的各种手折1000多种，全部付之一炬，"以明吾志之不复乐为世用也"[2]。

然而，就在退居应酬中，表面上看，有很多诗酒流连，有很多琐事缠身。其实，真正让他念兹在兹的，除了家庭的变故外，依然是朝政、国情、民况。更直接一点的关怀，就是官场人事了。

郭嵩焘在同治十二年的日记中，反复议及朝廷用人以及长沙民风。二月初二日记记述，李雨亭"简放江督，初赴山西陛见，太后语军机大臣：李某是有造化人，所至之处，人必蒙其福。盖其相貌魁梧，长髯满

---

1 《郭嵩焘全集》第九册，492页。

2 《郭嵩焘全集》第九册，434页。

面，与瑞澄泉、李筱荃略同"。郭嵩焘议论说："近来简用大僚，多取材于此，此所谓天也。""居上之道在严，一意与人款曲，又于其中分别界限，有议及时政得失，概以秦法毁谤之罪坐之，是纵使人为不肖也。""外面粉饰，内里必自安于苟且。人生大患，莫大于万事都看得平常，惟于私愤私利，终身纠结不了。此种人亦无甚害于天下，而终致亡国、败天下，皆此一念酿成之。""默察天下大局，万不足与有为。无他，无人而已矣。举朝昏庸，而能遏截天下之人才，以大力持之，所以为可伤也。"[1]

太后以貌取人，把类似瑞麟、李瀚章的"相貌魁梧，长髯满面"，视为国家的福气，并因此加以简任，让人不敢置信。皇权政治建构中，所谓"经纶天下之大事"，原来如此。而"居上之道"，除了"与人款曲"，就是以秦法钳制言论，可以让人为"不肖"之事，而不许人"议及时政得失"，外面粉饰，内里苟安，以昏庸把持朝政，遏截人才，终生纠结于私利私愤，其余万事都看得平常，所谓亡国败天下，皆此一念所酿成。

整体上看，郭嵩焘的上述言论，所表达的有关人才政教的观感，针对的实际上已经是作为最高当局的朝廷。

郭嵩焘甚至直言："朝廷用人倒乱失次如此！"[2]"上有酿乱之有司，下有应劫而生之百姓，乱至无日矣。"[3]"近日人才不仁不义，无礼无信，而终归于不知。""省城人心风尚，直不可问，相与极力凑成一个乱字，殆不可与久居矣。""长沙人心诡变，又他邑所无。正恐以是感召大劫，相与俱尽，将何术以避之。"[4]

话说得急切，正表明说话者内心的苦闷和焦灼。

中国日后陷入年深日久的革命、继续革命、不断革命的旋涡，湖

---

1 《郭嵩焘全集》第九册，563、566、581页。

2 《郭嵩焘全集》第九册，384页。

3 《郭嵩焘全集》第九册，578页。

4 《郭嵩焘全集》第九册，579、582、583页。

南成为革命的策源地和中心，想想郭嵩焘的话，就会多一层会意，多一层理解，多一种诠释。杨度在《长沙柳虎溪先生八十寿序》中，谓"国民生计能力，苏、浙、粤、闽、晋、鲁诸省，皆优于湘"，湘人除农业外，无工无商，谋生只有二途，当官或当兵，"咸同之际，湘军一战而胜，官兵遍于全国"，投机幸利之心，空前激发，"愈轻本业而逐末利，论政谈兵，习为风气"，于是"无湘不成乱"。王湘绮在日记中说到，某些时候，某些湘人，"白天唯愿牛斗架，晚上喜看火冲天"。世界上从来就没有平白无故、空穴来风的浪潮，有此种因而有此种果。所谓"大乱大治""得风气之先"，正是从另一个角度去总结这种局面所得出的结论。

"发现"王船山

不在其位，却不甘不谋其政，郭嵩焘觉得能够措手的，只能是地方的文教。

有一段时间，郭嵩焘得到湖南巡抚刘琨的支持，掌教妙高峰下（张栻读书的原址）的长沙城南书院（乾隆年间兴办的书院，最初设在天心阁下，道光年间移建妙高峰），试图为湖湘子弟的出息和教养做点事情。

其间自然也有不快，譬如有学生私下里编了一副似乎是对郭嵩焘有所嘲讽的对联曰："万物皆备孟夫子，一窍不通郭先生。"郭嵩焘曾经在课堂上讲过《孟子》的"万物皆备于我"。这样的编派，也许并无恶意，当过老师的人都知道，有时候仅仅是顽皮孩子们的机智调侃、无聊滋事而已。但郭嵩焘怀疑有人在故意拆他的台，感到大受打击，大为光火，不惜心力去追查。

这种认真，或许缺少一点幽默感。而深究起来，郭嵩焘的认真，更联系着他在末世颓堕涣散中逆流而上的理想主义情怀。

值得单独提出的是，郭嵩焘是最早认识到王夫之的学术贡献和思想贡献的人，对船山学说在近代的光大，贡献极大。

船山著作宏富，学究天人，是某种意义上的中国传统学术思想的最后的集大成者。值晚明天倾地坼，清朝入主，船山认为这是禽兽占了人的家园，不共戴天，简直没办法苟活下去。在"上穷碧落下黄泉"一样的考察反省后，王船山认定，晚明的失败是思想的失败，是人的精神的失败，是范围人的精神的礼乐文教的失败。因此，他以"从天乞埋"之身，要为"六经开生面"，意在重建儒家义理——人的精神，国家的精神。因为他的思想动机与清朝入主中原直接对立，除了几种诠释性的哲学著作收入《四库全书》之外，船山的大部分著述，二百多年内湮没不彰。

郭嵩焘独具慧眼，认为船山"根柢六经"，继承宋五子（周敦颐、张载、程颐、程颢、朱熹）的余绪，发明圣贤之旨尤多，所谓"继濂洛关闽而起，元明两代一先生"。对于湖湘来说，船山更是与周敦颐相隔七百年遥遥相望的"道学终始"。

不仅是出于表彰乡贤的目的，以此开启湖南的文明，使蛮荒之地变为文明之都。而且，郭嵩焘以自己明敏的心性和锐利的知觉，感受到了王夫之"为天地立心，为生民立命，为往圣继绝学，为万世开太平"的良苦用心和作为士子通天达地民胞物与的襟怀气度，这几句话是王船山从北宋学者张载的著作中接纳过来的。

郭嵩焘认为，王船山的用心，正是他所置身的这个并不美妙的时代的士大夫知识者应该唤起的用心，王船山的襟怀气度，也正是他认同并且让他高山仰止的襟怀气度。他钦佩王夫之贞固不二，钦佩他能指出历史"盛衰之由""国家治乱之故"，认为王夫之的见识情操"非元明以后诸儒所能及"。

因此，在城南书院原有的南轩祠旁，郭嵩焘倡议并动手建立船山先生祠，让船山可以"获祀于其乡"。有人倡言阻止，竟因此停工。郭氏感叹，无知者不懂得，从来圣贤，首先就是由自己的门人弟子供奉起来的。他说："一二无识之议论，屈挠之有余，不知周程朱张之祭，皆由其门弟子奉祀于学以为之基，朱子文集亦屡及之。楚人好议论，而学识猥陋，大率如此，可笑可叹。"[1]

因为郭嵩焘的坚持，船山祠终于得以建成，并举行了神位安立仪式。

郭嵩焘亲拟安位文，拟船山祠对联，作船山祠碑记，谓王夫之"悟关闽之微言，寻坠绪之渺茫，当明季之厄运，隐船山以徜徉，校诸子之得失，补群经之散亡。其立身大节，皭然不滓，与河汾、叠山以颉颃，而其斟酌道要，讨论典礼，兼有汉宋诸儒之长。至于析理之渊微，论事之广大，千载一室，抵掌谈论，惟吾朱子庶几仿佛，而固不逮其精详。盖濂溪周子与吾夫子，相去七百载，屹立相望，揽道学之终始，亘湖湘而有光。其遗书五百卷，历二百余年而始出，嗟既远而弥芳。咸以谓两庑之祀，当在宋五子之列，而至今不获祀于其乡。如嵩焘之薄德，何敢仰希夫子而为之表章！意庶以乡贤之遗业，佑启后进，辟吾楚之榛荒"。

郭嵩焘认为，船山"兼有汉宋诸儒之长"，"惟吾朱子庶几仿佛"，他试图通过对王船山的弘扬，佑启后进，开辟蛮荒，照耀湖湘。

光绪二年(1876)八月，郭嵩焘署礼部左侍郎，上《请以王夫之从祀文庙疏》。次年，郭嵩焘身在伦敦，风闻自己所请，为礼部议驳，遂于十二月上奏，重申己意，希望"饬部存案"，暂时搁置，以待后定。在奏折中，郭嵩焘指名道姓，毫无讳饰地直言："署礼部左侍郎徐桐以臣出使西洋，为清议所不容，所请应从驳斥，昌言于众，远据曾国藩序文内'醇驳互见'之言议驳。"除此之外，郭嵩焘还"分咨礼部及湖督及南抚（湖南巡抚）及学政"，极力挽回。但他倾尽心力得到的结果，却是上谕的严厉批评："从祀典礼，关系綦重，部臣议准议驳，自有公论。郭嵩焘因廷臣议驳明儒王夫之从祀文庙，辄以私意揣测，疑为故意驳斥，并请饬部存案，语多失当，殊属非是，原折着掷还。"

1《郭嵩焘全集》第九册，443页。

光绪六年（1880）四月十三日，当他听友人说，宋儒广辅已经在一年前经浙江巡抚梅小岩之奏请入祀文庙时，郭嵩焘说，船山之学，胜于广辅奚止百倍，而吾楚人不务表章先达，竟无一能主其事者。闻浙抚此奏，为之垂涕竟日。

曾国藩去世后，长沙小吴门建立了曾国藩祠堂，郭嵩焘就将祠堂旁边的校经堂，命名为思贤讲舍，并在舍内设立船山牌位，挂巨幅船山像。出使英法返回后，又重新整理讲舍，重新开坛开讲，以屈子、周子、船山、曾国藩四人为仪轨，为依归。在四贤的生日，必定集会纪念。

船山学术在近代成为热点，与近代中国社会的思想文化主题有关。同样是沧海横流，同样是让人忧心忡忡的世道人心，同样是"夷夏之辨"，同样需要召唤挽狂澜于既倒的大人格、大气魄、大勇气，同样需要推倒重来。自然，任何一种思想，当它简化为时代的普遍潮流时，被接纳和张扬的常常是其中最容易大众化的部分，杨昌济说，船山先生一生之大节，在于主张民族主义，以汉民族之受制于外来民族为深耻极痛。此是船山之大节，吾辈所当知也。

杨树达说，自船山以后，湖南人笃信民族主义，因欲保持自己民族，故感觉外患最敏，吸收外来文化最力，且在全国为最先。柳亚子谓，王船山著书立说，乃力陈夷夏之防，为世昭见。

近代湖湘，王船山的民族主义思想，逐渐深入人心，起先是关于"汉种"的存亡绝续，接下来转换成为对于作为蛮夷的"列强"的指认与抵抗。既然是民族主义思想，而且是针对清朝的民族革命思想，谭嗣同以及近代革命家，自然无法原谅曾国藩他们戕害同种、中兴晚清。然而，吊诡的是，王船山之光大，端赖曾国藩为首的湖湘近代人物的推崇，其中的矛盾如何统一在湖湘士人的思想中？他们所认同于船山的，又究竟是什么？

如此巨大的分裂，体现在不止一个方面。延伸到船山的宋明理学，自身内部有着某种普遍主义的意涵，所谓天理人伦，其民族主义是基于这种普遍主义并且服务于这种普遍主义的。但是，当民族主义成为压倒性的主题时，有着普遍主义倾向的思想，便不能不服务于这一主题。王船山的思想自不例外。近代中国，对于船山的普遍认同，最终统一在人们以实用主义和功利主义为主导的理论与实践中。而在郭嵩焘的手眼中，船山与他最深的契合，也未尝与此无关。

异代同情，深山嗣响，近代知识者如郭嵩焘之感应船山，正像王船山当年著书荒山时感应屈子亡国之愁痛一样。何况，船山的学术思想，确实是那样深邃、广大，如江如海。

郭嵩焘对于船山的感应和"发现"，不能不是船山光大于现代的首倡者之一，尽管一般人更记得，曾国藩兄弟在金陵刻《船山遗书》。

郭嵩焘

曾国藩

胡林翼

骆秉章

曾国荃

左宗棠

李鸿章

曾纪泽

奕䜣

赫德

卜鲁斯

威妥玛

马格里

刘锡鸿

张德彝

郭嵩焘如夫人梁氏

严复

英国军队攻占广州虎门外穿鼻炮台

《克复岳州图》

郭嵩焘《养知书屋日记稿本》

郭嵩焘《使西纪程》

滌生仁兄大人閣下秋中三致書想次第
畢達十月至長沙會有新化之行迨不及
以書告知新化去湘陰且八百里宜迂道一
過里門比歸而母親則病甚乃留視疾會
少閒乃行以十二月初一日至新化新化固
僻地又貧且瘠弟之來也所職則書記東
俯則百二十金雷太守夏明府二君之薦
意頗不欲而無辭以謝旣來是亦頗休暇
惟官居旅窆近念老親遠思良友有懷

郭嵩燾致曾國藩函手迹

霞仙仁兄大人閣下 去秋省城一晤

辱教比行裝已發川貴奉達寧轍就省視且約旬日之間宜頓束進

俟而安病你逗延至十月初乃能束當議作一函遣人寄

尊叔雲妻則已行矣因更議一行並示璞董舅就託雲學弟束且

約今年四月束試書院可遂相見璞董舅言從璞華道人雲值

公差李姓者謀束遂持以相應不審得一擊迴

尊應勾當公事遂持以相應不審得一擊迴

覽及否

足下鑑不能束以宜有報章日夕以冀渺不復聞將前書遂中沉邪

柳別有所取庚於

左右也近聞尊邑府試示期六月一日遣人束璞華道人雲探問消息而

点不可得今見曹伯竹泉先生乃悉

足下載影家園義不應試杞籍感焉耳

郭嵩燾致劉蓉函手迹

季高仁兄大人閣下十一日巳決計送至湘陰會客至言送

者方屬橫道天實且兩稽一遲迴而

台從已遠主失千里之別不及奉詒一敘

委撰祭文唐藁甫就忘未及呈達負疚於心其易有

極北省兵燹之餘葺飾接緩諸貲

碩畫而封疆之謦防禦之煩尤至艱鉅想

賢者為之必有

殊勳偉績一新殘毀之耳目也日來紛傳南昌現已

郭嵩燾致左宗棠函手迹

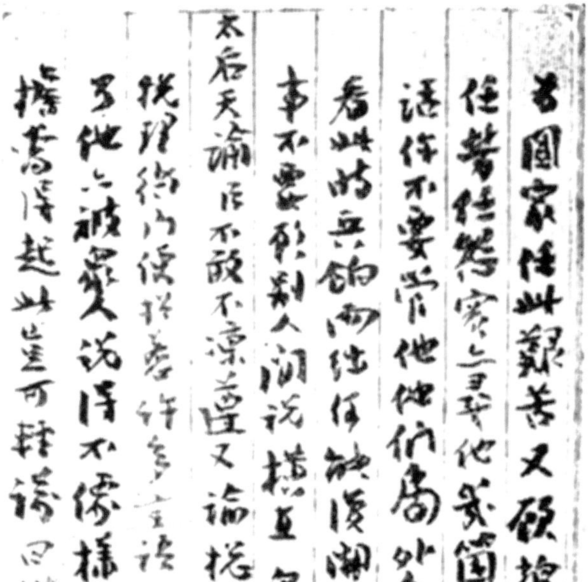

今国家任此艰苦 又顾抱主言他把此事实在明白又肯

任劳任怨实心实意替他尽心出力 又论京中人说些闲

话你不要管他他们局外人随便说说全不晓得你

看此等无谓两边任侠况瞩咎着你袛一味替国家办

事不要别人闲说 皇上皆知道你的心事闲暇无

太后天语后不敢不凛遵 又论�452理衙门那不不搉罢一匹

揆理衙门便挑着许多言语 如今李鸿章在烟台岂无别

与他六七度爱说得不像样若事务国岂不苦一切

播荡情越此堂可释祷 口奴谕这出洋本是极苦之差事

郭嵩焘日记手稿记录出使前请训时慈禧太后与郭嵩焘之对话

時危安石起東山何也因驅
向東山去東山戎戎高插天隨
光溫石雨無預世人下隔萬
靈雲遙指先生高臥盧山
卯歲此僑居山信　卯陽雲山斷
此雲洞妙四互……祝……峯頂山柘畫雲……石……橫古取六石曰雲洞
篁如吾家有雲谷兩雲鄒起
晴雲辇弄多雲百態新
人心如雲陰光怖……
注新仁兄大人筆正　本郭嵩燾畫

郭嵩燾手书扇面

郭嵩焘的印章

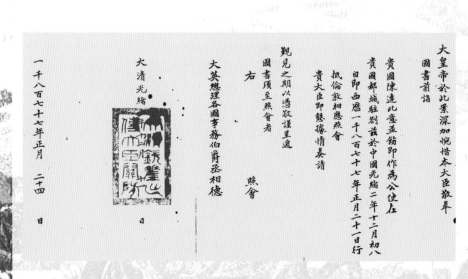

大皇帝於此冀深加悦惜本大臣敬举
國書前詣

贵國陳達此意亚筋即作為公使左
贵國都城駐剳蒇於中國光緒二年十二月初八
日即西曆一千八百七十七年正月二十一日行
抵倫敦相應照會
贵大臣印懇據情奏請

覲見之期以憑敬謹呈進
國書須至照會者
右　照會

大英總理各國事務伯爵丞相德

大清光緒

一千八百七十七年正月　二十四

英国档案馆藏郭嵩焘书信

第八章

谤毁遍天下

在内外交迫的危机中,朝廷诏命郭嵩焘进京待命。郭嵩焘以接近花甲之年,再次躬身洋务。赴任福建按察使,徒劳往返。针对云南"马嘉理案件"的发言,让郭嵩焘置身舆论的风口浪尖,他的形象被"妖魔化"。朝廷任命他出使英国,郭嵩焘不敢指望有所作为,七次上书,请辞出使之任。

奉诏入京

同治十三年（1874），郭嵩焘五十六岁，就在他虽不甘心，也未必愉快地认为，自己将以地主、乡绅的身份度过忧患丛生的余年时，朝廷于六月初八诏命他赴京陛见。

一同受到诏命的还有曾国荃、杨岳斌、丁日昌等人。

郭嵩焘本人是在六月二十五日从湖南巡抚那里获得这一诏命的。

这一年的二月份，日本借口台湾人杀害了遭遇海难的琉球渔民，兴师进犯台湾，三月登陆恒春。清廷在四月份诏授沈葆桢为钦差大臣，赴台办理。五月份又下旨命各省筹防。

看来，正是这种外交上敷衍不过去的危机，让朝廷想起了在洋务上似乎有些办法的郭嵩焘。自然，没有相识相知者的推荐，朝廷也无从想起。从古至今，朝廷上下，乃经理天下之所在，也是富贵功名之出处，什么时候都不缺少"人才"。

接到诏命，是一件脸上有光的事，也是私心荣幸的事。

但是，郭嵩焘确实感觉到自己老病颓唐，身体已不如前。对于浩荡皇恩的得到与失去，他也领教过，那常常是身不由己的。而对于国家事务，他又有太多的想法。能否任事，能否有所作为？他毫无把握。

他显得有些踌躇。

但是，皇权的吸引力，对于郭嵩焘以及和郭氏身世教养相同的士大夫来说，终究如同小草之于太阳的光辉。皇帝的眷顾垂青，就像一个永远的单相思者得到所思者的召唤一样，那是无法不心旌摇动、感激涕零、热血沸腾，要肝脑涂地在所不惜的。

这是传统中国士大夫的"宗教"。

郭嵩焘终于束装就道。

湘阴县令冒小山，在郭嵩焘临行前对他说："大人心地开爽，无城府，然世路崎岖，人心叵测，一切愿求慎重。"

郭嵩焘听了不觉悚然。他知道自己有点愚直，从不以猜防之心待人，还想到怎样才可以尽量不害人而有利于人，觉得语言有损于人时，也不轻易出口。这样，应该不至于让人产生恶感，生出嫌隙了吧，但所到之处总是抵牾，大概还是语言太激切了。

郭嵩焘在日记中写道，冒小山说的话，深中"隐微"，他要写在衣襟上牢记才好。

途经南京时，郭嵩焘特意到曾国藩的祠堂去祭拜。没想到，在那里，他悲从中来，哭得一塌糊涂，收拾不住。传统社会的生活方式及其精神背景，成就了多少这样感人的类似兄弟的情谊，我们可以想象杜甫对于李白的牵挂和怀念吗？"渭北春天树，江东日暮云。何时一樽酒，重与细论文。""天意君须会，人间要好诗。"现代人几乎只能从同性恋的角度来解读杜甫对李白的绵绵相思了。因为以我们如今肤浅、势利的心思去揣摩，似乎只有归结到内分泌的生理指标，才能诠释那种深入灵府的人与人之间的关系，根本不能想象这两个男人之间究竟发生了什么，以致让他们如此刻骨铭心地牵挂。

但是，这就是古人的世界里经常发生的事。

而对于郭嵩焘来说，世事纷纭，无论国家还是个人，皆前途未卜，遥想当年自己与曾国藩、刘蓉聚首长沙平视天下时的浩渺心事，遥想人们对于曾国藩的仰望和寄托，怎能不悲从中来，感慨系之？

还在路上，郭嵩焘就得知了同治皇帝病故的消息。四岁的光绪即位，太后继续垂帘。盛年的同治怎么说没有就没有了呢？为什么总是小皇帝呢？其中又有怎样奉天承运的或者见不得人的讲究？皇权政治演绎中的神秘与戏剧性，比任何戏剧文本更加具有戏剧性，更加匪夷所思，皇宫内外世世代代上演的利益博弈与权力斗争，不只是士大夫们变态地热衷窥伺的大戏，也是山人文士渔樵闲话的绝好题材。

郭嵩焘进京后，应酬不断。

光绪元年元旦（1875年2月6日），与早一天到京的曾国荃约在一起吃饭。吃完饭，到前门的关帝庙行礼求签，叩问大局。[1]大局当然没有什么值得欢欣鼓舞的。让郭嵩焘稍稍得意一点的是，主管洋务的恭亲王，处处向朝中大臣推介他，说他如何"精透"洋务。小皇帝也召见了他。四岁的皇帝"庄严坐御榻上，两旁及坐前以小案护之"，案上用青布覆盖着，皇帝座后垂帘，太后在帘后发话。

"在外几年？"

"四年。"

"在广东几年？"

"三年。"

"途次可曾遇雪？"

"在泰安遇雪。"

"地方均安静否？"

"安静。"

"在京城充当何项差使？"

"南书房行走。"

"可是告病回家？"

"旨意来京另候差委，途次请病假。"

"年若干？"

"五十六。"

礼节性的问答，到此为止。[2]

郭嵩焘前去拜访了主管总理衙门事务的文祥。文祥"病体颇然，忠诚耿耿"，郭嵩焘感佩不已。文祥把他"延入内室，谈至两时之久"。从

1《郭嵩焘全集》第十册，1页。
2《郭嵩焘全集》第十册，2页。

谈话中，郭嵩焘猜测，自己之所以被朝廷召唤进京，显然是出自文祥的推荐。文祥也顺便问及他在广东遭受毁谤的缘由，以及与左宗棠相处的情节。郭嵩焘很难作答，"略一申叙而已"。他不由得感慨，僧格林沁和左宗棠，都是享盛名于天下的人，"于鄙人亦皆知引重，而偏不能容，致使鄙心无以自解，岂非所谓天耶"？[1]

大部分时间，郭嵩焘在京城应酬走动，访总税务司赫德（"洋员"，署理海关税务），同文馆教习丁韪良（"洋员"），英国公使威妥玛，会见美国公使、副公使，谈论华盛顿建立的美利坚合众国一百周年庆。

朋友猜测他可能会在总理各国事务衙门（总署）任职，连郭嵩焘自己也认为，有可能留在京师办理洋务，他还找好了住房。

但是，二月初九，诏授给他的职务，却是福建按察使。

几天后，曾国荃放任山西巡抚。

从职级来说，以曾经作为巡抚的郭嵩焘任按察使，是降级使用。但是，大概有几重原因，让郭氏没有推辞。

首先，主管洋务的恭亲王和文祥大学士对他的信任。他自己认为，极有可能，此次向朝廷推荐他的就是文大人，不能辜负他们的厚望。

其次，福建是洋务前沿，朝廷的安排，应该是因事择人，并不是存心"欺负"他。

还有，郭嵩焘忌讳朝廷以为他不甘"艰苦"，也讨厌别人说他不获肥缺即不安心的议论。这种别有用心的误会或者小人之心的揣度，曾经在他十多年前要求离开南书房时发生过，那时他便是坚决走人。又有人说，他从广东巡抚任上下来，朝廷让他回任两淮盐运使，他不去，乃是心怀"怨望"。他觉得，这样的说法，真是莫名其妙。

除此之外，最内在的动力，自然还是郭嵩焘试图施展其洋务上的见识和本事。他早说过，懂得洋务的也就"区区一人"而已，这是自负，也未尝不是事实。而作为士大夫，在他的内心深处，不会没有"民物心一体，

---

1 《郭嵩焘全集》第十册，3页。

家国意相关。热血满一腔，恒欲化愚顽"的情怀。

在离京赴任福建前，郭嵩焘给恭亲王奕訢写了一个条陈，算是对朝廷曾经下旨筹防的回复，也较为完整地表达了自己关于内务与洋务的策略。

条陈后来被简称为"三宜""四条"："筹防之宜有三：曰因地，曰因时，曰因人"，"四条"为"一曰急通官商之情""二曰通筹公私之利""三曰兼顾水陆之防""四曰先明本末之序"。[1]

其中最突出的见解是，第一，他依旧建议朝廷鼓励中国商贾造船、制器、出海贸易，发展商业资本，与洋人争利。如此，方可以巩固中国的利权与海防。如果仅由官方筹防，不得商贾合作，官商之情不通，公私之利不究，上下之情太隔，彼此不能相恤，海防根本无从谈起。最重要的是，因为政府不允许沿海商人广开机器局，因为"商人与官积不相信"，商人造船、出海，无不"深自隐讳，以与洋商比附为利。国家制法防范愈密，则商人之比附亦愈深。何也？利之所趋，虚文有所不能制也"。第二，海防与边防诚然是大事，但是，兴政教、明吏治才是根本。相形之下，海防、边防只是末务。自立是本，自强是末。他还引用总税务司赫德的话说，内事与外防是两大要事，内政弱，外交无以强，故内政是本，而外交是末。第三，"通商贾之气"与"本"务的关系，他说："窃以为方今之急，无时无地不宜自强，而行之必有其本……本者何？正朝廷以正百官，大小之吏择人而任之，则本立矣。""窃谓西洋立国有本有末，其本在朝廷政教，其末在商贾、造船、制器，相辅以益其强，又末中之一节也。故欲先通商贾之气以立循用西法之基，所谓其本未遑而姑务其末者。……舍富强之本图，而怀欲速之心以急责之海上，将谓造船、制器用其一旦之功，遂可转弱为强，其余皆可不问，恐无此理。"[2]

郭嵩焘对"本""末"的见识是通达而不是僵化的，他还说："知其本而后可以论事之当否，知其末而后可以计利之盈绌。本者何？人心风俗而已矣。末者何？通工商之业、立富强之基，凡皆以为利也。人心厚，风

---

1 《郭嵩焘全集》第四册，777—781页。

2 《郭嵩焘全集》第四册，776—784页。

俗纯，则本治；公私两得其利，则末治。"[1]

在这里，作为根本的"政教"并不是空虚的，而体现并且服务于"末务"。从策略上说，当你不能全面改善政教以及人心风俗的时候，先通商贾之气——"姑务其末"，以求逐渐有所适应，也未尝不是权宜之计。

使英之命

光绪元年三月二十七日（1875年5月2日），郭嵩焘离京前往福建，五月初抵达福州。

到任仅两月，按郭嵩焘自己的话说是"未办一事，未行一政"[2]，朝廷于七月二十八日诏命开缺，"饬令即速交卸，起程北上"，作为出使英国的钦差大臣。[3]

郭嵩焘匆匆卸任，于九月份赶往天津，与李鸿章见面。

原来，就在光绪元年二月，云南发生了耸动一时的"马嘉理案件"。

马嘉理是英国公使馆的一名翻译。其时，英国人试图探索一条从缅甸经云南进入中国内地的通道（自然不是为了"旅游"）。英国公使馆向总理衙门称，将有三四名英国官员从缅甸到云南游历，申请入境。并告知，将由英国公使馆派一名翻译前往接应，请总理衙门通知有关地方协助。

总理衙门同意了这个请求。

光绪元年正月，马嘉理前往中缅边境与英国探路队会合。会合后，于二月十九日带领十人先行进入中国境内，另一名英国军官柏郎上校率一百多人随后跟进。二十日晚上，马嘉理一行住在蛮允缅佛寺。二十一日早晨，马嘉理去迎接柏郎。行至户宋河，与当地民众一百多人发生冲突。马嘉理开枪打伤一人，民众愤怒，将马嘉理及其随从四人当场打死。第二天，柏郎的大队人马在蛮允附近的班西山遇到袭击，发生战斗。中方死伤

1《郭嵩焘全集》第十五册，690页。

2《玉池老人自叙》，《郭嵩焘全集》第十五册，770页。

3《郭嵩焘全集》第十三册，252页。

多人，柏郎手下三人受伤。当晚，柏郎率所部撤回缅甸。

此事发生后，云南巡抚岑毓英向朝廷报告，系"野人"劫财（刘锡鸿《英轺私记》中的说法也是"系因野匪索过山礼不遂，起意杀害"）所为。

英国公使威妥玛不能认同这种说法。他认为，这是岑毓英及其当局有意制造的仇英事件，要求惩办岑毓英。

七月十一日，威妥玛在天津与奉命交涉的李鸿章谈判。威妥玛提出了六项要求，其中一条就是清廷速派大员赴英，通好谢罪。

李鸿章把威妥玛的要求报告朝廷，这就有了朝廷七月二十八日对于郭嵩焘出使英国的委任。恭亲王并于二十九日（1875年8月29日）照会英使，通报将简派郭嵩焘等出使英国。此事由李鸿章函告，因为郭嵩焘明通外情，在抚粤时与英国人多有交往，赴闽前，又与威妥玛见过面。

李鸿章在给郭嵩焘的信中说，威妥玛调集兵船，恫吓要挟，所提的条件，难以尽允。而云南事件，没有妥善结案，即使我方认为妥帖，对方也未必认可，而可能更多吹求。所以，盼望郭嵩焘早日抵达天津，会商开导，设法挽回，以免决裂，则是大局之幸。

郭嵩焘离开福建，在上海停留时，与英国及其他各国驻上海领事有过会面。

郭嵩焘似乎一直就不存在主动与洋人打交道的心理障碍和"文化包袱"，这不仅与他的见识有关，还可能与他直截了当而少隐微曲折的个性有关。

到达天津后，郭嵩焘直接入住李鸿章的官邸，与李氏磋商，还准备聘请李鸿章的淮军洋教习马格里充当他即将出使的英文参赞。并具函约见威妥玛，函曰：

> 大清国钦差出使大臣郭嵩焘谨奉书　大英国钦差威公使大人阁下：
>
> 春间承望颜色，奄忽至今，企想高风，有逾饥渴。嵩焘顷
> 奉　命出使大国，由闽泛海至津，询知贵大臣已赴上海，为怅悒

久之。此行必与贵大臣一晤叙，而未卜返旆何时。恐谕旨催促启
行，交互海上，与大舟歧左，在京师久候，又虑津河冰合，岁内
不能出洋。敢以书道意，应于何处相见，伏候示知。敬颂台安。

嵩焘顿首

汪荣祖先生说，此一公函有礼而得体。[1]

自从云南事件后，英国公使一再要求行文上"大英"与"大清"并
列，并将"大英国"字样抬头书写，以示尊重。清廷其实已不敢怠慢，只
是旧体制一时难以改易。郭嵩焘此函得风气之先，完全没有居高临下、虚
张声势的派头，而是表现出与对方平行的新式"格局"，这也就是一种心
理上认同与别的国家平等的外交格局。

这确实是一个重要的迹象，表明古老帝国终于有人意识到，可以放下
身段与人共处，可以抛弃封闭的幻觉的自我中心主义，尽管是其中极少数
人的觉悟。

但是，威妥玛当时傲不作答，其中又未尝不可以看出所谓现代帝国主
义者的霸道，另一种中心主义。

这种霸道，连接着历史学家唐德刚先生所说的"滥用暴力，追求暴
利，不择手段，绝情寡义"等帝国主义"共性"。[2]

这两种霸道、两种中心主义是不一样的，一者更多出于自尊，一者更
多出于自利。一者是情感的伦理的，一者是理性的功利的，但它们同样联
系着"文明的自负"。开明的罗素在二十世纪初还得为"英国愿意承认黄
种人是文明人"（因为英国与日本结盟）而高兴。[3]由此可见，"文明的
自负"以及因为"自负"而带来的"文明的冲突"，是如何源于人类共同
的性格。

威妥玛与郭嵩焘的见面，在一个月后。

---

1 《走向世界的挫折——郭嵩焘与道咸同光时代》，164页。
2 《晚清七十年》，16页，岳麓书社2000年。
3 《罗素自传》上卷，256页，商务印书馆2002年。

威妥玛先是催清朝派使节赴英，后来则要求在云南事件处理完毕后再行派遣。似乎一切都没有商量的余地。

众矢之的

行期未定，郭嵩焘回到京师。十一月份，诏授兵部侍郎，在总理衙门行走。

诏命仅过四天，还没有到总署上班，郭嵩焘就递上《奏参岑毓英不谙事理酿成戕杀英官重案折》，对于洋务活动中的一些问题，表明了自己的看法。他的考虑是，一旦正式到任供职，很多事情就只能会商，反而不能痛痛快快地专折奏事。所以干脆先发言，把自己的看法亮出来。

这与其说是郭嵩焘忘记了曾国藩、陈孚恩、郭意城、郭志城、冒小山等人曾经给他的忠告，忘记了他自己也意识到的"立言太急"会带来相反的效果，甚至也不见得是郭嵩焘对于云南事件有了怎样的彻查认知，不如说是他实在难以忍受朝廷上下在洋务上穷于应付的被动局面，难以忍受那种尴尬和屈辱，因为穷于应付，常常措置失当，因为措置失当而导致在洋人面前无理可据、无话可说。

他早就有点不耐烦了。

事实上，关于云南事件，郭嵩焘多少有着一种前提性的看法。

首先，当局者一直没有认清洋人东来的动机是谋利，是商业的驱动，是与这种商业有关的文化的驱动，所以无法正确地面对洋人。还在天津与僧格林沁共事时，郭嵩焘就认为，"夷""夏"相处数千年，与洋人交涉也有二十年，该知道人家是怎么一回事了，不能总是吃亏，又总是不长见识。次次摔倒，鼻青脸肿，又次次重来，好了伤疤忘了疼，接下来仍然是鼻青脸肿。他说："中国与西夷交接二十余年，至今懵然莫知其指要，犹为国有人乎？"[1]

1《致曾国藩》，《郭嵩焘全集》第十三册，40页。

其次，士大夫数百年来习惯高论，不察理势，不重实际，只有惹事，而不能处事。他曾经说，那种老大自居、以为身外无物、以为道义在握的高亢之士，与总理衙门诸公是"同一懵懵，如群盲相遇于道，争辩诙然，而皆一无所见"。[1]因为一无所见，更加上一种文化上的自我歪曲的优越感，所以，对于洋人，"始则视之如犬羊，不足一问；终又怖之如鬼神，而卒不求其情实"。然而，"一存薄视慢侮之心，动作议论必有不能适宜者"。[2]

仇外，或者终至于媚外，都是无知的非理性的表现，是一体两面。郭嵩焘在广东时，曾亲见总督瑞麟瑞大人见到洋人倒地便拜，"执属员之礼以事夷人"[3]。广东任上碰到的瑞麟是如此，在郭嵩焘想来，岑毓英自然也好不到哪里去。

因此，郭嵩焘在奏折中直言，云南事件的发生和十个月后仍然难以处置结案，根本原因还在于中国士大夫尚不能理性地对待洋人，甚至不能按照条约办事。洋人领有照会护送，其"到处游历，载在条约，原所不禁"，而士大夫官僚对此仍然不以为意、不以为然，所以"屡生事端，激成其怒"。

他认为，岑毓英"举动乖方"，意存掩护，不查明情由，据实奏报，而"诿罪于野人"。此人虽然有功于云南，然而"封疆大吏与国同休戚"，必须"责以酿成事端之咎"，交部严处，以期"使功罪各不相掩"，也因此警诫那些"恃虚憍之气，而不务沉心观理、考察详情，以贻累国家者"。[4]

同时，封疆大吏于中外交涉事宜，不能事前预防，以致造成衅端，例应议处。

更紧要的是，议处了岑毓英等，英国人便无所可要挟，一切都可以据

---

1 《郭嵩焘全集》第九册，266页。

2 《玉池老人自叙》，《郭嵩焘全集》第十五册，770页。

3 《郭嵩焘全集》第九册，429页。

4 《郭嵩焘全集》第四册，786—789页。

理折之，以平息风波。

郭嵩焘此论一出，廷论朝议皆哗然，各方非难，世俗的毁谤，尤其不堪入目。

奉命专程赴云南查案的湖广总督李瀚章，系李鸿章之兄，也是郭嵩焘的亲戚，他在勘查后覆奏，认为郭嵩焘所参"似得之远道传闻，未为允当"，又"故为高论，致违国家怀柔远人之意"。时任两广总督，湖南人刘坤一，更认为郭嵩焘参奏岑毓英，是"循英使之意"，还说他"事事依附英人"。

这样的批评，会在有知而故意诘难并乐于落井下石的士大夫中或无知识的人群中，让一个人演绎成为令人不齿的"妖魔"，成为全民公敌。

按照人们的习惯心理，一个人绝不可以吃里爬外，这几乎是关涉大节的问题。我们至今还讲求所谓"一致对外"而往往不问是非曲直，就是这种观念和心理的延伸。基于鸦片战争以来的屈辱心理，又基于英国人、英国公使以及所有洋人"鹊巢鸠占"的霸道，以及唐德刚所说的帝国主义的"共性"，当时舆情之偏向岑毓英乃是必然的。不把岑毓英当作"抗英"的英雄，就算是足够理智的了，包括岑毓英本人，在处置这件事时，也未尝没有此种普遍心理的作用。

而郭嵩焘不仅教训全体国人，还居然要求严加议处岑毓英，这岂止有"依附英人"之嫌，差不多罪不容赦了。"汉奸"之命名，想必就此成为定论。

而且，郭嵩焘此时有出使英国之命，更被时人视为丧尽体面的辱国之举。汪荣祖先生说："诸事激荡，遂起轩然大波。郭氏一身成为众矢之的。"郭嵩焘又到了百口莫辩的境地。

在李瀚章的调查报告上达后，朝廷发表上谕，认为马嘉理由云南至缅甸，地方官妥为护送无误，但是由缅甸返回时，因为没有知会地方官派人护送，以致为匪徒所戕。清方并无责任，但还是诏命革除了两名小官。

十一月二十四日，英国使馆的汉文正使梅辉立，走访郭嵩焘，不满意李瀚章的调查报告和朝廷的说法。郭嵩焘尽力解释，他还请梅辉立安排自己与威妥玛直接晤谈。

郭嵩焘于十一月底拜访总税务司赫德，以探寻英方意见。赫德认为，郭嵩焘应该早日出使，出使本非完全为了云南事，只有在英国驻使节，才能随时处理两国间的事务。他还说，英国对华并无领土野心，只有求利之心。对于云南事，英方不满意的是清朝处理此案的敷衍塞责，以及拖延与不公。

十二月初，威妥玛登门造访。郭嵩焘外出未遇，回头修书致歉并回拜，嫌忌略释。

见面后，威妥玛对郭嵩焘印象不坏，对于郭嵩焘的见解也有所了解，支持他早日出使。

在士论大哗中，郭嵩焘并没有丧失自己对于办理洋务的自信与自负。

在与沈葆桢的信中，他毫不讳言"彼土人才，实胜中国"，认为与外人相处之道，"在去猜嫌之见"，"视彼所长而效法之"。

这自然都是虚骄不实、横生议论的京师士大夫所不能承认的，所以几十年来没有丝毫长进，坐失效法西洋所长而及时图功的良机。至于云南事件，本来容易处置，"徒为议论所持，濡延至今"。

郭嵩焘的自信，来源于他在两个方面的推究。

首先，尽量了解和懂得"洋情"，所谓"能知洋情，而后知所以控御之法；不知洋情，所向皆荆棘也。吾每见士大夫，即倾情告之，而遂以是大招物议。为语及洋情，不乐，诋毁之。然则士大夫所求知者，诋毁洋人之词，非求知洋情者也。京师士大夫不下万人，人皆知诋毁洋人，安事吾一人而附益之？但以诋毁洋人为快，一切不复求知，此洋祸所以日深，士大夫之心思智虑所以日趋于浮嚣，而终归于无用也"[1]。而这种沉心了解的愿望和能力，又得力于他对于"夷狄"的分解，以及对于古今边疆事务的实证研究。

《绥边征实》是他乡居八年努力从事的名山事业，"粗具规模于心"

---

1 《郭嵩焘全集》第十册，10页。

则远在道光初年。彼时，之所以"未能成书，以腹笥太俭，又义理之蕴于心者尚未为充实，欲更读书十年"[1]。今天留存下来的一篇《〈绥边征实〉序》，体现的就是郭嵩焘有关中国与"夷狄"关系的认识和策略，也就是他有所区别于时流之辈的"夷夏之辨"。

一切都从唐虞三代说起，郭嵩焘说："古之有天下，因朝会之国奠定之而已。其不与朝会者，王者不相强也，而屏之为夷狄，非有划然中外之分也。"这样的说法，很自然地颠覆了多少年来对于"夷狄"的霸权话语，把"夷狄"从一个歧视性的文化概念，还原为一个政治地理概念，由此出发，再作历史的推求。

郭嵩焘认为，南宋以来有关中外关系的议论，因为"情""理"皆失，大可疑问。

在阐述自己撰作《绥边征实》的动机时，郭嵩焘认同班固的说法："圣王制御蛮夷，来则惩而御之，去则备而守之，其慕义贡献则接之以礼，羁縻不绝，而常使曲在彼。"他认为，"汉唐控御夷狄之大略绝于天下者七百余年"。班固说"搢绅之儒则守和亲，介胄之士则言征伐"。对此，郭嵩焘言道："南宋之初，言战者一出于搢绅，而韩世忠、岳飞之流，犹矻矻然能以战自效，继是而文吏高谈战略，武夫将帅屏息待命，神沮气丧，功实乖矣。是以宋、明之世，议论多可观者，而要务力反班氏之言，常使曲在我。""书生之言，竞其虚而不务详其实，持其末而不务竟其原。"正是基于这种状况，郭嵩焘"于是论次秦汉以来下迄明边防战守之宜，著其得失。其于历代成败之迹，折衷一是，不系功过，而兴衰治乱之大原，因是可以推见。命曰《绥边征实》，征实者，所以贬南宋以后虚文无实之弊也"[2]。

在一封回复方子听的信中，郭嵩焘不仅重复了他撰作《绥边征实》的动机，而且表达了更高的历史洞察和更热烈的济世怀抱："所著《绥边征实》，以砭南宋以来士大夫习为虚词，而数千年是非得失、利病乱治之实

1《致陈懿叔》，《郭嵩焘全集》第十三册，96页。
2《〈绥边征实〉序》，《郭嵩焘全集》第十四册，296—297页。

迹，遂无知者。物穷则变，变则通。朝廷无人，则草野著书者之事。事有成败，理有得失，不相掩也。今天下能辨此者，舍我而谁哉？"他自陈，自己虽然不敢"方比"大儒顾亭林，但如果对于某些事情有"特见"，则"大儒之言，不必尽从"。"处极弱之势，无可据之理，又于外夷情形懵然不知考究"，当局者却"思以诈胜"，以致遗祸无穷，这正是囿于"俗吏儒生"之见的结果。[1]

光绪三年（1877）三月，郭嵩焘在伦敦致李鸿章信中述及，曾经在京师与人谈论洋务，谓"中堂（李鸿章）能见其大，丁禹生（日昌）能致其精，沈幼丹（葆桢）能尽其实，其余在位诸公，竟无知者"。对方戏称"嵩焘既精且大"。郭嵩焘回答："岂惟不敢望精且大，生平学问皆在虚处，无致实之功，其距幼丹尚远；虽然，考古证今，知其大要，由汉唐推之三代经国怀远之略，与今日所以异同损益之宜，独有以知其深。窃以为南宋以来，此义绝于天下者七百余年，此则区区所独自信，而无敢多让者也。"[2]

既晓其"情"，且"衡之以理"，"情""理"可以互训，然后，洋务自在掌握之中。

郭嵩焘深知，自己的"学问"，虽然只是"务虚"，还没有"致实"，但对于自己在认知上的高明，则深信不疑。他说："西夷本末，粤人多能知之，以久习而知其情伪耳。仆则衡之以理，审之以天下之势，而其情亦莫能遁焉，所由与粤人异也。"[3]

郭嵩焘作有《书〈海国图志〉后》，谓："邵阳魏氏所辑《海国图志》，初为六十卷，盖当道光二十二年和议初定之时。至咸丰二年，又取诸家论述及海防以来奏章，汇为一百卷。魏氏著论，独篇首筹边四论。""魏氏此书，征引浩繁，亦间有参差失实。要其大旨在考览形势，通知洋情，以为应敌制胜之资。其论以互市议款及师夷人长技以制夷，言

1《复方子听》，《郭嵩焘全集》第十三册，64—65页。
2《致李鸿章》，《郭嵩焘全集》第十三册，277—278页。
3《复方子听》，《郭嵩焘全集》第十三册，63页。

之始通商之日，无不笑且骇者，历十余年而其言皆验。读书多而见事明，反复相寻，而理势之所趋，终必循其径而至焉，此亦自然之数也，而其议论乃以卓绝天下，亦岂非学问之效然与！然当时构衅，以禁烟之故，所忌者英吉利，遂欲联合俄罗斯、佛兰西、弥利坚以规海攻之法，则犹囿于一时之见，而未能通筹全局，以规洋情之离合深浅。至论朝鲜、琉球与海防无涉，不著之于篇，又乌知今日之边患尤在俄罗斯，琉球且折而入于日本，朝鲜介处俄、倭之间，尤为大势所必争也哉？《传》曰'知己知彼'，知彼者，知其情之所注与势之所极，以考求其强弱之由，而推极其顺逆得失之机；知己者，知吾所以应之，不独胜负之数决之已也，缓急轻重，一随其时与事之宜，内审之心，以静持之。夫非有异术也，明理而已矣。"[1]

郭嵩焘强调《海国图志》之所以拥有"论以互市议款及师夷人长技以制夷"的见解，就是因为作者明理势之所趋。但是，囿于"知情"的范围，作者仅以英国为忌，并没有意识到周边国家和事务的重要。而郭嵩焘关于朝鲜、琉球的看法，对于俄国、日本的判断，几乎完全为日后的历史所证实。

进退失据

光绪二年二月初九（1876年3月4日），郭嵩焘在兵部值日时突蒙召对，由奕劻带见。慈禧太后问及总理衙门最近办了哪些事，郭嵩焘一一回答。太后接着问：

"各国公使可时常到署？"

"时常有公事来署会议。"

"威妥玛可时常到署？"

"威妥玛有公事亦时常来署会议。"

---

[1]《郭嵩焘全集》第十四册，358—359页。

"近来可提起云南一案？"

"近来不曾提起。据臣愚见，洋患已成，无从屏绝。惟其意在通商为利而已，亦望中国富强，而后利源可以不匮，无致害中国之心。要在应付得法，使不致有所要挟。经洋人一回要挟，中国亦伤一回元气。所以应付之法，在先审度事理，随机以应之，不可先存猜嫌之心。"

"他们只是得一步进一步。"

"得步进步是洋人惯技，然要须是有隙可乘。若一处之以理，遇有争论，一以理折之，亦不至受其要挟。洋人性情在好胜，在办事快便，在辨论有断制。得此三层机要，未尝不可使受范围。"

"京城办理洋务比外面为难？"

"外面未尝不需索，总须随事以礼自处，使不至为所胁持。臣与洋人交涉久，颇谙悉其性情。大约凡事必争先一着，是办理洋务第一要义。"

接下来慈禧太后问到高丽和日本。

"日本与高丽情形如何？"

"日本遣其开拓使黑田由松花江出高丽之东。闻总税司赫德言，日本使入高丽境，高丽仍拒不纳，现尚未有动静。"

"应怎么办法？"

"臣等曾与日本公使言，高丽不愿通商，不应去找他。李鸿章亦如此驳斥他。渠言不求通商，但求使臣到高丽时加一接待。"

"日本公使系何名？"

"森有礼。"

"森有礼闻极狡猾？"

"威妥玛性情暴急，以刚胜；森有礼以柔胜。其坚强狠忍，遇事必要于成，却是相同。"

"他们系简第一等坏人来中国作哄。"

"日本向来负强，近来专意学习西法，意在兼并，高丽兵力恐不能敌。"

"高丽逼近东三省，极是可虑。"

"从前法、美各国兵船到高丽，高丽总是堵击。西洋通商，无处不到，因高丽病弱，亦不甚属意。此次日本与高丽寻衅，诸国未尝不暗中怂恿。"

"洋务事可曾问文祥？"

"一切仍事文祥主持，近来却是病。"

"闻说病甚重？"

"文祥实是国之元臣，病根却是深，可虑之甚。"

太后的问话就这样结束了。[1]

郭嵩焘眼中的洋务，显然与太后相距甚远。

太后要的是平安无事，有事也要与自己无关才好，譬如说高丽逼近东三省，极是可虑，说人家派"第一等坏人来中国作哄"，来无理取闹。至于洋务的实质以及所牵涉的思维、举措、准备、预判，则似乎完全不在其大脑所能够照顾的范围内。这显然也是郭嵩焘可以感受得到的，因此他总是在太后问及具体事宜时，赶快陈述自己对于洋务的基本看法，试图有所开导。这一次对话并不"融洽"，话题随意、混乱，东一句，西一句。

二月二十一日，郭嵩焘在总署看到了一个场面，威妥玛、梅辉立、赫德都在，总署的大人们当然也在，威妥玛"气焰殊甚"，说到上海开修铁路[2]，他原可以让他们停止，但中国现在如此与人相处，令人气恼。他历数当时所办的各个案件的情形，还说，台湾这两个月内必会有事，你们小心看顾吧。

对于威妥玛的"气焰"，"诸公相与唯唯而已"。

这正是郭嵩焘所说的被人要挟的情形，因为于"理"于"势"都心虚，所以总是背后骂洋人，视之如牛羊，当面又怕洋人，敬若神明，"与洋人交涉，不求所以自处，而安坐以听洋人之挟持"。郭嵩焘"念此为之气短"。他说："士大夫相与蚩蚩，横生议论。朝无大臣，遂使群口嚣然，莫有能禁遏者。"

---

1 《郭嵩焘全集》第十册，12—14页。

2 参薛理勇著《旧上海租界史话》，103—109页，上海社会科学院出版社2002年。

洋人的气焰，士大夫的诋毁加上无知，因为无知而自足，而安宁，而偏执，而理直气壮，每天扑面而来的就是这些，郭嵩焘觉得极其沮丧和疲惫。更有甚者，是景廉对自己的劾奏，"其言极为顽悖，等诸犬吠驴鸣之无知而已"。人们却"直以景廉为一时公论所自出，人心迷乱，至于此极，欲无召辱取侮，不可得矣"。而且，"外间有联语相诮"，郭嵩焘在日记中说："此等谬悠之人言，盖早付之度外，不足以撄吾心也。"

三月初七，几个朋友为自己庆生，喝了点酒，郭嵩焘突然意识到自己已经五十九岁了，"六十之年，忽焉已至，为之怃然"。他的身体也不好，威妥玛还派英国医生到他的寓所给他看过病。他决心就此引退，并七次上书请辞。[1]

最初请辞，总署只是给假养病。文祥病重，沈桂芬（1818—1880，字经笙，又字小山，顺天宛平人，祖籍江苏吴江，故称"吴江相国"）等人知道，没有人肯代郭嵩焘出使的，与洋务沾边，已经让人看低，何况以读圣人书的尊贵的士大夫之身，远渡重洋去"朝拜"洋人呢？所以假满后，又给续假，"此无他，以出使英国，无人肯承此役者，留为供此一差耳"。郭嵩焘于是具折请求回籍调理。四月份，上谕再给假一个月，无庸回籍。五月初，郭嵩焘再度上疏请求回籍，上谕再赏两个月假。六月初，他上书沈桂芬，"力陈乞归之旨"。第二天就接到上谕，允许他开缺总理衙门的职务，但仍需留京，听候出洋。这让他摆脱了直接处理"滇案"一类事情而与总署当权者意见相左的苦恼，但大局不变。七月，郭嵩焘再具疏，全力求退。这一次，朝廷给出的回答是，又让他开缺兵部左侍郎，却不开缺出使大臣，依然要他"届期前往"。

郭嵩焘求退，证明他对于出使并不热衷，甚至有避之之意。推避不成，他在日记中直言沈桂芬是"侮弄"他，而且记录沈桂芬的同年某某的话说，沈桂芬居心"险狠"，如果"得用，倾人之国有余矣"。[2]

其实，问题的关键也许就在这里，至少与此有关。

---

1 《郭嵩焘全集》第十册，17—20页。

2 《郭嵩焘全集》第十册，43页。

从他当时的日记看，郭嵩焘最终出使，并不像很多人所描述的那样是"毅然赴任"，包括像他晚年在《玉池老人自叙》中所说的那样干脆，他的内心实在充满彷徨、苦楚、埋怨和无奈。

或者以为郭嵩焘是恐惧流言。汪荣祖先生认为这也未必。因为，流言早已在他身边发生，那种不负责任的浮嚣士论，更是他所鄙视的。他一再无视朋友的劝告，坚持己见，有话就说，显然无惧物议或流言，他说"时艰方剧，无忍坐视之理，苟有所见，岂可不言"[1]。

流言对他的伤害还不足以限制他的作为。

那么，根本原因似乎还在于他本人对于任事的信心以及相关考量。

郭嵩焘出仕不止一次，请辞求去也不止一次。自粤返湘后，他给自己的安排就是隐退。

而此次诏命，似乎关于国家安危，是特别的倚重，感于文祥的知遇，又蒙召见，他原以为应该可以有所作为。

但是，从福建返回京城后，特别是经历云南事件的处理，他看到更多的仍然是洋务上的猥琐无能，更多的大言不惭，更多的虚与委蛇。而他本人的意见，不仅遭排斥，还遭讥讪。在总署上班也仅仅是"敛手划诺，无补毫末"，远轮不到他来当家作主，连参谋都谈不上。那么，赴英公使，奉命办事，又有何可为？

竭诚相待的文祥不久就死了，主事的沈桂芬等人未必同心同德，还有什么可以指望，有什么可以带来信心呢？所以说"谤毁遍天下，而吾心泰然，于悠悠之毁誉何有哉？然其所以犯骂讥笑侮而不悔者，求有益国家也，非无端自取其声名而毁灭之以为快也。终无裨益，可以止矣"[2]。

与很多想当然的猜测不同，郭崑焘曾经有关自己兄长心事的说法，显然是最贴切的，他说："家兄之决计乞退，实因洋务无可办法，又无可与言者，却非避出使之艰难，然开其署缺而乃责以差使，俾其闲坐守候，则

1《郭嵩焘全集》第十册，35页。

2 楚金《郭筠仙手札并跋》，1940年《中和月刊》卷一，12期。

政府所以待之者，亦太过矣。"[1]

事情的真相，其实就是郭崐焘所说的那样。

谁能说这不是欺人太甚呢？把所有的有权力的职务都解除，就留下一个没有人愿意承揽的出洋差使。如此，出使就如同一个设计好的圈套，结局完全可以预料，郭嵩焘自己也明明知道。

光绪二年二月初三，郭嵩焘在湖广会馆与人一起公祭文昌。祭祀后，郭嵩焘被推代表湖南人求签，得到的签语极其不佳，湖北人求到的签却是吉祥富丽。郭嵩焘狠狠地责备了自己一通，说自己命蹇，不为鬼神所佑，难道要累及一省的士子一起偃塞吗？

二月初七，郭嵩焘还请人占卜过出洋吉凶。占卜推算出的结果是："大凶。主同室操戈。日在昏晦中。势且不能成行，即行亦徒受蒙蔽欺凌。尤不利上书言事。伴侣僮仆，皆宜慎防。"[2]令人丧气。

同样丧气的是，郭嵩焘在三月初四写好给恭亲王的信，信里说的就是谋求引退的事，派人呈送，呈送的人骑马，途中遇到一匹骆驼，骑马者骑术不精，马可能受了骆驼的惊吓，结果人从马上跌下来，负伤返回。改派另一个人去，此人半路上也折回来了。问他为什么回来，他说，听到说家里还有事情传唤他。其实是家人误传。郭嵩焘在日记中说，如此阴差阳错，"亦未知其何祥也。然此次奉使，诚不免韩愈可惜之叹，固亦早知其不祥，一切更无烦推究也"。"欲仕不能，欲归不得，蹇运在躬，将遂终不可逭耶？为之茫然"。[3]

早知道不祥，甚至用不着去推究。

令人沮丧的事情，其实常常就是自己心知肚明的事情。对于郭嵩焘这样"明理"的人来说，尤其如此。

但是，就在郭嵩焘反复请辞出使的同时，却依然无法解除自己对于洋务的热衷，依然免不了向朝廷"畅所欲言"。他在《拟销假论洋务疏》

---

1 《道咸同光名人手札》集一，册二，198页。

2 《郭嵩焘全集》第十册，11—12页。

3 《郭嵩焘全集》第十册，20—27页。

中自述，自己"久病衰颓，委无材用足应国家之急，断不敢希图以言语效用，供人指摘。审量洋情事势，则实有确不可易者"[1]。

什么是郭嵩焘要告知朝廷的"确不可易者"呢？

"今日之洋务，战、守、和三者俱无可言。"因为所谓"敌国"就是"邦交"之国，"彼不言战，何为迫使战乎？"而"洋人通商"，无论战、守，通商如故，无所谓"和"否；至于"守"，乃"经国之常略"，但中国沿海九千余里，如今洋人遍及内地，公使驻扎京师，"曾无藩篱之隔"，又从何"守"起？

因此，"办理洋务，一言以蔽之曰，讲求应付之方而已矣。应付之方，不越理、势二者"。懂得"理"之所当然，懂得"势"之所必至，就可以"自处"，就可以"处人"，就会赢得相安无事的局面。

而现在切要的是，国家设立军机处，为出政之所，中外事机，悉归裁定，那么，军机大臣就"皆应兼总理衙门衔名，庶几讨论情势，通筹熟计，以期有所裨益"，因为此时，"关系天下利病，无过于洋务"。

其次，考求洋务，通知"事理"而已。那么，"皇上考揽人才，勤求方略，期使中外诸臣，勿存薄视远人之心，以洞知其得失利病之原，忍辱负重，刻自砥砺，以激厉士大夫之心，而奖成士民奋发有为之气，外筹应接之术，内立富强之基，在朝廷一念之斡旋而已"。

至于"驻扎西洋公使"，其实非今日急务。因为只有"将来海道开通，中国商人能赴各国设立行栈，有可经理之事，渐次选派大员，充当公使驻扎，自不可少。此时出使通好，委无关系"。但有关这方面的人才，却必须储备着，"以求备国家缓急之用"。[2]

抵达英国后，郭嵩焘对此有所修正，他说："美国及日本各海口，中国流寓数千人至数十万人，交涉纷繁，遣派公使尚有关系。此外各国均无，应在本国办理事件，其机要全在各省督抚察理于几先，消患于事始。

1《拟销假论洋务疏》，《郭嵩焘全集》第四册，791—796页。

使臣驻扎，徒滋烦费，无益事局。"[1]

还有，中国刑例，与西洋公法多所不协，"中国一切无可据之势，惟当廓然示以大公"，"其视洋民犹中国之民，视办理洋案亦犹办理中国之案，先期化除畛域之见，以存中国一视同仁之体。其间交涉洋务上谕奏折，应发抄者概行发抄，使天下晓然知事理之平，其有委曲周旋，亦能窥见朝廷之用心，以知事理之得失，非独以释士民之疑，亦足以折服洋人之气矣"。这样做，也就是使洋务成为一种人人得而知之的"公务"，外交成为一种人民可以与闻的公开的外交。这里的意思，一如郭嵩焘在光绪元年所陈《条议海防事宜疏》中说的，"洋人本以商贾之利与中国相交接，正当廓然处以大公，而使商人应之，明示天下所以与洋人交接之意，尽人皆得与其议而持其变，无所庸其隐秘"。

最后，郭嵩焘说："夫能以诚信待人，人亦必以诚信应之，以猜疑待人，人亦即以猜疑应之，此理无或爽者。"因此，必须"至诚待敌国"。[2]

日后，郭嵩焘在有关此一奏疏的"自记"中谈到，这篇论次办理洋务"源流本末，以求解于人言"的文字，他给刑部司员刘锡鸿看了，与刘锡鸿争论了三天。刘"遮遏其疏，使不得上"，原因是"恐此疏上，多触枢府忌讳，即渠随同出洋亦觉减色"。所以，到了上海，郭嵩焘才"补复陈之，则事机已去，言之不足动听矣"[3]。

就在出使的前夕，郭嵩焘还呈递了《办理洋务宜以理势情三者持平处理疏》《阎敬铭等员考求吏治实心整顿请旨录用疏》，除了提供关于处置洋务的具体举措外，依然强调"洋人之情在于通商，沿海居民谙习西洋语言文字，多能知之；洋人之势极于富强，天下臣民皆能知之。而不足与办理洋务，则明理审己之才固不易得也。知情与势，而后有以处人，猜疑之见自不生于其心，知理而后有以自处，即矜张无实之言亦不屑出于其口。

1《国书并无充当公使文据请改正颁发疏》，《郭嵩焘全集》第四册，807页。

2《条议海防事宜疏》《拟销假论洋务疏》，《郭嵩焘全集》第四册，780页，795—796页。

3《拟销假论洋务疏》，《郭嵩焘全集》第四册，796页。

是以办理洋务非有他长也，言忠信、行笃敬以立其体，深求古今之变、熟察中外之宜以致其用，轻重缓急，权度在心，随事折衷，使就绳尺。能知处理洋务，以之纪纲万事，经营国计，必皆裕如矣"[1]。

郭嵩焘说，"国家本计，首在得人"。他自念，自己老病昏庸，如果出使西洋，将离国数万里，报国之日无多，"耿耿此心，所知数人，以为欲求整饬地方，必可一资其力"，他举荐了阎敬铭、朱孙诒、裴荫森等人，以求上副圣恩，也"冀幸推广朝廷求贤之心，使人才及时奋兴"。[2]

他甚至还向朝廷提供了一份他所熟悉的可备出洋的人选建议，他说："出使西洋为今日创举，而关系中外大局，以立国家久远之基，诚莫急于洋务，出使亦其一端。"不过，朝中大臣们"内怀畏难之心而外引以为耻，即能稍知洋务，亦必诋毁洋人，以赴一时趋向，求获免于交涉，保全身名，朝廷亦不能不为之迁就顾惜"。如此，似乎就没有人可以胜任"交涉"事务了。然而，郭嵩焘说："窃见编修何如璋、许景澄，皆能以词臣致通显，而不惮出洋之行，所见诚有过人者。又如李鸿章办理洋务委员候选同知薛福成，博学多通，如西洋地势、制度，条举缕分，精习无遗，而性情纯朴笃实，一无虚饰。刑部主事黄贻楫，高才远识，遇事考求，并为有用之才。""兵部主事潘骏德、候选知府杨昉，于西洋制造机器及化学之理，皆能研习，臣曾见潘骏德语及洋务，所言亦多中綮要，据称杨昉之才更为优赡，皆可备出洋之选。"[3]

郭嵩焘以"耿耿此心"的忠诚，希望朝廷对他的建议有所采纳，因为这一切事关"国计民生"，所以拳拳之心，不能自已。郭嵩焘说，自己"于世俗议论略无所动于心，而冀幸以其昏愚稍裨国家之万一"[4]。

---

1 《郭嵩焘全集》第四册，800页。

2 《郭嵩焘全集》第四册，803—804页。

3 《何如璋等员皆可备出洋之选片》，《郭嵩焘全集》第四册，805页。

4 《办理洋务宜以理势情三者持平处理疏》，《郭嵩焘全集》第四册，802页。

第九章

为国家任此艰苦

　　慈禧太后慰留郭嵩焘，要他为国家任此艰苦。郭嵩焘不能不
"感激懍遵而已"。然而，当局者的"无识"，朝廷上下办理洋务的
怪现状，湖南乡亲的嘲讽，无不透出荒谬荒唐。长沙家眷受惊，郭嵩
焘即将开始的旅行蒙上了一层阴影。

天眷 天恩

光绪二年七月十九日（1876年9月6日），可能是因为郭嵩焘坚决请辞，朝廷害怕云南事件未决，万一英方要求，无人可以出使，慈禧太后召见了郭嵩焘。此次召见是由柏王带见的，地点在养心殿东暖阁。

太后首先说到的，就是李鸿章正在烟台为云南案件与英国人进行的谈判。

"李鸿章烟台三次来信，见否？"

"皆已见得。"

"此事怎么样？"

"李鸿章信言，威妥玛议有章程，数日即可定局，想此数日必有信。"

"威妥玛实是难说话。"

"据臣愚见，滇南正案必与一了。正案了，则凡所要挟皆可据理以折之。正案不了，即要挟多端，终久据此为口实，永无了期。"

"然。所要挟实在有不能答应者？"

"要挟最大者，无过口岸。给与一口岸，便已跨越千数百里，而所得口岸租地，至小亦须十余里，都化为洋地矣。此重要挟为最大。"

"赫德替中国办事，尚有心腹否？"

"赫德是极有心计的人，在中国办事亦是十分出力。然却是英吉利人民，岂能不关顾本国？臣往尝问之：君自问帮中国，抑帮英国？赫德言：我于此都不敢偏袒，譬如骑马，偏东偏西便坐不住，我只是两边调停。臣问：无事时可以中立，有事不能中立，将奈何？赫德笑言：我固是英国人也。可见他心事是不能不帮护英国。"

"威妥玛、梅辉立两人本领如何？"

"威妥玛负气，却是阳分人；梅辉立更是深沉。"

"汝病势如何？"

"臣本多病。今年近六十，头昏心忡，日觉不支，其势不能出洋，自以受恩深重不敢辞。及见滇案反覆多端，臣亦病势日深，恐徒使任过，辜负天恩，不敢不先辞。"

郭嵩焘反复提到云南案件的处理，但太后完全没有置辞。郭嵩焘不得不明确地批评滇案的处理——"反覆多端"，但太后依然没有回应。太后想到的是必须有人可以随时出使英国，她对郭嵩焘的慰留，也仅仅因此而已。

"此时万不可辞。国家艰难，须是一力任之。我原知汝平昔公忠体国，此事实亦无人任得。汝须为国家任此艰苦。"

说到这里，太后面向柏王爷说："他于此实是明白，又肯任劳任怨，实亦寻他几个不出。"然后，继续开导郭嵩焘，谕云："旁人说汝闲话，你不要管他，他们局外人，随便瞎说，全不顾事理。你看此时兵饷两绌，何能复开边衅？你只一味替国家办事，不要顾别人闲说，横直皇上总知道你的心事。"

郭嵩焘叩头说："承太后天谕，臣不敢不凛遵。"

太后又谕："总理衙门哪一个不挨骂？一进总理衙门，便招惹许多语言。如今李鸿章在烟台，岂不亏了他，亦被众人说得不像样。"

"李鸿章为国宣劳，一切担当得起，此岂可轻议？"

"然。这出洋本是极苦差事，却是别人都不能任。况是以前派定，此时若换别人，又恐招出洋人多少议论。你须是为国家任此一番艰难。"

这时，慈安太后亦云："这艰苦须是你任。"

郭嵩焘在日记重写到，往时召对时，慈安太后基本上不说什么话，这一次，却是反复引申附和慈禧太后之旨，至五六次之多，大率此类。显然，慈安太后所忧心的，同样是郭嵩焘愿不愿意出使。慈禧接着问：

"汝在南边到过几处？"

"自广东，北至直隶各海口，臣皆普遍走过一回。"

柏王奏言："曾从奴才父亲办过天津军务。"

"可是咸丰年间？"

"咸丰九年。"

"汝在南书房几年？"

"只一年余。"

"尔须天天上总理衙门，此时烟台正办着事件，时常有事商量。你必得常到。"又问："现在服药否？"

"正在服药。"

"然则尚须调养？"

"正在调养。"

"如此你便间一两日一至总理衙门，于调养亦不相碍，却是得常去。"

按照郭嵩焘记述，他们的对话大致如此。而对于他的慰藉，更是重复了四五次之多。郭氏自己在家里安排好的面辞请求，此时竟是一句话也没有说出来，只有"感激懔遵而已"。[1]

从这段对话看，事情的真相也非常清楚。

郭嵩焘请辞，确实出于滇案等事情"反复多端"所引起的对于整个洋务的"失望"。"徒使任过，辜负天恩"，只是这种失望的漂亮说法而已。所谓鸡跟鸭讲，讲都讲不清，还怎么去做？怎么做得好？而郭嵩焘最终的出任，则未尝不是因为从太后这里获得了信任，也获得安慰和自信。

其实，在郭嵩焘言退的同时，他就非常渴望来自最高统治者的慰藉。他很羡慕有乞退的臣子接连被太后召见所获得的"天眷"，以至怀疑"天眷"如此，是否是因为人家"语言清利"使然。在四月十七日和十九日日

---

1 《郭嵩焘全集》第十册，45—46页。

记中，他两次记刘仲良乞退："两次召见，天眷优隆，枢府诸公加意慰劳，而方毅然陈请终养，可谓勇决矣，于区区一官何有哉！""刘仲良召见二次，以母老乞养，奉旨慰留，谢恩又蒙召对。天眷如此，岂以其语言清利致然耶？凡此皆时命为之也。"[1]

因此，当太后不仅慰藉再三，而且以国家艰难相托付时，郭嵩焘夫复何言？太后的反复慰藉，还转头向柏王讲郭嵩焘的好话，笼络人心的戏码，做得很足，似乎也不能说，她的话不是真情实意的。只是，一有风吹草动，太后就会另外讲究，就会有对另一种人的笼络和格外的慈祥。

郭嵩焘早就说过，朝廷太过"轻信轻疑"，颠倒错乱，没有定见，使人无可措手。因为本无见识，哪来的定见？而所谓朝廷，不就是慈禧太后的朝廷吗？

从慈禧太后的话中，也可以看出当时洋务的大概。

与前一次对话一样，太后依然把列强当作没有道理可讲的滋事者，谈判、条约、出使，都是为了临时应付，因为"兵饷两绌"，没有本事开启边衅。

即使有着某种对于近代世界的地理学意义上的认知，也绝不意味着可以抵消"华夷"或者说"夷夏"观念和"朝贡"体制的历史记忆——这种记忆有一个合乎心理学原理的不断自我强化的过程，以及由此所构成的政治文化认同。因此，对于郭嵩焘，太后给出的其实只是安慰，而不是关于洋务的指示，因为她基本上不具备对于西洋的认知以及关于洋务的知识。而我们今天知道了，也懂得了郭嵩焘所说的，此时的当局者，有比洋务更大的国务吗？也就是说，洋务是当时最要命的国务，而引领一个国家的皇太后，对此竟然并无必要的知识和理解。那么，这样的洋务能办到什么地方去呢？

---

1 《郭嵩焘全集》第十册，28页。

洋务 洋患

至今还被人认为真正懂得洋务的领袖人物沈葆桢〔1820—1879，字幼丹，又字耀宇，福建侯官人，林则徐女婿，道光二十七年（1847）进士，官江西巡抚、福州船政局大臣、两江总督、南洋大臣〕，也确实是那个时候最开明的洋务派了，他在1879年去世时留下的"遗疏"中说，"臣所每饭不忘者，在购办铁甲船一事"。这自然意味着，晚清洋务发展至此时此刻，在最"先进"、最"开明"的当事者如沈葆桢眼里，仍然主要是一件与器物（特别是用于战争的器物）有关的事。求器物干什么？说得刻薄一点，无非就是可以保证继续天朝的自大与自我封闭。而且，就是这位被称为当时中国最务实勤勉的洋务大臣，对于西方的认知其实非常有限，他的让人景仰之处，在于对朝廷的忠诚与为官的勤勉，而不是真正懂得并善于处置已经不再是朝贡关系的华洋局势。

早在同治元年（1862），郭嵩焘在给曾国藩的信中就曾经谈到沈葆桢作为江西巡抚处置教案的事，觉得荒唐，很让他着急："昨在长沙，闻江西拆毁西洋教堂一案，幼丹（沈葆桢）中丞挺身任之，至谓此二百年养士之报。蒙心惑焉。国家办理夷务二十余年，大抵始以欺谩，而终反受其陵践，其原坐不知事理。天下藉藉，相为气愤，皆出南宋后议论。历汉唐千余年以及南宋，事实无能一加考究，此其蔽也。《传》曰'惟礼可以已乱'，奈何自处于无礼，以长乱而助之披猖乎！至于寇乱之生，由一二奸顽煽诱，愚民无知，相聚以逞，遂至不可禁制。所欲拆毁教堂者，无知之儒生耳，其附和以逞，则愚民乘势抄掠为利。民数聚则气嚣，气嚣则法废，造意不同，而其足以致乱一也。君子不屑徇愚民之情以干誉，故法常神而民气以肃。欲以此意告之幼丹中丞，视其举国如醒，非疏贱之言所能发其覆也……幼丹中丞敦悫严毅，君子人也，而不能不蔽于所不知。"[1]

"不知""夷人之情与约束吾民之法"，却以对于朝廷的忠诚与对于

1《郭嵩焘全集》第十三册，99—101页。

"民意"的顺从为依归，结果无非是"激成事端，以增国家之忧"。"民数聚则气嚣，气嚣则法废"，郭嵩焘甚至以"所谓臣子之心发于不能已者"的热情和苦衷，替沈葆桢"代撰一疏"，请曾国藩过目。然而，十多年过去，沈葆桢对于西洋的认知并未有大的改观，就在光绪三年（1877）任两江总督时，为了照顾国人特别是士大夫们自大的"尊严"，居然以高价收回吴淞铁路，然后加以拆除。

此事说来话长，但由此可见晚清洋务的大概。

吴淞铁路从吴淞到上海，总共14.5公里。是中国土地上出现的第一条铁路。

修此路的初衷是，因为上海日益繁盛，货物吞吐量越来越大，进出黄浦江的轮船也越来越大，但黄浦江淤塞严重，有的船进不来指定的码头，只能在吴淞口卸货，然后装小船运达上海，成本大大提高。怎么办呢？租界当局与上海道协商，希望清廷拨款或者允许外国商行集资，疏浚河道。清廷以资金不足或主权理由回绝。当时，吴淞到上海也没有车道，于是在沪的外商又动议修建一条道路，这样也可以解决运货问题。

1872年，洋人集资成立了"吴淞道路公司"，得到英法领事的支持，宣布该公司的目的就是"修建上海至吴淞的寻常马路"，并着手购买修路的地皮。购买活动中不免有抬价压价等冲突，收购进行得极其困难。该公司求助于上海道沈秉成。沈氏同意他们的请求，谕令公告，"吴淞道路公司"已得批准，永租上海至吴淞的地皮，在所租地皮上，他们可以造桥修路等（显然，沈秉成的此种出于长官意志的"政策性"指令，未必权衡和考虑了中外利益的分割。他似乎也不懂得或并不计较，修路不仅涉及主权、所有权，同时涉及各方利益，他本可以为国为民争利，但仅从谕告看，这只是一个行政命令，口吻近乎洋人公司的"代言"）。然而，洋人在1873年所发布的却是兴建铁路的消息，并于1874年开始铺轨。"道路公司"改组为"铁路公司"。总公司在伦敦，怡和洋行作为驻中国代理。

修铁路的事，引起了地方和民众的不满。

此时，沈秉成已调离上海，接任上海道的是冯焌光。冯氏一上任，就接到状告铁路公司压地价、侵地权、未得业主同意等类诉状，更有人控告铁路破坏风水，使其长眠九泉的祖先不得安宁，因此联络乡民阻挠修路，打伤铁路督工和外国雇员。

冯焌光核实后，于1876年2月照会英国领事，抗议英商改修路为修铁路，下令停止修路。据说，还有一个人，在铁轨上行走时，不幸被轧死。这就是一桩天大的事情了，舆情由此更加复杂。

冯氏要求以命偿命，找谁偿命呢？

英国领事同意暂缓修路，等候北京的训示。这可能就是威妥玛为此在总理衙门"气焰"嚣张，总署大臣们唯唯诺诺，让郭嵩焘觉得十分难堪的那件事。威妥玛开始完全不妥协，他认为，修路、租地、给钱，这与各国条文毫不相背。问题出在上海地方当局"举止未洽"，反而让外国商民因此受扰。

冯焌光对于威妥玛的说法大为不满，3月21日再次照会英国驻上海领事，列举不准英商筑修铁路的理由十七款。主要理由是，此路涉及宝山县，宝山非通商口岸，因此修路违反了《南京条约》之规定。其次，前任上海道同意修路，不是修铁路，擅自改筑铁路，就是越权。

威妥玛知道，不能得到冯氏的许可支持，路很难修下去。于是，饬令上海领事与冯氏和平协商，打通关节，并派公使馆汉文正使梅辉立前往协调。

梅辉立先在天津拜访了李鸿章。李鸿章建议，该铁路公司由中国照价收买，再招华股承办，这样既不损主权，也不损害洋人利益。

李鸿章的提议，得到梅辉立的同意。李鸿章也把这一建议，函告了上海道冯焌光。

然而，冯氏对于威妥玛的侮辱之词难以释怀，他反对修路的立场，据说又得到两江总督沈葆桢的支持，谈判很不顺利。直到1876年10月末，由冯氏、梅辉立、盛宣怀等最后一次谈判，才大致达成结果：铁路由中国政府高价收回，一年付清，在全部款项付清前，铁路由英商经营，收入归经营者。

1876年12月1日铁路全线贯通，此前的7月3日，上海至江湾段已开通。

1877年10月20日，中国政府收回铁路，不久拆除。

据记载，按协定，交接仪式10月20日在吴淞举行，这也是吴淞铁路最后一次行使，英商特备一辆专列，迎接官员赴吴淞。中国官员为了顾全体面，拒绝坐火车，宁可坐轿子。结果英商在吴淞早早等候，中国官员坐着轿子，三小时后才匆匆赶到。

铁路被拆除，"西国有心人无不窃笑"[1]。连李鸿章也觉得费解，沈葆桢算是洋务中人，何以出此下策？

李伯元《南亭笔记》中说，沈葆桢本来就"综理微密"，晚年更"谦谦抑抑，尤拘绳尺"。作为两江总督时，正好外国人修了这条铁路，他"仰承朝命"，用巨资购回。有人建议他把铁路放在原地不动，也可以方便路人。沈葆桢怫然说："铁路虽中国必兴之业，然断不可使后人借口曰：是沈某任两江所创也。"所以决意拆除。

对于此举，郭嵩焘有点悲观地认为，这可能是一个征兆，意味着"中国永无振兴之望，则亦有气数存乎其间"。

拆铁路之后，沈葆桢接下来还因为同样的理由毁掉了吴淞的电报线。

联系恭亲王奕訢在晚清的"作为"，沈葆桢的做法其实不难理解。恭亲王奕訢在第二次鸦片战争后曾经意气风发办洋务，赏识郭嵩焘，后来因事与慈禧太后杯葛，被闲置十年，甲午战后才重新被起用。重新出山后的奕訢则全然敷衍麻木，以致英国公使欧格讷在1895年10月离任前，当着总理衙门的其他大臣质问恭亲王：作为中国第一执政，为什么不能振作？中国的危亡迫在眉睫，为什么至今熟睡未醒？恭王如果有病，精力不济，为什么不选用有才略的大臣图新政？为什么事事推诿一无所成？[2]

日后郭嵩焘到英国参观邮电，认为电报的发明，真是集"天地之精华"（强调"关系"为事物本质的传统世界观，为什么不能接受这种实现

1《曾纪泽遗集》，374页，岳麓书社1983年。

2参见姜鸣《天公不语话枯棋》，13页，生活·读书·新知三联书店2006年。

了事物之间关联的技术？包括铁路，似可深长思之）。然而，当局者迁就"民意"，或者说当事者、当局者就是这种"民意"的制造者，加上多一事不如少一事的制度设计与文化习惯，自然以不予接纳为自己为官作宦最安全的选择。如此，郭嵩焘也只有"无语问苍天"的扼腕叹息。

沈葆桢一方面是"仰承朝命"，再一方面是不想沾惹此种洋务的业绩，让自己留下骂名，屈从流俗。从这里看，所谓朝命，所谓骂名，说穿了，无不对应着那种"饿死事小，失节事大"的世界观和价值观，一种不再真实的歪曲的生命态度。其根本的出发点，则仍然是睥睨天下的"蛮夷"观，把西方文明当作不文明甚至有害"精神文明"的工具主义、机械主义。

郭嵩焘曾经在给李鸿章的信中痛述，国人可以抽洋烟，用洋钱，高兴得很，却唯独不能看到办洋务，"一闻修造铁路、电报，痛心疾首，群起阻难"。火上浇油的是，朝廷还把人们对于洋务的愤怒当成"公论"。这问题到底出在哪里呢？郭嵩焘说："窃谓中国人心有万不可解者。西洋为害之烈，莫甚于鸦片烟，英国士绅亦自耻其以害人者为构衅中国之具也，力谋所以禁绝之。中国士大夫甘心陷溺，恬不为悔，数十年国家之耻，耗竭财力，毒害生民，无一人引为疚心。钟表玩具，家皆有之；呢绒洋布之属，遍及穷荒僻壤；江浙风俗，至于舍国家钱币而专行使洋钱，且昂其价，漠然无知其非者。一闻修造铁路、电报，痛心疾首，群起阻难，至有以见洋人机器为公愤者……办理洋务三十年，疆吏全无知晓，而以挟持朝廷曰公论，朝廷亦因而奖饰之曰公论。呜呼！天下之民气郁塞壅遏，无能上达久矣，而用其嚣张无识之气，鼓动游民，以求一逞，官吏又从而引导之。宋之弱，明之亡，皆此嚣张无识者为之也。"[1]

其实，正是当局者因为"无识"而依然秉持的"蛮夷"观和"精神胜利法"，直接导致了洋务运动几十年来永远处在起步状态（当然，对于洋务的首鼠两端更直接的原因在于当局者的既得利益考量，观念常常是由利

---

[1]《郭嵩焘全集》第十三册，272—273页。

益所支配的）。至于说洋务"招惹许多语言"，李鸿章在烟台，"被众人说得不像样"，慈禧太后似乎也知道，也同情，而且同样显得无可奈何。但这并不表明，不能接纳洋务在中国落地，主要是或者仅仅是百姓的愚昧。根本的原因仍然在于，当局者、当事者本身，潜意识里就认为与洋人的此种交涉，是不得已而为之的事，是非常委屈之举。任何把洋人当作平等的人，把番邦当作平等的邦国，把洋务当作真正的国务，都是糟蹋祖宗的尊严，都是不肖子孙干出来的勾当。

这就是士大夫所持而朝廷加以奖饰的"公论"。尽管他们私下里，也可以愉快地享用夷人孝敬的奇技淫巧之物，甚至视鸦片为性命。

这才有当时号称"开通之士"的王闿运，也会说郭嵩焘西行是"以生平之学行，为江海之乘雁"，《越缦堂日记》作者李慈铭说"郭侍郎文章学问，世之凤麟，此次出使，真为可惜"，而且认为，出使将"无所施为"，"徒重辱国而已"。

对于郭嵩焘的西行，士大夫阶层给出的最形象的评价是"出乎其类，拔乎其萃，不容于尧舜之世；未能事人，焉能事鬼，何必去父母之邦"[1]。这副流传甚广，连郭嵩焘本人也知道并且言及的对联，据说是湖南的乡亲用来送给郭嵩焘的，这样高水平的对联，显然非小老百姓可以作得出来，代表的是有文化的"知识者"的声音（这种文化让他们丧失了常识感）。后来成为两江总督的湖南人刘坤一，在给左宗棠信中说，不知道出使英国的郭嵩焘将"何面目以归湖南，更何以对天下后世"[2]。

这种景象，与十六年前并无太大区别。

那一年，咸丰皇帝派恭亲王签订了赔款一千六百万两的《北京条约》，并不觉得有什么大不了，但却痛心于"朕弟"让"夷酋"面见了，以为太"不成体统"；愤怒于以美国总统名义签署的国书居然敢与他平等相称，他在这份国书上批道："夜郎自大，不觉可笑。"

这些自然都是我们今天后知后觉看出来的荒谬。

---

1 《湘绮楼日记》，光绪三年八月初三。
2 《复左中堂》，《刘坤一集》第四册，332页，岳麓书社2018年。

此时，感激涕零的郭嵩焘，显然来不及也无从反思，他与慈禧之间在认知和理念上的根本歧异。而因为这种根本歧异，无论郭嵩焘如何调整他做人做事的性格、方法，都难免"身败名裂"，所谓"天地所不容，万古所不赦"。

就在慈禧召见郭嵩焘几天后，李鸿章在烟台大开宴席，款待由威妥玛邀集来烟台聚会的各国公使。据郭嵩焘日记中说，这天晚上，威妥玛的态度就缓和了，德国公使也允言做威妥玛的"转圜"工作。

如此，最终达成的条约，让人喜出望外，没有超出北京所能答应的，而且"各款俱平允，有减无加"。郭嵩焘感叹"一席之为功如此"，"合肥为功伟矣，其机关只坐一会饮耳，苦无人知此义，终古愦愦而已"。[1]

这样，云南事件就算有了结果。尽管英国政府因为条约未能满足某些利益诉求，好多年后才予批准。而郭嵩焘"其机关只坐一会饮"的说法，显然皮相简单得有点可笑，不过，至少把洋人看成是可以喻之以情理的人，而不是"腥膻异物"。

不久，负气的威妥玛就毫不客气地逼问郭嵩焘的行期了，郭氏感觉很不爽。[2]

光绪二年九月十五日（1876年10月31日），郭嵩焘具折请训，并保举随行参赞、翻译、文案等。他准备出发了。当日，慈禧太后召见了郭嵩焘和副使刘锡鸿。太后问：

"何日启程？"

"约以十日为期，不出二十五日。"

"几时可到？"

"由天津而上海而香港，始放大洋，计期四十五日可抵英国。"

"此事当为国家任劳任怨。"

"谨遵圣旨。"

---

1 《郭嵩焘全集》第十册，48页。
2 《郭嵩焘全集》第十册，54—55页。

"汝二人须要和衷。"

"是。"

"到英国一切当详悉考究。"

"英国无多事可办，专在考求一切，此是最要紧事。"

"所调各人，想皆系所素知？"

"是。"

"随人须要约束，不可滋事。"

"所调各员，大率是谨饬一路，然亦不可不防其滋事。"

"汝心事朝廷自能体谅，不可轻听外人言语，他们原不知什么。"

"不知事小，却是一味横蛮，如臣家已是受惊不小。"

太后再三抚慰了郭嵩焘，用郭嵩焘自己的话说是"温谕惓惓，反复宣慰"，让他"不敢复申前请"。[1]

是什么事让郭嵩焘在长沙家里的家眷受惊不小呢？郭嵩焘在日记中说："接家信，多骇人听闻之事，……令人愤懑不已。""接家信廿三日发，专与上林寺僧西枝为难，而至以藏匿西枝，榜予门首，狂悖已极。闻三书院人为多也。"[2]而在光绪二年十月十七日所上《阎敬铭等员考求吏治实心整顿请旨录用疏》中，郭嵩焘在举荐湖南候补道裴荫森"笃实严正，确然有守"时，提及当时长沙的情形说："臣由总理衙门行走，出使西洋，湖南乡试士子至诬为交通洋人，示期聚众，毁臣家室。臣家寄居省城，弱子一人，年甫四龄，孤孙二人，亦仅长二三岁，并无亲族在省。裴荫森办理围城，先时携带团勇来家坐镇，至于数日，家人赖以安存。"[3]

按照郭嵩焘后来在日记里的记述，此次事情的真相是："丙子（1876）秋焚毁上林寺，其源由崔贞史欲怗众人狂逞之力毁撤机器局，约期会议，人知机器局奏请设立，不宜毁，一泄其毒于上林寺。王夔石（王文韶，时任湖南巡抚）以上林寺由我创修，闻其毁，大喜，急据之以为士

---

1 《郭嵩焘全集》第十册，55—56页。

2 《郭嵩焘全集》第十册，54—55页。

3 《郭嵩焘全集》第四册，804页。

气，从而嘉奖之，又令首府出示揭寺僧西枝之罪，驱逐拿办，为之扬其波。而于毁庙滋事、乘机纵掠之士民，一置不问。自是而民气之坏乃益不可支，至于动辄榜示，揭督抚司道之名，指斥为勾通洋人，藐法玩上，导民于乱，而湖南乱机之动，至是而益烈。"[1]

对于自己正在被赋予的"罪人"形象，郭嵩焘心里十分清楚。他在给时任两江总督的沈葆桢的信中说，"嵩焘以老病之身，奔走七万里，自京师士大夫下及乡里父老，相与痛诋之，更不复以人数。英使且以谢过为辞，陵逼百端，衰年颠沛，乃至此极，公将何以教之？默察天下人心，洋患恐未有已也……"[2]

自己人几乎不把郭嵩焘当"人数"，洋人又以"谢过为辞"，郭嵩焘从自己说起，束结却在与"天下人心"有关的"洋患"。从对"天下人心"的观察中，郭嵩焘的结论是"洋患恐未有已"。然而，"窃计今时天下利病，无过于洋务[3]。"

他的感觉极其真实，他的判断就是即将被印证的预言。

如此情境下将要开始的旅行——"衰年颠沛"，自然是"太无意绪"，郭嵩焘辞谢了种种饯行宴饮的客套和邀约。

---

1 《郭嵩焘全集》第十一册，101页。
2 《郭嵩焘全集》第十三册，266页。
3 《拟销假论洋务疏》，《郭嵩焘全集》第四册，793页。

第十章
西洋镜

　　郭嵩焘一行从上海冒雨登舟，前往英国，正式就任驻英公使，后兼任驻法公使。在公使任上，郭嵩焘如鱼得水，他曾经对于西方的一知半解都得到了印证，他像海绵一样吸纳西方文明，寻找这种文明的动力，并由此自我反思，感叹国家迟暮，自己"年老失学"。

出使

光绪二年九月十九日，郭嵩焘拿到总署颁发的国书。

九月二十五日，郭嵩焘一行天不亮便悄悄启程出京，此时的京畿，"凉风扫榻，黄叶敲窗"，"乌啼旷野，犬吠孤村"。他们从天津上船，十月初四抵上海。在上海，郭嵩焘与已在上海的威妥玛及各国领事见面，会齐跟随出使的人众。

自1860年英法联军攻下北京后，清朝方允许各国在北京设立使馆，派驻公使，而自己则迟迟没有使节驻外，关键不仅在于无人可使，体制限定，风气闭塞，还在于意识形态的束缚，把出使当作古之"人质"，当作不得已的屈辱。

因为是首任公使，郭嵩焘的出使令中外瞩目。

郭氏在上海与各国使节互有拜会，参观了上海的格致书院。这个书院由英国传教士傅兰雅（John Fryer）主持，是当时中国的"西学"窗口。王韬曾在此窥见西洋的奥秘。上海的英文报《字林报》报道郭嵩焘出使，特别评论此次出使西洋的意义，认为是中外关系一大转变。

他们原拟乘法国轮船，随行人员英国人马格里（Halliday Macartney，原来在李鸿章那里担任淮军洋教习）刻意安排英国邮轮Travancore号，船的路线从上海到南安普敦港，沿途将经过的地方，如香港、新加坡、锡兰、亚丁、马耳他、直布罗陀等，都是英国属地，马格里自然以一路走来大半个地球所见，飘扬的都是大英帝国的旗帜，而不胜光荣。

光绪二年十月十七日，郭嵩焘一行十五人，包括郭嵩焘的如夫人梁氏，副使刘锡鸿，参赞黎庶昌（莼斋），翻译官张德彝（德明）和凤仪（夔九），英国人马格里和禧在明，以及随员刘孚翊（鹤伯、和伯）、张斯枸（听帆）、姚岳望（彦嘉），另有武弁七人，跟役十余人等，在虹口冒着风雨登舟，夜半启航。

出海即是大风大浪，郭嵩焘终日不能起坐。

船到香港，因为撞船而不得不进港修船。进入印度洋后风浪更大，厨子柳树仁突患痘症，必须隔离，不得不送往锡兰医院。在此停留两星期后，换船起行，郭嵩焘感慨："风雨瞑冥，颠危倾险，郁热尤剧，心气痛甚。此行上海患眼珠痛，登舟而鼻隼痛至二十余日，已而牙龈痛、耳痛，又苦心痛，尽五官之用而皆受患若此，异哉！"[1]

旅途之苦，没有阻挡郭嵩焘一路的好奇心。而且，慈禧太后召见时交代过，"到英国一切当详悉考究"，这话他应该是牢记的。因此，从离开吴淞口，郭嵩焘就开始详细记录他一路的见闻。

早在咸丰年间，郭嵩焘就感叹过上海洋楼的宽敞整洁。

此行第一站到香港，十年前他做广东巡抚时看到的香港，只及现在的三分之一，现在"街衢纵横，楼阁相望，遂成西洋一大都会"。而监狱之系统有序，犯人起居劳动，一应设施及制度法令，齐备有效，"所至洒濯精洁，以松香涂地，不独无秽恶之气，即人气亦清淡，忘其为录囚处"，令他瞠目结舌。学馆之"条规整齐严肃，而所见宏远，犹得古人陶养人才之遗意"。按照他的描述，课堂"分十列而空其前，每列设长案，容坐十许人，以次向后，层累而高，其前则教习正坐相对。亦有教习中坐而左右各分五列者，要使耳目所及无一能遁饰"。课程则既有"四书五经"，也有洋文，西洋教习课洋文，中国教习课"四书五经"。郭嵩焘叹息道："中国师儒之失教，有愧多矣。为之慨然。"[2]

在广东海岸，看到英国海军铁甲船在海上升旗、鸣炮、奏乐、列队、停航趋迎等礼节，更让郭嵩焘感慨："彬彬然见礼让之行焉。足知彼土富

1《郭嵩焘全集》第十册，128页。

2《郭嵩焘全集》第十册，102页。

强之基之非苟然也。"这是上交总理衙门的《使西纪程》中的表述，郭嵩
焘在日记原稿上的表述则更加大胆一些："彬彬见礼之行焉。中国之不能
及，远矣。"[1]以上记事，一个涉及的是文教，一个讲的是礼仪，这两者
都是中国士大夫最引以为得意的。眼见为实，这印证了郭嵩焘的判断。

郭嵩焘早就意识到，西洋绝非宋以后人们所想象的蛮夷可比。

但是，他眼见为实的比较，触动的也正是国内士大夫最不能够触动的
那根筋——精神文明，他甚至称："英法俄美德诸大国角立称雄，创为万
国公法，以信义相先，尤重邦交之谊，致情尽礼，质有其文，视春秋列国
殆远胜之。"[2]"西洋以邦交为重，盖有春秋列国之风，相与创为万国公
法，规条严谨，诸大国互相维持，其规模气象实远出列国纷争之上。日本
一允通商，即倾诚与之相结，诚有见于保国安民之计，于此有相维系者。
中国以远人为大忌，以和为大戒，锢蔽于人心"。[3]这尤其令人不安。

类似的判断可能引发的抵制和非议，甚至是灵魂深处的，是文化深处
的。结果就有了"《使西纪程》事件"。这是后话。

一路走来，郭嵩焘震惊于所见的，除了壮观的自然变化外，更多是人
文气象。从儒教到佛教到伊斯兰教到基督教，这一路经过的是四种不同宗
教的国度。新加坡西式建筑的美观，苏伊士运河工程的伟大，法国"白皙
文雅、终日读书不辍"的"可畏哉！可畏哉！"的"彼土人才"[4]，"灯
烛辉煌，光耀如昼"的英国城镇，等等，都是郭嵩焘过眼惊心的。

十二月初八（中国人的腊八，1877年1月21日）晚上八点，郭嵩焘一
行抵达南安普敦港。

马格里从船长那里拿到一份新闻报，他们将于本日抵达英国的消息已
经具载。

---

1 《郭嵩焘全集》第十册，61、101页。
2 《郭嵩焘全集》第十册，128页。
3 《国书并无充当公使文据请改正颁发疏》，《郭嵩焘全集》第四册，807页。
4 《郭嵩焘全集》第十册，90页。

中国总税务司赫德，先期到达的禧在明等，前来迎接。

下船后转乘火车，前往伦敦，当晚就安顿在事先请人代为租下作使馆兼官邸的波克伦伯里斯45号。这是一个四层楼房，房间整洁，器具齐备，陈设讲究，颇有气派。郭嵩焘对周围的环境也满意，他在日记中写道："昨日以晚至，今日出门亦以晚归，街市如明星万点，车马滔滔，气成烟雾，阛阓之盛，宫室之美，至是殆无复加矣。"[1]这种美好，包含了工业文明的大害——环境污染，郭嵩焘自然不能意识到这是"现代病"，并不是文明的目标。

第二天，郭嵩焘本来要派人约见威妥玛。但威妥玛早早前来，并且传达外相德尔比的意思，亟欲一见。

第三天，郭嵩焘偕刘锡鸿、张德彝等到英国外交部拜会外相德尔比。外相特意指出，这是中国驻派使节的开端，此后一定会更加友好。

晚上，郭嵩焘与刘锡鸿召集使馆员工开会，约法五章："一戒吸食洋烟，二戒嫖，三戒赌，四戒出外游荡，五戒口角喧嚷。"他自以这"五戒"比为"摩西十戒"，说"摩西十戒为西洋立教之祖，予此五戒亦中国出使西洋立教之始"[2]。

郭嵩焘显然是一个接受和运用新知识的能力超强，且不避"时髦"的人，一个对新事物兴致勃勃的人。

接下来，郭嵩焘让马格里订报纸四种。

几天后他就发现，仅伦敦的新闻类报纸就有十多种。从报纸上知道，英国系两党政治。开始，他把两党政治看成是中国式的党争。

第一次觐见女王维多利亚定于1877年2月7日下午两点。英方仅于前一天通知，郭嵩焘等询问礼节，也不得要领，刘锡鸿还以为是英方故意刁难。其实可能是英方对这种礼节早已习以为常，当时驻节英国的国家已有数十，而且所谓礼节也没有中国宫廷式的神秘和暧昧，没有如何跪拜那一套程序，所以就无可交代了。

---

1 《郭嵩焘全集》第十册，91页。

2 《郭嵩焘全集》第十册，92页。

7日下午，郭嵩焘一行到达白金汉宫。外相德尔比和威妥玛已经到达。德尔比先进去知会女王，然后出来把郭嵩焘等引入。穿黑衣裙、披盖顶白花巾的女王，在众人环侍下，站着迎接来客。郭嵩焘行鞠躬礼，女王鞠躬还礼。郭氏三鞠躬后乃上前，张德彝把国书交给郭嵩焘，郭氏诵读，马格里当场口译为英语，词曰：

> 大清钦差大臣郭嵩焘、副使刘锡鸿，敬奉国书，呈递大英国大君主五印度大后帝：
>
> 上年云南边境蛮允地方有戕毙翻译官马嘉理一案，当饬云南巡抚查报。嗣经钦派湖广总督李翰章驰往会办，并将南甸都司李珍国拿讯，又经钦派大学士直隶总督李鸿章驰赴烟台，与贵国钦差大臣威妥玛会商办理。威妥玛以宽免既往，保全将来为词，一切请免议。中国大皇帝之心，极为悯惜，特命使臣前诣贵国，陈达此意，即饬作为公使驻扎，以通两国之情，而申永远和好之谊。敬念大君主、大后帝含宏宽恕，仁声义闻，远近昭著，必能体中国大皇帝之意，万年辑睦，永庆升平。使臣奉命，悯惜之辞具于国书，谨恭上御览，并申述使臣来意，为讲信修睦之据。

这其实是一封稍加改动的悯惜云南事件的敕书，而不是国书，只是加了"副使某""作为公使驻扎"等字样。事先已经征得英方通融，权且应急，正式国书要由总署日后再行补发。因为是道歉，这封总署拟定的敕书，显得谦恭有礼，略无蔑视英夷的痕迹。

女王听完诵词，说使节远来通谊，期望永保和好，又问中国大皇帝好，仪式就算结束。

因为正式国书迟至光绪三年十月初四（1877年11月8日）才递到，呈递仪式于1877年12月12日进行，地点在温莎行宫。此次英方款待午餐，郭嵩焘与首相迪斯累里、外相德尔比、英使威妥玛等同席。

中国使节团的到来，对于英国普通人来说，自然也是稀罕事。文化与种族差异，足以"惊动"他们。郭嵩焘的辫子成为英国政治幽默杂志《喷奇》（Punch）的题材，郭嵩焘被画成一只带辫子的猴子，与英国狮子对视。他的如夫人梁氏的小脚也成为谈笑的资料。小市民还有动粗的。中国使馆开办不久的十二月十九日（1877年2月1日），使馆随员的两个家人上街购物，行走在路上时，其中一人居然被人杖击头部，打落了帽子。两个中国下人不敢计较，但有四名行人路见不平，将攻击者布里，一名爱尔兰籍的铁匠扭送官府。布里称自己不喜欢异教徒，击头只是酒后的玩笑。英国法院以伤害罪判处布里两个月劳役。郭嵩焘知道后，特意致书总理，请免予课罪。此事见诸报端后，引起英国人对于中国人遭遇的同情，郭氏的做法，也获得更多人尊重，认为极有风度。据说，此后，英国人在路上见到中国人，常常同声欢呼，以表欢迎。副使刘锡鸿的记载也是这样。

奏请禁烟

郭嵩焘在英国投入心力的事情不少，举其大者无非是贸易、主权、领土完整、宗教。

此行的最初动因是云南事件，因为云南事件而签订的《烟台条约》中规定，增加宜昌、芜湖、温州、北海为通商口岸，各口租界免收洋货厘金，但洋药（鸦片）除外。对此，在华英商不情愿，盛产鸦片的英国殖民地印度更极力反对，其他通商国家不满意英国单独与中国订约，也表示异议。这样，英国政府就把条约的批准事一直拖延下来。

既然牵涉到鸦片，则中国如果能切实禁烟（从咸丰九年起，鸦片在清朝成为合法商品），问题也就不存在，至少在郭嵩焘看来就是如此。问题是中国人，包括士大夫阶层，对此早已沉溺不返。

郭嵩焘到伦敦后，有谣言说他吸食鸦片，慈禧太后也吸食，郭嵩焘不得不在1877年8月31日的《泰晤士日报》作出澄清。其实，不仅郭氏没有这样的嗜好，他身边的人也没有，在选择出洋的随员时，郭嵩焘曾经想调某人办文案，"闻其嗜洋烟，因力辞之，而致别敬百金"，并且写信嘱咐他"努力自玉"。[1]

伦敦也有不少主张禁烟的士绅，成立有"禁鸦片烟会"。

郭嵩焘在光绪三年二月初三（1877年3月17日）参加了他们的集会。

集会上，有伦敦绅士对鸦片流毒中国表示扪心自愧，希望中国能与英国并力断绝鸦片贸易。郭嵩焘应邀致辞。他对于英国绅士的义形于色，表示感悦。他认为，鸦片为害无穷，每一个国家都应该议禁，中国人吸食鸦片成为积习，中国必须自禁吸食，然后再会同英国禁止贩卖。他希望数年之内，能够尽绝鸦片。

郭嵩焘在参加禁烟聚会后五天，即向朝廷奏请禁吸鸦片，并兼致总署和李鸿章。

郭嵩焘在奏折中说，鸦片实为中西构怨之源，当引为国耻。西洋贩烟日多，因为中国吸食的人日增。他在伦敦看到人家义形于色地要求禁烟，想到国人男女僵卧烟榻上吸食鸦片的情景，甚感惭愧。因此，他主张国家明令严禁。他建议，禁烟不能仅依赖法令，还须先养士大夫的廉耻。而官府查禁，不能有任何宽假，宜宣布限三年之内戒绝，逾期严惩。可先从士子着手，不戒者立即停止其考试资格。此外，还要禁止各省种植罂粟，严责督抚，以为州县表率。而最终可能的结果当然"存乎皇上一心之运用，中外人心无不向从"。

在给李鸿章的信中，他说"鸦片烟之害不除，诸事一无可为"。而禁烟最可行的办法在"先官而后民，先士子而后及于百姓"，以劝导加刑罚，动其廉耻之心，激发自立。

郭嵩焘自认为的可行之法，却很难付诸现实，原因首先是精神上的。

鸦片之在中国流行而成为举国大患（而似乎没有一个国家更像中国一样，鸦片流行成为心腹大患的），与中国人的精神状态、生活方式有关。而所谓精神状态和生活方式，又不仅与时代精神的衰弱萎靡有关（古人所说的"气运"），也与这种生活方式本身所体现的价值理想，以及这种生

---

1 《郭嵩焘全集》第十册，57页。

活方式得以延续的文化制度有关（有产的士大夫的生活方式安排中，原本不拒绝一切养生安神之物，其生命观内部也拥有一种通达，不存在宗教式的绝对的禁忌和戒律，譬如对于同性恋）。牵一发而动全身，吸烟禁烟与国民精神的关系，有点像鸡生蛋、蛋生鸡的问题一样缠绕。那么，究竟是因为精神萎靡空虚以致廉耻尽丧所以吸食鸦片，还是因为吸食鸦片而精神萎靡空虚以致廉耻尽丧（吸毒如何可以构成一种异样的世界观，可以让一个正常人如何没有尊严廉耻地卖淫、犯罪，这在今天看来已经是不争的事实）？首先要激发包括廉耻之类道德心在内的精神世界，然后戒烟，还是通过戒烟以建立良好的精神世界？

除了这一重困境外，还有一重现实的困境。

鸦片在当时，已经成为不论中外的利薮。洋人借此获得暴利自不用说，问题是鸦片在中国获得合法销售后，洋烟带来的厘税已经成为政府收入的大宗，而经营鸦片也成为一种营生。据说小小长沙，当时就有烟馆三千多家（郭嵩焘在回国后的日记中说到的数字是四百家，似乎更准确）。日后郭嵩焘出使回国后，在长沙倡议禁烟，就有人反对，反对的理由是，如果禁烟，经营这些烟馆的人就没有"生理"了，这些人发生"激变"，怎么办？因此，禁烟是添乱，是自己骚扰自己。

郭嵩焘认为，这显然是歪理邪说，是俗吏的苟且之词。国家的坏乱，就是这样的人这样的说法导致的，"俗吏之邪说，苟偷旦夕，其立言已显示导乱之意"，"国家之乱，正乱在此类人才。君子惟绝远之，不与交言，不待辞而辟之也"[1]。郭嵩焘想得出来的办法，就是让人自觉"绝远之"。

然而，天下哪能全部是懂得"自觉"的君子？

就一般人而言，道德心与功利心（包括所谓"国家利益"）孰轻孰重，难以轻松定夺，生埋欲望更容易战胜薄弱的个人廉耻感。对于四顾彷徨、缺少可靠的主见和主张，而不缺少敷衍和颟顸的晚清当轴者来说，尤

---

1 《郭嵩焘全集》第十一册，188—189页。

其如此。

因此，上谕赞赏郭嵩焘所言，却要郭嵩焘与英国官员筹商，先让洋烟不入内地，然后中国再禁止栽种罂粟。如此这般，吸食鸦片遂可永绝。

李鸿章的看法也类似。

但是英国方面岂肯先行禁种禁运？中国西南一带已经遍种罂粟，这足够作为他们继续输入的借口。

禁烟自然徒托空言。

郭嵩焘于是再上疏，详陈禁烟应行事宜，严禁栽种，禁革烟馆，明定章程，等等。同时陈书李鸿章。郭嵩焘坚持认为，禁烟是自己的事，应该排出日程，不要管别人，怎么就做不到呢？这在李鸿章看来是有点不切实际的迂腐，时任两广总督的刘坤一，更认为鸦片的厘税关系财政，财政关系国家，禁烟之议，万不可行。

郭嵩焘也曾经照会英国外相德尔比，希望与印度各个部落商量，渐次改种五谷，使鸦片贩运逐渐减少。自然也没有结果。

郭嵩焘不仅遭遇了利益驱动的资本主义逻辑，还遭遇了清廷的"务实"政策。他的主张在我们今天被称为理想主义。其实，这种撞墙式的遭遇，正像郭嵩焘的整个国务、洋务观所遭遇的情况一样。

常常是这样，起死回生之药，一般是猛药。而对于一个病入膏肓的人来说，不免被当成毒药拒绝，他也许从头到脚都不能接受对于灵魂的触动，接受生活方式的改弦易辙，也不能承受对于自身生理的伤筋动骨的改善。他能够接受和承受的，只能是涉及皮毛无关大局的安慰剂。因此，说得难听一点，对于晚清中国来说，鸦片之来，此适其时！所谓"斯人也而有斯疾也"！

"出洋相"

郭嵩焘在英国时，还遭遇了一件大事——喀什噶尔问题。

喀什噶尔位于新疆西垂。清朝衰落，边疆也不安宁，中亚军事头领阿古柏占领喀什噶尔等南疆城池，建立哲德沙尔汗国，并且入侵北疆，占领乌鲁木齐等地。

英国和俄国此时在中亚争夺，阿古柏投靠英国，英国插手新疆事务。

此事前因后果，细节繁复，难以赘述。郭嵩焘对于此事的处置，有两点值得作出交代。第一，当时左宗棠率大军入疆，郭嵩焘向朝廷表示，西北方面是剿是抚，请全面听取左宗棠的意见。此事证明郭氏对于国家事务的判断和处理，不掺杂任何个人恩怨。日后为"伊犁改约"事，郭嵩焘也请求朝廷派人与左宗棠商定一切。第二，光绪三年十二月，左宗棠收复喀什噶尔，阿古柏病死，分离政权瓦解。曾经向阿古柏分离政权派驻大臣的英国，显然脸上无光，但清廷最终维持了与英国相对友好的关系，其中有郭嵩焘的作为。

除此之外，处理商务纠纷、教案，也是郭嵩焘出使时的日课。

郭嵩焘在英国颇得人缘，展示了在外交上周旋应付的聪明和手腕。

他的心情似乎罕见地明朗，他能充分地感受新鲜事物，而不是深闭固拒——自以为是、自作聪明地自我封闭。他的性格似乎非常适应这种国际舞台，对于陌生的社会和不一样的文化环境，具有很好的适应能力。没有先入为主的观念上的太多障碍，心理上没有阴影，没有扭捏，没有自负，也没有自卑。留意国际局势，关注异国学问、政治、人情、风俗，尤其热心关注彼邦正是欣欣向荣的各种科学观察和实验，各种设置，各种制造。与他接洽周旋的，也"多为科学方面学有专精的研究者或是社会上活跃的名流，而中国使节补服灿烂冠带庄严，俨然杂厕其间，当亦可称作一种奇景。郭嵩焘既是中国正式的外交代表，到达伦敦后几乎立即被上流社会所接受，从而能直接进入知识界的精英团体，这和一般的到访者如王韬之辈有相当的不同"[1]。

郭嵩焘给英伦各界留下了良好的印象，即使是不太称道人的自由派政治家格兰斯敦（前首相William E.Gladstone）也誉之为"所见东方人中最

---

[1] 吴以义《海客述奇——中国人眼中的维多利亚科学》，69—70页，商务印书馆2017年。

有教养者"（the most genial Oriental he had ever met）。郭嵩焘还曾被举为"国际法改进暨编纂协会"第六届年会的大会副主席。

郭嵩焘经常出席茶会、宴会、舞会，不能跳舞，观场也行。与上流社会接触，从女王到英国两任首相、法国总统、外相、议员、学者、各国公使，他都往来无忤，应对裕如。在应酬场合，他还晤及美国前总统、巴西皇帝、波斯国王，以及英国前首相勒色（罗素，Lord John Russell）与格兰斯敦（William Gladstone）。他非常佩服格兰斯敦的学问和才辩，可见不是泛泛的交谈。他吃西餐，感觉洋房的舒适，使馆里有中医，但他的如夫人梁氏怀孕生子，他也可以延请西医诊视，他还让儿子郭英生（立瑛）种了牛痘。自己有病，也会请西医看。

他甚至让如夫人梁氏出席英国格非斯夫人的家宴。还拟由梁氏发请帖，开茶会，经过翻译张德彝力劝才作罢。张德彝警告说："在西国，若夫人出名，自然体制无妨。苟此信传至中华，恐人啧有烦言，不免生议。"

郭嵩焘为此"仰思良久"，最后听从了张德彝的意见。[1]

在光绪四年末（1879年初），郭嵩焘即将离任时，英国外相函告，女王将在阿斯本行宫约见惜别。

这一次，郭嵩焘决心让相随万里的梁氏一起去见女皇。他说，这也是"人生难得之际会"。

从这里可以看出，郭嵩焘在洋务上之所以出走得远，之所以"出洋相"，与他习惯于遵循生命的意愿，心灵的召唤，而不是一切律之以礼法，一切遵从惯例有关。他拥有心灵的自由，而不是让满腹"礼义""诗书"泯灭了性灵。否则，难免最终沦为自己所制定的规矩和制度的奴隶。

郭嵩焘将他的想法告诉了英国外相，威妥玛同意，女皇也欣然应允。

1879年1月17日，郭氏一行在外相陪同下，又是坐车，又是乘船，到达行宫所在的歪得岛（Island of wight）。然后由女王派来的座乘，接至行宫。

---

1 《郭嵩焘全集》第十册，252页；又见张德彝《随使英俄记》，560页，岳麓书社1986年。

女王听说中国妇女步履维艰，就让他们坐着等候，女王自己走过来以次就见。

女王首先见了郭嵩焘的家室梁氏等，致慰劳之意，并向他们介绍了三位公主，然后到郭氏等候的厅里与郭嵩焘见面。女王说，很高兴见到钦差的夫人，她喜欢钦差的夫人。郭嵩焘说，中国妇女无朝会之礼，所以不敢参加盛典。今天是要回国，私人的请求，蒙您准许，实在是感悦。

晚上的宴会，如果不是马格里自作主张，说中国女人与男人不同席，主人于是"别设一席"，郭嵩焘似乎也不会反对梁氏同席。[1]

不按照中国习俗行事，在我们今天看来，是郭嵩焘胆大，是他至情至性。在当时士大夫看来，却可能是他脑袋里少一根筋。汪荣祖先生说，郭嵩焘让梁氏参加盛典，可见他超越流俗的开放心态。

光绪四年五月十九日（1878年6月19日），郭嵩焘在使馆仿照西方礼俗，举行了一个大型茶会。受邀到会者包括英国外交部官员，英国社会绅商、学者，各国使节，共七百余人。筹备了二十天，预算是五百英镑（合银1750两），使馆的一楼至三楼全用上了。

茶会那天，使馆门外请了巡捕六名负责守护，自大门到二楼，左右摆设鲜花与灯烛，中间铺红色地毯，楼梯栏杆覆白纱，挂红色的穗子。客厅与饭厅也悬挂灯饰和鲜花，厅中设长筵两桌，一桌摆茶、酒、咖啡、冰乳、点心；另一桌置热汤、冷荤菜，以及各种干鲜果，桌上刀叉杯盘，玻璃银器。客厅对面，鲜花作壁，后面有红衣乐队。饭厅旁有小间，做来宾存放衣物的地方。楼上第一层客厅，两间打通为一大间，铺红地毯，壁挂灯、镜，窗户设有鲜花台。楼上第二层郭嵩焘的住屋也装饰得尽量华美整洁。

茶会从早上延续到晚上，张灯结彩，气氛热烈。

据说，来宾无不以受邀为荣，茶会办得相当成功。[2]

应酬繁忙，郭嵩焘自己有时都感觉到吃不消。但是他似乎总是能够找

---

1 《郭嵩焘全集》第十册，706—708页。

2 《郭嵩焘全集》第十册，523页。

到"续航"的热情和动力。他还意识到，"宴会酬应，亦当于无意中探国人之口气，察国中之政治"。

因此，他和他的僚属家属，也不缺少消遣娱乐。游观宫殿花园，观剧看戏，听音乐会，参观画廊，欣赏赛马，水族馆夜游，餐馆小酌，街巷逗留，更不在话下。他还在礼拜堂参加过婚礼，自始至终很认真地观看，记下了其中的每一个流程，并询问清楚教堂在生死婚嫁上的所作所为。[1]

当时的伦敦有四万辆马车，有十二层的高楼，房舍坚固，街衢整洁，"奇技淫巧"之物很多。这一切并没有让郭嵩焘觉得需要恐惧、防范和厌恶，即使想到圣贤的教诲，他也没有罪恶感。他甚至想象，这是不是中国古代圣贤心目中理想的国度。就在他并不痛快地离开公使之任返国时，他还勉力前往瑞士探访莱茵河源头，参观日内瓦，逛里昂，游马赛，然后又从陆路到意大利的那不勒斯，访问罗马，看庞贝古城，游观古迹。他说，此行让他"别具一番心眼"，"良不可少"。

但是，正是这种接受甚至拥抱的姿态和心理，让他与身后那个依然沉酣在帝国梦想中的贫弱国家，特别是这个国家的当局者，更加隔膜，以至互相觉得不可理喻。

西洋之本

郭嵩焘出使两年，最有心得的其实还不是器物，而是由器物引发的文明省思。

这也是他留给我们今天最重要的财富。

郭嵩焘目击的伦敦和巴黎，乃当时西方文明的中枢，备极一时之盛。

郭嵩焘参观了展出1851年博览会科技成果的伦敦水晶宫（The Crystal Palace），叹为观止。兼任法国大使后，前往巴黎，正遇上巴黎"炫奇会"（即万国博览会），他以头等公使身份，得以与法国总统同坐，饱览

---

1 《郭嵩焘全集》第十册，511—512页。

西方科技文明的壮观。

1878年8月13日，他应英国海军部邀请，参观维多利亚女王检阅水师。不仅见识了英国海军的强大，更见识了那种场面宏大、复杂而有序的礼仪盛况。女王座舰从二十六艘铁甲船以及不同样式的水雷船的列队中穿过，全部兵舰同时鸣炮，官兵整列于船舷，女王每经过一艘兵舰，左右兵舰都鸣炮致敬。

1878年9月15日，郭嵩焘又应法国军部邀请，随同法国总统校阅马步各军。受校阅的部队共计五万多人。

对于一眼所见高下立判的器物文明，郭嵩焘当然不会无所触动，他在日记中详述了他所能了解、所能分辨、所能用文字表达的任何一个细节。他和当时中国的有识之士一样，对于西方的军事装备不无震惊之感。而且，他一直与李鸿章有联系，仅光绪三年三月写给李鸿章的一封信，报告自己在英国的所见所思，就达万言。因为知道自己"侧身天地，至无所容"，朝廷贱简，不能采纳自己的看法，刚刚出洋，又"屡见参案，更不敢有所陈论，自取愆尤"，于是，只有向李鸿章说出自己的真实想法。[1]李鸿章，还有沈葆桢，最为关注的是西方的枪炮、铁甲船、水雷等。郭嵩焘访问炮厂、船厂，参观赛洋枪会，并亲自升炮、试演鱼雷，考求兵器和水雷图式。

但是，郭嵩焘之不同于李鸿章等，在于他在惊羡坚船利炮之余，考虑得更多的是人家怎么走到了这一步。

郭嵩焘直言不讳，李鸿章"徒能考求洋人末务而忘其本也"[2]，整天只知道购铁甲船、购水雷、购枪，"观其勤勤之意，是为能留意富强者，而要之皆末也，无当于本计"[3]。"诚使竭中国之力，造一铁甲船及各兵船，布置海口，遂可以操中国之胜算而杜海外之觊觎，亦何惮而不为之？""舍富强之本图，而怀欲速之心，以急责之海上，将谓造船制器，

1 《郭嵩焘全集》第十三册，271—278页。

2 《郭嵩焘全集》第十册，616页。

3 《郭嵩焘全集》第十册，437页。

用其一旦之功，遂可转弱为强，其余皆可不问，恐无此理。"[1]他还借张自牧之口指出，李鸿章、沈葆桢、丁日昌诸公，大体上仅仅知道"考求富强之术，于本源处尚无讨论，是治末而忘其本，穷委而昧其源也。纵令所求之艺术能与洋人并驾齐驱，犹末也，况其相去尚不可以道里计乎"[2]！

其实，李鸿章除了意识到"既不能禁洋货之不来，又不能禁华民之不用"，不如"设机器自为制造，轮船铁路自为转运"，日后更逐渐意识到，办洋务、制洋兵，"若不变法，而徒骛空文，绝无实济"。所以，他甚至主张改变由"小楷试贴"即八股文取士的办法，设洋学堂，"立洋学局"，培养技术人才，使之"与正途出身无异"。

但是，与此时郭嵩焘对于西洋之"本"的洞察相比，李鸿章所究心的，确实更多属于工具性的安排。自然，工具的变革，也许最终可以带来制度安排、理念乃至价值观的转移，带来社会全体的解构与重构，世界上并没有离开工具的本质，正如中国古人所说的道器一元，本末互通。

郭嵩焘所看到和强调的"本"，是西洋的政制、法律、学术。他在《条议海防事宜》中就曾指出："西洋立国有本有末，其本在朝廷政教，其末在商贾，造船、制器，相辅以益其强，又末中之一节也。故欲先通商贾之气以立循用西法之基，所谓其本未遑而姑务其末者。"[3]

很清楚，郭嵩焘的立国富强路线有三个层次：政教、商贾、制器。政教是根本性的；制器不用多说，造船、造炮、造枪、修铁路都是；商贾则可以驱动两者，带来政教的改变，也带来器物制造的繁盛。

对于商贾的认识，郭嵩焘有所区别于人，郭嵩焘曾经把商贾与士大夫并列看待，王闿运就很不以为然。但是，没有商贾，何来制器的动力和效率？所以郭嵩焘强调"通商贾之气"以获得循用"西法之基础"，而且要"协调公私之利"，不能以道德眼光死盯商人。他还意识到私营与官营、官办与民办的区别，并且毫不迟疑地认为，将制造，将商业归之民办私营

1《条议海防事宜》，《郭嵩焘全集》第四册，783—784册。

2《郭嵩焘全集》第十一册，102页。

3《郭嵩焘全集》，第四册，783页。

才是正道。

郭嵩焘高看商民，而不是继续"重农抑商"的传统思路，不以商贾之所为，是不事生产。他认为："方今之急，无时无地不宜自强，而行之必有其本，施之必有其方……求富与强之所在而导民以从之，因民之利而为之制，斯利国之方也。""造船制器，当师洋人之所利以利民，其法在令沿海商人广开机器局。"[1]"所谓利国者何？利民而已矣。"[2]

而按照刘锡鸿和一般士大夫的认知，"商贾者，假他人所生之物而簸弄之，以诱致人财者也"，"一商贾之衣食用度，十人或百数十人之衣食用度也。衣之、食之、用之，则财之聚而归诸彼者，彼即散而付诸无何有矣，而人之见而效尤者，又以其华侈之习渐染乎乡里闾巷，于是，农、圃、渔、樵、蚕桑、织、牧百工技艺之辈，亦皆懈驰生物之力，而滋长其耗物之心"。[3]

最重要的是，"重农抑商，所以教勤朴而广生财之源。重土抑商，所以劝德行而立制治之本，其实抑商贾之利权，即以伸朝廷爵位之权"。[4]这样的立场，几乎就是历朝历代的"圣谕"所宣示的立场，所谓"重农桑以足衣食""务本业以定民志"[5]。

表面上看，重农还是重商，仅仅是政策不同，无关乎国家体制。实际上，却意味着权力的转移与重新分配，所谓"商贾之利权"与"朝廷爵位之权"的不同与对立。所以，以商人为主体、以市场为轴心的商业社会，一定意味着权力的下移，意味着政治垄断的打破。

这自然是朝廷深所忌讳的。

在晚年书信中，郭嵩焘对商业、商民、富强等问题，尤其多所观照，曰"天地自然之利，百姓皆能经营，不必官为督率。若径由官开采，则将强夺民业，烦扰百端，百姓岂能顺从，而在官者之烦费又不知所纪极，为

1 《郭嵩焘全集》第四册，777—779页。

2 《郭嵩焘全集》第十一册，273页。

3 刘锡鸿《复丁雨生中丞书》，《刘光禄遗稿》卷二。

4 刘锡鸿《读郭廉使论时事书偶笔》，《刘光禄遗稿》卷二。

5 《湘阴县图志》卷二十三《典礼志》，《郭嵩焘全集》第七册，980页。

利无几，而所损耗必愈多。若仍督民为之，则亦百姓之利而已，国家何恃以为富强之基乎？中国与西洋情势相距绝远，不能悉数"，"中外情势之异，由来久远，以成风俗，未易强同，而其间有必应引其端而资其利，可以便民，可以备乱，可以通远近之气，而又行之甚易，历久而必无弊，则轮船、电报是也。往时绅民相与阻难，近十余年，阻难专在官。然窃见在官来往上下，必以轮船，湘人仕外者亦然，而独严禁绅民制造。然则，西洋汲汲以求便民，中国适与其反。所用以仿行西法以求富强者，未知果何义也"，"窃论富强者，秦汉以来治平之盛轨，常数百年一见，其源由政教修明，风俗纯厚，百姓家给人足，乐于趋公，以成国家磐固之基，而后富强可言也。施行本末，具有次第。然不待取法西洋，而端本足民，则西洋与中国同也。国于天地，必有与立，亦岂有百姓困穷而国家自求富强之理？今言富强者，一视为国家本计，与百姓无与，抑不知西洋之富专在民，不在国家也"。[1]

意识到西洋之富专在民，不在国家，其国家与人民却是"交相维系"。所以，哪有"百姓困穷而国家自求富强之理"。但以中国传统的政治设计、人心风俗和纪纲法度，却未必可以简单抄袭："泰西富强之业，资之民商"，"其人民趋事兴工，日增富实，无有穷困不自存者。国家用其全力护持之，岁计其所需以为取民之制。大兵大役，皆百姓任之，而取裁于议政院。其国家与人民交相维系，并心一力，以利为程，所以为富强者，民商厚积其势以拱卫国家"，"中国官民之气隔阂太甚，言富强者，视以为国家之本计，与百姓无涉，百姓又各怀挟私意，觊其利而侵冒之，其持议论者，又各讼言其不利而阻扰之，一闻集股开办，远近闻风者皆得挟一说以起而与为难矣。数十年来举行矿务，讫无成效，盖由此也。要之，国家大计，必先立其本，其见为富强之效者，末也。本者何？纪纲法度、人心风俗是也。无其本而言富强，只益其侵耗而已"。[2]

郭嵩焘同时意识到，同样言"利"，同样讲"力"，因为"人心风

---

1 《致某人》，《郭嵩焘全集》第十三册，476—478页。
2 《致李鸿章》，《郭嵩焘全集》第十三册，472页。

俗"不同，呈现的景象也由此区别开来，郭嵩焘检讨为中国道德政治所高调讲求的"义利之辨"，在世俗生活中其实更多堕落成为虚文，谓"中国言义，虚文而已，其实朝野上下之心，无一不骛于利，至于越礼反常而不顾，西洋言利，却自有义在"[1]。

光绪六年四月十八日日记，郭嵩焘述及湘潭江车采煤事，说到开矿后，被到处需索，官民多所阻拦，无以为继。郭嵩焘由此感慨："今言者动曰取法西洋制造乃能致富强，人心风俗，政治法令，阘冗如此，从何取法西洋乎？于是益见中国求治之难也。""中国情势与外洋绝异，未易与筹富强之计也。"[2]

郭嵩焘所说的"政教""政治法令""纪纲法度"，自然也区别于那种空虚笼统的道德教化和钳制天下人的酷刑峻法，而与制度性的安排有关。

郭嵩焘到达伦敦，开始还把人家的两党政治当成了传统的党争，后来待的时间长了，又亲自赴议院旁听，知道"朝党、野党，使各以所见，相持争胜，因而剂之以平"，在英国由来已久。[3]

其实，他并不完全认同议会政治，他觉得人家两党之间常常"负气不相上下"，多少有点可笑，也不够儒雅；而且，以"民主"立国，"事权一操之议院"，也许会导致民气太强，[4]甚至"民气太嚣，为弊甚大"，非所以立教。特别是在他听说德、意、西、俄等国家屡有暗杀君主大臣的事情后，他更认为虽"议论各属民主，要须略存君主之意，而后人心定，国本乃以不摇"。[5]

但是，总体上看，他说："英廷议论，亦云嚣矣，而每起一议，又准人数多寡以定行止，亦恰无甚颠倒者。"[6]"泰西政教风俗可云美善。"[7]

1《郭嵩焘全集》第十一册，495页。

2《郭嵩焘全集》第十一册，260—261页。

3《郭嵩焘全集》第十册，372页。

4《郭嵩焘全集》第十册，511页。

5《郭嵩焘全集》第十一册，24页。

6《郭嵩焘全集》第十册，425页。

7《郭嵩焘全集》第十一册，24页。

郭嵩焘很早就认为，"天下之乱，只坐是非不明"，而"国家所以驾驭天下，惟名惟利二者"，这两者都是人舍生蹈死赴之而不悔的目标。因此，关于名与利的是非，是普天下最大的是非，其界限一定得准确、清晰而严谨。也就是说，人们求名求利，都要有所讲究，有标准，有公义。否则，人们就会无以自处，强势者左右逢源，弱势者不知所措，甚或"人务为利""群怀商贾之情"，把政务（公共事务）当成个人事务，把个人事务当成政务，在不该趋利的地方趋利，在该让人趋利的地方又加以禁止，以致让人不敢趋利，或者通过扭曲的方式获利。[1]那么，国家又如何可以做到是非好坏明确，让人识得好歹？

这其实仍然是郭嵩焘曾经在咸丰面前说过的朝廷的标准和方向问题。那么，如何保证标准和方向是良性的？如何"通民情而立国本"？

对此，郭嵩焘给出了最大胆的议论。他说："中国官民之势，太苦悬隔，即为士者之与工商，其势亦旷远不相及，贵贱之分，上下之等，判若天渊，则欺蔽之计常深，而奸伪滋生不可端倪。"[2]"窃见西洋各国，官民一心，急使远戍而不以为苦，烦征厚敛而不以为苛。所以然者，为无不通之情故也。中国民情常苦隔阂，利病好恶之私，州县能体及者鲜矣。累积而至督抚，则益旷远不相及。"[3]如此，只有"通民情"才可以"立国本"，"惟天子以天下之政公之天下，而人能自效其诚"。[4]他引《诗经·节南山》中的话说，王者之政，"俾民不迷"。"不迷"，当然就是明白，就是知情，就是参与，带来的结果就是公共政治，而不是私人政治，就是前台政治，而不是幕后政治，就是规则政治，就是法治，而不是人治。这自然不是"不迷"一步就可以带来、可以抵达的结果。但作为起步的"不迷"，却是至关重要的。只有"不迷"，人民才会逐渐有参与和分享的欲望与可能，然后通过参与和分享，使政治由一种纯粹的权力追

1《郭嵩焘全集》第八册，123页。

2《致总署》，《郭嵩焘全集》第十三册，289页。

3《郭嵩焘全集》第四册，810页。

4《郭嵩焘全集》第八册，497页。

逐，变成一项公共事业。失去这种参与和分享的可能，人们有关公共政治的想象力和热情将萎缩，将变态为阴郁的权力争夺，由此而来的全部政治想象力，将只能被看作囿于密室中的自身的回音，结果必然会变得精疲力尽，甚至徒劳无功。

那么，国家的实际情形是怎样的？

郭嵩焘认为，传统治理已经丧失了可以"通民情"的公共性，"悬法律以束缚天下"，"秦任法吏矫虔天下，民之受其迷者二千余年"[1]。就是说，从秦朝开始，两千年皆行秦制，秦制的目标不仅是"迷"，而且是大迷。当局者千方百计使民"受其迷"，使政治不是走向开放，而是走向封闭，不是走向公共，而是走向私人，不是走向会堂，而是走向密室。孟子说"民可使由之，不可使知之"，"大人者，言不必信，行不必果，惟义所在"，这是古代中国知识者心甘情愿把自己当作君主"代言人"和帝王"发言人"的最早表述之一，也由此奠基了绝大多数知识者所服膺的主流政治哲学：知识的最高价值在于论证君权及其相应制度安排的合理性与合法性，以至上升到"天人合一"的高度；知识者的最高目标在于成为"帝王师"，人民不必有知情权。而"大人"，即"圣人""圣王"，言不必信，行不必果，只要守"义"就行。至于"义"，当然是由"圣人""圣王"来定义和规定的。在这样的前提条件下，所有的话语权和执行权的归属，就清清楚楚了，且不由分说。

郭嵩焘说，自从"战国游士创为尊君卑臣之说，而君之势日尊。至秦乃竭天下之力以奉一人而不足，又为之刑赏劝惩，以整齐天下之心。历千余年而人心所同拱戴者，一君而已"[2]。"秦汉之世，竭天下以奉一人。李斯之言曰'有天下而不恣睢（暴戾恣睢，即任意胡为），命之曰以天下为桎梏'，恣睢之欲逞，而三代所以治天下之道于是乎穷"。此种对于秦汉以来君主专制的批判，说他已经接近维新运动之主张，接近"五四"时期的启蒙精神，也许并不为过。更重要的是，他同时反思了所谓三代之治

---

1 《郭嵩焘全集》第九册，234页。
2 《郭嵩焘全集》第十一册，284页。

的"圣人政治"——中国传统士大夫关于黄金时代的普遍梦想，并不是可以无限地、无条件地指望的。

郭嵩焘认为，即使是"以其一身为天下任劳"的"三代圣人"尧、舜、禹，靠个人品德的维系，也未必可以持久。郭嵩焘说，一个人再怎么圣人，"一身之盛德不能常也，文武成康四圣，相承不及百年"，而那时的所谓"公天下"，与他所见识的西洋"以公之臣庶"，"犹有歉者"。他认为，只有公之众庶的政治，才可以"推衍无穷，愈久而人文愈盛"。[1]

那么，什么叫作"公之众庶"？无非是更多民意基础和民主参与的可能性，即郭嵩焘说的"不隔""通民情"。

"公之众庶"的制度，并不是靠圣人（帝王）的德性可以维持的，"中国圣人之教道，足于己而无责于人"，是道德建构，而不是政治建构。道德建构是无限的，是接近于宗教与信仰层面的自治与自律，而政治建构是有限的，是"责任"的。纯粹道德理想指导下的政治建构，反而容易走向道德的反面，容易导致极端主义。因此，中国古代"圣人之治民以德，德有盛衰，天下随之以治、乱。德者，专于己者也，故其责天下常宽"，而"西洋治民以法，法者，人己兼治者也，故推其法以绳之诸国，其责望常迫。其法日修，即中国之受患亦日棘，殆将有穷于自立之势矣"。[2]

从"公之众庶"出发，郭嵩焘看到了西方近代政治的异样。

这种"比较政治学"，也许肤浅，而且简单化，但未尝不可以视为问题关键之所在。

郭嵩焘同时意识到，所谓"公之众庶"的有效和持久，需要不止一个方面的因素来协同完成，包括人心风俗，也包括具体政治安排。

他说，英国"设立科条，尤务禁欺去伪。自幼受学，即以此立之程，使践履一归诚实，而又严为刑禁，语言文字一有诈伪，皆以法治之，虽

---

1 《郭嵩焘全集》第十册，523—524页。
2 《郭嵩焘全集》第十册，524页。

贵不贷。朝廷又一公其政于臣民，直言极论，无所忌讳。庶人上书，皆与酬答，其风俗之成，酝酿固已深矣。世安有无政治教化而能成风俗者哉？西洋一隅为天地之精英所聚，良有由然也"[1]。"推原其（英国）立国本末，所以持久而国势益张者，则在巴力门议政院有维持国是之义；设买阿尔（市长）治民，有顺从民愿之情。二者相持，是以君与民交相维系，迭盛迭衰，而立国千余年终以不敝，人才学问相承以起，而皆有以自效，此其立国之本也……中国秦汉以来二千余年适得其反"[2]。

与"中国秦汉以来二千余年适得其反"的"公之众庶"的西方政教，不是一句话可以囊括的，郭嵩焘除了指出其超越了道德政治的"人己兼治"的法律（不是"悬法律以束缚天下"的那种法律[3]）外，还包括"君民交相维系"的宪政，包括维持国是的"巴力门议政院"，"庶人上书，皆与酬答"的朝廷，顺从民情的当局，"禁欺去伪"的章程，臣民议政的"直言极论，无所忌讳"，等等。最终形成一种"风俗"。

说到"庶人上书，皆与酬答"，这自然不是因为郭嵩焘所接触的西方王室或政府就特别讲礼貌，特别闲得没事，而是某种制度，以及制度后面的政教风俗在主宰，在支撑。而这种政教风俗之后，又有关于人、人性、人道的理解，关于权力、权利、责任、义务的分配与实践，关于人民作为政治委托人与政府作为被委托方的权力边界与法理依据。

而所谓"禁欺去伪"，则意味着郭嵩焘对于另一种更重要的文化制度与文化惯习的警醒。郭嵩焘特别说到，英国人对于"语言文字"作伪的惩处。然而，国人作文，至少从钦定章程的科举考试的作文看，代圣人立言，拟圣人的口气作文，正是名正言顺地作伪，必须作伪，以致今天的中学生、小学生作文，老师也动不动要求"上升到时代的高度"或者"点题"。一个孩子上升到有关"自己的高度"就了不起了，如何上升到"时代的高度"，如何"点题"时代的政治道德？这样做，其实仍然在鼓励

---

1 《郭嵩焘全集》第十册，376—377页。

2 《郭嵩焘全集》第十册，357页。

3 《郭嵩焘全集》第九册，233页。

"言不由衷"，仍然是奖励作伪，仍然是道学史上所记载的那些三岁五岁就懂得或发誓要做圣人的"宿慧"人物的"伟大"做派，结果每每弄出那种空洞、造作、夸张、干瘪的文风与文章，那种除了套话、官话、道学话再没有别的话语能力的"套中人"。

为什么漫长的科举考试，那么多聪明绝顶的人曾经以毕生心血为之的作文，却并没有造就可以传世的经典？根本的原因，也许正在于其丧失了基本的真实和基本的生命感觉。

延续千年的"代圣人立言"的话语方式及其统一的标准化的程式，显然可以逐渐成长为一种心性，一种空虚到不再自觉的伪善、伪正义、伪道学，加上制度性的安排和功名利禄的诱惑，可以更加强化这种趋势，以致无论是国家事务上的"粉饰""矫诬"，还是个人生活与公共生活中的伪善、假道学，往往成为"固有之常规，通行之要义"。这在今天的媒体语言与公共话语中，仍然不难看出端倪。

语言文字与真实世界的隔离，意味着语言符号的空转，语言成为一种纯粹的修辞，丧失了对真实世界的命名能力和表征能力，同时意味着与人的真实性（天性）的暌隔和疏离。当语言不再与事物本身，与自己的心灵，构成神奇的对应，语言所构造的世界就难免是空虚的，真实及其意义也就因此沦陷。而这，在某种意义上，正是郭嵩焘以自己的洋务之思，以他自认为的真实不假的看法诉诸众人时，总是扞格不入的重要原因，是他所见所遇，总是不能融洽的重要原因。

他与身边的知识者似乎不是使用同一种语言，而他本人，包括他的观点，就如同怪物一样令人惶恐。

郭嵩焘晚年总结说："中外大势，一虚一实，一诚一伪，其不能相及，良有由矣。"[1] 而郭嵩焘之所以为赫德、威妥玛认可的，则正是他作为"诚实君子""富有决心"的风度和品格。历史学家布洛赫（Marc Bloch）说："纯真是何等崇高的境界，臻于此道者实在寥若晨星。"[2]

---

1 《郭嵩焘全集》第十一册，249页。
2 《为历史学辩护》，1页，中国人民大学出版社2006年。

在郭嵩焘那里，"纯真"表现为不避忌讳的明朗和诚实，表现为真实的感受和基于真实感受的客观判断，表现为对于"以诚应物，以实行政"并以此"运量天下"的"豪杰有为之才"的热烈指望。[1]很多时候，特别是在一种被道德理想主义的意识形态遮蔽得极其严密的语境中，虚假的幻象总是试图支配或逃离现实，此时，真实即真理，还原真实，即是还原真理。而郭嵩焘的努力，正是从直面真实出发的。

相形之下，他身边的王公大臣、士大夫，实在有太多的世故、聪明、虚张声势，以至虚妄、麻木、自囚自蔽，而不复有真确地认知世界及自我认知的能力，不复有真诚发问的愿望和思想的能力。

"认假"会伤及"认真"，伪道德会伤及道德，伪学一定会伤及真学，伪善会伤及善良。当一个民族，一个群体，不能真实地感受世界，不能真实地感受自己，或者不能真实地表达自己的感受，不能公然表达自己的观点和欲望，以至于扭曲到"假作真时真亦假"时，就会是非颠倒，"名数"淆乱，就一定会繁衍出种种大行其道甚至冠冕堂皇的"无耻之耻"，严复所谓"始于作伪，终于无耻"。

自然，对于郭嵩焘来说，他记述西洋"政教"，也许仅仅为了立此存照，他根本不可能或者不敢想象"公之众庶"的政治在当时的中国出现。他是办事的人，也是既成体制中的一员，并不沉迷于另一种水土里生长出来的"乌托邦"。他切切希望的是，朝廷可以尽早纂辑《通商则例》，这样，至少在与洋人通商时，有条理法则可以依循，可以管束自己的商人，也可以管束别人；他还希望尽早在国外设立领事馆，使流寓海外谋衣谋食的华人，有法律保障和庇护。

懂得秦汉以来两千年的传统，已经逐渐演化成为读书人的下意识思维和价值理想，在习以为常中，特定的政治标准成为了文化标准，特定的政治选择成了世世代代人们居之不疑的普遍选择，那么，我们就得承认，郭嵩焘对于制度、教化、风俗作为西洋立国之本的推崇，已经走得足够远，

1《致陈孚恩》，《郭嵩焘全集》第十三册，62页。

足够令人恐惧。

而郭嵩焘所指望的洋务局面，之所以不能出现，不正是因为洋务的深入，必将带来政治与文化上的改变，而对于清朝当局者，则意味着自我颠覆吗？所以，连威妥玛、赫德都知道，清朝不仅对洋人有难言之隐，对自己的百姓也有难言之隐。什么难言之隐？不就是以"江山社稷"为名义来自我保护的"难言之私"吗？即洋务的深入和民智的开启，都可能带来对于既定统治的破坏和颠覆。那么，朝廷的举措，首要的目标就在于消泯任何可能的破坏和颠覆，即便因此牺牲国家的整体利益，也在所不惜，更无论郭嵩焘这种个人的抱负与苍生的利益。

事关政制的观察，在郭嵩焘的文字中，并不是主导性的。

让郭嵩焘有更多体会的，则是作为西洋文明之源的西学，它与"公之众庶"的政治并行不悖，相辅相成，有着极其微妙的关联。

在郭嵩焘看来，这是应该付诸现实，也必须付诸现实的。

郭嵩焘参观过英国的造币厂、税务局、银行，了解其专利制度；访问各种各样的学校，探明其学制、学科、学分，想要知道西洋人才之所以盛的原因。

郭嵩焘曾赴牛津访问两日，得知牛津大学有21个学馆，住读学生2091人，每个学生都有卧室、书房。了解到天文、地理、数学、律法以及科学各门，必先经考试合格才得录取。各科有专师督导，大约十多人一个导师。他询问大学的行政体制，访问有三百年历史的学院，参观当时藏书仅次于巴黎国家图书馆和大英博物馆的学院图书馆。了解到各国图书皆有收藏，中国书也别藏一处。还与二十多位学正（院长）及老师见面，旁听有男女共三百多人参加的学术讲座，观看学生接受学位的仪式。他认为，牛津的考试有三级：学士、硕士、博士，他把博士当作翰林，以为必经三年始得考翰林，不过，只有牛津学生有资格，外人不得参与。学生毕业或留任教师，或出仕，或终其身以所学自效，等等。

他甚至想当然地认为博士亦重前三名，并且比诸科举的鼎甲，更感叹，英国的此种教育"实中国三代学校遗制，汉魏以后士大夫知此义者，鲜矣"！[1]

郭嵩焘的"三代"想象，一方面是士大夫对于心目中的"黄金时代"所能给出的极限想象和赞美，另一方面，以传统说事，可以补偿和平复人们压抑的自尊心，更容易被接受。

同样是以对中国上古的想象说事，郭嵩焘给出的并不是"古已有之"之类的骄傲和虚荣，而是"黄金时代"的良法美意竟然见于异邦的惊讶和赞叹。这一点，不仅与他的副使刘锡鸿不同，甚至不同于懂得一点英语、被誉为晚清杰出外交家的曾纪泽。

曾纪泽在接替郭嵩焘出使英国后的日记中仍然说："西人一切局面，吾中国于古皆曾有之，不为罕也。""或者谓火轮舟车，奇巧机械，为亘古所无，不知机器之巧者，视财货之赢绌以为盛衰。财货不足，则器皆苦窳，苦窳则巧不如拙。中国上古殆亦有无数机器，财货渐绌，则人多偷惰，而机括失传。观今日之泰西，可以知上古之中华，观今日之中国，亦可以知后世之泰西。"

且不说机器之巧，是否以财货之赢绌为前提（逻辑上应该是相反的），也不说中国之上古是否真有很多机器，单单这种关于机器的宿命论，就足够显示出拒绝屈尊学习的骄傲姿态。说来说去，还是把自己当作了人家的榜样，而曾纪泽也确实认为，西方人的"文学政术，大抵皆从亚细亚洲逐渐西来，是以风俗文物，与吾华上古之世为近"，问题的实质是"中国皇帝圣明者，史不绝书，至伯理玺天德之有至德者，千古惟尧舜而已"[2]。

这种说法，显然不能仅仅理解为一种应付自身民族文化心理的策略，一种为了"邀时誉"的迁就。

郭嵩焘认识到，因为学校制度的完备精当，使得西洋人才辈出，学术昌明。而此种学术，既不是虚文，也不只是工艺技术，学校自然也不只是

---

1 《郭嵩焘全集》第十册，336—337页。
2 《曾纪泽遗集》，363页。

技术学校。学校为西学之本，西学则是西洋科技与文明的源泉。以郭嵩焘之所见，西洋矿、电、兵、艺，莫不有学，所以有格致算学学堂、矿务学堂、船机学堂、枪炮学堂、兵学堂、建造学堂、学习学堂（师范）、政治学堂、水师学堂、陆军学堂、军医学堂、女子学堂等等。而且，无论学矿务、船炮、建造，必先入格致算学学堂，立下基础，两年之后，再视性向分门专习。

郭嵩焘尽力考求各种学问，诸如电学、重学、矿学、光学、化学等基本学科，所谓"格致之学"。他极其欣赏严复提到的一个说法："格物致知之学，寻常日用皆寓至理，深求其故，而知其用之无穷，其微妙处不可端倪，而其理实共喻也。"[1]

在对于具体学科的访问讨教中，称为"学问文章，世之凤麟"的郭嵩焘多次叹息抱愧，叹息自己"年老失学"，"于此等学问全不能知"，"诸事无所通晓，不能于此取益，有负多矣"。他甚至说，自己不懂西文，不知世界大势，不够堪任公使之职，只有留学生严复那样的人可以胜任。[2]

为此，郭嵩焘真是求知若渴，不耻下问。

他出席学会，参观博物馆，探究文明背后的学术动力，探究英国学术的源流。从在皇家学院学化学的罗丰禄那里打听化学的原理和方法，并得知，英国讲实用之学肇始培根，皇家学院就是为追慕培根之学而创立的。得知天文学家伽利略有"地动新说"，与伽利略同时的英国人牛顿，也穷究天文物理的奥秘。

郭嵩焘经过反复求证后给出的结论是："此邦术事愈出愈奇，而一以学问思力得之，人心固无不有也。"[3]意思是说，人心是不可限定的，可以走得很远，关键是什么在引导，要走向什么方向。

他认为，两百余年以来，"欧洲各国日趋于富强，推求其源，皆学

---

1 《郭嵩焘全集》第十册，495页。
2 《郭嵩焘全集》第十册，180页。
3 《郭嵩焘全集》第十册，201页。

郭嵩焘致曾国藩函手迹

滌翁夫子大人閣下西清家丱歸奉

賜書惟增感泣伏承以去秋先慈之喪

頻懸挽幛又

賜之聯語以光耀先靈而

勉諭不孝等伏讀感愴如何可言重以大故之頻仍過

问考核之功也"[1]。其真正的精神在于实事求是，就是诚实不欺，真诚不伪，这就是我们今天说的科学精神，不仅对物，指向科学，同时对人，指向诚信、契约与公共政治。如此，才有所谓"科学宗教"，似乎对宗教神学也试图以科学态度和方法验证之。

除了注意科学及实用之学，认识到机器文明有其学问之本，郭嵩焘也能欣赏西方的经济学、哲学和文学。

他从日本公使那里知道亚当·斯密（Adam Smith）与约翰·穆勒（John Stuart Mill），认为他们"所言经国事宜，多可听者"[2]。这两位因为严复日后的介绍，我们都知道是伴随现代西方崛起的重要思想者。

在汉语世界的表述中，郭嵩焘可能是最早提及亚当·斯密、约翰·穆勒的人之一，可能是最早述及"琐夫子"（苏格拉底）、"巴夫子"（柏拉图）以及"巴夫子一学生"——"亚夫子"（亚里士多德）、"安夫子"（安提西尼）、"伊夫子"（伊壁鸠鲁）以及亚历山大大帝其人其学的人，包括孔德哲学（刚莫特学问，Comtism）、笛卡儿（嘎尔代希恩，René Descartes）理学、莱布尼兹（意伯希克，Leibniz）性理之学。而且，可以肯定，郭嵩焘是第一个提及莎士比亚的人。在参加一个纪念会时，郭嵩焘得知莎士比亚（William Shakespeare）是英国最著名的剧作家，与希腊的荷马齐名。

自觉"年老失学"而年届花甲的郭嵩焘，把每日参观访问所得，一一记录在日记中，毛笔，蝇头细字，有时一天多达八千言（光绪四年五月二十日日记就是如此）。参与整理郭嵩焘日记的钟叔河先生说，"看了真使人不能不肃然起敬"[3]。

一个人如果不是某种强烈的动机和使命所驱使，如果不是充满天真的好奇心和对于新事物的敏感，很难像他一样如此勤勉，如此孜孜不倦。要知道，他还有日常书信和公文需要动笔，而郭嵩焘又不是那种惯于用帮

---

1 《郭嵩焘全集》第十册，341页。

2 《郭嵩焘全集》第十册，160页。

3 《从东方到西方》，262页，岳麓书社2002年。

手的人，这种涉及个人感受和议论的文字，也无从由别人代笔。我猜想，郭嵩焘在写这些东西时，一定会有一种神圣感，也有一种成就感，一种自豪，他还一定会希望与人分享，甚至想象被人阅读分享的情形。

确实，他在短短的两年多时间内，给总署的先生们写下长信近二十封，给李鸿章、沈葆桢也不停地写信，每封信都是长篇大论。他甚至设想过，他的观察，他的言论可以通过某种方式，被全体国人知道，至少可以让士大夫知识者知道。

"人才国势，关系本原，大计莫急于学。"郭嵩焘在光绪四年十月（1878年11月）致沈葆桢信中说。此"学"当然不是科举考试之学。为此，他建议先在通商口岸开设西式学馆，行之有效的话，渐次推广至各省以达县乡，以广益学校之制。除此之外，各省应该多选拔少年才俊，资其费用，先到天津、上海、福州各机器局学习，包括学会语言文字，然后遣送外洋，各就其才质所近，分途研习。

看了一圈，郭嵩焘也明白，西方之所以强势，动力之后有动力，原因之后有原因。

而对于自己来说，眼前能够争取措手的就是制定"通商则例"、开办"学校"、派驻"使领"。虽然义理高亢，郭嵩焘对于西方文明的认知，远迈侪辈，但他其实并不缺少常识感，尽管多少有点出于无奈。

第十一章

国士之知

　　郭嵩焘与比自己小不止一辈的留学生严复一见如故，以"国士"许之，勉力让他学有所成。严复作为近代中国重要的思想启蒙者的生涯，从与郭嵩焘的交往中开始。他们之间的眷顾，有着跨越个人身份的深情和思想认同。这是那个年代两个惺惺相惜的特殊的知识者。

激赏严复

郭嵩焘与严复（1853—1921）的忘年交情，出于他们在个性气质上的相契，很大程度上，更是出于求知的吸引和相似的对于西方文化的体认。

这也是郭嵩焘西行的一个重要收获。

郭嵩焘曾经略带讽刺地说过，李鸿章想派几十个官费留学生到西洋学习机器制造和使用，学习开船开炮打仗，以为就此可以解决洋务问题，解决人才问题，这是图便宜，"欲速则不达"。[1]

郭嵩焘对比过日本。其时，日本在英国留学的就有两百余人，学兵法者甚少，"盖兵者，末也，各种创制皆立国之本也"。西洋的强大，也并不在他们数十年"忧构兵"，而是"理势"的必然，"创制"的结果。因此，以中国"万无可整顿的"军队"营制"，学得"一身之技，无能及远"，"殚千金以学屠龙，技成无所用之"。没有自我更新、自我生长的机制，仅仅靠培养一个人、一批人提供眼前紧迫的服务，添置一种设备或多种设备以"富国强兵"，能顶多久的用？

这些话，后来就印证在甲午战争上。

因此，郭嵩焘更愿意看到官学生改习勘查煤矿铁矿以及炼冶诸法，学习"兴修铁路及电学，以求实用"[2]。而且，他并不满意当时朝廷选派的留学生，特别是派赴德国的留学生，有的本来就是无赖子弟，"屡犯

---

1 《郭嵩焘全集》第十册，437页。
2 《郭嵩焘全集》第十三册，273页。

事故，贻笑实多"，郭嵩焘"闻之惘然而已"。

严复是清廷所派的第二批三十名留学生中的一个，分派在英国格林威治海军学院学习。第一批即同治十一年（1872）所派的一百二十名幼童，由陈兰彬、容闳带领赴美，出自曾国藩、李鸿章的动议。这批幼童中途被撤回，时在1881年。其中被撤回的原因之一是有士大夫认为"外洋风俗，流弊多端，各学生腹少儒书，德性未坚，尚未究彼技能，实易沾其恶习。即使竭力整饬，亦觉防范难周，极应将（幼童留学肄业）局裁撤"。姜鸣把这几句话翻成现在的语言说：这些孩子年龄太小，世界观尚未定型，容易受坏的思想习惯的侵蚀，即使加强传统教育，也难以奏效，不如将其召回国罢了。[1]

严复等人是在郭嵩焘抵达英国四个月后来到伦敦的。到达时，郭氏即照会英国外相，请求给予他们学习上的方便。

严复引起郭嵩焘的注意，始于光绪四年元旦（1878年2月2日），严复和其他五名同学一起来使馆拜年。

郭嵩焘很仔细地询问他们的学习情况，其中与严复的谈话"最畅"，认为"其言多可听者"。

其间，严复谈到的一件事让郭氏印象深刻。某日，教习令学生数十人习筑垒，结果，同样的工具，同样的条件和要求，在限定的时间内，中国学生完成的工程量是最少的，"而精力已衰竭极矣"。严复议论说，西洋学生操练筋骨，从小已成习惯，所以筋骨皆强，而华人不能。

不久，严复又大胆批评郭嵩焘在长沙的老朋友张自牧所著《瀛海论》，说其观点有四谬，这四谬是：数年为之不足，一夫毁之有余，铁路不是中国所宜造；日趋淫侈，固机器不宜代人力；舟车机器之利，后必转薄而更废；有各国互相制约，中国海防不是急务。

郭嵩焘虽然替老朋友有所解释——要邀时誉，又非所习。而严复所习，正是机器，所以他们的认识自然悬隔。然以西法牵涉本末，中国

1《天公不语对枯棋》，212—213页，生活·读书·新知三联书店2006年。

大本全失，未易举行，则"固自有在"。但是，郭嵩焘显然并不以严复的驳诘为忤，实是赞同严复所说。他也同意严复对那些不在乎西洋文明或以为西洋文明中国古已有之的人的批评，譬如严复嘲笑张力臣所说的"天主二字，流传实始东土"，严复说："不识所流传者其字乎？其音乎？其字Roman Catholic，其音则罗孟克苏力也，何处觅天主二字之谐声、会意乎？"严复还引用左宗棠的话说："泰西有，中国不必傲以无；泰西巧，中国不必傲以拙；人既跨骏，则我不得骑驴；人既操舟，则我不得结筏。"郭嵩焘深以为然。[1]

此后，严复见到郭嵩焘的机会越来越多，大谈"格物致知之学"，以及"寻常日用皆寓至理""其理实共喻"的科学本质。郭氏极其激赏。

严复在郭嵩焘面前径情直遂地发表对中国事务的看法，也毫无隐晦，譬如说中国最切要的事有三："一曰除忌讳、二曰便人情、三曰专趋向。""除忌讳"无非是要消除不敢说真话，不敢直面现实的文化人格分裂；"便人情"就是要顺应人的真实需要，实事求是；"专趋向"则意味着无论国务、洋务，必须有定识定见，必须能够接纳专业主张，不能三心二意，苟且敷衍。

郭嵩焘认为这种说法"深切著明"，正是他本人"生平所守"之义。但他却因此"犯一时之大忌，朝廷亦加之贱简，谁与知之而谁与言之？"言下之意，自然是说，现在总算有严复可以"知之""言之"了。[2]

传统社会，大一统的思维与行政治理体系，妨碍"实事求是"的真正落实，妨碍专业主义精神的发育。具有专业意识和能力的人，要想融入体制，要么丧失专业性格与品质，要么被边缘化。

郭嵩焘、严复正是那种具有专业主义性格而强调"专趋向"的人，他们的受挫，不止因为"先知"，还因为他们不自觉地有着某种作为专

1《郭嵩焘全集》第十册，425页。

2《郭嵩焘全集》第十册，453页。

业主义者的"择善固执"。

一般说来，"知识"与"诚意"是相互促进的，道德的完善往往伴随着知识的进化，道德意识的健康与知识的成熟并辔同行，科学的知识与真确的认知，可以克服情感的与道德的扭曲。然而，在以道德理想主义支配政治、左右社会的意识形态体系中，人们往往习惯以道德统帅认知，以便把新知识所带来的颠覆性降解到最小程度，这正是郭嵩焘、严复共同遭遇的处境。

应严复之邀，郭嵩焘曾到格林威治海军学院参观。

他先到了严复的寓所，稍作停留就去参观学校设备，严复"出示测量机器数种"，并予解释。郭嵩焘对于严复学习的课程充满好奇，他听严复讲说牛顿的地学、重学（物理学），悠然神往。还听人讲解过严复在学的考试题目，包括流（流体）凝（固体）二重学、电学、化学、铁甲穿弹、炮垒、汽机、浮动、风候海流、海岛测绘等课程。郭嵩焘自叹"多病衰颓"，不能在这些学问上钻研求益。

郭嵩焘于光绪四年三月二十五日（1878年4月27日）前往巴黎呈递国书。六月份，严复也随同使馆官员来到巴黎。六月初九，严复带了《修路汽机图说》一书拜访郭氏，谈及英、法、德、荷、比等五国，数千里道路，平铺沙石，明净无尘，而且火轮车、马车道路交互上下，互不妨碍，车道与人行道有所区别，大小城镇的道路每年都要整修，有专门的"公会"组织过问此事。

除了分享类似的亲见亲历外，郭嵩焘很欣赏严复所作的总结，严复说"西洋胜处，在事事有条理"。所谓"有条理"，也就意味着不再是"一锅煮"的社会管理和社会分工，即是专业化的分工与管理。

1878年7月18日，郭嵩焘前往参观法国的天文台，严复陪伴；27日，严复与郭嵩焘谈矿务；28日，光绪皇帝生日，郭嵩焘在使馆行礼庆祝，然后带人去参观凡尔赛宫，其中有严复。回到伦敦，重九登高（10月4日），郭嵩焘延请了洋人和中国人总共十三人享受"山水林园"之胜，严复在其中；不久，又有为赴德国公使举办的饯行会，严复是十五位被邀请的中外宾客之一。

光绪四年十一月，国内来人（崇厚）向郭嵩焘问起在英、德两国的中国留学生的前程，其中说到严复。郭嵩焘说，如果让严复回去"管带一船"，实在是"枉其才"。他认为，严复大可胜任交涉事务。

此前，严复向郭嵩焘报称，"西洋学术之精深，而苦穷年莫能殚其业"。

郭嵩焘曾为此设法。他在七月份照会英国外相，在派格林威治学院的中国学生登兵轮实习时（将毕业），让严复再留校半年，以便他回国可以担任教职。

因为郭嵩焘的关照，留学英国两年多的严复，得以一直在学校里研读，除了"格致之学"外，更进而推求西洋致富强的学问及其根本所在。如此，严复得以接触到说明这种根本的重要思想家亚当·斯密、孟德斯鸠、卢梭、边沁、约翰·穆勒、达尔文、赫胥黎、斯宾塞的著作。

日后，严复以庄重典雅的笔墨，把他们的书译介到中文世界，成为启蒙大师。从辛亥革命到五四运动，不止一代精英，正是在阅读严复的著作，特别是他的译著过程中，开始登上历史舞台的。

鲁迅曾经回忆，他在南京水师学堂读书时，读到严复刚刚编译出版的《天演论》，开篇说："赫胥黎独处一室之中，在英伦之南，背山而面野，槛外诸境，历历如在几下。乃悬想二千年前，当罗马大将恺彻未到时，此间有何景物……"鲁迅读得悠然心会，神游六合之外，想到那么远的地方，那么漫长的历史，居然有人也像当时的自己一样上下求索。

鲁迅那一代人读《天演论》，很多人读到可以背诵的程度。

《天演论》在近代中国改变了也塑造了不止一代人的世界观。

郭嵩焘对严复的激赏非常直白，以至不避嫌疑。郭嵩焘最激赏的，当然是严复对于中西学术政治和文化差异的领会，对于西方文明的真诚面对与理性反思，这也是郭嵩焘正在思考与乐于思考的。他们曾为此论析，"往往日夜不休"。

同治五年，在《保举实学人员疏》中，郭嵩焘就曾说："窃见近年以来，捐例广开，人尚虚浮，士鲜实学。武臣之效力者，功业稍著于一时；儒臣之在列者，学行远逊于前代。臣在粤两年，所见绩学之士，践履笃实，坚持一节者二人。一曰番禺举人陈澧，行谊渊茂，经术湛深。近年广东人才，由该员陶成造就者为多。臣愚以为宜置之国子监，使承学之士稍知学行本末，光益圣化。一曰南海生员邹伯奇，木讷简古，专精数学。臣愚以为宜置之同文馆，使与西洋教师会同课习算学，开示源流。"

除此之外，郭嵩焘还推举了"里居习知者四人"：究心理学的湘乡同知朱宗程，"质行精粹，深明易理"的长沙贡生丁叙忠，"文修行洁，学识崇深"的巴陵文士吴敏树，笃于古学、广博易良的湘潭罗汝怀。自然，他也推崇那些开始与近代实学接触的人，譬如"淹通算术，尤精西法"的浙江李善兰等。郭嵩焘所荐举的人才，多是学问好的专业人才，而不是政客。

在郭嵩焘看来，严复显然是更高层次的专业人才。[1]

惺惺相惜

郭嵩焘对严复的爱惜之心，不仅体现为对严复的奖掖，而同时源于他对严复心性气质的敏感，体现在他对于这种心性气质所可能遭遇的打击的担忧。

郭嵩焘说，"又陵才分，吾甚爱之，而气性太涉狂易"，"念负气太盛者，其终必无成，即古人亦皆然也"。[2]郭嵩焘知道，以严复的性情才分，因为所见深远，太容易发言犯忌了。而口没遮拦，在传统教养中就是"狂易"的表现。

在一种强调趋同而不是求异的价值观念中，在一种只有通过人际关

---

1 《郭嵩焘全集》第四册，720页。
2 《郭嵩焘全集》第十册，544页。

系才可能自我实现的文化惯习中，过人的才分，加上过盛的气性，太专业与太专注的求知、求真态度，敏锐的洞察与直言不讳的真诚的言说，往往使一个人无法周旋人际，婉转官场，甚至直接被人视为"陌路"或者"异端"。

文学史家夏志清曾说，二十世纪中国文学不好的原因之一，就是中国文人应酬太多，无法专注，也不能独立承受精神的孤独和深入。

把夏氏所说的"应酬"理解为一种经营紧密的人际关系，这与郭嵩焘的意思可以连贯起来。郭嵩焘在日记中，发的最多的叹息，就是应酬之苦，虚耗时日之痛，完全不像一般士大夫之乐于此道，精于此道。

郭嵩焘自念，平生未尝不是"恃才""负气""太认真"而屡遭挫败。他无法不担心这个"青春版"的自己，会像自己一样，在世路上走得特别艰难。

果然，接任公使的曾纪泽对严复的观感就不像郭嵩焘。

曾纪泽说："宗光（严复）才质甚美，颖悟好学，论事有识。然以郭筠丈褒奖太过，颇长其狂骄矜张之气。近呈其所作文三篇，曰《钮顿传》，曰《论法》，曰《与人书》，于中华文字未甚通顺，而自负颇甚。余故抉其疵弊而戒厉之，爱其禀赋之美，欲玉之于成也。"

这是1879年4月间的事。此时，郭嵩焘已经回到长沙。

在这一年8月19日的日记中，郭嵩焘写道，严复"于西学已有窥寻，文笔亦跌宕，其才气横出一世，无甚可意者。劼刚（曾纪泽）乃谓其文理尚未昭晰，而谓其狂态由鄙人过为奖誉成之。岂知其早下视李丹崖一辈人，非鄙人之所导扬之也"。

8月28日，郭嵩焘接到严复来信，严复在信中埋怨说："劼刚门第意气太重，天分亦不高，然喜为轻藐鄙夷之论。日记中所载中西时事，去事理远甚。所带人从，皆赘疣也，于使事毫无补济。"郭嵩焘说："又陵言自有理，亦正嫌其锋芒过露，劼刚谓其狂态由鄙人作成之，则亦不知又陵之狂，由来固已久也。"

11月28日，郭嵩焘又接到严复通过别人转来的信。信中说："劼侯天分极低，又复偷懦惮事，于使事模棱而已，无裨益。"

郭嵩焘认为，严复所言"亦殊切中"。

在郭嵩焘看来，曾纪泽对严复的冷处理，不免有点嫉妒的意思。区别于当时严复对家国现实的洞察和忧患，对新知识、新视界的热情洋溢，郭嵩焘觉得，自己这一位晚辈亲戚，多少有点不思作为的"公子习气"，对于时政变革，对于西方文明，缺少热衷和主动，又不惜屈己从人，为了迎合朝廷内外的清议时论。

今人陆建德说："在晚清官员中，曾国藩之子曾纪泽名声还算不错。我们在他的《出使英法俄国日记》中发现，这位大清国的外交官精通'琴棋书画'四艺，对围棋尤其痴迷，出任公使后依然在围棋上耗费大量时间，有时一日下棋达五局之多。我有时觉得他体弱多病，智识活力不足。面对一个全新的世界，他显得缺乏应有的兴趣与热情，不去描述，无力描述，于是围棋成了他寻求慰藉的避风港。当时欧美外交官和传教士（如已回国的威妥玛和还在中国的李提摩太）何等勤奋，他们了解认识异文化的热情以及对文化交流的实际贡献远非围棋爱好者曾纪泽能比。"[1]

确实，当曾纪泽说"观今日之泰西，可以知上古之中华；观今日之中华，亦可以知后世之泰西"时，不难发现那种迂阔的莫名其妙的骄傲和近乎无知的自负，这种骄傲和自负，出于性情的冷淡，而冷淡又未始不是出于骄傲和自负。郭嵩焘在参观英国学校考察学制时虽然也曾有"此实中国三代学校遗制，汉魏以后士大夫知此义者鲜矣"的说法，甚至以"三代之治"直接比对英法当时的现实，但是，郭嵩焘的取向，与曾纪泽穿凿附会的强为解释，正好相反。

所谓"三代"重现，郭嵩焘以此印证的是自己心中之所向往，是中国需要无保留地效法和认同的。

自然，相比当时满朝文武，曾纪泽对于西方的认知，包括他在外交

---

1 陆建德《在拯救与逍遥之间——〈弈境：围棋与中国文艺精神〉序》，见何云波《弈境：围棋与中国文艺精神》，北京大学出版社2006年。

上的努力，或许已经称得上鹤立鸡群，足够开明，以致人们谈论晚清洋务，常常以郭嵩焘与曾纪泽并举。

言归正传。严复对曾纪泽的观感，与曾纪泽对严复的质疑，正是他们的天赋和身份的正常反应，不"正常"的是郭嵩焘对于严复的无保留的认可，不"正常"的是严复在郭嵩焘面前的坦率直言。

郭嵩焘似乎从来没有意识到自己身份与严复的悬殊，需要他在与严复的交往中保持作为疆臣的持重矜持。而严复，似乎也根本没有意识到自己当时没有任何功名和位阶的卑贱，没有意识到郭嵩焘、曾纪泽他们身居高位，没有意识到郭嵩焘与曾纪泽之间的渊源又是多么深厚，或者他意识到了，却不以为意。

这即是两个特殊的知识人，在十九世纪中国的不"正常"表现。

严复后来在官场，果然并不得意。他甚至捐过监生，从1885年开始，屡次参加科举考试，试图从"正道"获得出身，"自维出身不由科第，所言多不见重"，却屡战屡败，以至自嘲"四十不官拥皋比，男儿怀抱谁人知"[1]。

后来，朝廷终于给了他一个名分——宣统元年（1909）受赐文科进士出身。但是，严复似乎一直视科举失败为自己的终生耻辱，尽管他在1895年作的《救亡决论》中说，变法的首要步骤就是废八股，因为八股"锢智慧""坏心术""滋游手"，有此三害，国家没有不弱而亡的。

除了这种制度文化上的隔阂，让人虚耗性命和光阴外，严复本人也十分明白自己的性格"缺陷"。他说"当今做官，须得内有门马，外有交游，又须钱钞应酬，广通声气"，自己"三者无一焉，何怪仕宦之不达乎"？[2]系统性的颓堕与腐败，金玉其外、败絮其中的精神与体制破产，显然不是谔谔一士所能挽回和改变的。

自然，仕途不顺，并不能改变他作为先知者的敏锐和骄傲。严复自信，他所身与其中的西力东渐、西学东渐，包括由这种倾斜的形势所打

---

[1]《送陈彤卣归闽》，王栻主编《严复集》第二册，361页，中华书局1986年。
[2] 王栻《严复传》，13页，上海人民出版社1957年。

开的通商局面，已经无法回避，也不可阻遏。

他用郭嵩焘的话说："郭侍郎所谓天地气机，一发不可复遏，士大夫自怙其私，求抑遏天地已发之机，未有能胜者也。"[1]他也无法忘记郭嵩焘对他的认同和赞许，无法忘记郭嵩焘在讨论西洋政教时对自己的启发。

很多很多年以后，在所译孟德斯鸠《法意》卷十一的"按语"中，他不无自豪地回忆说："不佞初游欧时，尝入法庭观其听狱，归邸数日，如有所失。尝语湘阴郭先生，谓英国与诸欧之所以富强，公理日伸，其端在此一事。先生深以为然，见谓卓识。"而在卷十的"按语"中，他说："三百年来，欧之所以日兴，而亚之所以日微者，世有能一言而通其故者乎？往者湘阴郭先生尝言之矣，曰，吾观英吉利之除黑奴，知其国享强之未艾也。夫欧亚之盛衰异者，以一其民平等，而一其民不平等也。"

郭嵩焘晚年，与严复鱼雁不断，但天各一方，已无再见之缘。

郭嵩焘去世后，严复作挽诗挽联，挽联曰：

> 平生蒙国士之知，如今鹤翅鹔鹴，激赏深惭羊叔子；
> 惟公负独醒之累，在昔蛾眉谣诼，离忧岂仅屈灵均。

羊叔子，名祜，晋初国士，经纬文武，位至宰辅。郭嵩焘许以羊祜之鹤善舞，严复念念不忘，但深感惭愧。严复也深知郭嵩焘的内心隐曲，他屡遭横逆的悲愤，所谓"蛾眉谣诼"（《离骚》有句曰"亦余心之所善兮，虽九死其犹未悔。怨灵修之浩荡兮，终不察乎民心。众女嫉余之蛾眉兮，谣诼谓余以善淫"），所谓"独醒之累"，所谓"离忧"。以屈原的悲愤比喻郭氏的悲愤，以郭氏的遭遇对照屈原的生涯，在世人以汉奸目之时，这又是何其崇高的景仰？

---

1 《论世变之亟》，《严复集》第一册，3页。

　　由此更可以想象，当年严复的出现，在郭嵩焘内心唤起了怎样的波澜。他们之间的交好，不仅是某种气质骨血里的亲近，更是世界观以及思想的相通带来的深情。

第十二章
出洋"十宗罪"

　　副使刘锡鸿劾奏郭嵩焘出洋以来"十宗罪"，舆情汹汹。郭嵩焘无可表白，与刘锡鸿誓不两立，双双被撤。郭嵩焘意识到，刘锡鸿心浮器小，趾高气扬，轻视一切，顽然自圣，"一诪张为幻之小人，何足与校，然其中消息绝大"，集体性的士大夫文化人格的分裂及其病变，昭然若揭。

"中洋毒"

在公使任上，郭嵩焘有一种平生罕见的明快心情。公务足以胜任愉快，他也适应异乡的生活，包括与严复的快意交往。

但是，三年任期不满，郭嵩焘就一再请辞。

让他不开心的，让他非离开不可的，乃何事何人？

能够让郭嵩焘沮丧的，仍然是他在国内就屡屡遭遇的观念和利益交织的冲突，以及由此而来的构陷。这种冲突和构陷，有一件事与一本书——《使西纪程》有关。

在郭嵩焘出使时，总理衙门曾经奏请皇帝饬令，出使大臣务必将对外事件、各国风土人情、政治经济等方面的情形，详细记录，随时咨送国内。

这也是慈禧面见郭嵩焘时吩咐他应该做的。

郭嵩焘老老实实按指示执行，一抵达伦敦，就将自上海至英国五十一天行程的日记加以整理，自以为谨慎，也自以为高明，自以为对国家负责，对朝廷忠心耿耿地进行了一点增删改写，其中尤其小心翼翼地把一些害怕有所冒犯的针对性的议论做了处理，以相对整饬的形式寄送给了总理衙门，名曰《使西纪程》。总理衙门让同文馆将其刷印出版。

《使西纪程》之前，斌椿《乘槎笔记》、张德彝《航海述奇》作为海外游记也有过出版，但并无太多反响。作者、读者都难免把所见所述当作《山海经》对待，更多猎奇、述奇、传奇的性质。作者的见识胸襟，自然也无法与郭嵩焘这样以天下为己任的士大夫比拟。

或许是因为郭嵩焘在洋务上已经闹出过满城风雨，或许是郭氏明确的士大夫身份和不一般的使命，让朝野人士对于郭氏的言行格外关注，还或者，郭氏具有反思性和批判性的言论表述，他的"不容于尧舜之世""去父母之邦"的行为，事实上已经触犯了人们的核心价值观念和核心利益。《使西纪程》出版，在朝廷和士大夫间引起的反响异常强烈，连郭嵩焘的好朋友，称得上开通灵泛的王闿运，也认为郭氏的海外日记大概已经"中洋毒，无可采者"[1]。李慈铭更加不理解，在《越缦堂日记》中说郭嵩焘所言"诚不知是何肺肝"，刻印者又是何居心，他还说，此书一出来，"凡有血气者，无不切齿"。

这还是当时堪称有见识、有头脑的学者的说法，而不是纯粹政客的言论。

政客的反应则是"动手"。

光绪三年（1877）六月，翰林院编修、湖北人何金寿，就凭《使西纪程》奏劾郭嵩焘"有二心于英国，欲中国臣事之"，请求将《使西纪程》毁版。

郭嵩焘七月份知道此事后，怎么也想不明白。

第一个不明白的是，《使西纪程》怎么就能够推导出他"有二心于英国"？

他在为反击这一奏劾而上的《办理洋务横被构陷折》中说，何金寿"所据为罪状者，在指摘日记中'并不得以和论'一语"。《使西纪程》中（光绪二年十一月十八日日记）确实有这么一段议论，起头是郭嵩焘一行在新加坡和锡兰停留时，得到几份当地的日报，其中有文章议及"中外交涉事宜"，郭嵩焘让随员翻译出来，并且叮嘱刘和伯等删掉其中有忌讳的地方，做成折子。郭嵩焘说"洋情、国势、事理三者均有关系，即此可以推知洋务情形，而得其办理之法"。接下来，就谈到

---

[1] 《湘绮楼日记》，第三册。

"南宋以后边患日深，而言边事者峭急褊迫，至无地自容"。郭嵩焘认为，"以夷狄为大忌，以和为大辱，实自南宋始"。而现在的形势又与南宋不同，"西洋立国二千年，政教修明，具有本末，与辽、金崛起一时，倏盛倏衰，情形绝异"。而且，"窟穴已深，逼处凭陵，智力兼胜"。如此情形之下，怎么能不认真讲求应付处理之法？怎么就一定"不得以和论"呢？无缘无故把一个"和"字当作劫持朝廷的资本，"侈口张目以自快其议论，至有谓'宁可覆国亡家，不可言和'者"。在京师，已经多次听到这样的言论。郭嵩焘由此感叹，想不到宋明以来士大夫们的议论，为害之烈，一至于此。

郭嵩焘这一段联系南宋的议论，意思非常明白。就是说，南宋言边事者已经有问题，现在的局面和面对的对手更不同于南宋，人家是"有本有末"的文明，"智""力"兼胜，非辽、金可比。因此，如果不仔细掂量出办法，而是笼统地"不得以和论"，将最终导致自己"无地自容"。

其实，郭嵩焘一直就认为，办理洋务不当的重要表现，就是自己首先明确立场，以自己与对方誓不两立为立论的基础，在观念上把自己弄得没有立足的余地。

观念和立场上的自我孤立，直接带来对策上的失误，还不要等人家上门，自己人内部先掐起来了。

这种"主题先行"的做法，其来有自。

郭嵩焘曾经指出，历史上发生的事，特别是涉及国际关系时，必须"究知当日之情事"，才能有公允恰当的了解。譬如，在"战国之君，一皆习于权变"的时代，苏秦的合纵游说，就并不可以从纯粹道德人格的角度打量。因此，郭嵩焘认可司马迁关于苏秦的说法，"其知有过人者"。同时认为，"岂惟其心与管仲异，所处之时亦异也"[1]。

郭嵩焘一直对宋明士大夫"于天下大势懵然无所知"，"不考当

---

[1]《书龙禹门〈苏秦论〉后》，《郭嵩焘全集》第十四册，379—380页。

时之事势，不察人情之顺逆"而厚诬古人的放言高论，大不以为然。譬如，明末魏禧魏叔子论岳飞"朱仙镇班师事"，他认为就"不足当有识之一笑"[1]，并为此专门著文辩论。

这种以对于历史的理性认识为前提的判断，不再被高亢的自我中心主义所全盘操控，郭嵩焘因此不仅可以从流行的议论中看出"厚诬古人，贻误后世"的历史偏弊，而且可以质疑经典，还原是非。他曾经认为朱子《中庸章句》中的某些阐发，就"求之过密，析之过纷"，以至有悖于常识常理。而他本人之"发明经旨"，其实就是返回实情，从真实的认知出发而已。[2]

以可靠的认知和形势判断为依据，因应世事，才不至于平白无故地先把事情弄坏在自己手里。郭嵩焘说，办洋务必须讲道理，而且是讲全面的道理，一面之见是私见，不可谓之道理。什么是全面的道理？并没有别的高深之论，只要"以之处己，以之处人，行焉而宜，施焉而当，推而放之而心理得，举而措之而天下安"就行。他说，"妄意天下，只是一理"[3]。因此，有职位的人能够效忠职守，以身任之不疑，没有职位的能够明白道理，那就行了。"尊主庇民，大臣之责"，如果既不能"心理得""天下安"，却弄得满天下自矜其气、自我鼓噪，这算怎么回事，是为了什么呢？"凡为气矜者，妄人也，匹夫挟以入世，而人怒之，鬼神亦从而谴之"，这样的人——"妄人""匹夫"，还可以和他言"国是"吗？这样的人行事，还有"道理"可言吗？

郭嵩焘自我表白，此"区区愚忱，不惜大声争之，苦口言之，以求其一悟。愿与读书明理之君子，一共证之"[4]。没想到，苦心的"争"和"言"，"证"成的却是"有二心于英国"的苦果。

第二个不明白的是，郭嵩焘听说，按照朝廷的旨意，何金寿的奏

1 《驳魏禧论岳鄂王朱仙镇班师事》，《郭嵩焘全集》第十四册，282页。
2 《〈中庸章句质疑〉序》，《郭嵩焘全集》第二册，726页。
3 《致朱克敬》，《郭嵩焘全集》第十三册，339页。
4 《郭嵩焘全集》第十册，117页。

匆居然发给了总理衙门，他不知道负责决策的枢府诸公这样做是什么意思，是想要他自己请求处分？还是要代他请求处分？

郭嵩焘认为，这样做无非是"极意""奖藉一二无知者，以招徕其议论"而已[1]，鼓动天下人说是非，更加"气矜"鼓噪，让天下人都认为他"有二心于英国"。洋务本来就是一件陌生的事，老百姓如何懂得其中的曲折？朝廷不能替他排除"有二心于英国"的污名，反而扩大影响，岂不是存心弄出三人成虎的局面吗？

何金寿的折子里就说过，"大清无此臣子"。那么，郭嵩焘不就是汉奸了吗？

事实上，还真有不少人，包括朝中大臣，不免以汉奸目之。一个人的智力是有限的，包括所谓文化人，要辨别流言的真伪又谈何容易。何况，人们对于所谓真相的寻究，大多如矮子观场，应声而已。

朝廷果然根据何金寿的奏折，显然也根据愈演愈烈的"舆论压力"，下令将《使西纪程》毁版，禁止流行。

那么，郭嵩焘至少犯了思想罪、文字罪，朝廷的举措就足够说明他的罪愆，何况还有可以烁金的众口？

这种朝野互动，真是"相得益彰"。

王兴国先生在《郭嵩焘评传》中说，朝廷这一举措，对郭嵩焘起了两重作用。第一，尽管刚到英国不久，但郭嵩焘就此萌生退意，只是朝廷找不到人代替，只好慰留。第二，郭嵩焘再也不愿公开发表使西观感，这对于近代中国的开放是重大损失。[2]郭嵩焘原本是乐于作"醒世通言""喻世明言"并"大声争之，苦口言之"的。其间，上海有洋人办的报纸曾经向他索要见闻，希望刊登，郭嵩焘想都不想就拒绝了。[3]郭嵩焘自己也觉得未免可惜，他在给李鸿章信中说，他原准备每个月写成日记一册，呈达总理衙门，借此可以讨论西洋事宜，竭尽所知为之，现在

1《郭嵩焘全集》第十册，260页。

2《郭嵩焘评传》，151、152页，南京大学出版社1998年。

3《郭嵩焘全集》第十册，117页。

这一切都只好蠲弃不提。[1]

郭嵩焘日后在文章中提及，《使西纪程》查禁十多年后，还有人（薛福成）向已经不再是小孩的光绪皇帝推荐这本书。这一方面说明，郭嵩焘自己认为"于洋务得失无所发明"，只有二三段论处置洋务事宜"多朝廷所未闻"的《使西纪程》，影响毕竟难以消除；另一方面，也说明晚清洋务运动，在观念上是如何蹒跚不前，原地踏步，十多年过去了，郭嵩焘的见识仍然是最高明的令人震惊的见识。

《使西纪程》本身在"义理"上遭遇的非议，郭嵩焘也许并不会太伤神，这甚至可能是他始料过的。由此带来的后果，则无疑令人痛心。

同室操戈

相比《使西纪程》的遭遇，更加让郭嵩焘忍无可忍的，是他的副使刘锡鸿对他的倾轧。郭嵩焘为此既锥心地痛苦，又弄到情绪都无法控制地沮丧和愤怒，整个出使期间的明快，都因此蒙上阴影。

刘锡鸿，字云生，广东番禺人。郭嵩焘署理广东巡抚时与之相识，"爱其才，怜其不遇"。郭嵩焘曾指派他办过事，一度还"颇加倚畀"。

郭嵩焘认为，刘锡鸿虽然未免"过刚无礼"，但"粤人亢直无私者不多见"，刘氏等少数人"略近之"。但是，对于世故人情全不一加体察，像粤人的性情只知有己而不知有人，因此终究是一个粤人而已。[2]

这是郭嵩焘对他的最初评价，与日后发生的事情完全吻合。

郭嵩焘从广东离任前，还向朝廷保荐过刘锡鸿。

回到湖南，虽然是离任，郭嵩焘依然关注广东人事。刘氏时时来信有所报告和评论，郭嵩焘觉得他"用功甚勤，所见常过人数倍，未易才

1《致李鸿章》，《郭嵩焘全集》第十三册，460页。
2《郭嵩焘全集》第九册，154页。

也"[1]，增加了对他的好感。其实在刘锡鸿，也就是不满意、不得志的牢骚有人倾诉而已。而郭嵩焘离开广东，涉及广东事务，心中同样多郁闷，需要有认同自己的人。

郭嵩焘被召回京师准备出使时，刘锡鸿在京师任刑部员外郎，与郭氏多有往还酬酢。

光绪二年六月二十一日，正是郭嵩焘想要辞掉包括出使在内的差使，请假养病的时候，某天，应刘锡鸿邀请，游高庙，晚上在刘锡鸿那里喝酒。刘锡鸿感叹"忧时者无其人"。郭嵩焘说："上者道德学问出于至诚，今无有也；次者见得事理分明，今亦难也；又次须带几分蠢气，蠢者尤绝无之，是以难也。"[2]

从谈话看得出来，刘锡鸿同样是不满于现实的"忧时者"，他们的谈话也算得上融洽。而刘锡鸿本人，在郭嵩焘看来，至少还属于第三类人——带几分蠢气，但是认真，"性愚故能定"。这也是当年郭嵩焘父亲的诗中肯定过的。

刘锡鸿在京师士大夫中留下的印象比较一致。李慈铭说他，"其人已老，雅以经济自许"。王闿运说他，孤僻自大，"欲为一代名人"，但"不近人情而以为率真，故所至受诟病"。这也是郭嵩焘对他曾经有过的负面印象。

看来，刘锡鸿是那种有点固执和偏执的人。就在上海至伦敦的海行途中，同行的外国人，与郭嵩焘和刘锡鸿并无关系，却一致敬重郭大人的仪态举止，而瞧不起刘大人。例如，刘氏在吃饭时习惯大声咳嗽吐痰，并命令他的仆人拿痰盂来，然后大吐特吐。刘氏的吃相也很难看，旁若无人的样子。到香港时，他的举动就让港督很讨厌，竟不与他说一句话。使团到达伦敦后，郭嵩焘曾经和他、李湘甫等走访李凤苞，跟班某（郭斌）随行，无意间走到了刘锡鸿的前面，刘氏为此大怒，不依不饶一定要将跟班交给李湘甫诫斥。

---

1 《郭嵩焘全集》第九册，418页。

2 《郭嵩焘全集》第十册，41页。

尽管如此，刘锡鸿却是有用世之心，对时政也有相当激烈的看法，显然同样带有自以为是，旁若无人的味道。人不可貌相，但从画像上看，此人确实显得是那种比较僵硬、阴沉、乖戾的。

郭嵩焘出使英国，原来拟定的副使不是刘锡鸿，但因为出使的事情一再拖延，原来拟定的人另有差使，这才由刘氏代替。

据郭嵩焘晚年回忆中的说法，当总署决定改派刘氏作为副使时，郭嵩焘曾经设法拒绝，他说："刘锡鸿出洋有三不可：于洋务太无考究，一也；洋务水磨工夫，宜先化除意气，刘锡鸿矜张已甚，二也；其生平好刚而不达事理，三也。"[1]后来经友人某（朱石翘）说项，才荐刘氏出使。

汪荣祖先生说，这种出自郭嵩焘晚年自叙的说法，或许包含了事后的偏见，未必符合当时的实情。

或者以为，刘锡鸿就是总理衙门和朝廷故意安排在郭嵩焘身边，制衡和抵消郭嵩焘主张的一个人，目的就是与他掣肘、作对，以便达成一种外事交涉方面的平衡，以免兴冲冲的郭嵩焘走得太远。因为，不仅刘锡鸿的个性不容易与人共事，刘氏对于洋务也确实自有主张而不免隔膜，其观点与喧嚣"时论"更为接近。

清廷向西方派驻使节，古老的帝国不得不置身于列强之林，但心有未甘，认为这是不得已的退让。刘锡鸿最初的看法就是这样。他认为，"今日使臣，即古之质子，权力不足以有为"[2]。

在1874年因为日本出兵台湾，朝廷号召大臣们"切筹海防"时，刘锡鸿也提出过观点。他对于"机器"完全不能信任，说："仁义忠信可遍令人习之，机巧军械万不可多令人习之也。""募人学习机器，辗转相教，机器必满天下。其以此与官军对垒者，恐不待滋事之洋匪也。""西洋技巧文字，亦第募艺士数人蓄之即足备用，似不可纷纷讲求，致群骛于末，而忘治道之本。"那么，他说的治道之本是些什么

1《玉池老人自叙》，《郭嵩焘全集》第十五册，775页。
2 李鸿章《译署函稿》，卷八。

呢？"中国天下为家已数千载，政令统于一尊，财富归诸一人，尊卑贵贱礼制殊严，士农工商品流各别……逐末之人何得妄参国是？市侩之贱何得擅蓄甲兵？"这不正是郭嵩焘并不认同且有所批判的说法吗？

刘锡鸿的结论是："夷狄之道，未可施诸中国。"

此种前提性的判断，让刘锡鸿在出使时就自我定位为"此行能左右郭公，善为修好弥衅，私愿即毕，不必……为三年驻扎计"。除此之外，他或许还多少存有"用夏变夷"的信念和用心。

因此，从抵达上海开始，刘锡鸿就大发议论，似乎要以此来压制所见所闻对他带来的心理冲击。譬如在上海参观格致书院，就说："大学之言格致，所以为道也，非为器也……一器一技，于正心修身奚与？"

在国外看到火车，不能不惊叹其"技之奇巧，逾乎缩地矣"，同时一定得绕回来说"圣朝绥奠乐土"，人民"莫肯轻去其乡"。那么，"火车之不能行于中国，犹清静之治不能行于欧洲，道未可强同也"。

明明看到泰晤士报馆的机器印刷，一点钟可以印七万份，但却认为还是中国的手工好。刘锡鸿找到的理由是，手工印七万份报纸共需两千八百个工人，这样至少可以养活两千八百个工人及其八口之家，两万数千人的生命托于此，何必用机器夺了这么多人的口粮？

明明看到人家的富强，却偏偏要证明"外洋以富为富，中国以不贪为富；外洋以强为强，中国以不好胜为强"。从天道人道的高度看，这句话也许有其高明。但似乎应该是富强者的说辞，而不能是贫弱者的借口。

有人和刘锡鸿谈到中国的妇女也是人，为什么"独居幽室而不出"？他实在答不上来，等到晚上，终于想出来理由，就跑去回答说，一个人有背有胸，为什么胸在前而背在后？因为胸是阳，背是阴。一个人的头脸的皮肤可以暴露，肚子的皮肤不能暴露，为什么？因为头是阳而腹是阴。

刘锡鸿甚至还找到过一条绝妙的理由，证明中国和英国为什么要反其道而行之。

他说，英国人"无事不与中国反"，论国政则由民及君，论家规则尊妻而卑夫，家事是妻唱夫随，座位是妻上夫下，论生育则重女而轻男，宴会则贵主而贱客（主人居中，客夹之），论文字则自右而之左（语言文字皆颠倒其先后，"父亲的花园"则曰"花园的父亲"），论书卷则始底而终面，论饮食则先饭而后酒。凡此诸端，原因何在？刘氏说"盖其国居于地轴下，所戴者地下之天，故风俗制度咸颠而倒之也"。

从这些说法，不仅可以想见刘锡鸿的洋务观，也可以想见他的性格和思想逻辑。他应该属于那种"主题先行"的人。

问题是，朝廷上多的是这种"主题先行"的"文化"人，直接主导国务和洋务的李鸿藻、沈桂芬就是，王公大爷中当然更多。因此，说刘锡鸿是总署和枢府的大人们为了故意给郭嵩焘难受而安排的，也未尝不能相信。他们的态度至少可以给刘锡鸿以底气和勇气，去面对郭大人，去牵制郭大人，去反对郭大人。

那么，他们在伦敦相处以及后来交恶的真实情形，究竟如何？

据说，刘锡鸿在受任谢恩的当天晚上，就对郭嵩焘有所责备，"词颇愤激"。他们从北京到上海时，上海英文《字林报》（*North China Daily News*）于11月16日发表社论，对郭、刘二人一褒一贬。抵伦敦后，1877年2月21日的《伦敦图画新闻》（*The Illustrated London News*）及 *Graphic*（图画版）刊出二人肖像，介绍文字中也含褒贬。刘锡鸿在自己的《英轺私记》中就说："其文扬诩正使学问履历，甚至谓余学虽优，不如正使，故文翰不足以入词林。"刘锡鸿把这一点记录下来，表明他的在意。

郭嵩焘之得洋人欢心，可能是因为他以前和威妥玛以及赫德之类的洋人有往还，他们认为郭嵩焘是识见明达、具有决心之诚实君子。刘锡鸿自然可以不这样认为，如果有所怀疑郭氏与洋人暗通款曲，也未必不是人之常情，特别是在擅长揣摩的官场人际中。

到英国后第一件不愉快的事，是那份被当作国书的致歉文书上，并没有刘副使之名。郭嵩焘当时就具文，请求朝廷再发驻扎文凭，他说"同行不逮十人，远方殊俗，性命相依，或撤或留，自应一例办理"。刘锡鸿则因此有所抱怨，请求裁去自己的副使名目，"今英人以国书无鸿名，为奉使无据，不欲以使礼接待，则鸿固无由自效其职，徒耗朝廷奉薪矣，能勿自愧？爰备折稿，自请撤回"。话说得很冠冕，其实充满意气。

光绪三年元旦，使馆人员在正副公使的带领下行礼庆贺，晚上一起吃饭会饮，郭嵩焘做东，气氛没有异样。但很快，郭嵩焘在谈话中就感觉到刘氏话语怪诞，有点抬杠的意思。郭嵩焘自我解释道："云生直性，又兼怀牢骚抑郁之心，亦无怪其然也。"

半年后，郭嵩焘从国内来的信件和咨文中得知，刘锡鸿已奉派改充驻德国正使，加二品顶戴。郭嵩焘初到英国时，德、法公使曾经来见，"均以遣派公使至其国为望"。郭嵩焘曾经想到过要推荐刘锡鸿，既可解决刘氏的副使难题，也可以满足德、法之望。但"反复筹思"，终觉刘氏不可倚任而作罢。如今总署径自任命，郭嵩焘似乎并无不快。

看到刘的怨怒，郭嵩焘甚至曾自省，谓刘公使经年以来，一意凌轹，构衅无已，自问实无开罪之条，然人情只见自己是处，诚恐语言行事，或有冒渎，为所不及知，如有触犯或过疑之处，当一与辨明，出洋数万里，且夕分离，相距又数千里，今生能否见面，尚未可知，何必留此嫌隙？欲径自陈说，恐彼此负气，反致参差，故须先请人一往问明。

六月二十六日，刘锡鸿生日，郭嵩焘本约治酒为贺，但刘氏却以吃斋为名辞谢了。

六月二十九日，郭嵩焘觉得有点遇事不顺，有点"芒刺在背"，偶检日记，"得去岁二月初七陈小舫评所占课云：'同室操戈，日在昏晦中朦蔽欺凌，不能自申，尤不利上书言事。伴侣僮仆，皆宜慎防。'当时不甚介意也，至今见之，始服其神。然则彼负义者亦命数然耶？为之忱然，不能自已"。[1]

郭嵩焘真正觉得有事，始于七月六日。

这天，李湘甫告诉他，刘锡鸿"编造日记"，每十天寄一次给总署沈桂芬和毛昶熙（1817—1882，字旭初，道光进士，河南怀庆人，历官工部尚书、吏部尚书、兵部尚书）。沈桂芬当时是兵部尚书兼大学士，郭嵩焘称之为吴江相国，毛昶熙时为吏部尚书兼掌翰林院，他们同时在总理衙门行走，是总理朝政包括洋务的重臣。郭嵩焘自然也多少知道他们的洋务观。

刘锡鸿所为，让郭嵩焘大吃一惊——"闻此乃怦然有动于心"。因为他们一路相处两个多月，就没有听说过刘锡鸿在写日记。突然冒出的日记，在郭嵩焘看来，显然有打小报告的味道，无非是"蓄意倾轧""巧加诬蔑"，并以此"献殷勤"。

郭氏长叹"初但知其乖戾之气不可近，绝不意其险毒至于如此"，"云生之负义，亦不能不使人心伤矣"。

从此，郭嵩焘彻底改变了对刘锡鸿的态度。

在四天后致总署的信中，郭嵩焘毫不讳言刘锡鸿性情乖戾，并直言指派刘氏为德国公使之为不妥。他说："云生性情乖戾，人皆能言之。嵩焘独喜其有任事之力，议论识解亦稍异人，文笔又复优长，极力提携之。相处数月，一意矜己自大，欺凌暴虐，穷于思议，而于洋务实无知晓，闻其改使德国，心窃虑之。"

郭嵩焘的担心其实并没有错，只是立场不同，观感评价也会不同。

据说，刘锡鸿到了德国以后，在柏林向威廉皇帝呈递国书时，就"礼节疏阔，有夷然不屑之意"，几乎引起外交纠纷。而沈桂芬在给李鸿章信中却夸赞刘锡鸿，说他"天分高"，"能贬刺洋人"。[2]

郭嵩焘后来还听说，刘锡鸿在德国"过自尊大，所办公事又不如

---

1 《郭嵩焘全集》第十册，252页。
2 锺叔河《"用夏变夷"的一次失败》，《走向世界丛书·英轺私记》，26页，岳麓书社2008年。

法，颇闻中国钦差衙门至无人迹往来"，人人皆"怀厌恶之心"。而德国报纸则有儿童相与指笑中国钦差的漫画。[1]

就在同时，郭嵩焘从国内来信中知道了何金寿对于《使西纪程》的参劾。

郭氏出使时原本已经群情汹汹，何金寿通过对于《使西纪程》的指控，自然是重新点燃了朝野之间对郭氏的怒火。

刘锡鸿此时，显然不可能不知道国内的情形。他本人甚至可以为国内提供更真切的材料，来议论和攻击郭嵩焘。而且，他已经是使德正使，再不受郭嵩焘领导，当全使馆的人都知道郭嵩焘《使西纪程》被禁毁版时，刘锡鸿不仅无恻隐之心，反而更无忌惮。

七月二十八日，刘锡鸿就领薪水一咨未列副使衔，对郭嵩焘"厉色相向"，逞口舌之快到斥郭嵩焘不应该"在此办事"。郭嵩焘奇怪"其狂悖何以至此"。

郭嵩焘原本"苛察"，心境也多波折，至此，痛心到夜不能寐。

在黎庶昌面前，刘锡鸿更公然铺陈京师议论，谓郭嵩焘之性命，操于其手。还说，"我生平不记人过，即有触犯，我亦忘却。惟此京师所同指目为汉奸之人，我必不能容"。

郭嵩焘又从刘锡鸿的仆人那里得知，刘氏还伪造匿名信。郭嵩焘浩叹："不谓天地间乃有此等妄人！"刘锡鸿则因此说郭嵩焘考问其仆人，是要揭发其短，声言"此憾不可忘"。

至九月初，郭嵩焘已深信，刘锡鸿此行相随数万里，一直在和自己过不去，一直在设法构陷。重九之会，因为刘氏在，郭嵩焘乃推辞不赴。

十月初，刘锡鸿将离英赴德，郭嵩焘只给随行的黎庶昌等三人饯行，并向他们指称刘氏的罪状。

刘锡鸿走后，郭嵩焘才觉得"此间气象稍获更始"，并且向使馆同

---

1 《郭嵩焘全集》第十册，565页。

仁发下一帖，直言不讳地指控刘氏自上海以来的种种乖谬，以及因为刘氏的气焰和放纵，惑乱人心，导致整个使馆玩忽职守，纪律松弛，所以他不能不"严加涤荡"，重申约定数事，"与诸君共勉为善"。

所约数事，包括怎么样坚持翻译新报，饭后可以出外散步，但须更番出门，不可相率同行，也不可在外的工夫多于在家的工夫。傍晚以后，除非有公事，万不可出门。还要约束自己的仆人，同守法度。

帖子上没有提及他自己的心事。

其实，七月间，郭嵩焘已决心求去，以示与刘氏不两立。正式请辞，大约在八月。

郭嵩焘是以求去争是非，认为刘氏太无人理，事非得已。他上奏自陈，当今通商之局异于历代，必当以自求富强为本，他的主张无非是为了裨益大局，日记所陈，原无所避忌，录呈总署"为臣职所当为"。

而何金寿的攻击，刘锡鸿与之相通的构陷，似乎是遥相呼应，将使"国家处置洋务，终至无所适从"，也让他"一生名节，毁灭无余"。

因此，他请求把刘锡鸿与何金寿，交部议处。

在写给沈葆桢的信中，郭嵩焘自述，近月凡四奉书，因为自己的怨郁之气，实在无可陈诉，所以不时一为公发之，"近得何金寿参案，其诋毁乃益加烈，朝廷一一见之施行，由李兰生从中主持之故。副使刘锡鸿近月鸱张愈甚耳，谓蔑视国家制度而取效洋人，是为无君。初闻骇愕，继乃知其与何金寿适相应和，以图倾轧，灭绝人理，固已久矣。久之，其门人刘和伯始具述其京师受命李兰生，令相攻揭。其出京一切皆未携备，惟携备折件，亦出李兰生之意。刘君语言狂悖矜张，诚知其不足信，此由其热中强很（狠），微窥李兰生意旨，以为朝廷之意固然，是以京师奉旨之日，立时畔异，至是始知其蓄谋之狡且深也。李兰生当国二十年，日思比附人言，以取重名于时，于刘君何责。而嵩焘乃独为诟毁之归，举世皆清我独浊，众人皆醒我独醉。以身之汶汶，受物之察察，公于此将哀之乎？抑笑之乎？刘君为嵩焘所提挈，远适七万里，与同性命，而一意立异树敌，攻击不遗余力，竟不意天地间有此一种厉气，鬼嗥于室，狐啸于梁，自非万分蹇运，何以遇此"[1]。

这封情绪激烈的信，证明郭嵩焘此时方寸之乱与受伤之深，他所指出的，刘锡鸿受命于李兰生（1820—1897，李鸿藻，字兰荪，河北保定人，咸丰二年进士，同光朝清流领袖，慈禧近臣），"令相攻揭"，应该不会是空穴来风，郭嵩焘想当然。

此中细节，也许不像郭嵩焘所讲的那样具体，那样明确。但李鸿章曾有来信说到，李鸿藻看了《使西纪程》，确实"逢人诋毁"。

何金寿未始不是出于逢迎而发难，因为这原本就是"落井下石"的方便事。

而刘锡鸿向国内传播郭嵩焘"迁就卑恭，大失使臣之礼""蔑视国家制度而取效洋人，是为无君"种种，至少可以由此表白他自己的正确，与"崇洋"的郭嵩焘划清界限。至于是否出于逢迎，可以存而不论。

就在郭嵩焘上疏，亟言刘锡鸿不宜任德国公使的同时，刘锡鸿也在德使任上参奏郭嵩焘，信不仅寄总署，也寄给南北洋大臣等。先是（光绪三年九月初一）揭露郭嵩焘"三大罪"，后来（光绪四年四月初五）又参折指控郭氏"十大罪状"。

"三大罪"的细节是：一、甲敦（喀墩）炮台披着洋衣。光绪三年七月初九（1877年8月17日）郭嵩焘一行到伦敦东南角之罗吉斯特（Rochesster），参观甲敦（喀墩）炮台。这天寒风凛冽，郭嵩焘忍冻一日。下午乘火轮船看搭浮桥，船正当北风行使，英军提督某见郭嵩焘打寒噤，就拿了自己带的大衣披在郭嵩焘身上。刘锡鸿说，此举被他看见了之后，郭嵩焘害怕他参奏，两个晚上不能成寐。刘锡鸿认为，即使冻死，也不能披洋人的衣服。二、某次在白金汉宫听音乐，郭嵩焘屡取音乐单，仿效洋人所为，其实看不懂。三、在某场合，见到巴西国王，郭嵩焘擅自起立。刘锡鸿认为，堂堂天朝，何至为小国君主致敬？

1《致沈葆桢》，《郭嵩焘全集》第十三册，293页。

"十大罪状"的内容与此类似。

在英国人面前诋毁时政，说中国将成为印度，将被英国、俄国吞并。

与英国驻华公使威妥玛"尤相亲昵"，有时候又"忽相愤争如仇敌"，"竟至厉声说及'中国非无人才，非无兵力，不怕构兵'之语"。意思是郭嵩焘与洋人关系可疑，又"起衅"洋人。还说，郭嵩焘以不杀巡抚岑毓英为恨。

郭嵩焘在新加坡接见"该处大酋"时，不尚左而尚右，这是不遵礼制。而且，郭嵩焘以尚右为"时王之制"，"未审郭嵩焘所谓时王系指洋人，抑系自指"。这可是大逆之罪，刘锡鸿用心可以想见。

控郭嵩焘"要将船上黄龙旗改用五色"，而黄色是御用颜色，郭氏擅议更张，岂非蓄有逆志？郭嵩焘知道后，感叹这是"深文周纳"。

"副使之旅，出自廷旨，而郭嵩焘自谓是其所派，至于奏折列入副使名，则将钦差二字抹去"。这是说郭嵩焘蔑视谕旨，藐玩朝廷。

对洋人"过示卑恭以求悦，不复顾念国体"，包括见巴西国王时，"独趋至阶前"。

对于西洋风俗"摹形肖色，务欲穷工，不以忘本为耻"。洋人多持伞，郭嵩焘则急于索伞；洋人不持扇，郭嵩焘则急于去扇；洋人听唱皆捧戏单，郭嵩焘不识洋字，亦捧戏单。郭嵩焘后来反驳说，自己并没有伞，伦敦终岁"重棉"，何以扇为也？

郭嵩焘锐意"学声洋语，苦于不能，乃令其小妾效之，以四出应酬，并令入戏园，首先请客，以开往来之端"。

与威妥玛接触，"往往闭门密语，不知何所商谍"。所谓里通外国也。

国家待其不薄，但是郭嵩焘"心怀怏怏，动辄怨望"。

今天看来，刘锡鸿所列各款，确实多是混淆视听的"诬枉之词"，让郭嵩焘不能不指之为"穷极天下之阴毒险贼"。由此带来的不快，竟至让郭嵩焘常常吐血，患上了失眠症，让他写给国内朋友的信中，居然表述重复而不自知，[1]证明他内心的不安、焦灼与狂躁。

然而，朝廷不仅对于郭嵩焘的埋怨无动于衷，而且上谕告诫郭氏说：奉命出使，原冀望通中外之情，以全大局，应该任劳任怨，而郭嵩焘以人言指责，愤激上陈，"所见殊属褊狭"。对于郭氏提议议处何金寿、刘锡鸿，上谕也予以批驳，说是属于"私意猜疑，并无实据"。最后，令郭氏"当以国事为重，力任其难，于办理一切事宜，不可固执任性，贻笑远人"。

此时，清流党在李鸿藻等人的羽翼下，议论哓哓，张佩纶又上书，请求撤回驻英使臣，另任高明。因为郭嵩焘既"暗钝""泄言纳侮"，又"专在结英"，"轩此轻彼，别滋事端"，大为可虑。[2]

张佩纶在今天知名，已经不是因为他本人，而是他的孙女张爱玲。据姜鸣在《天公不语话枯棋》中载述，张爱玲对于祖父张佩纶却是所知甚少，还是她的弟弟告诉她祖父名叫张佩纶，她还问是哪个"佩"，哪个"纶"，弟弟告诉她是"佩服"的"佩"，"经纶"的"纶"，绞丝边的"纶"。

然而，张佩纶在晚清，却是有影响的人物。他在流放之后，还成为了李鸿章的女婿。

李鸿章与张佩纶的父亲有着生死之交，李鸿章对张佩纶的才华有所青睐，也未尝不忌惮他华丽的常常赢得人们喝彩的奏章，并通过他勾通李鸿藻（李兰生），同时与清流党保持相对和谐的关系。李鸿章送钱送物，一直关照他，而张佩纶也果然从没有大坏过李鸿章的事。此人1870年中举，次年成进士，同时入翰林院，算是连捷，时年仅二十三岁。人们都说他聪明过人。

在光绪初年，张佩纶与张之洞等，被称为清流党，意思是他们作为言官，取法儒家教义，以刚正不阿著称，主持朝议，议论时政，参纠大

---

1 《复黎召民》信，前后两次说"何金寿参案，益肆鸱张"，《郭嵩焘全集》第十三册，321—322页。

2 张佩纶《涧于集》。

臣。朝廷为了得到纳谏图治之名，更为了让权柄牢牢掌控在自己手中，乐见官员们互相揭发举报，以至互相监督掣肘，也优容他们。值晚清特殊的时政局面，议论风发，清流们常常把自己和某一件事，弄得风生水起。

张佩纶参过很多人。末世人心，无不舍"经"行"权"，能够经得起参劾的官员，怕也不多。据说，张佩纶弹劾别人的奏章，后来四方传诵，甚至他爱穿的竹布长衫，都有人竞相模仿。看来张爱玲的文字和打扮，能让世人惊艳，似还有"家学渊源"。

张佩纶后来的身世，也充满他孙女所说的"传奇"。

中法开战后的1884年，三十六岁的张佩纶被任命前往会办福建海防事宜。结果在朝廷和战不定的决策下，马江水师连同沈葆桢辛苦经营了十多年的福建船政局，全部成了炮灰。"勇于任事"、准备一展抱负的张氏，作为马江中法战役失败的重要责任人，传说中的落荒逃亡者（说他一闻炮响，放弃指挥，跣足而奔，一气跑了几十里，老百姓拒不接纳，他只好躲到一座庙里。甚至还有关于他大雨中头顶铜脸盆逃跑或边跑边啃猪脚的笑话，这种笑话张爱玲也知道），曾经靠弹劾别人扬名立万的人，这一次，成了被弹劾的对象，成了舆论的笑柄，以致被流放至张家口军台戍所。

张佩纶参劾郭嵩焘的论调，自然非郭嵩焘所能接受。

李鸿章当然懂得郭嵩焘的心事，在给郭嵩焘的信中，他同样指出刘锡鸿的种种"殊出意外"的乖戾矜张，认为让刘锡鸿驻德，确实容易弄出事情。但是，他要郭嵩焘暂不声张，以免决裂，贻笑外人。他还劝郭嵩焘"耐烦忍辱，镇静处之"，不要作那种无谓的条陈，情绪化的文字，反而容易引起反感。军机处和总署的友人，也嫌他"条陈过多"。

光绪四年正月二十六日（1878年2月28日），李鸿章获悉总署让郭嵩焘兼使法国，又给郭嵩焘去信，告诉他请辞求退更无可能，"一时实无可取代"，只有等三年任满后"方可回朝"，慰勉他续成艰巨。李鸿章劝他，不要纠参刘锡鸿，以免惊动朝议，于他不利。而且说，毛昶熙仍然一力庇护刘氏，刘氏在德国或许还会攻讦他，必须防备。而沈桂芬已经密保王文韶（1830—1908，字夔石，号耕娱、庚虞、退圃，杭州人，同治间任湖南巡抚，光绪间权兵部侍郎，后任云贵总督，擢直隶总督兼北洋大臣，官至武英殿大学士），将赞枢廷，此人可能比李鸿藻更加难以相处。

李鸿章甚至悲观地说，能够考求洋务的也就是阁下、在下和丁日昌"三数人"，"庸有济耶"？

事情没有像李鸿章所希望的那样。

郭嵩焘不可能不上疏表白，按照他本人的说法，"自念愚直，喜尽言而不达时务，动辄为咎，又不能饰词矫说，违失本心，以求谐悦"[1]。刘锡鸿也果然参奏了郭嵩焘。至光绪四年，刘锡鸿驻德的委任已经定论后，郭嵩焘羞与刘氏同列，致书总署和沈桂芬，要求"奉身以退"，说"容恶保奸，谓之不祥，嵩焘审知其为奸恶而与之相保，则亦不祥也，是以与刘云生万无两立之势"[2]。

这话已经不仅是在骂刘氏为奸人，也直指容纳奸人的朝廷为不祥了。

光绪四年四月，《泰晤士报》已透露郭公使有退意，这应该是得自郭嵩焘本人的信息，郭氏以此决其去意。五月初七（1878年6月7日），朝廷遂有训诫郭氏和刘氏的严旨，说他们自奉使出洋，就意见龃龉，始则郭说刘任性，继则刘说郭悖谬，"怀私互讦，不顾大体"，以堂堂中国之使臣，却这样行事，"何足以示协恭而御外侮？"本来要立即撤回，严行惩处，但念郭氏在英国也做了点事，刘锡鸿到德国后，"语多中肯"，所以朝廷暂不深究。着郭嵩焘消除嫌隙，不得听人播弄，耽误大局。经过这一次训诫，不能再怀私怨，怙恶不悛，否则国法不予宽宥。

这一谕旨是应总署之请而发，希望以皇帝之尊来"镇压"，而不论

---

1 《复舒春舫、周家楣、吴惠吟、文华甫》，《郭嵩焘全集》第十三册，330页。
2 《郭嵩焘全集》第十三册，312页。

是非。

不论是非，其实却包含了评判，因为郭嵩焘原本就不是和刘锡鸿一个品级的人，郭嵩焘本人当然也绝不会认同自己与刘锡鸿同列。一同列举，受打击更重的当然是郭嵩焘。

李鸿章给总署的意见认为，郭嵩焘虽然猜疑执滞，毕竟品学兼优，刘锡鸿性情暴戾，意气用事，历练太浅。

李鸿章的意思是要撤刘氏保郭氏。

而对于郭嵩焘来说，是非更重要。且不说那种有关天下国家的"大是大非"，事关个人"名誉"和"利益"的是非，他也极其认真，绝不苟且。"要留清白在人间"，这是中国传统道德的一个准宗教的维度，即士大夫官僚在社会管理过程中，以必要的"清誉"和"洁癖"自律自命。有此维度，有此自律自命，才有正义和正气可言，才有传统社会得以运行的主体条件。

郭嵩焘当年在南书房求去，这种对于是非的求证和证明，是重要的动机，用他自己的话说，就是"贤人君子之生世，天地民物将托命焉。其道之行，则公吾之所学，以使斯民被其泽；其不能行，怀清履洁，奉身而退，以不濡其迹。故常重视其身，一事有不足立，一名有不足居"[1]。

在郭嵩焘作为公使期间，上海的《申报》曾经刊登过一则"星使驻英近事"，涉及名誉和形象问题，这让认真的郭嵩焘非常恼火。《申报》自称转录于英国报纸的一则笑话说，因为某一种场合需要，画师古得曼（Goodman）要给郭嵩焘画像，郭氏踌躇不安，拖延很久，勉强答应。古得曼又做了很多说服工作，郭氏才欣然就座。古得曼要他的手拿出来，郭大人把手放在袖子里，坚决不肯拿出来。画师一定要把他的手扯出来，郭大人更加踧踖不安。布置妥当后，郭大人正色说，画像必须同时画出两只耳朵，如果只画出一只耳朵，别人不会认为我的一只耳

---

1 《梅小岩中丞六十寿序》，《郭嵩焘全集》第十四册，426页。

朵被割去了？郭大人又说，顶戴花翎必须画进去。画师说，顶上的花翎被帽檐遮住了，花翎的枝又在脑后，肯定画不出来。郭大人就俯首到膝盖说，现在看得到了吗？画师说，花翎是看到了，你还有什么脸面呢？于是相互大笑。后来郭大人说，愿意斜着头坐，帽子放在一旁，将帽子单独在旁边画出来。画师又请郭大人干脆穿上朝服，大人又正色说，如果穿上朝服，贵国老百姓看了，又会"泥首不遑"（拿我的脑袋不当回事）了。

《申报》在转述时特意说明，这情景即使是真的，也不过是星使的一时游戏之语，大家笑笑罢了。

但是，郭嵩焘还是不乐意，他认为这是造谣生事，带有讪笑和侮辱性。当时就写信给上海友人转告《申报》更正，并请当事人具函辩诬。日后回国到上海，第一件事就是要通过法律追诉《申报》。在当时的上海只有洋律师，为了避嫌，郭氏特意请相对熟悉律法的中国人帮忙。直到《申报》情知触及西洋法律，央请英国领事和解，并且道歉认错作罢。

如此珍惜名誉、讲究是非的郭嵩焘，显然不可能接受那份各打五十大板、不分青红皂白的谕旨，辞意坚决。

李鸿章知道不可挽回，致书总署沈桂芬，请其权衡，并且询问要否与恭亲王商量。

总署急觅人代替，请李鸿章叮嘱郭嵩焘，在继任者到达交接后再卸任，不要交给参赞，径自回国。

李鸿章于是通过天津海关税务司某（德催琳Gustar Detring），给郭嵩焘发电报，婉言劝慰，要他稍作勾留，以待后命。郭嵩焘六月二十六日从总税务司赫德那里看到电报，认为是自己的请求已由李鸿章"代达邀准，须候代（待）启行，不可造次"。

郭嵩焘对于事情背后的曲折的理解是，沈桂芬私意庇护刘锡鸿，所以没有办法，只有准他之请，这就意味着刘氏不可能被罢免。也就是说，总署宁可留刘氏而去郭氏。

郭嵩焘认为，此事因为刘锡鸿的揭参，"其议早定"。李鸿章在电报中没有说明刘氏的进退，郭氏还不免因此耿耿于怀。其实，如果没有李鸿章的平衡，事情也许就真会像郭嵩焘所猜想的那样。

知道自己的结局后，郭嵩焘干脆于七月二十二日给沈桂芬写了一封长信，和盘托出自己出使以来的郁闷，特别是刘锡鸿给自己带来的伤害，以及中堂大人（沈桂芬）本人对于刘氏的庇荫。这封无所讳饰的信把真话说尽，这在传统官场往还中，几乎是不二见的，可以看出郭嵩焘的"狂直"和"愚直"。

事实上，郭嵩焘的直言不讳，一贯如此，在光绪三年十二月初八致总署的信中，就直接批评李鸿藻，说："李兰生尚书于滇案持之过坚，而凡交涉洋务，一持正论，不务究知其本末。刘京卿（刘锡鸿）亦因其言，一意毁谪嵩焘，以求规合尚书意旨，自登舟时已为其门人辈历历言之。而英人每语及滇案，至今心怀不平，见之照会者已数次，终使其蓄意愈深、为害愈烈，此嵩焘议论滇案时所心忧其必然者也。屈原曰任重名之，何益李兰生尚书专务一身之声名，而使国家承其累？诚哉其无益也。嵩焘既有所闻，不敢不以上陈。"[1]

在是非面前，在对错面前，郭嵩焘完全不顾及自己作为官员在层级上与李兰生的区别，毫无遮拦掩饰地控诉李兰生。他之不能讨人欢心，是显然的了。

七月二十七日（1878年8月25日），清廷诏派曾纪泽为出使英法钦差大臣，同时诏派李凤苞为出使德国大臣。这意味着郭嵩焘与刘锡鸿的公使职务都被撤销。《泰晤士报》对此的评论是："揣度二人同召回去，必是起于不睦交参……若使此情果实，中国必谓两使不和，恐伤中国体面，故两两撤回。西洋之人则以为中国不查究此事谁是谁非，但守中国一例议处之老办法，为可怪异。其意不过欲平两党争竞忮忌之心，实非定结此事之道。"[2]也就是说，中国人只管面了，别的不问。

---

1 《致总署》，《郭嵩焘全集》第十三册，305页。
2 《郭嵩焘全集》第十册，667页。

　　毫无疑问，郭嵩焘对于曾经一度有所传闻的刘氏被撤终于落实，虽然觉得也算出了一口气。但是，自己毕竟因此伤神两年，以致"百病丛生，万念皆灰"[1]。他本人也极其郁闷自己不能"识人"，以致屡屡出错。赫德曾经问郭嵩焘："刘君非所提拔耶，因何有此反噬？"郭嵩焘愧无以应。[2]

一意反手关自己大门

　　郭嵩焘确实曾经不仅对刘锡鸿的性格予以包容，而且事实上也赞赏过刘锡鸿在洋务方面的某些说法，譬如光绪三年二月二十七日，郭嵩焘、刘锡鸿和日本重要的维新先驱井上馨（郭嵩焘在日记中说，此人"十四岁入伦敦学艺，十年而返，以英人船炮火车之用告于其国，咸恶之，屏不与语，有指为私通西洋而群殴之者。迨英军攻日本，力不能支，乃乞井上馨言和，擢户部尚书，献策更政令以从西洋。今又来英，稽求征税之法"），谈到西洋税制中的个人所得税（百官俸入三百以上一例输税）以及对茶、烟、酒、犬的特别征税，刘锡鸿说："此法诚善，然非民主之国，则势有所不行。西洋所以享国长久，君民兼主国政故也。"郭嵩焘很是欣赏此论，日记中谓"此论至允"。[3]

　　刘锡鸿本人在没有被一些莫名其妙的观念和理由堵住自己的思维时，其所见也还清澈。特别是在英国、德国停留过程中，他也同样感受到另一种文明的魅力，这种感受常常见于他所作的《英轺私记》中。譬如，说伦敦的繁丽为"生平得未曾见"。在出使赴英的船上，有洋客骂过他的仆人，结果船长在亚丁就要把这名洋客赶下船，刘氏为之求情才罢。还有使馆家属在街上发生的事，也让他感叹，原来以为英国人僻处海岛，只知道逞强而无敬让之道，现在才知道人家上下同心，以礼自处。

1 《郭嵩焘全集》第十册，597页。
2 《郭嵩焘全集》第十册，473页。
3 《郭嵩焘全集》第十册，170页。

到伦敦两月，刘锡鸿感叹其政俗的不同一般，除了完全不讲究父子之情、男女之别以外，"无闲官，无游民，无上下隔阂之情，无残暴不仁之政，无虚文相应之事"，"街市往来，从未闻有人语喧嚣，亦未见有形状愁苦者。地方整齐肃穆，人民欢欣鼓舞，不徒以富强为能事，诚未可以匈奴、回纥待之矣"。

在与英国人的往还中，刘锡鸿意识到英国人"以行善为志，息兵安民为心者，十居六七然"，"我中国与英人交际，能持理，能恤商，斯尽之矣"。从出使的方便考虑，他甚至检讨自己"向谓洋语洋文不必广募人学习者"的说法是错误的。

郭嵩焘后来认为，刘锡鸿《英轺私记》所载录的西洋文明，貌似宏博，其实多是转述马格理之言，自己并无心得可言。

光绪四年八月二十七日，郭嵩焘和巴兰德说到刘锡鸿的《英轺私记》（巴在中国看到了总署刊刻的刘著），巴兰德说，刘锡鸿在书中的议论，没有别的，"一力拦阻人前进而已。亦不说坏西洋，止说中国万不能行"。郭嵩焘总结说，"中国人眼孔小，由未见西洋局面，闭门自尊大"，而"刘钦差身行数万里，见闻尽广，一意反手关自己大门"。[1]

在刘锡鸿的《刘光禄遗稿》中，确实只剩下正襟危坐的宏论，譬如认为"胜败不在器，而在气"，反对修铁路，以为西洋武器也不必学，"圣朝自有大道，岂效商贾所为"，等等。

我们未必要把郭嵩焘对刘锡鸿的贬抑性的言辞，看成完全准确的。但是，郭嵩焘反复说到刘锡鸿的"夸张变幻，诈伪百端""穷极变态"，一方面极力交接洋人，夸示流俗，高谈阔论，营求声名富贵，因此"周旋洋人，酒食征逐，实甚于我"，同时，又"一意以訾毁西洋为迎合总署之计"，不惜贻误大局，而自己"始终有以自立"（与之相对的是，郭嵩焘则处于"万无可以自立之势"），等等，以及他整体上对于西方文明"半推半就""欲拒还迎"的暧昧态度——一种并不光彩的

---

[1]《郭嵩焘全集》第十册，608页。

两面性，包括郭嵩焘说的"一意反手关自己大门"的变态作为，更值得我们深思。

郭嵩焘清楚地意识到，刘锡鸿心浮器小，轻视一切，顽然自圣，"一诪张为幻之小人，何足与校，然其中消息绝大"[1]。

此种暧昧态度和阴阳两面性，并不是刘锡鸿一人的表现，而充斥于晚清士大夫，乃至宋明以来士大夫不同层面的公私生活。他们共同交代出一种十足分裂的病态人格。

这种文化人格分裂的最基本的外在表现，就是看到明明是好的东西，一定要找个理由说他不好或自己不能接纳；明明知道对的东西，一定要韬光养晦，不置可否，以免成为异端，以免与人区别开来而触犯周围人，特别是居上位者的尊严和利益。譬如，也看到了西洋的强大、繁荣、富庶，甚至也享受其文明的好处，但一定要说人家不合人道人伦，或者说不能持久，或者说与自己王道乐土的需要不适宜、不相符。

郭嵩焘说"洋务一办便了，必与言战，终无了期"，陈孚恩赶紧让他闭嘴，告诫他不能如此说话，"明知不可战而不敢不言战，发言公廷与议论私室，截然不同"。

其实，这种文化人格的分裂，源远流长，遇到不同的境遇会有不同的表现。

譬如"三言二拍"、《金瓶梅》之类的写作和禁毁，体现的就是某种在男女之欲上的文化人格分裂。用一种自己也未必相信的道理和教义，譬如"女人是祸水""饱暖思淫欲""色即是空"，演绎的却是具有煽动性的风光旖旎的爱情故事甚至是色情故事。美丽的一定是奢侈的、淫荡的，感性的一定是速朽的，"好花一定不常开"，物质的一定是反灵的，欲望一定是破坏性的。如此，美女一定要以妖精视之，否则就显得自己不够圣人、不够通透。

而问题是，圣人的面纱下无可回避的是俗人的烟火气质，世俗的

---

1 《复姚彦嘉》，《郭嵩焘全集》第十三册，370页。

欲求一定会以扭曲的方式呈现并且获得补偿，其能量并不因此减少。如此，成长出来的就只能是一种文化心理的变态（显然，这种对于美丽的恐惧，对于物质的紧张，对于自身感性生命的审慎和彻悟，对于幸福的忧患，源于某种"祸福相倚、水火相济、阴阳消长"的相对主义生命观，源于中华民族长久以来相对清贫的物质处境，长期以来宿命似的王朝崩溃与文明颠覆带来的危机与恐惧，非一言所能尽），这种变态的文化心理被不断强化，并且与制度设计中的儒表法里，与教育教化中空虚高调的理想主义，共生互动。

感染这种文化脉息的人，很容易丧失对于自身生命的真切感受，丧失对于身外世界的常识感和常识判断，以致成为观念或惯习的奴隶。

因为害怕来自自身生命的诱惑，反而以更加荒谬的逻辑归结"原罪"，以视而不见、掩耳盗铃、指鹿为马的方式，以神圣教化的名义，重复古老的生命指控。以致是非颠倒，名数淆乱，堕入无耻之耻而不以为耻。

正因为如此，当嵇康"非汤武而薄周孔"，指"郑卫之声"为美妙之声，当汤显祖"言情"——把少女怀春、良辰美景、赏心乐事真实地加以表达，当李贽以"童心"揭破"阳为道学阴为富贵"时，整个时代和社会会激发出那样的轰动和狂热，那样不可思议的惊恐和抵制，以致嵇康不能不被绞杀，李贽不能不成为罪人以致自杀，汤显祖不能不在接下来的创作中退回以释道之思，勘破尘劳的生命并加以充满诗意的玄学包裹，就一点也不奇怪了。

刘锡鸿的人格分裂，是整个士大夫文化人格分裂的表征，最终演变为虚伪、颠顸和欺罔（包括自我欺骗、自我麻醉、歪曲、矫情、自我膨胀）。在与西方文明的交接中，则演变为极度矜张又极度卑屈的心理和态度。

此时，从众的观念的压力，足可以抵消或遮蔽事实的压力，精神胜利法足以面对列强。左宗棠说"泰西有，中国不必傲以无；泰西巧，中国不必傲以拙；人既跨骏，则我不得骑驴；人既操舟，则我不得结筏"。这段让郭嵩焘和严复喜欢的话，针对的就是士大夫对于西方物质文明的这种变态心理和歪曲态度。

自然，郭嵩焘的人格与心理，在今天看来，同样有不健康的地方。

但是，郭嵩焘的不健康，是另一个意义上的人格特征，即表现为在皇权政治中进退出处的计较与安排（譬如以退为进），这是皇权制度文化演绎出来的另一种扭曲——臣妾人格。试图有所作为、有所进取的士大夫，总是冀望主宰者当家作主，明辨是非，幡然醒悟，给自身以确定的眷顾，还自己以清白。学成文武艺，货与帝王家，对于家国一体的天下事业，如郭嵩焘这样的士子文人充满热情，但热情在挫折和打压下，很容易演化为失望和怨望之情，所谓"君恩自浅妾命薄"云云。对于家国大计，他们有认识，有方略，但当这种认识和方略不能得到认同之后，往往会退而自我营求，以更加内向化、私人化的清净姿态，释放自己郁结的情感。

这就是人们常说的文人气质。

其实，我们可以仔细考察一下这里说的"文人"。一方面，受传统文化教养的人都是文人，都是在礼乐诗书传统中成人的，这种教养本身就不缺少审美气质，这也不一定是坏事。另一方面，传统政治，并不是现代知识、理性和逻辑下的管治，而是一种准宗教的道德化的人文的统领，官员的文人气质，正是他不止作为一个理性的技术官僚的本色和本分。

因此，作为文人的情感特质——包括所谓"妾妇之思""臣妾之怨"，几乎可以等同于某种带有依赖性的宗教情感，这是传统社会得以运行的重要的精神依据，烙印在每一个知识者的灵魂深处，是宗法伦理情感的自然延伸。

这与刘锡鸿所代表的人格分裂，并不在同一层面。

郭嵩焘所以难得的，他区别于刘锡鸿的，正在于他没有刘锡鸿等晚清士大夫普遍具有的那种面对西方文明的人格分裂，这种分裂不是出之以怀疑和自我怀疑，而是出之以麻痹、矫情、歪曲、自负与自我膨胀。

对于泰西文明，郭嵩焘的心态、思维和情绪都是积极的，不再扭捏，不再糊涂，也不再压抑歪曲。刘锡鸿虽然有时也感到西洋物质文明的宏伟，但总觉得彼邦虽好，非吾可学或应学，仍然是望门止步的态度，头顶上高悬"夷夏之辨"的优越感和毫无事实根据的文化沙文主义。

需要指出的是，郭嵩焘与刘锡鸿的冲突，观念上的对立自是重要的方面，性格上的不和谐也是一方面，由观念和人格结构成的文化人格的区别，更是他们的冲突完全不可调节和妥协的原因。

郭嵩焘与刘锡鸿原本有过良好的相处，互相都以不得施展而苦闷，对于现实都有所批判，骨子里都有只手安天下的迷思，偶尔联系或者在一起，对方正可以成为自己倾诉宣泄的对象。

为什么他们在海外会发生没有转圜的冲突？

制度安排上的隐曲与个人利益上的隐曲，是最直接的原因。因为这种隐曲，使得个人人格上的阴暗得以充分显现。在这方面，因为人格的区别，因为"品""学""才""识"的高下，刘锡鸿显然表现得更充分，也更加猥琐鄙吝。

皇权政治，特别是晚清当局者，习惯（不如说是依靠）以互相牵制的体制和人事安排，来维护自己的威权，对于汉人尤其如此。曾国藩当年出山，其实也遇到同样的掣肘，只是和太平军打仗的事太要命了，不能不信任曾国藩，并让其权力适当有所集中。如此，官员个人就往往可能也需要通过背后的不见光的"阴面"渠道，维系自己同上一级的有效关联，并由此保证自己的前程。同事者之间互相参奏、互相敌意的监视，成为在上者（从主管者到最高统治者）所乐意看到的。

正是这种设计和安排，放大了郭嵩焘与刘锡鸿的对立。

郭嵩焘、刘锡鸿都是有圣人、贤人癖的人，同样自负见识"高亢"。一者"高亢"而清洁而心地明爽，一者"高亢"而"曲折"而所怀阴郁。而且，郭嵩焘自认为对刘氏有知遇之恩，而刘锡鸿又分明看出了郭氏的性格弱点，以及他身披骂名，在士大夫群体中已经不可能走得更远的前途。

刘锡鸿显然也并不能指望通过郭嵩焘把自己带上更高的位置，不仅不能，甚至有碍，他需要撇清自己与郭嵩焘的关系。当他这样替自己着想时，能够让他扬名立万的，首先就是对已经为千夫所指的郭嵩焘施以打击。何况，他们已经有所不快。更何况，他与郭嵩焘的对立与否，可以意味着自己在文化观念上是不是忠于朝廷，是不是忠于自己的精神传统，是不是站错队、跟错人。而这种对立，似乎又是总署领导层有意安排和暗示过的。

因此，郭嵩焘以他的高亢、高明、真实和洁癖，成就了自己的高明、自尊、骄傲和挫折。而刘锡鸿也以自己的高亢、阴郁和扭曲，继续往下走，日后更参劾李鸿章"跋扈不臣，俨然帝制"。

李鸿章也许真的"跋扈"，也许真的"俨然帝制"。但李鸿章是何许人？又有何等通天的本领？1875年，同治皇帝驾崩后，李鸿章三次被慈禧太后召见，密谈的内容无人知晓。然后，小孩光绪即位，慈禧太后可以继续垂帘。李鸿章本人被授文华殿大学士，名义上成为当时文臣之首。其中有多少曲折和心照不宣？

而且，在晚清政制中，"主义""是非"从来都是在利害关系的导演和安排下得以成立的。郭嵩焘太相信自己"主义"（特别是关于洋务的"主义"）的正确、必须与必然，太看重"是非"的区分与明确。而似乎不懂得，相对于它们，利害关系其实才是更加确凿无疑的。常常是利害关系在安排着支配着"主义"和"是非"，而不是相反。

那么，刘锡鸿呢？他秉承了多少"谋道不谋食"的理想主义精神，他的人格是以"主义""是非"，以信念和操守为轴心吗？他的参劾，难道仅仅是出于"主义""是非"，而不是有关自己的利害？

不论出于什么，最终的结果是，朝廷谕旨，刘锡鸿"信口诬蔑，交部议处"。不久，刘被革职。

郭嵩焘做不到的事情，李鸿章可以做到。

第十三章

不忍不谈洋务

在落寞和冷眼中怅然还乡，郭嵩焘绝望于朝廷，也绝望于洋务。然而，"方今所患，独有洋务"，琉球事件，伊犁事件，中法战争，相继发生。眼见家国危殆，郭嵩焘"不忍不谈洋务"。

吾辈之咎

对于洋务，郭嵩焘说过很多次坚决不干了的话，语气决绝，譬如，参赞僧格林沁之后，出使前七次上书请求回乡养病时。

但是，说归说，事到临头，郭嵩焘一如既往地保持了他坦率、热切的关注和义不容辞的投身，用他自己的话说，就是"时事艰难，所忧方巨，虽与身无与，而见闻所及，未能恝然（无动于衷）"[1]。

这一次，光绪五年三月初五（1879年3月27日），郭嵩焘返回上海，没有再接受总理衙门要他"先期回京"的指令（可能是李鸿章的意见）。他并不想返回那个是非丛生而其实并不讲是非的地方，那里有返京任职的刘锡鸿，还有沈桂芬、李鸿藻一干大臣。

郭嵩焘说："洋务之不足与有为，决矣。鄙人愚直，尤不宜与闻。即令总署以礼相处，犹当设法避之，况其为无礼之尤乎！被我以恶名，而自求解说于人，犹可言也；与我为难者必力护之，以快其搏击，此何为者？朝廷挟此术以办理洋务，万无以善其后，奈何枉己以从人哉！惟能引身自远而已。"[2]

不能以礼相处，还加以污名，不仅加以污名，还保护那些打击摧毁他的人，以如此方式办理洋务，不可能有好结果，自己何必屈己从人。

郭嵩焘确实"引身自远"了，决意不再出仕赴任。

到家不久，总署沈桂芬等就有来信，催郭嵩焘早日北上。

---

1 《致赵焕联》，《郭嵩焘全集》第十三册，396页。
2 《郭嵩焘全集》第十一册，90—91页。

郭嵩焘猜测，是因为沈桂芬他们无法应付英使、德使、日本公使当时的"交迫"吧。后来，又接到总署递回他具奏到籍日期的折子，上面有谕旨说："知道了，该侍郎办事实心，不辞劳瘁，着俟病体稍痊，即行来京供职。钦此。"

这也温暖不了他已寒之心。

他依然请求病休，请求开缺。他实在是无法领教那些领导他办理洋务的人。因此，他"仿诸王右军之誓墓，期使诸君不复相强"[1]。王羲之曾经深耻在王述之下做官，乃称病去职，还在父母墓前发誓不再出仕。

朝廷在七月十日（1879年8月27日），也果然诏允郭嵩焘乞休。

可是，郭嵩焘很快就忍不住发言，忍不住有所招惹。

事实上，还在上海停留时，郭嵩焘就曾致信奕䜣，表面上看是向奕䜣报告回国事项，实际上依然是申述自己对于洋务的主张。

他向奕䜣简述了刘锡鸿回国途中矜张傲戾的诬蔑倾轧，最用心的还是提醒奕䜣注意安南问题。就在郭嵩焘途经西贡时，法国人已经夺据"安南之半"，"中国人民流寓安南故地三十万，而在西贡堤岸贸易工作四万余人"，因为法人的管治，"常有仰药自裁者。嵩焘在西贡亲见捕系百余人，询之西贡商民，无不蹙额相告"。"西贡逼近中国，而人民被毒如此，嵩焘见闻所及，不敢以业经销差，坐视不理"。他建议，朝廷应尽早"饬派领事"，"上通国家之好，以导其疑滞，下联民商之情，以防其苛虐"。

说到英国外相在自己离任回国时所表达的对于中国的通商交好之意，郭嵩焘说："泰西诸国之意类然，得其意可以驯而服之，否则日至乖忤。嵩焘诚知，讥贬洋人为时论所归，生平处理洋务，多所辩争，亦尽可发撼洋人之无礼，以明其制胜之由，藉自表暴，邀取声誉。然念使臣之职在审求敌国情势，以为交际应付之资，其要专取了事而已，未宜掩取以为名，终自取辱，上贻朝廷忧。非独区区职分，应示国家远大之规，自强之术，

---

1 《郭嵩焘全集》第十一册，113页。

皆基于此，足以甘使此身任谤而不敢隐情惜己，取饰语言之末，以掩没其真情，贻误大局，无可追悔。"[1]

如此苦口婆心的交代，不止是表白，不止是倾诉，实在是道义担当——为了国家，为了自强，"甘使此身任谤而不敢隐情惜己"。

然而，在郭嵩焘心里可以豁然贯通的道理，一旦落入现实，却总是一地鸡毛。

返回长沙时，郭嵩焘就差点出事。

他和家眷乘坐的两艘坐船，因为风向（南风，此时是闰三月）阻滞，从武昌开始，一直由总督李瀚章派一艘小火轮（洋船）拖带。这艘小火轮，在路上已为"士绅所惊"，现在将要抵达长沙，长沙士绅闻之大不悦，早已驰书给他的弟弟意城，要求阻止。好在他们从湘阴停留后，再出发时，赶上了北风，小火轮就没有继续前行。

当郭嵩焘抵达长沙时，他才知道还有这么一出戏码，觉得实在可笑又可恼。郭嵩焘说：如果洋船来了长沙，他一定在船上写一告示，"轮船不至省河，并无此种例禁"。自己依然算是兵部侍郎，虽然请假三个月回籍，但在外不能耽搁，还要回朝办事，现在是南风，总督以所造之船拖送，尤其属于"正办"，没有任何差池。诸君之意，以为非洋人通商的地方，就不能用洋船，那我也不计较，只有请示诸君，船退到哪里算正确？我的坐船，诸君如何设法给拖上来？

到达长沙，郭嵩焘在草潮门耽误"两时之久"。他知道，士绅之"狂逞，实由官吏愦愦，导而引之"。而作为钦差，他居然没有得到迎接，自巡抚以下，公然傲不为礼。这怎么说？就算奉使出洋，冒犯了他们，宜从薄待，免了迎接。但是，为了拖船的事，大人先生们居然敢在传单上直标督抚的名字和他本人的名字，指为勾通洋人，而且张贴在通衢大道，简直无视王法国典。地方官对此不仅不查办，还推波助澜，"此风何可长

<hr />

[1] 《郭嵩焘全集》第十三册，358—361页。

也？"如果他真的干犯了什么"名义"，那又会怎么样呢？[1]

其实，就在光绪五年春，郭嵩焘还未抵国门，长沙就有谣言说他要改上林寺为天主堂，引起激愤，誓拒洋人入城。郭嵩焘返回长沙，更有人来长沙散布谣言，说郭嵩焘招引洋人从广西到湖南来游历，眩惑浮动的人心，以图谋狂逞，重演光绪二年丙子（1876）事件。郭嵩焘不得不致书岳麓、城南、校经堂三书院院长，让他们晓示诸生，不能乱来。[2]

在郭嵩焘的日记里，光绪五年七月十七日载："省城谣言四兴，谓我尽室避居县城，虑科场士子之有责言也。又谓日前遣杨瑞堂赴上海料检事务，为与洋人约缓，以避科场士子之锋。"光绪五年八月十三日载：传说湖南开设通商四口，郭嵩焘总办洋务。光绪五年九月初八载："早接刊刻匿名书，云《伪校经堂奇闻》，訾及鄙人商量张力臣开设校经堂，不讲时文试贴，而讲天文算学，其计狡毒。世风败坏至此，可为痛哭。"[3]

出使三年，湖湘戾气未解而浮嚣更甚，省运凋零。

郭嵩焘很为湖南人之嚣、之滑、之无理取闹而恼火，很为地方风俗日偷、吏治日敝、纲纪日弛、人心不古而悲哀，"讹言之兴，乱亡之征也"，"恐吾楚乱亡之机，动而不可止也"，更为地方大员的粉饰、骄蹇、苟且而无奈愤激，他们"以顽民能狂逞者，目之为气节"。[4]

他一直认为，"自古世道之乱，原本人心风俗，而其患皆起于士大夫"[5]，"世教人心归宿到末流，不务循理，而群思狂逞……凡乱机之生，倡之者士大夫也"[6]。往往是"君骄臣谄"，然后才会"俗敝民顽"。而郭嵩焘，并不自外于士大夫群体，他说，"风气之嚣陵，人心之浇薄，其源皆在士大夫，则亦吾辈之咎也"[7]。

---

1 《郭嵩焘全集》第十一册，100页。

2 《郭嵩焘全集》第十一册，132—133页。

3 《郭嵩焘全集》第十一册，156、167、175页。

4 《郭嵩焘全集》第十一册，153—157页。

5 《郭嵩焘全集》第十一册，603页。

6 《郭嵩焘全集》第十一册，148页。

7 《复瞿鸿机》，《郭嵩焘全集》第十三册，433页。

郭嵩焘自述，赋闲家居，但心境并不宁静，"如古井波澜，有搅其中，辄激而动"[1]。让他为之"激动"的，自然不只是湖南一隅，也不止当下一时，而所涉及，自然更深远，也更广大。

友人在郭嵩焘出使归来后不久，曾劝他"见人不谈洋务"。郭嵩焘回答说："吾谓并不见人，然固不可不谈洋务。"之所以要谈，是想使人稍稍知道其中的"节要"。假如"坐听其昏顽而已"，不动兵打仗已经日见削弱，一动兵，国家就只能作印度了。这是何等关系，何等大事，能够坐视不言吗？世俗之说，但谓"不知言之人不可与言"，这是对于没有关系的人和事而言。如果有关系，怎么可能如此？

郭嵩焘说，如果中国不可以像古时候的"三苗"一样，被人边缘化，然后消失在历史的黑暗中，那么，我就必须用我所知道的，去启发别人，"以先知觉后知，以先觉觉后觉"，义不容辞："诸公乃视言及洋务为忌讳，然则将听其终古昏顽而莫之省也？果可以昏顽终古，则自洞庭以南，蠢蠢三苗至今存，可也，而其势固必不能。传曰：铸鼎象物，使民知神奸，以能使魑魅魍魉莫能逢之。夫惟其知之也，以先知觉后知，以先觉觉后觉，予于此亦有所不敢辞，于区区世俗之毁誉奚校哉！"[2]

光绪五年（1879）闰三月二十三日，郭嵩焘在日记中谈到，黄子寿"戒以不谈洋务。予谓：左季高言洋务不可说，一说便招议论，直须一力向前干去。季高近日在德国购买机器，织布、织羽呢，招集西洋工匠至二百人，真是一力干将去。然吾犹惜其舍本而务末。即其末节，亦须分别轻重缓急。织布、织羽呢，何关今时之急务哉？吾于洋务，稍能窥见其大，自谓胜于左季高，又无任事之权，只凭所见真实处，详细说与人听，激动生人之廉耻，而振起其愤发有为之气。亦实见洋人无为害中国之心，所得富强之效，且倾心以输之中国，相为赞助，以乐其有成。吾何为拒之？又何为隐情惜己，默而不言哉？所以言者，正欲使君辈粗见中外本末情形，庶几渐次有能知其义者，犹足及时自立，以不致为人役耳。子寿之

---

1 《郭嵩焘全集》第十三册，377页。
2 《郭嵩焘全集》第十一册，106—107页。

戒不言，所据世俗之见，无足取也"[1]。

郭嵩焘承认，自己不是那种隐情惜己，默而不言，自同寒蝉的人，"身非隐士，亦不乐以此为名"[2]，他不能"坐视诸公醉卧覆舟之中，无有省悟，思一发其覆耳"[3]。他甚至说，自己"蹇蹇衰暮"，之所以敢于言"人所不敢言"，是因为常常以张江陵（张居正）的话自励，张居正曾经说过："愿身化为稿荐，任人溲溺其上，终教人凭以安寝而已。"[4]

此种自然生发的慷慨，仍然源于那种从文化遗传中禀赋的使命感和责任感，"修身、齐家、治国、平天下"，这是中国士大夫安身立命的精神依据。其使命的直接对象，就是"君国""君父"。就这样，像一个热恋中的人，言辞越是充满怨怼，证明情感陷溺得越深，以致不能支配自己。

对此，我们甚至用不着去解释，也无法苛责。

不能不谈洋务，为了先觉觉后觉，为了教人可以"凭以安寝"，这又是何等磊落的胸怀和气度。而且，他无法改变自己侃侃而谈、"言之无忌"的个性，他也并不改变他关于当时西方文明已经较中国优胜的看法，他甚至不惜喻之为"有道"之于"无道"。

郭嵩焘说："西洋之入中国，诚为天地一大变，其气机甚远，得其道而顺用之，亦足为中国之利。"[5]"三代以前，皆以中国之有道制夷狄之无道。秦汉而后，专以强弱相制，中国强则兼并夷狄，夷狄强则侵陵中国，相与为无道而已。自西洋通商三十余年，乃似以其有道攻中国之无道，故可危矣。"[6]

这是郭嵩焘光绪四年五月驻英期间发的议论。

之前，他还说过，"三代以前，独中国有教化耳"，所以中国称人家为夷狄。自汉以后，中国的教化日益微灭，后来欧洲的政教风俗，反而独

1《郭嵩焘全集》第十一册，103页。
2《郭嵩焘全集》第十一册，174页。
3《复李瀚章》，《郭嵩焘全集》第十三册，181页。
4《复曾国荃》，《郭嵩焘全集》第十三册，383页。
5《郭嵩焘全集》第十三册，408页。
6《郭嵩焘全集》第十册，523页。

擅其胜，此时他们看待中国，或许，就如同三代时的中国之看待夷狄。然而，"中国士大夫知此义者，尚无其人，伤哉"[1]！

返国途中，郭嵩焘继续强调："秦汉以后之中国，失其道久矣。天固旁皇审顾，求所以奠定之，苟得其道，则固天心之所属也。茫茫四海含识之人民，此心此理，所以上契于天者，岂有异哉？而猥曰'东方一隅为中国，余皆夷狄也'，吾所弗敢知矣。"[2]

琉球之失

以西方为参照，已经成为郭嵩焘思考中国问题的重要支点。

他担心中国重蹈印度的覆辙，若不弭祸于机先，实无以稍存国体。而且，他很早就意识到，近邻中，学习、了解，进而效法西方人的只有一个日本，"余皆茫然"。在返国的船上，遇到一个荷兰人，由日本人所延请，去日本帮助治河。郭嵩焘联想到，在欧洲的日本人那么多，求矿学于德国，求水利工程之学于荷兰，还有铁路、电报，都是他们所取法的，"经营招致，进而未已"。又想到自己国家的士大夫，"寝处积薪，自以为安，玩视领封之日致富强"，还以此讪笑人家。两相对比，郭嵩焘很紧张、很焦虑，他说："日本为中国近邻，其势且相逼日甚，吾君大夫，其旰食乎！"[3]

郭嵩焘就像一个看到房子将要着火甚至已经着火的人，拼命叫喊，却被周围的人视为疯魔或别有用心。

很不幸的是，郭嵩焘言中了。

到上海不久，就听到日本改琉球为郡县的消息，其兼并之心已经付诸行动。郭嵩焘说，至此他算明白了，日本在五年之前（同治十三年，1874）骚扰台湾，并不是"遽求逞志于中国"，而是借台湾生番戕毙琉球

---

1 《郭嵩焘全集》第十册，420页。

2 《郭嵩焘全集》第十一册，64页。

3 《郭嵩焘全集》第十一册，55页。

人为名目，实行干预。清政府如果仅仅以台湾说事而不及琉球，那么，琉球自然就专属于日本了，而不再是中国的属国。然后，"废置"就可以任由日本作主。现在他们就这样按部就班地做了。

郭嵩焘痛琉球之失，又只能面对现实，希望从"仄路中求宽路"。

他两次上书总署，并且致信沈桂芬，建议先明谕驻日公使与日本交涉辩论，然后加派专理琉球一案的使臣，引用《万国公法》，会同各国公使，申保全小国之义。也就是促成琉球自立一国，庶免被日本吞灭。中国固失藩属，却也不让它成为日本的土地。

这就是郭嵩焘所说的"仄路中求宽路"。

郭嵩焘深信这是退而求其次的方案，还可以因此"示中国之正大"。因为，以保全琉球为言，"则此义载之《万国公法》"，西洋各国"必皆欣然乐从，日本以取效西洋为义，断不敢违西洋公义以求逞，而吾所据之理绰然有余，亦足以昭示各国而明所以，兴灭国，继绝世，廓然一出于公，无所私利于其间"。[1]

但是，郭嵩焘的意见"不蒙采录"。

总署以与日本议约"不助俄人"，即所谓"联日拒俄"为由（因为伊犁，当时清廷正与俄方交恶），对于日本的行动，无所作为。朝廷把专恃人际关系的官场伎俩，用在了国家关系上。慈禧1876年接见郭嵩焘时说，威妥玛"实是难说话"，同样以为国家关系就是当局当事者的个人关系，这当然是传统社会的逻辑。

郭嵩焘认为，他们很昏聩，不能保琉球于前，又不能让琉球立国于后，坐等琉球被废灭，以为日本可以就此满足，他们不懂得日本。

郭嵩焘说，日本"蓄意久深，衮衮诸公不能知也"[2]。"日本必为中国大患，其关键尤在高丽，今之逞志琉球，其嚆矢也"。[3]"今之论者，皆谓西洋难与为敌，日本易与耳。吾观其君臣之相为警惕，而知其政教之

---

1 《致奕䜣》，《郭嵩焘全集》第十三册，364页。

2 《郭嵩焘全集》第十一册，350页。

3 《致奕䜣》，《郭嵩焘全集》第十三册，365页。

行为有本也。诸公欲以无本之术，虚骄之气，以求胜于日本，于人与己两失之"。[1]

所谓"无本之术"，便是如李鸿章所从事的枪炮船舰采购，而所谓"虚骄之气"，则从上至下都不缺少，如李鸿藻、张之洞，他们并不认为岛夷小国可以把堂堂中国怎么样。如此，自然既看错了对方，也看错了自己。

郭嵩焘说这些话时，离甲午战争还有差不多二十年。

日后，日本在清朝的另一属国高丽（朝鲜）的作为，乃至对于中国的全部作为，印证的正是郭嵩焘的说法。

伊犁事件

琉球既灭，王爷崇厚又与俄国订立了一个得不偿失的关于伊犁的条约。

伊犁是北疆一府，有物产，称得上新疆的沃野，形势也重要。咸丰元年（1851），俄国人(根据《伊犁条约》)就在伊犁获得设立领事馆、免税的权力。同治十年（1871），俄国人趁西北之乱，进而占据伊犁，说是代为管治，并无领土野心，一旦清朝平定回疆，就归还伊犁。俄国人的算盘是清朝平不了乱，新疆因此谁占了就算谁的。不承想，左宗棠于光绪元年（1875）进军新疆。光绪三年（1877），阿古柏死了，新疆真的被平定。俄国公使于是用拖延术，迟迟不兑现归还伊犁的诺言。

还是光绪元年，郭嵩焘在《条议海防事宜疏》中，就对新疆事务有所预判，所见之清明，所言之真切，所论之准确，俨然先知。他说："至于西北，利病之所在尤宜斟酌古今之宜，推求理势之归，以预为之计。俄罗斯据有伊犁已历数年，恐未易言收复。而喀什葛尔、乌鲁木齐通及回八城，或僭立一国，或据城与官军相持，事久则变益生，师老财匮则收功益

1《郭嵩焘全集》第十一册，506页。

难。左宗棠无督师出关之责，而在甘日久，中外大局尚能研究，宜令体察各城情形，何者宜明画疆界与俄人定约，何者宜急收复，用兵若干人，刻期若干日，调何路之师，转何路之饷，以及将弁之高下，用兵之缓急，统筹全局，先定方略，委任而责成功。尤须有精力强辨出使绝域之才，以理折服俄人，而杜其煽惑，然后可以审量用兵之机宜，朝廷明诏颁行诸将，乃有所据依，以求轻重缓急之序。左宗棠亦必不敢苟且瞻徇，为无根之辞，以上渎朝廷之听。此在察其事之变与其人之才任之而已。"[1]

崇厚光绪四年（1878）使俄，目的是要收复伊犁。郭嵩焘在法国时，接待过他。

那是在郭嵩焘将要离任前夕，光绪四年十一月末，朝廷派王大臣崇厚出使俄国，途经巴黎，王爷命令郭嵩焘去巴黎迎候。

崇厚于十一月二十七日从马赛到巴黎，陪伴崇厚的人先进城安排旅馆，然后与郭嵩焘等使馆人员一起前往火车站迎接崇厚。崇厚一下车，就责怪郭嵩焘等没有在车站行跪叩大礼。郭嵩焘认为，车站人如蚁聚，往来丛杂，使馆又没有呵止行人的权力，到哪里去找"望阙叩头之地"？中国公使能够管辖的仅仅是使馆而已，使馆的门外就是别人管辖的地方。所以，他只能在使馆里恭设香案，以便叩头。

崇厚不以为然，与随员入住旅馆后，执意要郭嵩焘等到旅馆补礼，跪请圣安。郭嵩焘"再四开譬"，崇厚"执意不回"。郭氏只好迁就。

郭嵩焘早就知道，崇厚虽然号称懂洋务，其实并不懂洋务。此次"礼仪之争"，更看出他"一意矜张，庞然自大"的性格。问及前往俄国的"方略"，此公"漫无筹画"，只是说"伊犁重地，岂能不收回"。[2]

郭嵩焘看他说得这样轻巧，心里暗暗吃惊。在谈话时，又听他说，自上海出洋四十多天，居然没有一天遇到大风大浪。郭氏以为，此公吉人天相，去俄国处理伊犁事件，或可能逢凶化吉吧。

光绪五年八月十七日（1879年10月2日），崇厚与俄方签约（《里瓦

---

1 《郭嵩焘全集》第四册，778页。

2 《致李鸿章》，《郭嵩焘全集》第十三册，375页。

几亚条约》，*the treaty of livadia*），伊犁收回，条件是将伊犁西垂以及帖克斯（Tekes）川一带地方交给俄国，新订的国界将丧失大片土地。另外，付给俄方代守伊犁兵费五百万卢布，允许俄国在伊犁、库伦、嘉峪关、乌鲁木齐等地设立领事馆、置产治业，准许俄国人在满洲、蒙古、新疆各地免税贸易，允许俄商经张家口、嘉峪关前往天津、汉口贩运以及销售货物。这有点全方位开放、不设防的味道。

国内得悉此约，群情大哗，认为得不偿失。

舆论一哗动，朝廷又着急了。诏命李鸿章、左宗棠等密陈机宜。

郭嵩焘八月份接到李瀚章汉口来信，才知道崇厚所签条约的大概。他没有想到，崇厚居然真有那样昏聩，想得到的就是伊犁一座城池，其他利病则无所计较。除了虚靡巨费、放弃关税边防、卷及蒙古外，伊犁一地虽然收回，却几乎是收回一个孤岛。不久，郭嵩焘又收到驻英法公使曾纪泽的信，知道了所订十八款的详情，曾纪泽批评崇厚误国又取辱，还说英法人士对此甚至当面讥诮。

郭嵩焘的反应与人不同。他认为，崇厚固然自取其辱，但四十年来的洋务基本就这个样子，总署诸公才是真正的罪魁。此时，举国士大夫人人都有主张，最强大的声音来自清流党，张之洞接连上疏，主张诛崇厚以明正典刑，同时鼓舞臣民抗战备战，认为"此时猛将谋臣足可一战"。

在郭嵩焘看来，张之洞这是添乱。一个条约的事，怎么就轮到开战了呢？李鸿章同样认为这是添乱，但是不敢作声。

那么，郭嵩焘只好挺身而出了。

他想通过自己的主张，让李鸿章可以有所凭借，以便影响这件事的处理。于是，他上《俄人构患已深遵议补救之方折》，论伊犁事宜六条。

郭嵩焘首先指出，按国际惯例，议约必须国家核准才能生效，所以此约批驳之权，仍然属于清廷，可以由总署转知俄国外交部，"伊犁条约"暂难核准，以俟续议。

然后是具体建议：

第一，收还伊犁必须由陕甘总督（左宗棠）核议。因为左氏平时讲究地理之学，又经营西域逾十年，熟悉当地情况，远胜万里之外的使臣凭空定议。

第二，遣使议还伊犁，当径赴伊犁会办，只有使臣取道伊犁，经过乌拉岭赴俄，与左宗棠商量一切，才能了解当地的水路交通，形势险要，兵力所注，这些非亲身考览，就无法掌握。

第三，直接议驳伊犁条约，俄兵暂时仍然驻扎伊犁，从缓计议，以免俄方把膏腴之地全部割走，而归还伊犁一座空城。

第四，不应由驻英法公使赴俄，因为英俄积怨，法德交恶，俄德关系交好。由英法公使赴俄，俄方会怀疑是英方播弄。驻德公使更合适。

第五，定议崇厚罪名于例本无专条，应当稍准《万国公法》行之。没有依据地加罪使臣，反而会给俄方口实。不如让家底雄厚的崇厚，报捐充饷以赎罪。

第六，廷臣主战只是一隅之见，宜斟酌理势，不必急言用兵。他断然指出"国家办理洋务，当以了事为义，不当以生衅构兵为名"。庚子以后与英国发生战事以来，三次用兵，贻患一次比一次深，打一仗，吃一亏。

这一折子先由李鸿章过目，由李鸿章代陈。

此事的后续不用多说。总署早就任命曾纪泽赴俄。俄方以清廷定罪崇厚，反悔"崇约"，反应强烈，声称不接待曾氏。中俄关系紧张，俄国增兵，清廷备战。所谓备战，也就是派山西巡抚曾国荃坐镇山海关，让左宗棠亲率所部驻扎哈密，刘坤一布置长江沿岸军事。

曾国荃很紧张，因为，他总共不到一万兵，又无饷增兵，他向郭嵩焘讨主意。郭氏的主意很简单，你不要告诉人家，你准备打仗，告诉人家，你准备谈判，准备通商。万一非打不可，先要把其他国家的公使摆平，"相约不交兵"，然后再仔细估计胜或败以后的应对之方。只有敢于"以一身任天下谤"，才可能让国家有大的"保全"。而"今日天下大患，尤在观望周章，莫肯身任"。[1]

---

1 《论河务疏》，《郭嵩焘全集》第四册，871页。

对于那个主战的大佬左相左宗棠，郭嵩焘自然不肯宽假。他说，左相"不复考求情势之当否、事理之顺逆，方且侈然主战，用其骄溢之气，鼓动一时议论，以攘取天下之大名，朝廷亦深恃之，以为砥柱西土有余也"，"一念务名之私，贻害天下国家，泰然不以为悔，以是为忠，吾决不取。言者集矢合肥伯相（李鸿章），而歌诵左相弗衰。历代史册毁誉失实者多矣，能辨知其是非得失，尤难其人，无古今一也"，而这样做的结果是"丛脞百出，咫尺皆荆棘也"。[1]

事情接下来的情形是，清廷开释崇厚，释放善意，俄国接待曾纪泽。俄方因为难以负荷战事，又因为俄土战争之后，极其孤立，也有所让步。最终结果，俄方允伊犁南境全部归还，俄方暂限在嘉峪关、吐鲁番设两处领事。天山南北路俄国商人贸易"暂不纳税"（原先是"均不纳税"）。但索求兵费增加到九百万卢布，相当于五百万两。双方很快正式批准。

改约成功，得失有的是纸面上的，譬如"暂不纳税"，何时纳税？但是，纸面上的胜利就足够助长士大夫的虚骄之气，也足够让政府诸公保存体面了。其中未尝没有代价。崇厚的处置，自然也没有郭嵩焘替他设计的那样便宜，崇厚被下狱，被判斩监候，到光绪十年，才悄悄放出来。

对于曾纪泽在洋务方面的表现，郭嵩焘曾经有所评价，看上去不免苛刻，而且充满骄傲，却仍然是实话实说。光绪七年（1881）复刘坤一信中，郭嵩焘说："劼刚处置洋务可云能者，亦因崇地山之冥顽，以见其斡旋之力，所以因难见巧。无他，彼诚有理路可寻也，苟无理路，虽百劼刚何益。往在伦敦两年，处置约十余事，难易大小诚有辨，要其寻求理路一也。自揣劼刚所为，亦能勉为之。独其窥探政府，以制其操纵之权，巨细请命，以求免咎，展转归功，以阴自托，其于国家利病，已多不能自遂，其意见其前后书牍甚详。此则别是一种智慧，嵩焘更历千万劫，不能及也。尝疑劼刚气太盛，心太亢，不宜仕官，至是始知其能。一代朝局，相习成典，由今日上推至宋、明，人物相承，以成乎运会，各有自然之程

---

[1]《复曾国荃》，《郭嵩焘全集》第十三册，385页。

度，违失其程度，所至皆龃龉也；得其程度，纵横陵跞，无不可者。是以洋务非难，周旋政府为难。洋务者，据理为之，高下在心，以了事为义，而无余虑矣。劼刚于此为知，求通其症结，故曰能也。"[1]

周旋辗转，窥探政府，以求免咎，别是一种"智慧"。让郭嵩焘没有想到的是，曾纪泽居然有这种"智慧"。而郭嵩焘自认为，在这一点上，自己"历千万劫"也不能相及，因此，"所至皆龃龉"。"洋务非难，周旋政府为难"，谁说不是这样呢？他还说："国家风气所趋，别有一种不明事理之能干，不辨皂白之公论，不可究诘之正派，不能体察之清廉。其为物望所归者，大都此种人才而已。"而他本人，自然做不了"此种人才"，也无意于成为"此种人才"。

中法战争

俄事之后，法事又起。

郭嵩焘曾经料到，日本会把用在琉球的伎俩同样用在朝鲜。没想到，法国还先下手仿效。光绪八年（1882）法国攻占越南（也算是清朝的藩属国），与越南签订《法越条约》。

郭嵩焘不胜浩叹，除了辗转给朝廷呈递疏稿提供咨询外，不止一次写信给李鸿章，分析事情的原委和可以应对的策略，他说："法人之欲通商云南，蓄意已深。而谋开通越南之东京，以取捷径，其意又不欲明言。借事生端，以与越南构衅，越南不达其本旨，贸然应之，其告急中国之辞，法人能探知其详，中国又无以应也。法人自度其力足以兼并越南而无后患，先收取其东京，创开铁路以逼云南，不待交兵、会议而通商之局已成，法人筹之熟矣。""嵩焘十余年来干冒众人议论，以求处置西人之方，诚知二十年后必有承其累者，及早为之，或可预消其萌而杀其势。以彼上下一心，揣摩天下大势而觊其利，诚无意于中国土地……窃以为处置

1《郭嵩焘全集》第十三册，388页。

西洋，始终无战法，彼其意在通商，即以通商应之。暂缓越南之议，先与驻京公使明言通商章程，使电报本国，仍由朝廷遣专使巴黎，定云南通商之局。而由中堂发使西贡，调停解说，平越、法之争。事经数变而所处愈难，及今与议，方之去秋疏陈时，其难不啻百倍。然与其征兵转饷以从危，曷若预探其情而发其覆，以理待之。孙子曰："未战而庙算胜者，得算多也，故曰不战而屈人之兵。"又曰："知己知彼。"法人之意在通商，而我必迫之使出于战，是无算也。彼发兵万五千人，军伍器械备具于平日，而用兵之费动至数百千万，取给无穷。今欲悉索敝赋，召募无业游食之民以与相持，是不知彼也。用兵三十余年，聚而为勇，散而为盗，蔓延天下，隐患方深，重以水旱频仍，吏治偷敝，盗贼满野，民不聊生。而于是时急开边衅，募勇以资防堵，旷日逾时，而耗敝不可支矣。幸而得解，旋募而旋散之，所募之勇游荡无所归，乘饥困之民以逞，是导乱也，其弊又坐不知己。其精微者不敢言，略言其粗者，则亦岌岌无自立之势矣。"[1]

郭嵩焘煞费苦心，说自己之"所以屡渎尊严，诚知中堂（李鸿章）所处之难，而群言淆乱，终恃中堂一语折中。区区愚忱，深望排群议而障狂澜，使天下蒙其帱荫，利赖无穷"。而"洋患至今日，无可补救，急求应付之方，可以尊国体，安边圉，为中国之利，其大要在知所务而已。是故与洋人周旋，可以理喻，而不可以力诎，可以情遣，而尤不可以坐置不理"。"顷数十年，汽轮车船夺天地造化之奇，横行江海，无与为敌。而究其意之所极，贾市为利而已。其阴谋广虑囊括四海，而其造端必以通商，迎其机而利导之，即祸有所止，而所得之奇巧转而为我用，故可以情遣也。嵩焘实见办理洋务无可开衅之理，国势之盈诎，兵力之强弱非所论也，但无洋祸，寇乱饥荒皆不足惧，一有西洋之衅，则此二者之忧乃倍于平时，兵竭于外，财殚于中，未有能善其后者。其中苛索兵费，以求通商，仍不越初议，而国体所伤实多。相持过久，则必有失地之虞。凡此，

1《郭嵩焘全集》第十三册，405—406页。

事理之显见，苦言者不能知耳"。[1]

郭嵩焘的意见很简单，法国人通商的动机很明确，所以"始终无战法"，朝廷要做的事情是去和法人谈判通商，而不是准备打仗。征兵打仗最可怕的结果，不是失败，而是与寇乱饥荒、水旱盗匪相伴随的国家内部的动乱，"所忧不在颛臾，而在萧墙之内"[2]。然而，几十年来的洋务，"始终不得要领，而坐受人言之挟制"[3]，本末俱失，已经难以补救。如果不抗法援越，越南只有自救，"非中国所能计议"，也就是自顾不暇，自身难保。因此，郭嵩焘的主张是放弃越南。尽管事后不得不放弃，但此时郭嵩焘的说法，却是犯众怒的"卖国"说法。

左宗棠说，今日不是南宋，那个时候国势日蹙，现在金瓯无缺，策士勇将，足供一时之用，不必任其凌夷，可以一战。或许还可以因此一战而"一劳永逸"。

张之洞说，"守四境不如守四夷"，仍然把藩属当作自我封闭的屏障。

曾纪泽也主战，上书李鸿章，"发八难以推明主战之说"，说法国人是"虚悬客寄之师"，说法国人"议论参差，怠于持久"，总有"不能敌我而先自敝之一日"。[4]

身为军机兼总署大臣的清流宗主李鸿藻，更侈谈"东讨日本，西击法朗西……与一二无知少年肆口狂论，自名清流"[5]。一般士大夫"趋时"，更愿意听信不实之言，此种言论也更能满足自尊和虚荣。于是，挞伐之词大张。

曾国荃保守观望，被人参奏，要把他调离广东。知道不可为的李鸿章身被骂名，日子更加难过。郭嵩焘斥李鸿藻"昏谬，覆亡国家有余"[6]，

1 《郭嵩焘全集》第十三册，415—416页。
2 《致翟鸿机》，《郭嵩焘全集》第十三册，413页。
3 《郭嵩焘全集》第四册，857页。
4 《致李鸿章》，《郭嵩焘全集》第十三册，416页。
5 《致朱克敬》，《郭嵩焘全集》第十三册，498页。
6 《致朱克敬》，《郭嵩焘全集》第十三册，498页。

批评左宗棠"满纸虚骄之气"，"不明顺逆之势"，[1]"一劳则恐永不能逸"[2]。责备一意主战，要摒绝一切洋人，不与一见的彭玉麟，"负一时之盛气，乃使其理反不足自申"，叹息"在官者如此，蚩蚩之民何论焉！"[3]责备曾纪泽除"歆动今时士大夫"外，"于中外情势盖全失之"。他怀疑见识过西方的曾纪泽侈言主战，是屈己从人，意在迎合清议时论，以求一日之名。[4]

郭嵩焘更诘难总署，如果用兵可以保全越南，为之可也；如果用兵反速其亡，则又何必？如果用兵亦不能阻止法国通商云南，反而更加耗敝国家，更又何必？

郭嵩焘认为，西洋虽然"夺天地造化之奇，横行江湖，无与为敌"，但其主要动力和目标仍然是"通商之利"。"盖西洋以通商为义，自始开国至今千八百余年，兵力愈练愈强，制造愈习愈精，通商口岸亦愈推愈广。外蕃各国，盛衰强弱，或数十年数百年一变，惟西洋一主通商，历久不变[5]。"西洋以行商为国计，其势必不能竟已也"[6]。这是西洋强盛的秘密，也正是可以因势利导的。而且，以西洋之积强，中国之积弱，只有"迎其机而利导之"，"据理折衷"，尽量周旋，始能稍止洋祸，并将其"奇巧"转而为我所用。

这不就是日本的道路吗？

事实上，"自古经国之计，专务招徕商贾，无以闭关绝市为义者"。明代在广州、泉州、宁波设三市舶司，通商日本、琉球以及西洋诸国，"始终未闻以市易滋乱"的，倒是后来罢宁波市舶司，反而酿成了寇乱，"海上遂无宁日"。[7]西洋之来，不就是通商吗？"西人以通商为义，本

---

1 《郭嵩焘全集》第十一册，580页

2 《致李鸿章》，《郭嵩焘全集》第十三册，420页。

3 《复李元度》，《郭嵩焘全集》第十三册，407—408页。

4 《致李鸿章》，《郭嵩焘全集》第十三册，416—417页。

5 《因法事条陈时政疏》，《郭嵩焘全集》第四册，860页。

6 《复李元度》，《郭嵩焘全集》第十三册，407页。

7 《论法事疏》，《郭嵩焘全集》第四册，856页。

无仇害中国之心"[1]，而通商正是"利源所在"，"有利于国，无损于民"。而且，郭嵩焘不止一次申述，"洋人之与吾民，亦类也，未有能自理其民而不能理洋务者也"；"夷狄之民，与吾民同也，趋利避害同，喜谀恶直同，舍逆取顺同，求达其志而不乐阻遏其气同。贤者以理折衷，可以利之顺之，亦未尝不可直言之，因而阻遏之"。[2]

据此，郭嵩焘依然深信，"办理洋务，无可开衅之理"，"交涉西洋通商事宜，可以理屈，万不可以力争；可以诚信相孚，万不可以虚伪相饰；可以借其力以图自强，万不可怙其强以求一逞"，"以彼所求者通商耳，其蓄谋或在数十年之前，其作势尝自处万全之地，每至张大其辞，以相要挟。而其与中国相去数万里，用兵之费又数倍于中国，本不能轻易言战，其志又不过通商为利，非有仇憾积于其心。察其不轻言战，诘难往复，固有余地以自处，而求各得其利。因其不轻言战而激使狂逞，则为害必多"。[3]

此次法国侵略越南，朝廷如果懂得对方的用心，早该遣使赴法，之前更早该派员去西贡，"察机观变"。郭嵩焘早就同慈禧说过，办理洋务的要义在于凡事"先行一着"。西贡有三十万华人，早应设领事管理。这些都没有做，以致坐失机宜，一错再错。

现在一意主战，而让通晓洋务的人无可置喙。郭嵩焘提醒李鸿章不能战，不必"愤然倾天下以图一逞"，不仅因为兵力弱，"中国无可战之机，无可战之势，直亦无可战之理"[4]。当年，以关天培、僧格林沁等百战名将，尚不足以一战，不足以守一口，何况国家每下愈况。而且，外患将导致内乱。既战，也须见好就收，尽快处理，以"下顾民生"，因为"时事艰难，民困财殚，国计、吏治、人心、风俗，本源之地，所忧实

---

1 《致李鸿章》，《郭嵩焘全集》第十三册，459页。
2 《复姚彦嘉》，《郭嵩焘全集》第十三册，367页。《致李鸿章》，《郭嵩焘全集》第十三册，418页。
3 《因法事条陈时政疏》，《郭嵩焘全集》第四册，860—861页。
4 《因法事条陈时政疏》，《郭嵩焘全集》第四册，861页。

多。汲汲补救，犹惧不给"，哪能"无故自生衅端"？[1]这才是"万世根本之计"。

这种不为世俗转移的固执己见，意味着一种罕见的知识勇气。

这也是郭嵩焘不同于洋务派同侪的地方。他说："足食足兵而使民信，外邦实力营求，中土则食不足而浪用，兵不足而妄举，以伪相饰，以欺相蒙，尽民信而锄之使尽"，以至愚蠢到要"填塞江海口"，以防堵西人。"各江海口利在疏通，徒拂天地之性，以资外人一笑。岂无知其非者，而不敢言，殆尤可叹"。[2]

天大的笑话也没有人敢于揭破，郭嵩焘不得不做说实话的傻子。

他对西方的认识，以及对于自身国家的了解，正是基于这种还原事实、立足客观的知识勇气，而不止是道德勇气；基于认知的激情，而不止是道德的激情。他曾经明确提出："知、仁、勇三者之为达德，必以知为本"[3]，"仁与勇生于识，故三达德以知为先"，"圣人治天下，极其用，曰知，曰仁，曰勇，是以谓之达德。惟知也，见之明；惟仁也，守之定；惟勇也，行之决。而或终身由于其途，而行焉不著，习焉不察，惟不知故也。故曰知德者鲜矣。知之而守吾心之诚然，以行之不疑，而德乃备"[4]。而"天下之大患，在士大夫之无识"[5]，"君子立身处世，以识为本"[6]，"天下之才有矣，而学难；学矣，而识难。天下之乱，由大臣之无识酿成之"[7]。

天下不缺少"才能""才干""勇毅"之士，欠缺的是"学"，是教养和道德，更加欠缺的是实事求是的认知和见识。

而所谓"知""仁""勇"，相当于现代心理学所说的由"认

---

1 《论法事疏》，《郭嵩焘全集》第四册，857页。

2 《复朱克敬》，《郭嵩焘全集》第十三册，403页。

3 《郭嵩焘全集》第十一册，252页。

4 《松锡侯廉访五十寿序》，《郭嵩焘全集》卷十四，419—420页。

5 《复张竹汀》，《郭嵩焘全集》第十三册，60页。

6 《复方子听》，《郭嵩焘全集》第十三册，65页。

7 《复严正基》，《郭嵩焘全集》第十三册，103页。

知""情感""意志"组成的人格结构。只有真确的"认知"能够带来足够的清明和明智，"才""学"才不至于无所用之或者成为制造罪孽的工具，"仁"的情怀与"勇"的意志，才会有正确的指向和目标。否则，就只能导致一种盲目的激情和狂热，理智荡然无存。由此生发出来的行为，往往非理性，具有极不稳定和不可控的特征，以至内含自毁的倾向。即某种情感和意志走向极端时，往往带来事与愿违的灾难。

更可怕的是，缺少正确认知的极端的激情和勇气，对于个体和集体来说，都会是难以舍弃的诱惑，隐含一种超越平庸、妥协、暗淡的日常生活状态的激发和照耀，点火即焚，不可阻挡。投身者会因此获得一种空前的整体感和成就感，获得一种类似于宗教献身的夸张体验，会觉得自己因此是一个更真实、更完整、更旺盛、更强大的存在。

在与他所置身的环境的互动中，郭嵩焘逐渐失望地看到，不仅俗吏，所谓"儒生""经生"，其知识、教养和道德，往往是有关眼前世界真确认识的敌人，更不用说特殊利益立场的遮蔽。

由此而来的洋务，不仅不得要领，甚至朝一种相反的越来越荒谬的方向行进，"办理洋务五十年，士大夫无一能知洋情者，良由枢廷不务求知，有以奖成之。自秦汉以来，惟宋世人才最盛，语言动作皆有本原，是以贤奸能否之分，较然其不相掩。末世工于作伪，一切皆无底蕴，即有直言敢谏，一皆窥探朝廷意旨，择可言而后言之。其不知洋务，岂人才昏蔽如是哉？坐不知耳。人心所趋，濡染渐渍，以成风尚，能了洋务者，反为当世所贱简，此枢廷经国计者之过也"。"人人谈洋务，人人不知，诚有知者不忍谈也"。[1]"古人有言曰：目短于自见，故以镜鉴形；智短于自知，故以道正己。身失道，则无以知迷惑。今时士大夫无知道者，循声附影，希望朝廷意旨以求诡合，顽然自托于敢言，日趋于迷惑而不知悟。度其用心，岂果有见于今日兵力之强，足资一战，而必不可不一示威外人乎？希时道谀而已矣。尝记宋儒刘元甫之

---

[1]《复周桂坤》，《郭嵩焘全集》第十三册，504页。

言，仕有三耻：相时而为道，希俗而为功，饰义而为名。古之君子以为耻，今之君子矜张自肆，泰然任之。学术之不明，人才风俗之偷，天下之蔽所由基也"。[1]

郭嵩焘曾经指出，算得上开明的张自牧、曾纪泽，他们的某些立论之所以出现偏差，就在于他们想"以是邀时誉，而于人言，亦多所顾惜"，"择可言者而言之"，"相时而为道，希俗而为功，饰义而为名"，其实就是因为出于自身安全和荣誉的需要而丧失了起码的"知识勇气"。[2]

在某种意义上，传统文化不缺少道德的激情，受传统文化熏陶的士大夫阶层，也不缺少道德的勇气。但是，当这种道德的激情和勇气，没有足够的认知和真确的知识作为基础时，很可能成为否定性的破坏性的力量，成为戾气。而正确的认知和知识，则常常不免是令人沮丧的，特别是当这种认知和知识，告诉我们的是一种难以正视的真实时。

郭嵩焘所知道所告诉国人的正是这样的真实。"嵩焘于此急言遽论，略无瞻顾，非能独犯清议也。三代圣人抚绥中外，宽之以情，隆之以礼，其言具在，而在今日尤为安危利病之大幾。《易》曰：君子居其室，出其言，善则千里之外应之，不善则千里之外违之。其应与违，皆吾民也，犹能相为反覆。洋人眈眈环视，其应也尤捷，其动而有违也，遂亦无可补救。以言乎远则相距数万里，以言乎近则咫尺也。君子于此知敬慎焉。故曰：枢机之发，荣辱之主也。窃虑雪帅（彭玉麟，时奉旨办理广东防务）气太盛，语太轻，此所以关荣辱乃在天下国家，深愿在事诸公之熟筹而深计之也。"[3]

郭嵩焘所洞察和忧虑的，不仅是当局不明洋情，决策混乱，在事诸公，气盛语轻，附和群氓，积非成是，导致满盘皆输。而且，还包括那些大声言战者，他们对于地势军情，其实并无考究，说海防、江防，就忙着填塞江海口，在湖北筑炮台，反而忽略了靠近越南、孤悬海外的海

---

1 《致曾国荃》，《郭嵩焘全集》第十三册，424页。

2 《郭嵩焘全集》第十三册，424页。

3 《复李元度》，《郭嵩焘全集》第十三册，408页。

南岛。

郭嵩焘认为，言备战的话，除云南边境外，要严守海南，注意日本图台湾，英国图舟山。否则，"设防于不相应之敌，耀兵于无可用武之时，徒为戏耳"[1]。

光绪十年（1884）初，越战不利。朝廷把广西巡抚拿问，慈禧更面责军机大臣，罢黜恭亲王，李鸿藻也被开缺降级。

这些人受处分，却不是因为主战，而是因为战而不利。取代恭亲王掌权的是强烈主战的醇亲王。

慈禧太后一方面虽然督促李鸿章继续寻求和解，一方面也并未放弃通过战争求胜的侥幸。主战的声浪更高。

在李鸿章向郭嵩焘征求方略时，郭嵩焘除了重申敛兵、保境、发使诘问、遣使与议的对策外，实在别无方略可言。但念及上下虚骄之气，仍然忍不住忧愤。他向李鸿章全盘交代了自己的所思所想："自有洋务以来，士大夫高视阔论，以考求洋情为耻，见有知洋务者，又虚为之名曰'此足应时须矣'，阳誉之而心益薄视之。然就嵩焘所见，凡名为知洋务者，粗知其情势而已，无通知其本末者……嵩焘请为之说曰：夷狄之民，与吾民同也，趋利避害同，喜谀恶直同，舍逆取顺同，求达其志而不乐阻遏其气同。贤者以理折衷，可以利之顺之，亦未尝不可直言之，因而阻遏之。取足于理，强者亦可使退听。吾民之于官吏父兄也，即有屈抑，忍受而已，不能忍受，谓之乱民。夷狄弱者，奴隶也，鞭之挞之可也，强者义视友朋，但能以理相处，一有藐屈，偾然而起，祸福荣辱立见。是故，洋务者，治国平天下之一端也，其所以为用各异，而其用同。能教化整齐其民，以控御夷狄固沛然有余矣。嵩焘非能知洋务者，独知其理耳。法人滋扰越南以求通商蒙自，诚使用兵而遂止其通商，为之可也；用兵而耗敝国家，多偿兵费，终以通商，何为也哉？此非势也，理也。抑使用兵而能保全越南，为之可也；用兵以速其亡，有可持之议论而不能宣也，有可乘之

1《致李鸿章》，《郭嵩焘全集》第十三册，429页。

事机而不能赴也，贸然构衅以为名高而不顾其后，何为也哉？此非势也，亦理也。嵩焘所以谓无可开衅之理是也。……未用兵而民商先困，两年以来，富商大贾倾毁无余，利害之及民者如此……嵩焘坚持此义三十余年，无有掩饰瞻顾。所言本末，皆得之读书观理，与今之谈洋务者异也。骂讥笑侮，一切听之，惟中堂为能垂谅。窃独以为洋务当通筹全局，非可枝枝节节，苟幸当前，即有胜负，不足为忧喜。用敢竭尽其底蕴言之，但能知此，亦足息群言之嚣，而不至贻事后之悔矣。"[1]

郭嵩焘指出，若不及早敛兵议和，恐怕不仅有失地之忧，法国更加苛索兵费，列强也将更加生环伺觊觎之心。

李鸿章于光绪十年四月十七日（1884年5月11日）与法国水师总兵签订了《天津简约》：法国尊重中国南界，不要求赔款；中国允诺撤兵，南境通商，承认《法越条约》。

廷议不以为然，士论更加不答应放弃藩邦。

彭玉麟以《天津简约》为大忤，上疏"五可战，五不可和"。郭嵩焘在日记中议论道："彭雪芹宫保五不可和、五可战疏稿，多为虚浮无实之词以眩惑朝廷，亦由上窥朝廷意旨然也。其五可战：一曰揣敌情可战，二曰论将材可战，三曰察民情可战，四曰采公法可战，五曰卜天理可战。南宋诸君子疏陈兵事，传美史册，至今使人欣赏叹慕者，皆此类也。"[2]"恕皆前辈传示彭雪芹宫保一书，所言去事理绝远，不独不明洋务而已，其通饬各州县毁撤教堂，贻祸必烈，所谓知小而谋大，力小而任重者也。"[3]

李鸿章成为众矢之的。朝廷于是不准广西、云南撤兵，并申斥李鸿章。刘永福的黑旗军曾经在战场上取得局部胜利而让国人情绪高涨（黑旗军后来几乎全军覆没则不讲了）。此时，1884年6月23日、24日，中法在谅山观音桥发生冲突，互有伤亡（中国方面的伤亡实多于法方），又被虚

---

1 《致李鸿章》《郭嵩焘全集》第十三册，417—419页。
2 《郭嵩焘全集》第十二册，28—29页。
3 《郭嵩焘全集》第十二册，56页。

报、渲染成大捷，法人大败（虚报军功，也是传统文化体制下的惯习，不如此不足以说明威武正义之师的所向披靡，更不能由此邀功请赏升官。作伪，因此有着一种文化上的庇护）。

郭嵩焘说："此等胜败，都无足为欣戚。"

果然，法国借观音桥之战，指责清朝违约，并要求赔款，发出最后通牒。清廷以法人肆意妄求，蛮横无理，决意一战。

接下来的情形，不必细述。

七月，法国海军突击福州，击沉七舰，毁掉马尾船厂，即沈葆桢经营的福建船政局，张佩纶败走。清朝宣战，左宗棠前往督办福州军务。九月，法军宣布封锁台湾，十二月，增兵台湾。光绪十一年元旦（1885年2月15日）援台的兵轮两艘在浙江海面被法舰击沉，几天后，法军禁粤米北运，又几天，法军攻陷镇南关，接下来澎湖陷落。

这时，总署积极议和，二月十九日（4月4日）在巴黎签署和约。两天后停战。一周后，清朝批准以《天津简约》为底本再议定详约。四月二十七日（6月9日）《中法越南条约》在天津订立。清朝不再过问法越所定条约，中法派员勘定边界并商订通商章程，法国将不侵犯云南广西边界，退出澎湖。

除了未赔款外，其他悉数如郭嵩焘的预料。

当中法开战时，郭嵩焘远在长沙，却是"日夕忧惶"，以至于眠食不安。他从各种渠道得知，朝廷的旨意反复参差，莫名其妙，他由此想见朝政多么混乱。他更担心，彭玉麟、张佩纶、张之洞等人，在出师不利之余，会否鼓动老百姓对洋人作盲目的报复，如烧毁教堂，驱逐教民，不分英、法、美、德。这样，势必导致列强各国联合起来，报复中国，这就更难收拾了。

这样的事，后来发生了。

十多年后，与乡民百姓同一思维、同一知识水准而别有用心的朝中大臣，试图利用义和拳之类的起义来抵挡列强的逼迫，来成全自己在权力斗争中的盘算，最高当局者也以"法术不足恃，岂人心亦不足恃乎"为辞，把自己与"江山社稷"绑在一起，号召"圣战"。[1]结果酿成八国联军进京的庚子事件，最终不得不签署根本负担不起的《辛丑条约》。

而就在八国联军进京前，还有京官上疏，要求戮郭嵩焘之尸首以谢天下，似乎洋人是死了已经差不多十年的郭嵩焘招惹出来的。[2]

还在同治年间，郭嵩焘就不同意曾国藩"借民拒外"之说。他也直截了当地谈到过，曾国藩"于洋务素非通晓"，对于洋务并非"别有神妙过人之识"，只是"正大光明，情理兼到"而已。[3]

郭嵩焘认为，依靠亿万"小民"百姓去仇洋仇外，并以此立论，这正是"数十年来中外诸公所用以为藏身之秘术者，中国小民何知远计哉！"——借"人民"说事，而"中外诸公至今无能省悟"。[4]

郭嵩焘甚至同样失望于李鸿章，他不仅不满意李鸿章处置朝鲜的办法，也不觉得李鸿章花大价钱建海军有多少裨益，有多么可靠。同样，他对左宗棠举倾国之财力言战备战也并不完全以为然。因为有比海军、比备战更为根本、更急需的洋务和内政。况且，购买来的海军装备，亦不足以抗拒洋人，正像沙滩上的建筑，只是一时热闹好看，"徒为戏耳"。李鸿章的北洋水师，果然曾经耀武扬威地访问过日本、新加坡等地。然后，没有几年，就被西洋的徒弟日本打败了。

甲午战争，八国联军，这些都是郭嵩焘身后的事，他早已操心不上，他也早已操心过，并且给出了根本性的解决方案，也给出过暂时不能根本解决的策略性的权宜之计。

还是刚从英国回来，郭嵩焘就在回复随从姚彦嘉的信中，仔细梳理了自己"读书观理且六十年，事任所属，智虑所及，于国家安危利害，所关尤剧"的见解，称之为"办理洋务之节要"，一共三条，收录在《罪言存略》里，曰：

---

1 止庵《神奇的现实》，80页，山东画报出版社，2005年。
2 《清鉴纲目》卷十五，光绪二十六年五月，郎中绍佐奏，见锺叔河《从东方到西方》，231页。
3 《致毛鸿宾》，《郭嵩焘全集》第十三册，57页。
4 《复曾国藩》，《郭嵩焘全集》第十三册，216页。

上上策是，力求富强之术，殚思竭虑，与之驰骋，行之一日而可收效数年数十年之后。但这条路，当事者不乐为也，其势亦必不能，"何也？凡为富强，必有其本，人心风俗政教之积，其本也。以今日之人心风俗而求富强，果有当焉否耶？"

第二条路是"用今之法，行今之政，苟取循分自尽而已，则亦必求知所以循分自尽者为何事，而行之何先。如今日吏治之督乱，欲无整饬，得乎？民生之凋弊，欲无存恤，得乎？吏事固必求理矣，民气固必求通矣，朝廷持是以课之疆吏，疆吏持是以课之所司，钦钦焉求所以治国而理民。悉洋务一切废罢不讲，而洋务自理。何也？吾之所为，诚有以服其心也。洋人之与吾民，亦类也，未有能自理其民而不能理洋务者也。苟求富强，其用有大于是者矣，而亦必以是为之程。此则尽吾人之才智而皆可希冀者也"。

下策是"并此不能为，吏治之偷敝如故也，民气之壅塞如故也，而彼眈眈环视之洋人，亦必求所以应之，应之维何？曰理而已矣。审吾所据之理，必有道以通之，审彼所据理，必有辞以折之。常使理足于己，而后感之以诚，守之以信，明之以公，竭一人之力，控制指麾而无不如意，则亦可以求数十百年之安"。

如果能遵循上述三策，不论浅深，大致会各有所得，而其成效可以立竿见影。如果"不能是三者，则万无以自立。鄙人知之明，守之定，而悯士大夫之狂惑昏迷，日趋于危乱而莫之恤也"。

郭嵩焘回忆，"曩在京师，吴江相国（沈桂芬）相戒不谈洋务，而鄙人之谈如故。至于谤讟刺讥遍于士大夫，汹汹然不可向迩，鄙人之谈如故。诚见洋祸已成，与中国交接往来，亦遂为一定之局，冀幸多得一人通晓洋务，即少生一衅端。圣躬（光绪）冲龄，政在大臣，瞻顾尤多，遇有洋务，亦可少一喧嚣争哄，以滋朝廷之游移。在我之理常伸，在彼之气自馁。宋、明之季之议论，在当时已为不揣情势，施之今日，尤为不伦，诚当引以为鉴戒，不当反据以相崇奖，误国贻羞而不知悟也。身当其任，不能不虑及大局，以求所以自效。一旦去位，与耕牧为伍，亦直无足与谈"[1]。

因为最终并没有"与耕牧为伍"，所以一直"求所以自效"。

而此时，中法战争时的郭嵩焘，想来想去，觉得真是无可如何了。

他说，"殆无复承平之望矣"[2]。他还曾作诗道："升沉饱历成衰病，回首人间忧患长。"（光绪十七年元旦诗）诗的意思是说，饱历浮沉，疾病衰颓，他不能指望国家的和平安宁了，人间忧患，正是漫长，自己尚复何求。

一个人看不到国家的承平，这正像一个人再也看不到自己的健康一样，这是怎样的绝望之词。

然而，历史的残酷在于，不仅郭嵩焘一个人看不到承平，一代人也看不到，多少代人可以看到呢？四海变秋气，一室难为春。史景迁在为费慰梅女士著《梁思成与林徽因》所作序言中说，梁思成与林徽因所在的二十世纪"是一个惊人虚掷的世纪，虚掷了机会，虚掷了资源，也虚掷了生命"。

这种说法，同样可以用在郭嵩焘所置身的时代。

---

1 《复姚彦嘉》，《郭嵩焘全集》第十三册，367—370页。
2 《郭嵩焘全集》第十二册，61页。

第十四章
伟大的失败者

　　光绪十七年，1891年7月18日，郭嵩焘在长沙去世。李鸿章等人上疏，请求朝廷将他的学行政绩，宣付国史馆立传，并予赐谥。朝廷的旨意是："郭嵩焘出使外洋，所著书籍，颇滋物议，所请着不准行。""颇滋物议"的郭嵩焘，晚年作《戏书小像》诗，未盖棺而自我预言："流传百代千龄后，定识人间有此人。"今天看来，言之不为无据。

斯人独醒

光绪十七年（1891）郭嵩焘病重。

三月，他的体重由原来的一百八十斤降为九十斤，已到药石无效的程度。家人只能去广济真人殿求神方神水，儿子立瑛（就是在伦敦生的那个孩子）还到庙里去充任龙王出巡的护卫。这无非是表示一番孝子顺孙的心意，所谓精诚所至，金石为开，"百身莫赎"的悲恸，正是这种心情的另一种体现吧。

郭嵩焘原不太在乎此等情事，此时顺其自然，也是不拂家人的良苦用心而已。

五月二十七日，郭嵩焘已无复求生之望，其《枕上作》可作临终诗读："命在须臾病已深，医家首难祸侵寻。强持残骨侵晨起，要识坚强笃老心。"六月初六，已不能写信，只能口授。十二日，写了最后几行日记。十三日（1891年7月8日），一瞑不视。遗嘱早已写在《玉池老人自叙》中，曰："三日成服，传知本家及一二至亲，并于灵前行礼，其他亲友概不通报。"

这样的安排，包含了怎样的孤独与孤傲，又暗示了何等的灰心与绝望？

七月二十五日，时任直隶总督的李鸿章，向朝廷上奏郭嵩焘学行政绩，请求宣付国史馆立传，并予赐谥。李鸿章特意强调他在镇压太平天国起义上的作为，以及他的学问，而不过多涉及洋务事，谓"勘定以来，论武功者，盛称曾国藩、左宗棠"，但此二人之崛起，却是郭嵩焘侍郎"实推挽之。至创厘捐以济师，练战船以剿贼，尤为兵饷大政所系，皆事成而不居其功。当时将帅，争欲得以为重"。又谓"该侍郎初官翰林，即以文章负天下重望，于学无所不通，而尤善言礼……所著《礼记质疑》一书，折衷群经，淹贯三礼，括历代制度之大，得诸家训诂之通，实兼秦蕙田、王引之二家所长，卓然礼学大师，为当代所仅见"。[1]

以郭嵩焘的学绩和勋劳，以李鸿章的身份和给出的赞誉，立传赐谥，似乎顺理成章。

但是，朝廷谕旨，不准立传赐谥，理由非常明白："郭嵩焘出使外洋，所著书籍，颇滋物议，所请着不准行。"

此时正权势煊赫的李鸿章，枉费心机。

事实上，郭嵩焘本人在《玉池老人自叙》中，对于赐谥这一类"朝眷"，早已有所判断，他说，"自分不敢希冀及此"。

而更早的己卯（光绪五年，1879）夏六月，他把包含了自己有关国务与洋务主要见解的少数文字集在一起，印成《罪言存略》，却只送给"一二至好"，似乎既不想让自己的心思和心事湮没无闻，也明知这是当世的"罪言"（之前已经"为夫乡里士大夫群据以为罪言"，之后也绝不敢指望"人人能喻知此理"），已经冒犯，也并不想更多冒犯。

在序言中，郭嵩焘回顾自己与洋务的关联时说，当他被人认为能知洋务的时候，他"其时于泰西政教风俗、所以致富强"，其实还茫无所知，"所持独理而已"。所能借重的，也就是庚子、辛丑间，亲见海防之失，然后考究禁烟事情的始末，恍然悟边患之兴，皆由措置失宜，从来如此。

于是，他又读书观史，辨析古来的得失。久了，就发现南宋以来关于天下家国的议论，与北宋以前判然为二，其成败利钝之迹也就清楚了，偶尔说说有关洋务的事情，居然不幸而言中。

后来，自己在广东做巡抚，与闻并处置了一些"交涉事宜"，明

---

[1] 《郭嵩焘请付史馆折》，顾廷龙、戴逸主编《李鸿章全集》第十四册，135—137页，安徽教育出版社2008年。

白"凡洋人所要求，皆可以理格之，其所抗阻，又皆可以礼通之"。于是，更加有了自信。退而把自己的想法告诉别人，却统统"扞格而不能入，矜张傲睨而不能与深求"。究其原因，在于南宋以来，士大夫们在有关"夷""夏"关系处置上那种压倒性的"势不两立""玉碎瓦全"的议论，锢蔽人心已经七八百年，"未易骤化"。

再后来，自己以"衰病颓唐"之年，出使海外，世人皆欲杀，两湖人士指斥尤力，但真不知道他们"所持何义，所据以为罪者何事"。常常，他们只是择取其中一二言，深文周纳，附会申说，取快流俗。然而，"洋人之入中国，为患已深"，岂是那种虚骄的议论、嚣张的意气，能够打发的！

自己之所以要刷印此书，就是希望多一两个人，可以"通知其情伪，谙习其利病"，这样就会多一点应变之术，"端拱而坐收其效，以使奔走效顺有余，非徒以保全国体、利安生民而已"。[1]

被称为洋务派的郭嵩焘，其实对于国家的内务更有洞察。

他赞同刘蓉说的，"非英夷之能病（坏乱、困扰、颠覆）中国，而中国之自为病耳"[2]。这其实也正是孟子说的，"夫人必自侮然后人侮之，家必自毁而后人毁之，国必自伐而后人伐之"，所谓"天作孽，犹可违，自作孽，不可活"。

在郭嵩焘看来，中国的问题，出自朝廷上下的腐败、无知、虚骄、颟顸。内政不修与洋务失算，自知不明与洋务无知，互相促进，甚至互为因果。而虚骄、颟顸又很容易一泄无余地沦为恐惧、泄气。

事实也确凿无疑。不论是英法联军占领北京，火烧圆明园，还是中法越南战争，以及后来的甲午战争，朝廷的反应无一不是"始则视之如犬羊，不足一问；终又怖之如鬼神，而卒不求其实情"。

仇外又终至于媚外，媚外而至于自我放弃。自以为是，或自轻自贱，以脸面上的虚荣和光彩代替实际利益的理性考量，都是无知的情绪

---

1 《〈罪言存略〉小引》，《郭嵩焘全集》第十四册，299页。
2 《致某官书》，《养晦堂文集》卷三。

性的表现，都表明内心的空虚、冷漠、卑怯和骨子里的轻薄。郭嵩焘曾亲见总督瑞麟见到洋人倒地便拜，真是让人"心碎"，更让人齿冷。而郭嵩焘称道西洋之好，甘冒天下之大不韪，以期国人真正认识西洋，与西人交涉又据理据法力争，不惧不媚。理性的认知，然后有理性的安排，才会有所坚持和坚守，循理而可以不为爱恨的情结纠缠，不为变态的自尊、自卑所左右，不被此种情结纠缠左右，就不至于自我颠覆，无地自容。

郭嵩焘亲与鸦片战争，警觉大变局的来临，所谓"天地一大变，其气机甚远"，此大变局即通商的全球化之局，"西洋以行商为国计，其势必不能竟已也"。[1]中国正宜也不能不迎合此局（无可回避），"得其道而顺用之"，以谋求自强，不应以力亦无力拒之。

所以，郭嵩焘早在咸丰年间就得出结论，"战无了局"。

他认为："不考事端之本末，不察事理之得失，以战为嘉名，以主战为伟论，恒然南宋以来之恒态，无足论者。""天下万世必有闻吾言而考求其事迹，以相为慨叹者。强天下国家之事，以从吾说，而持以为名，宋明以来之有公论，不如其无也久矣。"[2]他甚至不以朱熹、张栻关于"和议"之论为然，强调"圣贤之治天下与其所以自治者，无不以言为大戒"，而南宋以来的嚣张议论，"与圣道大反"，适足以"乱天下"。[3]

他的主和，正在于谋弱者自强之机，而未必就是投降，也不妨碍他对于中外关系的警醒，他曾经在光绪十二年（1886）十月初九由寄禅和尚主持的碧湖吟社之会上说，"洋人敦朴有古风，然窥伺中国实未尝一日忘之。如有内乱及水火盗贼之变，恐各国将来乘机裂我土地，事当在二十年内"[4]。

---

1 《复李次青》，《郭嵩焘诗文集》，225页。
2 《郭嵩焘全集》第八册，382页。
3 《致曾国荃》，《郭嵩焘全集》第十三册，198页。
4 《文廷式全集》卷二《志林》。

这种窥伺以至割据，正是唐德刚所说的出于暴利与暴力的必然逻辑，也是全球化无可回避的趋势和路径。如果不能理性应对，则无可免于应验郭嵩焘的"在先"之言。

但是，此种理性的考虑，在郭嵩焘的时代，不仅难免落空，而且几乎是异端。由于屈辱、骄傲带来的激情，很难接受理智的引导，何况还有虚骄、无知、颟顸，以及朝廷上下人人都有的对于既得利益的权衡。

在特殊的利益立场下，最真确的认识与判断，也难免被当作笑话。郭嵩焘关于洋务的见解，就常常被当作笑话。他总是试图要把自己想明白的问题告诉别人，却无法让别人懂得，以至于奇怪为什么格格不入。

所以，郭嵩焘之处逆流、逆境，正是必然。

近代以来，在不止一个领域，不止一个地方，常常是这样，以几乎全体的昏顽变态，以时日不再、机会尽失的巨大代价，却无可奈何地造就并凸显了一二人的明智，以至让人难免要觉得，这种罕见的明智，似乎包含了某种沉重残忍的罪恶感和诅咒似的意味。

郭嵩焘平生有几件事让他沮丧、愤激到几乎无法活下去，包括左宗棠的轻蔑与倾轧，刘锡鸿的反目与反噬，还有，就是因为"崇洋""重洋""出洋"带来的毁谤与攻击。

他对于西方的认识，实不同于李鸿章、沈葆桢、丁日昌，他们的洋务可以归结为船坚炮利的自强，以洋枪洋炮，巩固天朝的体制与尊严。

郭嵩焘的目标，自然也并不是要破坏天朝的体制和尊严。但是，郭嵩焘认识到，器物之后有制度文化乃至知识者心灵深处的问题在。所谓富强以"通商为本""政教为本""人心为本"，而"学校者人心风俗之本"[1]，"西洋人品学问蒸蒸日上，非无故也"[2]，"西洋政教、制造，无一不出于学"，"此邦术事愈出愈奇，而一以学问思力得之，人心固无不有也"[3]，"阁下之言曰：一诚可使豚鱼格。根本之言也，而大略出

---

1 《郭嵩焘全集》第十一册，365页。
2 《郭嵩焘全集》第十册，185页。
3 《郭嵩焘全集》第十册，201页。

其中，岂惟制夷然哉！以宰天下，以育群生，胥是道耳"[1]，"人人有自立之权，即人人有自爱之意"[2]，等等。这些说法，最终都联系着人心、人格、人权和学养。

他甚至认为，此时中国与西方的区别，就在于"一虚一实""一诚一伪"。当人家一切（不只是学术人文，还包括道德法律，不只是现实生活，也包括心灵存养）趋于"诚""实"的时候，我们却托身于"虚""伪"，而且早已经习惯成自然。

在郭嵩焘的时代，这算得上洞烛幽微了。

晚年在给朋友的信中，郭嵩焘谈及，自己"于曾文正祠旁建置思贤讲舍"，"选子弟纯谨好学者二十人，与之讲论读书经世之方，稍存学校规模。君子在官则忧朝廷，居乡则忧学校，或以挽回人心风俗之万一，嵩焘亦籍以读书求益，消壮心，遣余年"。[3]

衰病余年中，郭嵩焘自认为可以措手的是学校，是文教，是学术，是一切之本——人心风俗的挽回，为此他不遗余力。他对不免陷溺于功利或"自私"中的文教与学术，所见分明。或者敝于科举制义，对天地之大，万物之繁，茫然无知；或者溺于词章训诂，竭情毕志，无视人世之利病。他说："古君子之为学也，内以事其身心，而外以备天下国家之用。自科举之法行，士矻矻焉日敝于制义，以庶几乎一得。天地之大，万物之繁，茫乎其未有知，阒乎其未有闻也。其恬退知好学，又或竭情毕志于词章训诂，其视人世之利病，漠然无所动于其心。即偶骛于义，而见之不明，则无复伦序，行之弗笃，则趋避迁就之意生，而终于自阒。《传》曰：成己，仁也。成物，知也。性之德也。学术之不明于天下而人才日绌，则亦何怪其然哉！"[4]

而郭嵩焘的可贵还在于，他虽然洞悉根本，对于"本""末"却有

1 《致沈兆霖》，《郭嵩焘全集》第十三册，69页。

2 《郭嵩焘全集》第十一册，145页。

3 《复陈士杰》，《郭嵩焘全集》第十三册，391页。

4 《黄叔涛六十寿序》，《郭嵩焘全集》第十四册，406页。

着辩证的理解和考量，并不认为强调"立本"，就可以无视"末务"，"夫本与末，相须也"，它们是互为前提的，而不是单方面的决定和支配。

因此，他并不认为工商器物的改变，是可以轻视的，并不认为"无道德文章之益以资于人"，而操心日用度支、校量出入，就是"舍本而徇末"。[1]

而且，他不避赞美西方文明之讳，择善固执。

他一再申说，西洋非古之夷狄，其文明有本有末，谓"虽使尧舜生于今日，必急取泰西之法推而行之，不能一日缓也"[2]。他是所谓得风气之先者，称得上那个时代最时髦的读书人。

然而，作为最时髦的读书人，郭嵩焘却否定了"识时务者为俊杰"的人生哲学，反而"以不为风气所染为俊杰"，即使讲学、治经也同样如此。"宋明之语录，本朝之经说，皆风气之为也，君子未尝不为之，而固非道之所存矣。自非深识特立之君子，介然无与于风气之会，乌足与论时务哉！"[3]

在某种意义上，他认为，一切取决于当局者、知识者的认知、思想、精神和人格状态。为此，他投入了异常敏锐的关注和深刻的反省。对于"士君子"，他曾经多所批评，他认为，士是特定历史的产物，当士蜕变为与"自养"无关的"闲民"时，"士愈多，人才愈乏，风俗愈偷。故夫士者，国之蠹也"。"然自士之名立，遂有峨冠博带，从容雅步，终其身为士者。迄于战国，遂以养士之名倾天下。后世之云重士者，皆用其名而倾天下者也"[4]。唐宋以后，"士愈重，而士之实日微以亡，积久而士之失职愈甚"[5]。

尽管如此，古之士人，毕竟以"相时而为道，希俗而为功，饰义

1 《郭嵩焘全集》第十四册，391页。

2 《铁路议》，《郭嵩焘全集》第十五册，690页。

3 《致曾国荃》，《郭嵩焘全集》第十三册，199页。

4 《论士》，《郭嵩焘全集》第十四册，279页。

5 《郭嵩焘全集》第十四册，352页。

而为名"为耻,只是"古之君子以为耻,今之君子矜张自肆,泰然任之"[1]。他引用王夫之的话说:"末俗有习气,无性气。"认为这是一句伟大的话。

他同时认为,不能把大臣们关于"洋""夷"的"如醉呓然"的论争,当作"士气",因为那不是"士气",而是"所见之中于习气者也,随波而靡者也"。而"君子存之心者有定见,措之事者有定夺,一不随流俗转移,可以为士气矣"[2]。

对于"流俗",郭嵩焘的定义是:"君子之拘于见闻,染于气习者,皆谓之流俗。俗人之所趋而流焉,君子之所恶也。往在京师,见一事之得失,一人之用舍,俄而毁,俄而誉,俄而喜,俄而怒,万口附会,众口睢盱,不移时而议论又变,举国呶呶然互相辨论,问以事情之原委,漠然不知。袭古人之一说以为准则,问以古人之事势得失奚若,今日之时会因革奚若,茫然无以为应。凡此者,皆所谓流俗之是非也。"[3]

由无反思性的"流俗"而陷溺于"无识"的昏迷,由非理性的"习气"而滋长出更非理性的"嚣气",再由"嚣然"而最终一定落入"靡然":"气之嚣也,气之靡也,一动而嚣然,一反而靡然矣。"[4]这正是郭嵩焘置身的人群中的现实。他试图有所改变,以便让"天下之嚣气靖而天下之正气昌","大臣养吾气以致天下之气,忠孝节廉之道其常,言论事功之标其准,而何有嚣哉?"这种认识和努力给郭嵩焘带来的结果是,谤毁丛生,"众叛亲离"。

然而,郭嵩焘自谓"谤毁遍天下,而吾心泰然","若徒以人言而已,生世不过百年,百年以后,此身与言者之口俱尽,功名无显于时,道德无闻于身,谁复能举其姓名者?区区一时之毁誉,其犹飘风,须臾

---

1 《致曾国荃》,《郭嵩焘全集》第十三册,424页。
2 《郭嵩焘全集》第八册,423页。
3 《郭嵩焘全集》第八册,399页。
4 《郭嵩焘全集》第八册,424页。

变灭，良亦无足计耳"。[1]

这并非郭嵩焘天生有承受此种压力的"异端"血液和达观，而是因为他不可改变的赤子般的家国情怀，单纯而执着。他说，"捐弃一身无谓之声名"，"所犯以骂讥笑侮而不悔者，求有益国家也"。[2]

这不是屈子的忠贞吗？

就在当年从伦敦求退的时候，郭嵩焘曾致信沈葆桢，和盘托出自己的心事，绝望又诚挚地表白了自己的思想，表白自己在末世紊乱中的自我选择与自我认同。他说，自己知道，此行出使，其实就像在大庭广众之中悬一个靶子，任人弹射而已。但是，自己于此并无悔咎。对于办理洋务的有关机宜，算是粗有所见，但是世界是那样的世界，人间是那样的人间，人心变幻，如何可以让人们发蒙塞而生廉耻？"终一不能自达。且至援引无赖，逼处凭陵，挟戈矛求逞。非独德薄无能，以自贻戚。人心之变幻，不足生其廉耻而发其蒙塞，然且曰：是固可以邀一时之名，以希无穷之获也。然则人世尚可与共居，而艰难尚可与求共济耶？用是毅然求退，谨引避之而已。"

他说：今时办理洋务，有三种方式，"一曰求制胜之术。其大本大原处，不敢遽言也，稍清理其节目，以求所以自立。涂饰一时耳目，固亦有乘机立断之方，有循序渐进之略，期之三年五年以达数十年之久，吾曹心力犹及为之。然非有力求振兴之资，震荡昭苏，扩充积累，终亦无济。二曰了事。一切政教风俗皆不敢言变更，而苟幸一时之无事，则所以了事之方。熟思而审处之，勤求而力行之，亦迫不容缓矣。其大要亦有三：分别功过以为用人之程，讨论得失以为制事之准，熟览中外情势以为应付之方。如是而后可与言了事。三曰敷衍。事至而不暇深求其理，物来而不及逆制其萌，几于坐困矣。如是，则且随宜敷衍。然而，情伪利病之间，缓急轻重之势，稍有不明，则愈敷衍而愈至坐困。所谓敷衍者，审事以处之，度情以应之，使无求逞而已。非待召衅启侮、陵

1《致沈葆桢》，《郭嵩焘全集》第十三册，352页。
2《致朱克敬》，《郭嵩焘全集》第十三册，339页。

轹要挟，而后与言敷衍也。"

郭嵩焘自认为，对于这三种办法，亦常勉行之而勉言之，自谓有效矣。但是，挤排缘于所昵，诟辱积于盈廷，满世界的人，无论亲疏，无论朝野，必使自己区区之志事用心，倾毁无余而后已。

为什么会这样？因为"古礼废亡，学术不明，其所由来者久矣。嵩焘读书涉世垂四十年，实见人才国势，关系本原大计，莫急于学。而自秦汉以来，学校之不修，二千余年流极败坏，以至今日……三代学校之制，荡焉无存。其高者务为虚文，而于本之心、被之身者，既有所不暇。及其下者，于古人游于艺之文，又一皆薄视之，以为无与于大道而不屑为，是以终日读书为学而不知其何事。意以为苟习为虚文以取科名富贵，即学之事毕矣。至泰西而见三代学校之制犹有一二存者，大抵规模整肃，讨论精详，而一皆致之实用，不为虚文"。

意识到也分明可以看到此种中西现状之暌隔，对于当局者来说，就宜先就通商口岸开设学馆，求为征实致用之学。略举其义：一曰分堂以立为学之程，二曰计时以示用功之准，三曰明定规则以使有依循，四曰分别去留以使知劝诫。行之有效，渐次推广至各省以达县乡，期以广益学校之制，通其变而济其穷。

体察天下大势，与西洋交涉，已成终古不易之局。郭嵩焘说："彼方一切取成于学，逼处环伺，以相诘难，而我贸贸焉无以应之，实亦吾辈之大耻。往与何愿船部郎论洋务，深中肯綮。问以曾涉历洋务乎，曰未也，经史传记，先儒百家之言，昭著灿列，奚待涉历而知之！嵩焘惊叹其言，以为极古今之变，不越此理而已。苟通其理，万事万物无弗通者。其后周旋士大夫，见所言能征之实，其于读书观理，所得必多矣。是以办理洋务四十年，知者绝少，无他，不学故也。此实今时之要务，而未可一日视为缓图者也。

"至于嵩焘之遭诟谤，尤以两湖为甚。惟其所见愈狭，而所持之论愈坚。曾文正在天津，诚有过者乃在不明立科条，分别从教者之良莠，以使百姓与教民两无猜嫌。至其办理教案，则亦天理人情之至矣。而津人毁之，湖南人尤相与毁之。询以津事始末，无能知者。道之不明，而意气之激以不得其平，则亦何词不可逞，何罪不可诬哉！如曾文正功德在天下，立身制行，卓卓如是，而犹为议论所集，于嵩焘何有？虽然，文正公为天下了事，声名之美恶不当复顾。嵩焘并无了事之权，徒欲发明其义，为天下任谤，以使在事者有所借手以行其意，而终以不相谅。悠悠终古，谁与明之？文正公处于不能退之势，则以进为义；嵩焘处于不能进之处，则以退为义，各行其心之所安而已。"[1]

虽然是"引避"，虽然是"求退"，给出的却是"醒世之声""肺腑之言"，是沉思古今、观照中外、体察天下大势之后得到的关于国家的方向、目标与必由之路——本原大计，莫急于学。

但是，他之所主张，他的"志事""用心"，总是被人"倾毁无余"。茫茫世路，悠悠终古，诟毁者"何词不可逞，何罪不可诬"？"其所见愈狭，而所持之论愈坚"，他所托身的世界何其混沌、暧昧、僵固与昏乱。郭嵩焘自承，自己并无"了事之权"，因此，他想要做的，仅仅是"发明其义，为天下任谤，以使在事者有所借手以行其意"。

然而，即使这样，人们也"终以不相谅"。

如此，便不难理解，郭嵩焘晚年日记中为什么会有那么多"怃然""叹息"，那么多"垂泪""痛哭"。他对于西方文明的认识远胜于同侪，他对于因为西方文明参照而彰显的传统制度积弊与精神人格破产，洞悉幽微而痛心疾首。他试图以自己的见识警醒世人、创辟新局、挽救危殆，但谔谔一士的吁求，如何可以挽回深入人心的系统性腐败与举世因循的沉疴？

汪荣祖先生说："当时人觉其独醉而众醒，但今日视之，实众醉而斯人独醒。"汪先生还说，郭嵩焘是那个时代中，最勇于挽澜之人。我们追踪其人，印证其时、其地，很可觉察到此人的孤愤与无奈。他的

1《郭嵩焘全集》第十三册，350—352页。

思想过于先进，同时代人鲜能接受；他的个性貌似恭俭，实甚自负与固执，以致被人视为易遭物议、性格褊狭之人，终身受挫。[1]

天才的自信

其实，郭嵩焘一生也有应对人际关系非常裕如的一面。

视其为兄弟的不仅有曾国藩、曾国荃、刘蓉等，更有李鸿章这样被梁启超指为"不学无术"而实际上"不学有术"的人。他也深知"古人成一名，立一事，艰难挫折，迟久而后成，气挫而志愈坚，道诎而心愈隐，劳不成绩、忠不见录而行愈安"[2]；他同时懂得"君子之道，必协人情，未有非人情而可强行者也"[3]。郭嵩焘也可以办事，譬如为曾国藩筹饷，处理两淮盐务，治理苏松钱粮，包括整顿山东厘务，巡抚广东，这多少可以否定，郭嵩焘没有与人共事的性格，只有不能办事的书生意气等说法。

除了苛刻地打量士大夫，特别是那些为官作宦的士大夫们的德性、器识与作为，他当然也为那种能"殷殷然求为深远之计"的官员叫好，为那种真正学有优长的士子争取位置和空间，譬如陈右铭（宝箴）、陈澧。而对那些出现在他身边，充满才情、锐气、见识而胸怀远大的晚辈，如陈伯严（三立）、曾重伯（广钧）、郭庆藩，更是推崇备至，奖掖有加。他更毫不隐晦地赞美如曾国荃那样有胆有识的英雄，谓"其学问见识，倍增磨砺，超出一时，生平功业良为有本，政府诸公无知之者"[4]。这真是举世罕见的判断。

但是，由于他的思想，以及伴随这种思想的个性和先知先觉，他的诚实与认真，让他的生涯确实充满梗阻，以至于一挫于僧格林沁，再挫

---

1 《走向世界的挫折》，326—327页。
2 《复严正基》，《郭嵩焘全集》第十三册，103页。
3 《致曾国藩》，《郭嵩焘全集》第十三册，76页。
4 《复陈士杰》，《郭嵩焘全集》第十三册，391页。

于李湘荼，三挫于左宗棠，四挫于刘锡鸿……其实，真正挫折他的是他为之俯仰终生的朝廷，是咸丰，是让他为国家任艰苦的慈禧（唐德刚所说的李鸿章当年对俾斯麦感叹与之共事的"妇人孺子"），是那个时代的士大夫阶层普遍的因循和因袭。他在晚年有诗说"今日朝廷真有道，古来事变渺无方"[1]。证明他并不是没有认识到，他生死以之的朝廷究竟是怎么回事。但这属于理智，而非情感所向。他对总归有一天要亲政的光绪，实是有所指望和期待，至少在与洋人言及国务时，就希望别人看到这一点，还曾劝告洋人，暂时不要太逼迫清朝当轴。

事实上，对于郭嵩焘本人的才具和他面临的处境，连被称为莽夫粗人的曾国荃都知道："居今日而图治安，舍洋务无可讲者。仅得一贾生（指郭嵩焘），又不能用，此真可以为太息流涕者也。"[2]贾谊（前200—前168），西汉政论家，值汉文帝刘恒时，曾为长沙王太傅，作《吊屈原赋》，有《新书》十卷，作《陈政事疏》《过秦论》，对汉代政治多所主张。但是，可怜夜半虚前席，不问苍生问鬼神。贾谊不能不"恭承嘉惠兮，俟罪长沙"[3]。

事情也正像曾国荃所看到的那样，与当时整个士大夫群体在西方文明面前所表现出来的人格分裂相区别，郭嵩焘的文化人格几乎称得上健康；与当时士大夫群体常常只有道德激情而缺少求真求知勇气相区别，郭嵩焘拥有着不止于道德勇气的求真务实的热情与对于知识的热情。

正是在这里，郭嵩焘与他同时代的"精英"愈行愈远。

而且，他对于国务、洋务洞悉之明、执着之深、信心之坚，实远在李鸿章辈之上。他对于中西文明的某些方面的认知和理解，超越了他所处的时代，而有着某种普遍的意义，属于任何文明都必须遵循和践行的公义和道义。

也同样基于此，郭嵩焘对于国家处境与前途的基本判断常常更加真

---

1 光绪十七年元旦诗。
2 《曾国荃集》第四册，131页。
3 贾谊《吊屈原赋》。

确，在数十年甚至一百数十年后，不能不让人们重述。

民国学者柳定生说："处清季顽固笃旧风气之中，吾辈犹得见郭公不偏不倚之论，衡量中外得失之宜，无不溽极致理，力排浮议，谋解天下困厄，矫正南宋以来，士大夫空言激世之痼弊，是何异于中流之砥柱，冀挽狂澜于既倒耶！"[1]

1901年，李鸿章在临死前以空前屈辱的条件，代表清廷再一次签署城下之盟——《辛丑条约》，然后上书朝廷说："臣等伏查，近数十年内，每有一次构衅，必多一次吃亏。上年事变之来尤为仓猝，创深痛巨，薄海惊心。今议和已成，大局少定，仍望我朝廷坚持定见，外修和好，内图富强，或可渐有转机。譬诸多病之人，善自医调，犹恐或伤元气，若再好勇斗狠，必有性命之忧矣！"[2]

这样的话，郭嵩焘在差不多半个世纪前的咸同之际，就大声说过，当着慈禧的面说过，中法战争时又说过，无人响应。

当代著名历史学家黄仁宇、唐德刚在他们的著作中说，大历史中的中华民族，一个多世纪以来，置身风雨如晦之中，如凤凰之涅槃，正穿过如同三峡一样漫长的坎坷和险阻，在可以设想的未来，终将踏上康庄。而差不多一百五十年前，郭嵩焘认为，中国需要三百年才可能走出秦汉以来累积深厚、流极败坏的政教，造就新的行之有效的"礼仪风俗"，非这样漫长不能指望成功。他说，武器、装备、制造，有贤者担当，也许三五十年就能够有所改变，可以得其大概，这同时有待于教育，百年树人，百年之力或许可以荡涤旧染，又以百年之力或许可以磨砺出合适合格的人与人才，再以百年之力方可以累积成人心风俗，真正的改变在于人心风俗，需要有大视野、大气魄的"圣人"接踵而起。

自然，也离不开包括他自己在内的人们一点一点的努力，所谓"毫末"之功。

这样的使命，确实至今伴随着华夏子民。而且，前路漫漫，任重道远。

1 王兴国《郭嵩焘研究著作述要》，411页，湖南大学出版社2009年。
2 《和议会同画押折》，《李鸿章全集》奏议十六，327页，安徽教育出版社2007年。

他还说，"俯仰今昔，慨然伤怀，能知此义者谁哉？"他意识到，所谓曙光，并不就在他的身边、他的身后，并不就在触手可及的地方。

于是，我们无法不同情郭嵩焘曾经的郁闷，他在题写自己的诗中说："世人欲杀定为才，迂拙频遭反噬来。学问半通官半显，一生怀抱几曾开。"世人欲杀，不复以人数，他什么时候舒展过自己的怀抱呢？

同时，我们也无法不惊讶郭嵩焘曾经有的自信："傲慢疏慵不失真，惟余老态托传神。流传百代千龄后，定识人间有此人。"[1]

这是一种天才的自信，郭氏自然也有一种作为天才的情绪和心理特征：在生活中，特别是在官场上，对于有些人、有些事，求之过深，对有些人、有些事，又失之大概。但如果不是如此，又如何构成郭嵩焘不同寻常的遭遇，如何拥有他不同常人的发现与洞见，如何成就他在近代历史的特殊意义？

对此，我们自然不必做类似医学一样的解剖。通过这种解剖，来完成对历史人物的打量，未必高明。何况，郭嵩焘对于自己的处境、自己的所作所为，又是何等了然于心，又有着何等恰当的自我认识。

郭嵩焘曾经在曾国荃六十岁生日时，比较了自己和曾国荃晚年的遭遇，戏言：沅浦在山西履艰巨之任，自己在泰西作清逸之游；沅浦惠泽披亿万生灵，自己骂名遍九州四海；沅浦让山西人民俎豆敬奉而秉德做人越来越谦抑，自己让湖南人民视为粪土而说话越来越高亢；沅浦建功社稷忙不过来，自己身兼衰病正好退休。

一个自我感知如此清明而不乏自嘲能力的人，一个明知深受伤害而不退避后悔的人，一个在自嘲中如此充满骄傲的人，我们几曾得见？

是的，确实如此，他留给我们的是一个芬芳悱恻的灵魂，一种超越了时代的有关中西文明的见识和思想，而不是令人回肠荡气的不朽功业。他没有只手定乾坤、安社稷，他想安也安不了，他甚至是一个失败者。

但是，当我们深入中国的历史，特别是近代史，当我们意识到中国

---

1 《戏书小像》，《郭嵩焘全集》第十四册，211页。

社会及其文化的现代转型，至今为止，如何反反复复，如何步履艰难，而中国的发展依然处在"三千年未有之变局"中，也就是说，中西文化与文明的交通融合，至今并未完成。那么，你一定会觉得，郭嵩焘在思想和行动上所跨出的那一步，是多么伟大的一步，是只有伟大者才可能跨出的一步，是需要我们馨香礼拜的一步。

他的挫折，远不是个人的挫折，而是这个民族有个性的出类拔萃者的挫折，同时是整个民族的挫折。

附录一
"汉奸"或"先知"

问： 听说您在《湖湘讲堂》开讲郭嵩焘，我和我的朋友，对此充满期待。

我有点迷惑的是，湖湘近代以来，建功立业、赢得大名的人物多矣，你为什么会选择郭嵩焘？郭嵩焘生前身后都不"得志"，他身上有很多是非，很多尴尬，很多怨愤，其性格似乎也并不完美，"功业"更难言卓著。

答： 是的，湖湘近现代，伟人很多，以至于今天，人人心中都有一个"舍湖南无以言中国"的湖湘"英雄谱"。而郭嵩焘，在很长时期内，甚至未必是一个能够让人乐于接受的"正面人物"。但是，当《湖湘讲堂》邀请我讲一个湖湘人物时，我首先想到的就是郭嵩焘。我一点也不觉得我的判断和选择是轻率的，我甚至觉得，重新认识郭嵩焘，是我们的时代是否成长了足够澄明的理智和理性的重要标志之一。

我想说出这样的意思，近代中国"三千年未有之变局"中，不仅有雄浑的激情，也有清澈的认知和理性的判断，不仅有集体的奔赴，也有高明到近乎"异端"的省思。

而郭嵩焘，正是最能够代表后者的人物，在某一个时段，他甚至是唯一的，因此，比郭嵩焘小不止一辈的近代启蒙思想家严复，才许之以"独醒之累"，为此，不胜唏嘘。

郭嵩焘与曾国藩、刘蓉有金兰之谊，与左宗棠是发小，但他的知名，并非如曾国藩、左宗棠等同治中兴名臣那样，因为有显赫的功业，而是作为湘军台前幕后重要的运筹者，作为洋务运动中最有见识的思想者和实践者，作为晚清首任驻外公使——以钦差大臣身份于1876年至1879年出使英国、法国，显示出了不同寻常的思想、精神与人格魅力。

他对于西洋文明的理解和判断，对于晚清现实的洞察与传统文化的检讨，在他的同辈中罕有能够企及者。

在某种意义上，郭嵩焘的认知、思想、勇气和精神历程，抵达了一个传统士大夫所能抵达的极限。说他的思想可以延伸到戊戌变法，延伸到辛亥革命，延伸到"五四"，说他是"洋务先知"，并不夸张。谭嗣同、梁启超等，都曾表达过对于郭嵩焘的无限景仰。正如汪荣祖先生所说的，他是那个时代中，最勇于挽澜之人，我们追踪其人，印证其时、其地，很可觉察到他的孤愤与无奈。他的思想过于先进，同时代人难以接受，也很少接受；他的个性貌似恭俭，骨子里其实非常自负与固执。当时的人们，觉得众人皆醒他独醉，今天看来，实在众人皆醉他独醒[1]。

然而，郭嵩焘执着之深，正可见其信心之坚。这种信心，源于一种道德勇气，更源于一种在郭嵩焘的时代极其难得的求真务实的知识勇气。

描述郭嵩焘，我们可以对中国近代史有一次特殊的领略，领略其中与我们自身的作为并非无关的屈辱和悲哀，领略先知先觉者的苦闷与激愤，领略一个芬芳悱恻的性灵，领略一段充满戏剧性的人生。在一个重新开放的时代，在至今并未出离"三千年未有之变局"时，也就是说，在中西文化的融会贯通，中国的现代转型，依然未完成时，我们可以因此而获得重要的启示与教益。

问： 为什么郭嵩焘至今没有获得人们的广泛认同？其人生的悲剧内涵是什么？

答： 近代历史联系着我们今天的选择，也联系着我们对于悠久的华夏文明的认知与评价。我们远没有从近代历史的是非恩怨解脱出来。如果说鸦片战争以来所谓"三千年未有之变局"到今天为止并未完结，中西文明

---

1 《走向世界的挫折——郭嵩焘与道咸同光时代》，326页。

的交汇和融合并未休止，那么，我们就得承认，对于有些人、有些事的判断，我们不仅依然身陷近代以来的是非恩怨之中，而且也依然处于并未定型的未来文化与文明的牵引和调整之中。只是，我们毕竟走到了今天，我们的国家空前地开放了，我们自己也空前地开明、理性了。如此，近代历史中有多少人与事，需要我们去重新打量，以便接近历史的真实呢？又有多少判断需要我们去调整，以最大限度地接近人性与人道，最恰当地维护和提升个人和民族的尊严？我们需要继续以清朝当局者或者任何一个时代当局者的是非、恩怨、哀乐作为我们自己的是非、恩怨、哀乐吗？或者相反？我们可以把世界文明的流转演变，仅仅作民族立场、道德立场、政治立场乃至特殊的政党立场上的打量吗？或者必须超越这种民族立场、道德立场、政治立场和特殊的政党立场？

郭嵩焘就是需要重新打量的人，围绕在他身边的是非，也是需要重新打量的是非。

郭嵩焘在世的时候，就被指目为汉奸，这从何说起？"汉奸"一词，内含了长期以来汉民族最敏感的屈辱与自尊。对此，在我们的文化人格中，甚至已经获得某种近乎生理的反应，而常常中断了理性的认知。

郭嵩焘与僧格林沁曾经共事，不只是一般的脾气的不对，简直"道不同"。而僧格林沁却真的打沉了几艘英国人的船，打死过几百名英国人。连曾国藩也觉得1840年以来，国家一直不得舒展，僧格林沁在天津大沽口痛击英国人，总算出了一口浊气。李鸿章因此还赞叹僧格林沁和郭嵩焘，一个是英雄，一个是名士，谈笑间强虏灰飞烟灭，皇帝有赏，举国庆贺。当是时也，郭嵩焘却是不见欣悦反而郁郁寡欢。

巡抚广东时，与左宗棠生出嫌隙，除了性格的冲突之外，郭嵩焘或者左宗棠是否真的有对不起朋友的叵测居心？

在上海续娶钱氏女，举城皆知。但郭嵩焘很快就了结了这一段婚姻，以致引发热议。在郭嵩焘的年代，明媒正娶可不是儿戏，那是"伦理之始"，有夫妇然后有父子，有父子然后有君臣，我们全部的家国制度，就是从这种最初的伦理开始建构的。那么，郭嵩焘此举是否意味着对迤逦千年的家国伦理的玩忽？

出使英、法，郭嵩焘被自己的副使刘锡鸿奏劾了"十大罪状"。他按照朝廷的意思所作，由前五十天出使日记编成的《使西纪程》，开始由总理衙门印刷发行，接着又遭禁毁版。以至有大臣以此为由参劾他"有二心于英国"。事情果真如此？

郭嵩焘晚年认为，中国要三百年才可能真正振兴，才可能由器物的改变，教育的革新，人才的崛起，延伸到制度、人心、风俗的真正改善。这是先知之明还是牢骚之辞？

发生在郭嵩焘身上的事，有的很琐碎，很闹心，甚至不像是我们想象中的大人物身上应该发生的，他的反应似乎也不是大政治家应该有的反应，这当然也"得益"于他写作了几十年的日记的发现，而郭嵩焘的日记，又不像曾国藩或别的人那样，把它当成自己修炼心性的功课、自我修饰的文本，当成示范后人的教材，而写成了自己真实的所见所思所想的日记，自我倾诉的日记，让我们得以窥见他内心世界的波动——各种指责、焦灼、苦闷、牢骚、批评、愤怒和一己的洞察与发现。

在某种意义上，郭嵩焘完全不同于让人津津乐道的中兴名臣曾国藩、左宗棠，也不同于二十世纪叱咤风云的湖湘风流人物。这些人常常能够以自己的力量和韬略支配自己，也不同程度地支配着自己身边的世界。他们的成功，不仅有看得见的丰碑，而且有令人不免要艳羡的尊荣。

按照这些年我们关于成功的标准，郭嵩焘的人生，甚至称得上是一个悲剧。

他虽然也官臻二品，位列巡抚，但他生不在咸同将相之列，死后无法获得朝廷立传赐谥的嘉许，迎接他的是一次又一次的挫折和失败，不论做人还是做事。他没有把自己的事业做得风生水起，做得像左宗棠那样前呼后拥，做得像曾国藩那样集"功、德、言"于一身，做得像李鸿章那样左右逢源。

他看重的人，他倾力相助的人，他接济过的人，常常成为了他的敌人，对他报以冷眼和微词，轻蔑他，打击他；他所全力以赴从事的事，他自认为最拿手的事，他梦寐以求的事，不是无所措手，就是乘兴而来，狼狈而归，甚至因此身败名裂。

那么，在郭嵩焘的失败中，究竟有多少是因为时代的局限，多少是人事的舛错，多少是无知者的颟顸，多少是利益相关者的保守，多少是功利主义者的自毁前程，多少是文明的自负，又有多少是当事人的性格悲剧和整体文化人格的悲剧？

因为他的思想，他的个性，也因为他的才情、学问、识度，他的抱负和使命感，在他所置身的社会关系中，特别是政治性的社会关系中，郭嵩焘很难应付裕如，无法达成可以让他获得成功的左右逢源的和谐局面，他也因此不能充分施展其作为，以至动辄得咎，他本人则难免牢骚满腹。

与此同时，同样因为他的见识，特别是对于洋务的"精透"（恭亲王奕䜣对他的评价），他在从未有过经验的国际关系中有着难得的妥协意识、随和姿态和包容的度量，这种度量来源于他对西方的恰当认知与评价，基于文明的比较视野。不仅如此，他还有着不妥协的坚持，不卑不亢的风度，明确的思想立场与民族的利益立场，包括对于洋务当仁不让的自信。但是，他所认识、想象、拟议和设计的中国与"世界"（西方世界）的关系，同样不能达成他所期待的恰当的融和，他甚至无法以一己之力增进这种必然发生的融和。

关乎政治的人际关系，常常把郭嵩焘弄得灰头土脸。而这种关系的紧张，又多少联系着他的新的世界观，他对事实的真诚，对于国家的忠诚。对于眼前呈现的新的"世界"，郭嵩焘逐渐懂得如何接洽可能更平稳，更少代价和牺牲，但要达成这种接洽的平稳，不仅与当时当世、上下左右的人事人情有关，而且涉及一个巨大的民族的文化心理与价值理想，涉及一种悠久的曾经震撼人心的文明的转型，涉及全人类可能的未来和方向，其中的某些因素，即使在今天，也未必是我们可以简单定义和取舍的。

按照我们今天的认识，"古代中国的'国家'是中心明确、边界模糊的一个'文化概念'。'凡我族类，其心必同'，就是说，凡是和我一个文化的，都可以是一个国家；反过来当然就是'非我族类，其心必异'，可以理解为凡是和我文化有差异的，就是四夷，不属一个国家"。"凡是文化上不服从、不认同的，都是'异邦异俗'。所以，在古代中国，国家、文明、真理在空间上是重叠的，于是，常常说'天下一家''海内有知己''四海之内皆兄弟'。但是，在这种说法的背后，有一个非常深刻的矛盾：一方面是以中国为中心的特殊主义，一方面是普遍主义的世界观；既是只有一个文明中心的世界观，又是文明普遍适用，真理放之四海皆准的世界观"[1]。

晚清对于西方的拒斥，某种意义上就是这种"特殊主义"及其所建构的"普遍主义"——它曾经建构了一种经典的文明——共同导演的结果。只有翻过这一页去，伴随着屈辱与悲愤的不平衡也不平等的历史记忆，才会真正有所改观。当中国文化终于生长出了更加具有生命力与涵盖性的价值观和世界观，它才可能拥有新的"天下"，而且是通过文化去化同的"天下"。此时，其"特殊主义"的"普遍主义"就会是另一番景象，就是一种普遍主义之下的特殊主义，而不是通过特殊主义建构的普遍主义。

从特殊主义出发的普遍主义，到建构具有普遍性的特殊主义，从中国中心主义的坍塌到重建民族国家的新的主体性，这不只是一个政治问题，更是一个文化问题。郭嵩焘在这一不能回避的历程中，贡献了远高于流辈的见识和智慧。或许，这种见识和智慧正是他与他的时代、他的周遭格格不入的重要原因之所在，使得他的生平和仕途，更加举步维艰，坎坷不断，充满争议、攻讦乃至毁谤，也充满传奇色彩。

问： 在我们今天看来，一些哪怕用脚后跟思考也能认同的观念和举措，为什么在郭嵩焘的时代，只能给他带来骂名？

答： 这就说来话长了。近代中国的"挫折"，不能简单归咎于某一个人的无知与颟顸，也无法单纯归结为"文明的自负"，但又无法让人们

---

1 葛兆光《古代中国社会与文化十讲》，14页，清华大学出版社2002年。

不作这种归结和归咎。一个巨大的民族共同体和文化共同体的革故鼎新，本不是一件简单的可以一蹴而就的事，其中充满了认知的障碍、人事的舛错、价值观的混乱。而利益的博弈、心气的消长与观念的变迁，伴随着守成和开放的每一步。郭嵩焘屡遭骂名，以至被指为汉奸，就是因为他超越性的前瞻，以及由这种前瞻而带来的作为，不仅会触及利益、观念，甚至会触动整个民族根本性的文化心理。按照郭嵩焘的反思，这种文化心理支配下的某些反应，南宋以后就未必是健康的了。

简单地看，近代中国从洋务发端的社会变革，其动力和阻力，显然都离不开利益与观念的驱使。在传统社会结构中，以皇权为中心的包括士大夫在内的利益集团的利益，以及与此相一致的观念，很大程度上决定着洋务的方向和范围。

晚清朝廷之所以对于洋务首鼠两端，出于利益的考量，也出于观念的相持。

洋务的兴起，原本就是对既定的皇权政治的挑战，洋务的目标自然必须限定在皇权政治利益可以接纳的范围，也必须限定在支撑这种利益的观念体系之内，即洋务只能是"末务"，而不能是"本务"。否则，就将在观念上也对皇权政治的合法性构成挑战。因为洋务一旦走到郭嵩焘所理解和召唤的那一步，即从器物的发展，到商贾的登台，再到政教的协同，就会牵一发而动全身，导致整个社会的转型和变革，这是一个不能分割的系统，不是可以"攻其一点不及其余"或者"看样选购"的。所谓"中体西用"的学术表述，在某种意义上正可以看成一种政治表述，是欲罢不能的妥协的结果，透着骄傲，透着无奈，也透着自我保存的良苦用心。

道、咸、同、光时期的清室，一方面需要借助洋务以自存，正像它有时候也要借助义和拳之类的力量，来抵抗外来力量的压迫。但是，这两者对于皇权政治来说，都是双刃剑，难以被简单地收编和利用。其中，甚至完全可能成长出异己的力量，打破平衡，破坏秩序，颠覆社稷。

自然，郭嵩焘之所主张与作为，与义和拳的性质不同，他并不是要超越皇权政治的整体利益，这常常也是所谓民族的利益。但是，从观念的角度看，郭嵩焘之所主张和作为，却可能具有颠覆性，因为他心目中的世界图像，他的思维和思想，他的价值观，已经有新的元素加入，由此可以带来关于人以及人与人关系的重新理解和设定，如果"洋夷"也是人，如果"洋夷"也是文明的，甚至更文明的，"普天之下莫非王土，率土之滨莫非王臣"的万世经纶，如何继续演绎？"天下定于一尊"的政治，如何继续展开？"与外界完全隔绝原是保存旧中国的首要条件"[1]。还有，他对于商业和商人不带偏见的认同和嘉许，很容易冲击传统社会"重农抑商"所建构的社会平衡和稳定。因此，郭嵩焘的思想也许比并没有新的观念元素的义和拳更加可怕。

此时，对于观念的恐惧和抵触，常常左右当局者的选择和判断。这也是郭嵩焘最终被清室一句话——"郭嵩焘出使外洋，所著书籍，颇滋物议"——打发了的根本原因所在。

对于观念的恐惧，说到底，仍然是对于可能的利益丧失的恐惧。所以，郭嵩焘非常认同一个出自洋人的讲法，朝廷不仅对于洋人有"难言之隐"，对于中国百姓也有"难言之隐"。什么"难言之隐"呢？说穿了，就是"难言之私"吧，即朝廷对内对外的任何选择，都是以自身威权的神圣存在为目标，一切可能危及这一目标的认知、观念、政策，都可以舍弃。

在此前提下，相对于特殊的个人利益、集团利益的不可动摇（所谓"朝廷"并不是一个空虚的概念，而是由具体的人、群体所构成），相对于对可以带来利益的传统人际关系及其秩序的倚重，可以打压和自我牺牲的只能是观念，特别是"异端的观念"。而统治的思想，常常就是统治阶级的思想。这决定了朝野之间的某种协同性。在面对外来文明的颠覆性力量时，尤其容易达成这种协同。于是，必须迁就的只能是文明开新的原则与戒律，只能放弃的是对于历史趋势和历史必然性的起码尊重。

这正是我们常常不能不失望于历史，也失望于现实，绝望于他人，也

---

1 《中国革命与欧洲革命》，《马克思恩格斯选集》第二卷。

绝望于自己的原因和理由。

郭嵩焘曾经就有过这样的失望和绝望。从某一种角度看，先知者就是背叛者，对于郭嵩焘的"汉奸"冠名，因此并不偶然。

问：郭嵩焘对于洋务的先知，不仅基于他对于世界的新的认知，同时基于他对于传统的批判。他的见识可以为我们带来怎样的反思？特别是在有关中国文化的特殊性与世界潮流的普遍性之间的关系方面。

答：近代以来，中国与世界的关系一直是倾斜的，不论是经济、政治、文化，还是人心。古典的天下观已经不能对应也无法处置眼前的世界，主要以伦理关系建构国家关系的理念，无法继续演绎下去，而不免要被新的民族国家观所颠覆和取代。我们曾经拟议的国家关系，正像传统的基于伦理秩序的人际关系，要么是"朝贡"，要么是"输款乞和"，要么是"夷狄"，要么是"天朝上国"，讲求情感的依附而缺少理性的权衡，没有平等的人格和独立完整的尊严。

如何建构被颠覆的文化自我，中国文化的主体性如何在普遍性的世界潮流中获得延伸，如何既不封闭又不瓦解，既不自闭自恋又不自卑自残，如何不再是"走向世界"，而是完整地"拥有自己的世界"。或者说，拥有自我及其世界的完整性，如何重新打量和安排非古典的"天下"，这是一个既关涉到历史选择也关涉到现实选择，既取决于历史遗产也取决于现实创造的重大命题。

郭嵩焘悲剧性的生涯，他的个性和思想，正是在近代中国与世界的倾斜关系中展开和呈现的。他最早意识到这种倾斜，并且试图通过自我唤起以及由此带来的适应与改善，来最大限度、最快地消除这种倾斜。但是，他所面对的，也许不是一个通过改变策略就可以改变局面的问题，照他的话说，这同时是一个"有本有末"的问题。只是晚清当轴者的势利和昏迷，凸显了其中的困局和悲情，使得哪怕是策略的改变与改善，也极其艰难，让人痛不欲生。

清朝总理衙门最早不得不雇用的驻美"洋员"——美国人蒲安臣，曾经提醒美国当局，"我们必须牢记我们身处其中的是一个特殊的民族，他们的文化是多么古老，他们是多么骄傲，他们对于我们是多么无知……"蒲安臣说这话的意思，自然是要求美国人"不应过存奢望"，以为"中国和我们比较进步的文化"可以一举"相沟通"。[1]

这段话今天给我们带来的联想则是，近代以前的中国，确实并非蛮荒之地，即使相比于西方工业文明，它也是一种堪称系统的文明形态，其文化所内含的世界观和生命观，并非空穴来风，并非用"前文明""潜科学""前宗教"的名义可以一言以蔽之，可以一举清算干净。因此，它与西方文明的关系，至今不能是一种可以简单替换的关系，简单的替换似乎也不能解决它的问题。它的改变，必须是一种带着自己的基因和元素的新的嫁接、生长和发育，这种改变至今是未完成的，在固执与妥协之间，在出走与返回之间，充满焦虑、不安、舛错，充满希望，也常常让人失望。

而对于我们来说，已成的历史，当然需要尊重，未成的历史可能性，则更加具有启示性。由历史延伸过来的现实，其实并不是宿命的，"你的所作所为就是你的命运"，"现在有如此因，将来即有如此果"，对于一个民族来说尤其如此。我们可以有所作为，我们需要有所作为，我们需要通过对历史的反思，重建人的主体性、民族国家的主体性和文化的主体性，如此方能应对眼前这个依然处在"三千年未有之变局"中的时代，如此方能有真正属于中华民族的未来，而不是对西方文明的简单拷贝。

问：说说你自己。对于郭嵩焘的理解，你有何优势？

答：陈寅恪先生曾经以"理解之同情与同情之理解"作为研究者认知历史对象的基本条件。显然，没有一个研究者，一个谈论者，会认为自己对于所研究、谈论的对象，不具备同情和理解。但是，必须承认，一个人对于研究对象的选择，如果不是出于具体的功利目的的驱使，而多少算是纯任天然的话，一定会有点像贾宝玉之"对眼"林黛玉，说"这个妹妹我

---

1 1863年4月18日美国《外交函件集》，见锺叔河《从东方到西方》，50页，岳麓书社2002年。

曾经见过的"。这里面有一种宿契，一种冥冥中的相遇，是对方照亮了你内心潜在的渴望和梦想，对应了你晦暗的然而汹涌的激情。而同时，你所具有的认知和情感，也成全了你对于他的理解、洞察和发现。

我之接触郭嵩焘而难以释怀，一方面受惠于前辈学者如锺叔河、王兴国、汪荣祖等先生的著述的指引，一方面在于我阅读郭嵩焘时，心中屡屡升起的那种近乎宿契的感觉。我相信直觉对于洞悉生命、诠释历史的重要价值。自然，这种直觉是由理性、知识、训练、观念所武装过的。

除此之外，"业余"的身份对于我理解郭嵩焘也许不无意义。鲁迅曾经在《过客》中说"没一处没有名目，没一处没有地主"。这话用在我们今天的某些不能被专业限定的专业领域，譬如人文领域，有点合适。几乎任何一个研究对象都会有固定的体制化的专业、学科在把持着，研究也有着与体制化相一致的固体的套路和程式，造成了隔行如隔山的封闭局面。而我，学古典文学出身却常常对传统思想与传统社会的自我规制充满解读的冲动，尤其好奇于人在特定的历史文化语境中，在属于自己的禀赋性情的限定中，可能的选择及其互动，好奇于个体在认知、情感、意志的个人偏至中，如何与传统判断和现实人事发生关联，等等。总之，像我这样，按照流行的规范，是把所谓"专业"做成了"业余"，有时候又把"业余"做成了"专业"，我对于近代思想文化变迁的热情，常常超过我花了更多时间从事的文艺学和文学。这也有好处吗？好处是反而没有禁忌，没有左顾右盼，我不知道这一领域的水深水浅，"无知便无畏"，由此而来的理解也许更直接、更真确。所谓"当局者迷"，我经常看到因为细分的与利益相关的伪专业主义所导致的狭隘，以及以政治正确或别的什么逻辑遮蔽一切有关人道人性的考量所带来的贫困和偏枯。这样，历史真实常常就成为了某种观念的线索和例证，而看不到活生生的血肉。

因为"业余"，对于我所关注的对象，我也几乎没有成见。

我们常常讨厌一个有文化而成见很深的人，远甚于讨厌一个没有文化而没有成见的人，因为没有文化他可能保有更多的天真。我总觉得，郭嵩焘之所以一辈子着急上火，就是因为所到之处所碰到的，都是有文化却没有常识更没有天真的人，有的只是偏见、傲慢、自以为是，把三千年华夏文明当成了包袱背着，而不是按照常识、常情、常理去判断眼前的现实，去建构新的认知模式，还动不动说，看你有何面目面对列祖列宗。结果弄得势不两立、乌烟瘴气。如果不小心一点，眼睛擦亮一点，还真的难以分辨、难以澄清，那种乌烟瘴气的众说纷纭中，究竟谁对谁错、谁是谁非。

更何况，"屁股决定脑袋"，也就是说，利益立场决定思想立场。这是绝对真理。我不是郭嵩焘纪念馆的馆长，现在也没有郭嵩焘纪念馆，我用不着故意替他说好话，什么时候会有郭嵩焘的纪念馆呢？很难说，但我可以肯定，一定会有的。当近代史从纯粹的政党史和政治史中解脱出来的时候，当我们对于历史与现实的打量有着更开放的胸怀、更人性化的视角时，当我们对于西方和西方文明拥有更自如的心态时，一定会有的。

自然，我也用不着通过对于郭嵩焘平生作为及其思想的"断章取义"，来证明自己的正确与高明，因为所谓正确与高明自有时间和历史来检验，而我的正确高明与否，仅仅对于我个人有意义，我从来不认为正确与高明可以普及推广，它是需要通过个人的自我认知来建构的。

问： 郭嵩焘的性情和作为，是否也多少透露了湖湘人文的某种秘密？对于湖湘文化你有何检讨？

答： 湖湘人文在近代蔚为大观，其中彰显在出类拔萃者身上的有豪情，也有悲情；有诗性，也有理性；有开通，也有狭隘；有极端的功利，也有极端的浪漫；有充满野性的朴拙认真，也有精明务实的机巧灵变。

谭嗣同曾经奇怪"中国沿元明之制，号十八行省，而湖南独以疾恶洋务名于地球。及究其洋务之谓，则皆今日切要之大政事，惟无教化之土番野蛮或不识之，何湖南乃尔陋邪？然闻世之称精解洋务，又必曰湘阴郭筠仙（嵩焘）侍郎、湘乡曾劼刚（纪泽）侍郎，虽西国亦云然。两侍郎可为湖南光矣，湖南人又丑诋焉，若是乎名实之不相契也"[1]。

---

1 《谭嗣同全集》，173页，中华书局1981年。

趋向两极而同样固执的认知、判断和选择，基于性情。这种性情，不同程度地表征在湖湘近代人物的生涯中，最终主宰了或者说能够成就这种性情的，是根植于湖湘水土与民性的那种没有被成熟文明所驯服和宰制的浩然之气、生猛之气、蛮荒之气。

这同样可以从郭嵩焘的作为中找到说明。

郭嵩焘在巡抚广东返回湖南后，一度主讲城南书院，他在书院原有的南轩祠旁，建立王船山先生祠，期望以乡里先贤开示学者，知所归向在《船山先生祠安位告文》中，他说："盖濂溪周子与吾夫子，相去七百载，屹立相望。揽道学之始终，亘湖湘而有光。……如嵩焘之薄德，何敢仰希夫子而为之表章，意庶以乡贤之遗业，祐启后进，辟吾楚之榛荒。"[1]

在这里，郭嵩焘把湖湘命名为"榛荒"。也就是说，此时此地，其实并没有太深的文明的开化。这是对于湖湘文化的贬抑吗？当然不这么简单，他表述的仅仅是一种事实。从种族生存的经验，从传统人文的"文质"观，从现代历史理论中的所谓边疆地理学说，等等，我们都可以懂得，"蛮荒"对于一个地域及其文明的生长来说，并不一定是一个贬义词。当地方水土及其民性中的野性、朴拙、认真，获得特殊的时代机缘，与某种文明、理性、开通融合时，由此发育出来的东西，可能会有着比原来的文明和理性更健康、更饱满的活力和生命力。

在我看来，这正是近代湖湘人文崛起的奥秘之一。

杜甫诗中"万古一长嗟"的"湖南清绝地"，在中华民族"三千年未有之变局"中，终于获得机缘，以充满野性和蛮性的朴实至诚及其旺盛生命力，远接楚文明的基因，近绍理学、汉学的肌理，终于成长为一种最终赢得主流地位的文化力量，"独大"于近代。

但是，这种文化力量，这种文化，并不天生地具有一种现代性，它只是传统文化的老树新枝，同样不具备完整的现代性品格。它必须接受现代

---

1 《船山先生祠安位告文》，《郭嵩焘全集》第十五册，675页。

文化的充分洗礼，才可能消解其作为农业社会产物的负面性的精神属性和品格。

这正是我们今天需要加以历史的诠释，并在此基础上，去主动地创造性地建构的。仅仅把它当作一种自我慰安和自我膨胀的文化资本，而不是一种建构现代文化的有限的本土资源，那将是对先贤的辱没。带来的只会是虚荣与迷思，而不会是光荣与梦想。

恕我直言，近些年来所热衷铺陈的有关近现代湖湘人物的生平及其光彩照人的成功和伟业，正像近年来同样热衷铺陈所谓盛世君王、强梁将相的丰功伟绩一样，甚至正在演绎成带有蒙昧性而不是启蒙性的传奇。

在多少有些让人不安的对于乡邦人物的顶礼膜拜中，那种一元的接近于道统论的历史观，那种以效果范围动机，以成王败寇作为认识出发点和判断标准的思维方式，似乎越来越深入人心。

然而，历史的书写不应该继续延伸当年"五四"思想领袖们所批判的"大流氓的家谱、小流氓的传记"的套路，我们更需要还原历史的当事人所置身的复杂的现场和语境，接近历史人物选择的初衷、目标，考量这种初衷、目标的现实可能性与历史合理性，以及它们对于个人生命与民族命运的意义。这种意义不必是一时一地、一朝一代的，而是可以延伸到今天乃至未来的。如此，他们的事迹不仅可以让我们获得传奇的满足，获得作为乡后辈的骄傲与自豪，同时，可以让我们获得一种具有反思性的历史认识与自我认识。

对于复杂的历史与暧昧的人事的关注，不必只是关于权力、关于权术、关于君臣大义、关于家国天下的演义，而应该更多拥有人道的温暖与人性的光辉。

具有启蒙意义的历史理性，往往在以成败论英雄的逻辑之外。

这也许正是在近代湖湘人物中，我毫不迟疑地钟情于郭嵩焘的根本动机。

问：在很长时期内，郭嵩焘的观点和立场，几乎与举国为敌，这应该不止是他在"言说策略"上的失当造成的，也不能由此举证说国人天生狭隘排外。近代以来，整体上对于西方的拒斥，有具体接洽过程中的偶然举措带来的问题，是否也有着某种文化性格上的歧异导致的水火不容？如何走出近来以来对西方的怨美情结？

答：郭嵩焘对于西方的认同，确实显得充满异端色彩，与中国文化熏陶下的世俗人情，呈某种相反的取向。郭嵩焘反复申述"实见洋人无为害中国之心，所得富强之效，且倾心以输之中国，相为赞助，以乐其有成"，西海之民犹东海之民。他在自己的日记中记载，每次听他这么说，他身边的朋友多是一脸不可置信。因此，与人言洋务，始终茫然。

我们也许得承认，曾几何时，由朝廷主导（越来越走向自我封闭，宋、明以后越发显著）的传统政治文化，其实是缺少对于人的基本信任的，尤其是对于伦理体系之外的人或者人群。不仅"防民之口甚于防川"，不仅"民可使由之，不可使知之"。最关键的是，皇权政治下，人民作为"子民"，天然存在着必须由圣人牧养管教管治的"禽兽"性质，载舟覆舟，他们是具有两歧性和颠覆性的。

虽然我们也能从儒家哲学中找到"民胞物与""推己及人"的义理，找到"己所不欲勿施于人""己欲立而立人，己欲达而达人"的共同体意识，找到恻隐之心、辞让之心、是非之心、羞恶之心的普遍人性论。但是，在骨子里，基于伦理道德的情感传递，是有差等的，儒家强调的恩情、亲情、爱情，是有差等的，是以血缘、地缘、人缘为中心的，不太强调普适性的公共道德与正义。孔子在《论语》里认同"子为父隐，父为子隐"的私人性伦理；《孟子》里说，如果舜的父亲杀人，舜该怎么办，孟子的回答是，赶紧背着父亲离开这个国度，以保护自己的血缘亲情。如此，以伦理道德建构国家，在整体上是趋于内向的，统治者也常常乐意强化人民对外部世界的怀疑与恐惧，以方便巩固人民对于朝廷的依附和朝政的整齐严肃。因此，晚清当轴者整体上对于"化外"的西洋与别有用心的"化外之民"的西洋人的拒斥，就是顺理成章的事情了，确实并不偶然。

而且，古代中国，作为统治的主流哲学，信奉的其实是荀子对于人的理解，推崇的是荀子义兼儒法的管治人的技术性主张。

按照荀子与法家的逻辑，人性是恶的，人的自由意味着人性的放纵，意味着人与人群的丛林状态，人因此必须被管治起来，被圣王管治起来，由圣王来教化和安排，"学者以圣王为师""天下以圣王为乐"。有圣王作为人间引路者，作为人间天堂建构者的设定，有圣王对于家国天下的垄断，便不太可能允许平等的自我意识（人权）的生长，结果常常是生存与生存者的屈从和苟且，是人身依附和独立人格的萎缩。在这种精神主导下的人心，其实是荒寒冷硬的，而不是温暖的，说得夸张一点，是更多动物性的，尤其在表面上不相关的陌生人之间，也容易塑造出人们对伦常之外的世界的恐惧和敌意，容易成长出隔岸观火、幸灾乐祸的反人道的心态。

由权力定义和支配的人际关系（延伸为族群国家关系），一定会是一种充满敌意的你死我活的关系，或者是一种无个性的臣服的顺从的关系，而难得有理性的认同与自我认同。其中发育得最充分的情感就是"恩威"下的宠辱和怨慕。近代以来，与西方的接洽，正好验证了这种情节。

悲情的充满控诉意味的近代史叙事，当然是基于历史事实，因为西力东来，西学东渐，近代史确实有足够多的痛苦和屈辱可以书写。但是，真正建构了那种悲情的控诉的叙事的文化心理，是基于我们一直不能认识到，或者说即使认识到了也很难获得情感上的平衡与熨帖，即西方文明主导的近代化，是一种无法回避也难以改变的趋势，是一个有着巨大的客观性的过程，不必也不能接纳过于主观的情绪。就像左宗棠说的，人家骑马你不必骑驴，人家操舟你不必结筏。

这个过程，不仅是一个工业化、商业化、市场化的过程，也是一个价值理想、文化精神与制度文明的新生过程。当局者如果把这个过程中发生的倾斜、不适、粗暴与野蛮，看成是某个主导国家的别有用心的欺凌与霸道，则难免把这一过程的发生，作纯粹的道德指控，从而酝酿出空前的屈辱、愤怒和复仇心态，强化自我中心的立场和思想，强化变态的自尊与自卑。

如此，则很难不把主导者和主导这一过程的国家妖魔化，以至让中外关系"演义"成为"非我族类，其心必异"的古典的"夷夏之辨"，以至在有意无意中，把"夷夏之辨"当作"爱国主义"来认同："文起八代之衰"的韩愈，最早拟"夷狄"为"禽兽"，船山称华夏民族以外的族群为夷狄，说"奸之不为不仁，夺之不为不义，诱之不为不信"，船山的解释是："信义者，人与人相与之道，非以施之非人者也。"在这样的认识前提下，就不难理解，开通的名士王闿运为什么在1880年前后还坚持认为，西洋人是动物而通了人气，因此比动物更凶猛，比人更狡诈。

与此同时，近代中国的改良、变法、革命运动，不仅有传统的王朝兴废的习惯性力量的驱动，更是基于面对西方列强的挤压、胁迫与颠覆的自我振作与自我肯定，整体上呈现出巩固、保守的倾向。

求变仍然是为了自我巩固、自我保守，一切努力，一切发愿，都是为了应对挑战，为了摆脱危机处境，为了复仇。

郭嵩焘曾经反复申述："南宋诸贤，蔽于复仇之一言，而不揣国势，不审敌情，苟以徇一时之议论为能持正。"[1]在日记中，郭氏曾记载，熟人罗星潭的奏章"上倾朝廷之听，在十余年后，可以扫敌国之穴，犁寇仇之庭"。郭嵩焘认为，罗氏的条陈时务策"殆略闻洋务情形，而不揣时势，不察本末缓急，遂欲以一隅之见，见之施行"。而罗氏所述朝廷言论，更让郭嵩焘不齿："星潭述及万藕舲之言：国家与西洋通好，意相羁縻而已，勿真认作通好。岑彦卿以能狙击洋人，朝廷特加眷顾，此可以悟矣，盖示星潭以求仕进之方也。君子所以自立，信、礼而已，管仲之言曰：招携以礼。又曰：政令已行，虽睹利败，不欺其民，结约已成，虽睹利败，不欺其与。霸者之事功，亦不越信、礼二者。万藕舲身为大臣，而所见猥陋如此，犹为国有人乎？闻之浩叹而已。"[2]

郭嵩焘感慨的"所见猥陋如此"的事情，在晚清，所在多有。

一切都是权宜之计，一切措施举动不是为了汇入西方主导的世界潮流。最激进的革新者，也是出于自我防卫的动机。在爱憎之间，在拥抱与

---

1 《郭嵩焘全集》第十一册，343页。
2 《郭嵩焘全集》第十一册，416—417页。

拒绝之间，很难自如。即使拥抱，也往往是为了拒绝，为了自我确立，更不要说西方力量显示出某种胁迫与霸凌的时候。所谓"师夷长技以制夷"的心理，贯彻在中国近代化过程的始终。

谭嗣同召唤变法，他所痛惜的，激发他的改革热情的，是"台湾之沦为日之版图，东三省又入俄之笼网，广西为法所涎，云南为英所睨，迩者，胶州湾之为德强取，山东铁路为之包办"，"殷鉴不远，覆车在前"，湖南亦将沦陷。杨守仁在《新湖南》中说，"租界所及，即主权所及"，"湘资沅澧，无不为碧眼儿、虬髯儿之根据地矣"，"铁路所及，即军事与政治所及，湖南将全面为列强所控制"，"至矿产政略与传教政略相辅相行，湖南命脉殆矣"。

危亡因列强的欺凌而发生，甚至就是由列强所导演的。那么，对于列强的否定与拒斥，正是自然而然的思路。加害者同时是启蒙者，拒绝的对象同时是学习的对象，这是充满悖论意味的困境，酿成怨羡情结。这种困境落实在湖南人身上，因为湖南人性格的极端性，强化了其中的偏执与对立，由此表现出来的状况，尤其"惊心动魄"。

陈宝箴说，"自咸丰以来，削平寇乱，名臣儒将，多出于湘，其民气之勇，士节之盛，实甲于天下，而恃其忠肝义胆，敌王所忾，不愿师他人之所长，其义愤激烈之气，鄙夷不屑之心，亦以湘人为最"。郭嵩焘说"楚人风气嚣陵""人心浇薄"，皮锡瑞说湘人"尚气，勇于有为，是其好处，而气太盛，多不能虚衷受益"。

湖南人对于洋人、洋务、洋教的排斥，是传统的世界观、价值观的自然体现，是这种观念积淀成为一种情感和意志的体现——所谓"夷夏之辨""义利之辨"，南宋崛起的"湖湘理学"尤其是此种思维的产物。

应该说，还有一个偶然的因素影响了湖南人乃至全体中国人对于西方文明的态度，就是曾国藩在咸丰四年（1854）发布的那一纸雄文《讨粤匪檄》及其所号召的"圣战"。

作为精神动员纲领的这篇《讨粤匪檄》，不止在湖南地区获得流传，但说它在湖南尤其深入人心，应该不假。这似乎是一个偶然的情况，但落实在湖南人的近代历史中，真的是没有比这更不幸的了。其词曰："自唐虞三代以来，历世圣人扶持名教，敦叙人伦，君臣、父子、上下、尊卑，秩然如冠履之不可倒置。粤匪窃外夷之绪，崇天主之教。自其伪君伪相，下逮兵卒贱役，皆以兄弟称之，谓惟天可称父，此外凡民之父皆兄弟也，凡民之母皆姊妹也……士不能诵孔子之经，而别有所谓耶稣之说、《新约》之书，举中国数千年礼义人伦，诗书典则，一旦扫地荡尽。此岂独我大清之变，乃开辟以来名教之奇变，我孔子、孟子之所痛哭于九原，凡读书识字者，又乌可袖手安坐，不思一为之所也！"[1]

这样的判断，出自晚清以来最受人崇仰、最有号召力的准圣人曾文正公之口，人们难免会无条件无反思性地认同，由此极其容易强化人们反西方的意识，强化人们对于"所谓耶稣之说、《新约》之书"的敌意，并得到一种空前的崇高感和神圣感。很难说，周汉一类人，把天主教、基督教全盘妖魔化，其逻辑，其立场，其高涨的热情，未始不是从曾国藩的檄文中延伸过来的。

这显然顺理成章地强化了中西文化的对立意识，促成了朝野一致、上下一心、举国同趋的复仇局面，反西方的集体意志更加坚固，缓和与解构这种集体意志，需要漫长的时日和艰苦的努力，需要关于中华文明和世界文明的卓识与远见。

（本文系为湖南教育电视台《湖湘讲堂》栏目所作"答客问"）

---

1 《曾国藩全集》诗文卷，232页。

附录二

"未能事人，焉能事鬼"

问：孟教授好，非常荣幸听您讲郭嵩焘，他确实是近代中国思想文化史上的一个非常特殊的、我们不该忽略的伟大存在。关于郭嵩焘，似乎有三个定语："湘军'财神'""晚清首任驻英法公使""第一个睁眼看世界的中国人"。最后一个说法，之前我们不是用来形容魏源的吗？

答：这三个定语，其实我本人并不太认同"财神"的说法，可能因为现在市场经济，理财很吸引人，郭嵩焘也确实为湘军、为曾国藩理过财吧。"第一个睁眼看世界的中国人"，则是我特别愿意推荐的说法。事实上，在我接触的材料中，不止魏源，也有人把林则徐看成是"第一个睁眼看世界的中国人"。林则徐对于当时世界的认识基本上是传统士大夫式的，郭嵩焘认为，林则徐在处置洋务问题上"贻误事机，甚于琦善"，仅仅因为林则徐高尚的心术人格，郭嵩焘才没有把他放在"洋务四凶"之列（郭嵩焘大约在1861年开列的"洋务四凶"是琦善、耆英、叶名琛、僧格林沁）。至于魏源，确实也有理由被我们称作"第一个看世界的中国人"，郭嵩焘就曾经在文章中肯定过魏源作《海国图志》的见识用意，自然也指出了魏源见识的有限。

从对于当时世界的认知的全面、准确、客观、深入程度，从躬身洋务、亲炙西方的特殊履历，从面对西方文明的自如心态等方面看，我以为，只有郭嵩焘堪当"睁眼"二字。在林则徐、魏源的文字里，西方毕竟仍然是几近于妖魔鬼怪的，"夷夏之辨"也完全不可动摇。

问：今天，我们对于郭嵩焘还比较陌生，谈论湖湘文化时，很少谈到他，为什么？

答： 这些年，我们之所以热衷于谈论湖湘文化，毋庸讳言，大半是因为湖南人在近代以来所成就的事功和伟业，我们试图论证湖湘人物在近代走上中国历史舞台中心的理由，试图找到"若使中国亡，除非湖南人死绝"的文化依据。如此这般，谈湖湘文化，往往只剩下张扬风流人物与主流思想了，对于"边缘"与"异端"则缺少关注，更谈不上尊重。

郭嵩焘虽然也取得过不错的功名，虽然也曾官臻二品，位列巡抚，但他生不在咸同将相之列，死后无法获得朝廷立传赐谥的嘉许，迎接他的是一次又一次的挫折和失败，不论做人还是做事。他没有把自己的事业做得风生水起，做得像左宗棠那样前呼后拥，做得像曾国藩那样集"功、德、言"于一身，做得像李鸿章那样左右逢源。

他所全力以赴从事的事，他自认为最拿手的事，他梦寐以求的事，不是无所措手，就是乘兴而来，狼狈而归，甚至因此"身败名裂"，被人指目为汉奸。就在光绪初年，他将要前往英国作"赔罪之旅"时，读书人中间甚至流传一副讽刺郭嵩焘的对联，说他"出乎其类拔乎其萃，不见容尧舜之世；未能事人焉能事鬼，何必去父母之邦"。

以湖南人的"实用主义"精神，以"汉奸"这样现代语境中令人避之唯恐不及的命名，谁愿意理睬郭嵩焘呢？更何况，郭嵩焘所醉心从事的对于西方文化的认知、判断与借鉴，原本不是一朝一夕可以完成的，是非丛生，充满疑义，今天仍然如此，在很多方面，我们其实并不比郭嵩焘同时代的衮衮诸公有更开放的视野和胸怀，有更高明的对于"人""鬼"的分辨。

问： 如果说郭嵩焘是湖湘文化中被低估的人物，那左宗棠呢？得知左去世后，郭伤感不已，为三十年的交情，但也认为左"可以为一代名臣，而自毁太甚"，"自矜张，自恣肆"，他认为左与胡林翼、江忠源相比，"遗泽之及人者，犹未逮也"，这样的评价，是否太低了，太感情用事了？

答： 左宗棠在人们心中的地位，用不着我们太多论证，且不说他收复新疆，在几乎只剩下屈辱的近代历史上，是国人可以稍稍扬眉的罕见亮点，他因此也几乎成为爱国的代名词。最近我两次去湘阴，看到左宗棠的故居和祠堂，修葺一新，足以慰左公于九泉。相比之下，郭嵩焘家那所至今无人"认领"的破败房子，就有点让人"情何以堪"了。我和当地的乡贤们聊到左与郭，我说，凭我的判断，郭嵩焘在日后中国历史，特别是文化思想史上的地位，只会比左宗棠高，而不是低。乡贤们把脑袋摇得像拨浪鼓，觉得完全不可置信。"官大学问大"，我们不能责备人们只有一个标准去认同历史人物，因为我们原本就缺少除了"权""势"和"正史"以外的价值尺度。郭嵩焘评价左宗棠，当然不能说没有感情因素，但我感觉他的说法大体上是言之有据的，他主要从德义与人格的角度着眼，同时也基于他对左宗棠所从事的"事功"的不同"寻常"的看法。

问： 除了郭嵩焘在担任广东巡抚期间，左对他的屡次嘲讽暗算的个人恩怨，郭其实对左的诸多功绩是持不同意见的，比如办福建船厂，郭认为最好是商办，那样效率最高，政府也不需要花钱，但左花费了数百万两，造船的事才算起步，投入产出比极低。对于是商办还是官办，郭与当年大多数办洋务的实权派，意见是相左的？

答： 不能说完全相左，但区别是有的。办洋务，按照一般官员的习惯思维，当然是"举国体制"，对此甚至没有太多反思，正像我们今天讲到国计民生的产业，也往往下意识地认为是国家的事。而郭嵩焘一开始参与洋务，就认为，必须"通商贾之利"，"恤商"才能"裕国"，他意识到，西方的富强，是"商民"孕育出来的必然结果，也只有以"商民"为主体，发展才会有可持续的动力，为此，他认为商人与士人具有同等的人格尊严，这样的说法很让人诟病，包括的他的好朋友。他还认为，"西洋之富，专在民，不在国家也"，而中国，"言富强者，一视为国家本计"，但世上"岂有百姓穷困而国家自求富强之理"？他甚至直言，中国采矿、制造、商业，包括铁路、轮船、电报之不能兴旺，其"阻难专在官"，"西洋汲汲以求便民，中国适与相反"。这样的论断在今天也有点耸人听闻吧。

问：你在演讲中还有一点没展开，郭对"左宗棠举倾国之财力言备战也并不完全以为然"，具体来说，是什么样的不同意见？

答：这一点，我之所以没有展开，也是因为郭嵩焘本人并没有太多阐述，我想郭嵩焘之所以不能更多阐述，是因为他意识到，他如果为此"放言"的话，别人首先会认为他是嫉妒左宗棠，同时，在主战即爱国的共识和氛围中，他会因此成为全民公敌，而他的言论作为也确实早已惹得全民共愤了。

这样的尴尬，就像他早在1859年参赞僧格林沁时那样，他完全不能认同僧格林沁一门心思要收拾洋人的划算，却又无法让人相信，洋人来中国的目的其实是商业利益的驱动，并不是故意来欺负人的，这甚至让曾国藩都觉得很费解，曾国藩曾经在信中问他，既不能认同僧王的决策，那你本人到底是什么意思呢，你怎么不说得清楚一点呢？今天想来，当时僧格林沁正在痛击洋人的兴头上，朝廷上下也完全与僧格林沁同调，郭嵩焘能说清楚吗？他敢说清楚吗？

问：当年左宗棠的成功，有"举国之力"的支持，很大程度上，也是因为有朝野的主流舆论的支持。这种为了打击"夷狄"不惜代价，"只求一死"的思维，郭嵩焘认为来源于南宋，他对南宋以来的士大夫的"民族主义"情绪是持批判态度的？

答：是的，郭嵩焘因为躬身洋务，很早就在写作一本叫作《绥边征实》的书，目的正是考察古往今来的"中""外"关系。

他首先就颠覆了有关"夷狄"的传统解释，把"夷狄"从一个歧视性的文化概念，还原为一个政治地理概念。他认为，边疆事务，从来就是一件基于国家现实需要，妥协或者强硬皆为手段而非目的的事，不能不顾时地形势，不顾清理，"主题先行"地把国家关系弄成"玉碎瓦全""势不两立"的道德选择，汉唐之所以"宽大""裕如"，就在于实事求是，"控御"有方，而南宋以后，国家关系被士大夫阶层那种空虚狂躁的"爱国主义""民族主义"所裹挟，"虚文无实"，最终，只有自我颠覆和瓦解。这种状况，郭嵩焘痛生生地看到，正好延伸到了他所在的时地。

问： 实际上，当年也有人说郭嵩焘是汉奸的，因为他大多时候不是主战派，这点他与李鸿章观点类似，但似乎又不完全一致。他们的"妥协"外交策略，有什么异同？

答： 如果仔细辨析的话，还是很有区别的。在郭嵩焘看来，当时西方的文明程度已经高于中国，因此，主战的结果只能是灾难性的，应该妥协，并且从妥协中逐渐自我提升；其次，郭嵩焘在根本上认为，办理洋务并不是要开战，而是要把事情摆平，摆平什么事呢？就是西洋人远道而来通商逐利的事，这样的目标，其实中国正可以因势利导，为我所用。他不认为，西洋列国的目的就是不远万里、不惜血本来和中国人打仗。

李鸿章的"妥协"也许更多一点不得已的策略性，而不是出于对西方文明的清醒认识，这也是李鸿章平生的行事方式，郭嵩焘不太看得起李鸿章对于洋务的理解。

问： 在办洋务中，郭嵩焘谈得最多的是"理"，比如他认为洋人来中国最主要的目的是通商，是谋利。他在广东时，就曾经通过"讲理"并运用法律手段来处置逃匿在香港的太平军将领。这个"理"用今天的话来说，是否就是指理性和常识？但当时，为什么在士大夫阶层，在民族主义问题上，会出现集体非理性和反常识的状况？

答： 郭嵩焘屡屡强调的"理"，自然不外乎理性和常识。在我看来，郭嵩焘强调的"理"，最重要的一个内涵就是：洋人也是人，人同此心，心同此理，不能先入为主把人家看成是"鬼"，只有这样，你才能正确地面对。这看上去实在是太容易的事，但其实很难，郭嵩焘晚年在长沙的一次朋友聚会上，说洋人也是人，号称开通的大名士王闿运，就大不以为然；我们今天不也是乐意以"别有用心"揣度洋人吗？

非理性、反常识，其实在一种个人状态下往往不容易发生，反而是群体性的非理性、反常识更常见，也更令人惊悚。郭嵩焘时代，有的士大夫私下里对于郭嵩焘的某些说法也同情，甚至深以为然，但一旦在场面上则必须是另一种慷慨激昂的面孔，他的好朋友兵部尚书陈孚恩，就曾经在郭嵩焘当着众人说办洋务不是为了打仗的话时，恨不得捂住郭嵩焘的嘴。晚清整个士大夫阶层在民族问题上的歇斯底里倾向，一方面源于上千年"华夏中心主义"的一朝崩解，一方面也许得归咎于士大夫阶层南宋以来日益深重的在整体文化人格上的分裂，这实在一言难尽。

问： 锺叔河先生在郭嵩焘出使英法时的副使刘鸿锡的日记《英轺私记》叙论中，认为刘与郭的矛盾，是刘"'以夏变夷'的一次失败"，你则认为这是两种文化人格的差异，刘所代表的还是多数人的人格。

答： 刘锡鸿所代表的就是我所说的那种分裂的文化人格，所谓好花不常开、好景不常在，美丽的一定是淫荡的，物质的一定是堕落的，无法直面真实，无法正视包括自己的感性欲望在内的人性，反知识，伪道德，表现在意识形态上，则是"阳为道学，阴为富贵"，主题先行，表现在政治性的人际关系以及公私生活中，则是阳奉阴违，两套话语，双重人格。

郭嵩焘曾经谈到他为什么要和刘锡鸿斗法，他说，刘锡鸿小人一个算什么，问题是从他身上看得出当时病态的政治文化的"绝大消息"。

问： 郭嵩焘在出任英法公使的任上，最欣赏的人才，可能就是当时在英国留学的严复。1891年，郭嵩焘去世后，严复也写下了这样的挽联："平生蒙国士之知，而今鹤翅鶧鶧，激赏深惭羊叔子；惟公负独醒之累，在昔蛾眉谣诼，离忧岂仅屈灵均？"美国汉学家史华慈甚至在《寻求富强：严复与西方》中认为："郭在英国期间最大的收获，是使自己的思想与本国这位年轻同胞相一致，而大大超过了李鸿章。"为什么他们俩这么投机？

答：他们的投机确实源于他们对于西方文明几乎相同的认识和判断，对于家国现实同样的洞察和忧患，性情上的相似尚在其次。

问：但据汪荣祖的《走向世界的挫折》介绍，郭的继任者曾纪泽，却觉得严复性格"狂傲矜张"，文字也"未甚通顺"，怎么评价曾的这种心态和看法？

答：曾纪泽所说的严复在性格上的"缺陷"，郭嵩焘也有所谈及，他甚至担心，这也许会影响严复的前程。但是，郭嵩焘更看重的是严复的新知识和新见识，这才是那个时代最重要的。郭嵩焘认为，曾纪泽对严复的"冷处理"，不免有点嫉妒的意思。相对于当时严复的热情洋溢，郭嵩焘觉得，自己的这一位晚辈亲戚，多少有点不思作为的"公子习气"，对于时政变革，对于西方文明，缺少热衷和主动，又不惜屈己从人，为了迎合清议时论。自然，相比当时满朝文武，曾纪泽已经算得上鹤立鸡群，足够开明了。

问：但从世俗的角度来看，郭嵩焘和严复，生平均是坎坷曲折，不甚得志，这样的命运，是一种偶然，还是一种必然？

答：这个问题，有点吊诡。坎坷成就了我们今天乐于谈论的郭嵩焘与严复，但他们的现实生涯确实没有太多让人艳羡的虚荣。上升到命运的角度，则真是无言以对了。

我想，时代越狭窄，他们充满偶然和舛错的命运越是必然，时代越宽阔，他们的灵魂也许会越舒展。我有时候想，或许，只有一个充分开放、足够专业化的未来国度，可以接纳和安顿他们"芬芳悱恻"的性灵，容忍他们总是超前的思想和判断。

问：郭嵩焘那句自我预言——"流传百代千龄后，定识人间有此人"，也适合用来形容严复吗？当年严复的名气，多半来源于他的翻译，但时过境迁，他在思想史上，还有那么重的分量吗？

答： 适合。我私下里认为，我们对于严复的认识，特别是对于他在中西文明交汇时所做出的思想努力及其贡献的认识，至今没有摆脱"一时之是非"的局限。真正"时过境迁"的那一天，才会是我们开始看重严复思想的时候。

（本文系与《晨报周刊》主编袁复生对谈内容）

附录三

郭嵩焘大事记

1818年　嘉庆二十三年　一岁

三月初七（4月11日），生于湖南湘阴县城西正街面榴轩。

1835年　道光十五年　十八岁

入湘阴县仰高书院读书，此前与左宗植、左宗棠兄弟结交。

1836年　道光十六年　十九岁

春，入长沙岳麓书院读书，与刘蓉订交。六月，刘蓉介绍，与曾国藩相识于长沙。

1837年　道光十七年　二十岁

二月二十七日（4月2日），与曾国藩、刘蓉在长沙重晤，三人义结金兰，曾居长，刘居次，郭居末。

1841年　道光二十一年　二十四岁

入浙江学政罗文俊幕，见识了英国炮舰在宁波定海一带的攻击，意识到"自古边患之兴，皆由措置失宜"，由此发愿考察历史上的"中外关系"。

1845年　道光二十五年　二十八岁

在北京与李鸿章结识。在长沙与罗泽南结交。

1847年　道光二十七年　三十岁

三月，第四次参加会试，中式为贡生。四月，赐进士及第，授翰林院庶吉士。

1850年　道光三十年　三十三岁

十二月，洪秀全在广西桂平县金田村起义，建号太平天国。

是年，以预感社会动乱即将来临，与左宗棠"为山居结邻之约"。

1853年　咸丰三年　三十六岁

二月十九日（3月28日），清廷谕旨，着湖南在籍庶吉士郭嵩焘等会同地方官督办捐输团练事宜。

六月十八日（7月23日），奉曾国藩之命，与夏廷樾、朱孙诒、罗泽南等率湘勇1400余人抵达南昌，驻扎永和门外。

十月二十二日（11月22日），因援江西有功，特授翰林院编修。

1855年　咸丰五年　三十八岁

曾国藩作战失利，困守南昌。三月，郭嵩焘抵南昌大营，与刘蓉共同襄助曾国藩军务，不领薪水，不要保荐。

十一月，受曾国藩之托，赴浙江筹饷。顺道去了上海，第一次与洋人打交道。

1857年　咸丰七年　四十岁

正月，开始在翰林院供职。

七月二十三日（8月31日），咸丰帝在圆明园勤政殿朝房第一次召见，询问郭嵩焘生平、履历及在江西打仗情形。

十二月初二（1858年1月5日），咸丰帝在养心殿右房第二次召见郭嵩焘，郭阐述了自己的政见。当天降旨："翰林院编修郭嵩焘着在南书房行走。"入值南书房。

1859年　咸丰九年　四十二岁

正月初四（2月6日），僧格林沁奏请郭嵩焘随同赴天津办理海防。与僧格林沁多有意见不合。

十二月，僧格林沁奏参郭嵩焘烟台抽厘办理不善。郭奉旨回京。

1860年　咸丰十年　四十三岁

三月，请病假回籍就医，六月抵家，此后家居两年。是年，开始撰写《绥边征实》。

1862年　同治元年　四十五岁

四月十八日（5月16日），署理江苏巡抚李鸿章奏保郭嵩焘司道缺。闰八月，接江苏苏松粮储道印。

1863年　同治二年　四十六岁

三月二十一日（5月8日），诏授两淮盐运使。

九月十一日（10月23日），接广东巡抚印。

十月二十六日（12月6日），刘锡鸿来见，谈厘务情形。此系二人相遇之始。

1866年　同治五年　四十九岁

五月初四（6月16日），交卸署理广东巡抚。郭嵩焘在署理广东巡抚期间，办理涉外事务较多，对西方逐渐有了更深的认识，倡言洋务。

1874年　同治十三年　五十七岁

二月，日本借口琉球渔民被害，兴师台湾。

六月二十五日（8月7日），朝廷诏命郭嵩焘与杨岳斌、曾国荃、蒋益澧赴京陛见。

1875年　光绪元年　五十八岁

正月初九（2月14日），慈安、慈禧太后召见郭嵩焘，并详询履历及京外服官年份。

二月初九（3月16日），诏授郭嵩焘福建按察使，协助闽抚沈葆桢处理台湾事务。

七月二十八日（8月28日），诏命开缺，被任命为出使英国钦差大臣。

十一月初八（12月5日），奏参云南巡抚岑毓英自恃强武，不惛事理，酿成事端，请旨严惩。一时士论大哗。

1876年　光绪二年　五十九岁

三月初四（3月29日），因景廉参劾之故，上书恭亲王，请辞出使事。此后多次请辞出使事。

七月十九日（9月6日），两宫太后召见，劝其"万不可辞"。

八月十五日（10月2日），诏命刑部员外郎刘锡鸿开缺，充任出使英国副使。

十月十七日（12月2日），自上海虹口冒风雨登上英国油轮，启程赴英。随行人员共十五名，其中有如夫人梁氏，副使刘锡鸿，参赞黎庶昌，翻译张德彝和凤仪，英国人马格里与禧在明，随员刘孚翊、张斯栒、姚岳望，另武弁七人，跟役十余人。

十二月初八（1877年1月21日），郭嵩焘一行抵达伦敦。途经香港、新加坡、锡兰、苏伊士运河、红海、地中海等地，共历时51天。

十二月十一日（1月24日），照会英外交部，请订觐见女王之期。此为其到英国后的第一次照会。

十二月二十五日（2月7日），偕刘锡鸿赴白金汉宫觐见维多利亚女王。

1877年　光绪三年　六十岁

三月十七日（4月30日），诏命充任驻英公使，刘锡鸿改充任出使德国大臣。

五月初六（6月16日），翰林院编修何金寿认为郭嵩焘《使西纪程》一书"立言悖谬，失体辱国"，奏请严行毁版，并声称"大清无此臣子也"。

七月初十（8月18日），获知何金寿参劾及《使西纪程》遭毁版事。

七月二十八日（9月5日），刘锡鸿就领薪水一事，对郭嵩焘"厉色相向"，逞口舌之快到斥郭嵩焘不应该"在此办事"，郭嵩焘奇怪"其狂悖何以至此"。

九月初六日（10月22日），奏陈办理洋务横被构陷，请将刘锡鸿、何金寿议处。郭嵩焘与刘锡鸿关系恶化，相互攻讦。九月初一刘锡鸿上奏揭露郭嵩焘"三大罪"，后来（光绪四年四月初五）又参折指控郭氏"十大罪状"。

1878年　光绪四年　六十一岁

正月初一（2月2日），与严复相识。此后对严复颇为激赏，多加提携。

正月二十一日（2月22日），奉命兼任出使法国钦差大臣。

三月二十五日（4月27日）前往巴黎呈递国书。

五月初七（1878年6月7日），朝廷严旨训诫郭嵩焘和刘锡鸿"怀私互讦，不顾大体"。

七月二十七日（1878年8月25日），清廷诏派曾纪泽为出使英法钦差大臣，同时诏派李凤苞为出使德国大臣。这意味着郭嵩焘与刘锡鸿的公使职务都被撤销。郭嵩焘于八月十一日（9月25日）得知这一消息。

十一月二十七日（12月20日），在巴黎迎接出使俄国全权大臣崇厚。

十二月二十五日（1879年1月17日）偕夫人梁氏谒见英国女王，并向其辞行。

1879年 光绪五年 六十二岁

正月初四（1月25日），曾纪泽抵达伦敦，郭嵩焘率属迎接，即日交接。

正月初十（1月31日），自伦敦启程赴法国巴黎。

三月初五（3月27日），抵达上海。郭嵩焘没有接受总理衙门要他"先期回京"的指令，而是直接返乡。

七月十日（1879年8月27日），诏允郭嵩焘乞休。

此后郭嵩焘蛰居长沙，设禁烟会，倡导禁烟。心系国事，时有针对时事的奏疏呈上，与李鸿章等也常有书信往还。

1889年 光绪十五年 七十二岁

开始撰写《玉池老人自叙》。

1891年 光绪十七年 七十四岁

六月十二日（7月17日），以文稿交王先谦，日记终于本日。

六月十三日（7月18日），在长沙病逝。

七月，湖南巡抚张煦代递郭嵩焘遗折。直隶总督李鸿章奏上郭嵩焘学行政绩，请求宣付国史馆立传，并予赐谥。但是，朝廷谕旨："郭嵩焘出使外洋，所著书籍，颇滋物议，所请着不准行。"

九月初九（10月11日），葬于湘阴县东七十里老冲坡之飘峰。

初版后记

很长一段时间以来，对于近代历史，我逐渐累积了一种说不太清楚的厌薄，导致这种情绪的原因远不止一端。

至今还未绝迹的某些教科书，曾经把千回百转的沧桑人事，表述得如同戏曲舞台上那些最终落实为大团圆结局的故事一样，黑白分明，不费思量，从中几乎看不到历史当事者的复杂表情及其背后的心情，只看得到高尚的道义与坚决的意志，看不到偶然而只有必然。

当或一观念或者利益支配下的叙事成为唯一的叙事时，当历史仅仅是某种固定的因果关系的演绎时，真实往往被简化。而且，总是由眼前的需要支配着这种简化。

如此，当你并不置身于某一具体的阵营，当你未必需要通过特定的历史书写确立或保卫自己的信念、身份和地位时，那种以特定时代需要为依据的选择性的叙事，就像不由分说的布道，不仅不能满足你对于历史的好奇心，甚至会有一种对你基于常识常理的心智的挑战，挑战到你甚至不再信任自己的心智。

细心打量近代历史场景，一些曾经如雷贯耳的人物，也许并没有想象中的忘我、神圣和英明，由他们所参与、支配和导演的历史事件——曾经被我们描述为承接了过去、开辟了未来、扭转了乾坤，也并不总是泽被黎庶、福慧家国。而且，如尼采说的，"在英雄的周围一切都成了悲剧"。只有不止一代苍生的血泪和如同草芥一样作为牺牲的人命确凿无疑，但他们常常只是英雄们成就不世伟业的背景，只是气势磅礴的宏大主题的铺垫。悲怆的历史以及巨大的伤痛，并没有提升个人生存的权利、自由与尊严，而常常强化了蒙昧的趋同，并没有带来审慎的认知、深沉的理性，反而轻而易举转化为某种指向乌托邦未来的肤浅的乐观与包含了仇恨的豪情。似乎不是为了记忆，而是为了遗忘，不是为了清理历史的伤痕，而是抹平这种伤痕。

当你一旦觉察到，自己以及自己所属的一代人，其实依然置身在那种作为背景和铺垫的反复中而并不自觉时，当你觉察到，晦暗的历史篇章依然隐藏在蒙昧之中而且难免延伸出新的晦暗时——历史从来不只是一种关于过去的叙事，还是关于现实和未来的寓言——你再也无法祛除从心底涌出的寒冷和恐慌，眼前的世界突然一片荒凉。

滔滔的由每一个人的生存意志汇聚起来的洪流，是那样无从逃离的胁迫与裹挟，是那样无法心平气和地面对的强力和强势，它们决定着你短暂的生涯及其全部可能性。当你若有所悟，试图有所规避时，又不得不以你的全部心智、情感去抗拒那种集体性的决定和垄断。

正是这样，那种你并不乐意接受的历史及其观念，同时主宰了你，正像现实生活中的敌人主宰了你生活的现实，正像一个时代的阴影同时规定了它可能的光明。你甚至无法从你心知肚明的狭隘、扭曲和功利主义的自我囚禁中解放出来，你同样不能接纳广阔的人性，也难以照亮黑暗的心灵。

因此，你其实未必能够提供比你所不以为然的历史书写更全面的感受、更深沉的体察和更宽广的精神，你未必可以获得具有创造力和想象力的平常心。

而这，是你更大的失望和厌薄之所在。

明白了自己的方位和处境，写作郭嵩焘的传记时，自然不敢指望可以因此解除内心的拘谨和窘迫。我知道，因为远不具备超越对立面的从容与宽容，有朝一日，面对自己的叙述，将同样少不了失望和厌薄。

深入现实的历史纠缠不是可以一举打发的，对于历史的叙事同样如此。

只有关于本书写作的"历史"，是我自信可以交代清楚，并且充满幸福与感激的。

很多事，常常由一些你未必始料的机缘所促成，这些未必始料的机缘所促成的事，甚至构成了你人生的重要章节。

郭嵩焘传记的写作，就是如此。

很多年前，当我还是一个把老师传授的知识视为圭臬和真理本身的学生时，我看到了锺叔河先生主持的那套"走向世界丛书"和他为丛书的每一种所作的叙论，知道了郭嵩焘其人。从此，对不只是教科书上的近代史，特别是郭嵩焘身边的世界，有了一种了解的愿望，也仿佛懂得了一点"历史不能不是书写者的历史"的道理。但是，当日后对于近代历史现场逐渐有所深入时，则庆幸并且乐于让自己的了解停留在"业余"状态，因为作为"专业"的近代史，不仅自身头绪纷繁，其实还有着太多左右和决定它的因素和力量，现实的不安与未来可能的歧异，更加为各种决定它的因素和力量提供了足够多的存在理由。

此种隔岸观火、私心庆幸的"业余"状态，延续了很多年。

"业余"状态的改变，首先是我在世纪初"自投罗网"地选择了"王国维鲁迅诗学互训"作为自己的博士论题，而诗学仅仅是我进入王国维、鲁迅广大的思想世界及其背后的文化世界的入口，他们的诗学与现实（近代）语境构成了巨大的矛盾和张力，他们的学术、言动与作为，与旧学和新学，与中文和西文，更有着复杂而深沉的关联。于是，我的阅读和思考，几乎陷入了近代中国文化选择与观念转型的荆天棘地中，陷入与近代知识者"本根剥丧，神气彷徨""信不由己，心夺于人"（鲁迅《破恶声论》）相仿佛的苦闷无聊状态。

当我终于从王国维、鲁迅可以"互训"的思想与精神困境中，解读出近代历史主题的复杂诡谲时，我自知，自己已经很难从这一领域脱身。

2007年，湖南教育电视台刚刚开办的《湖湘讲堂》栏目邀请我讲一个湖湘近代人物，湖南省图书馆的"湘图讲坛"也希望我以某个湖湘近代人物为题做一次演讲。这便有了不得不为郭嵩焘写一点文字的契机。如果不是《湖湘讲堂》的制片人田思思和编导余学用的嘱咐，不是"湘图讲坛"主持人戴利亚的敦促，我真不敢相信，我会去仔细料理我一度比作烂泥塘一样围绕在郭嵩焘身边的那些过于具体的是非和恩怨，尽管我对此充满好奇，对郭嵩焘并不平顺的生涯充满同情，常怀阐释和澄清的冲动。

现在好了，好奇、同情、阐释的冲动和偶然的机缘，终于发展出了白纸黑字的"事实"——一本郭嵩焘的传记，留给我的就不再是指点他人时的自由自在，而是要任由他人来自由自在地指点自己了。

作为一本以招徕当代人关注为目标的人物传记，我当然是按照现代白话（或者叫"现代汉语"）来要求自己的写作的，但一旦下笔，有时候不免觉得，不只文化身份，包括语言方式，其实我们至今也是"尴尬不偶"的。

从"八股时文"的僵固与"文化革命"的反动中走过来的汉语，"沦落""沦丧"到不肖的我们手里，真是捉襟见肘，有着某种见不得人的平庸与苍白，粗暴与愚蠢，空虚与腐败，语言表征着精神世界，语言的空洞，源于思想的空洞，如缪哲所说的："人们所知的词汇，似仅可描画人心的肤表，不足表精微、达幽曲。所用的句法，亦恹恹如冬蛇，死气沉沉，无灵动态。"这样的结果，又有多少是我们自己应该为之汗颜羞愧的作为造成的？

意识到这一点，意识到自己笔头能够支配的汉语的有限和粗糙，在行文中遭遇文言或半文不白的引文时，我虽然竭尽全部"学力""才力"，试图让它们白话一些，更白话一些，美丽一些，更美丽一些，但在白话的转换能力实在不敷使用时，我不得不保留少数原文语句和段落，其中，郭嵩焘数次与咸丰皇帝、慈禧太后的问答，基本原样使用郭氏在日记中半文不白的记录，不作更改。

这样做，一方面是不得已而为之，我实在找不到可以与原文对称又不显得怪诞别扭的"现代汉语"来替代它们，另一方面却也是我在自负与自卑之间的主动选择。

自负，意味着我认同自己的表达，这是我自己目前所能给出的最出色圆满的表达，很多时候，我之所以不能获得或者放弃了语言的行云流水，有的表述甚至充斥着翻译体的滞涩和费劲，充斥着"逻辑的艰辛和痛苦"，并不是我故意要弄成这样，而是我希望表达的理念和思想让我不得不然。

我指望我的语言表达并没有把艰难的历史戏剧化和审美化，而是扩张了具有反思性的理性与精神。

自卑，则意味着我认为，贫瘠的现代汉语需要古代现代、过去当下、东方西方的语言资源来充实和滋养，这是一个远没有完结甚至永远不能完结的过程，在此过程中，我们必须勇于吸纳取用，有鲁迅说过的"脸不白鼻不高而偏要的啊吗呢"的勇气和开放胸怀。

现代汉语的丰富与否，是它所表征的文化及其精神是否强健的重要标志，这种强健，同时使得它拥有兼容并包的能力和抱负。因此，语言其实并不是一种需要过度纯洁化和规范化的东西，至少，对于作为人文的语言理应如此。我指望我们的语言即使粗糙，然而结实，即使芜杂，然而饱满，可以多元，而且浑厚宽阔，让人文的更加人文，让科学的更加科学。

我指望我的表达没有太过损害汉语应该有的光辉。

需要有所交代的是，思思原本希望把我在《湖湘讲堂》的节目作成光盘，与这本书一起出版，既增光鲜，且助发行。然而，我自忖，待在书斋的日子久了，憔悴枯槁已然是自我"本色"，如果还敢于以"音像"示人，则难免不自量力、丢人现眼。曾经不小心看到过电视节目的我的学生说，我在节目中神情黯淡，课堂上的一点风采，泯然全失。那么，不惜拂思思的盛情高谊，还是给自己留点面子，免了光盘的好。

其实，何止音像，即使文字，也同样可以放大一个人的优点或缺点。而不才且不学如我，不能登大雅之堂的何止是形象，一得之见而自以为可以经国济世，一面之词而自视高明大方，这是我自己也能觉察到的狂狷与偏执。

好在我一直以异端思想者李卓吾的一句话自慰自励，他说："自以为是，不可以成为圣人，不自以为是，亦不可以成为圣人。"

如此这般的机缘促成了郭嵩焘传记的写作，并让它成为了现在这个样子。因此，我首先得向锺叔河、汪荣祖、王兴国先生致敬，是他们的著述把我引向了郭嵩焘。

感谢思思和学用的邀请，我要说，所谓媒体中人，特别是电视媒体，我就没有交往过如思思这样心性清洁而并不凌厉夸张的女子，以及如学用这样充满理想主义激情的少年。我从心底里祈望，这样的心性、情怀，不至于成为他们在江湖一样的媒体"厮混"的障碍，而可以成为他们成就事业的优势。

感谢戴利亚女士的召唤，她为"湘图讲坛"付出的虔诚努力和细致操劳，令人感动。

我还必须向兄长一样的吴小平先生致意，他对我的写作的认可，让我敢于相信自己完成了对于郭嵩焘的另一种造型。

二十多年前，小平兄负笈湖湘，受业于文渊丈姜书阁先生（一个身世传奇、学富五车，生涯几乎贯穿整个二十世纪的知识人，他的生平像一个谜），我有幸和他对门而居者不止一年。他是学校研究生篮球、排球、乒乓球队的成员，还是学校田径运动会上三级跳远的好手，挺拔、结实而清秀、柔韧，气质中分明有一种刚毅、强悍，看上去却是内敛、儒雅的，天生卷发，目光深邃，表情沉着。最要命的是，他对此似乎完全无动于衷，全然没有一个人因为帅气，因为迷人的气质风仪而常常有的那种自我顾盼，他甚至很少在人多的地方出现，很少高谈阔论，而是高度自律地生活在艰苦的学业中，生活在自己沉毅的内心世界。

彼时，几乎少年的我，有点像书上说的赵景真在太学中见了嵇叔夜一样，向慕不已，向慕到自失。

我至今记得他的书桌上摆放着《全上古三代秦汉三国六朝文》《全汉三国晋南北朝诗》的格局，记得他每天操练书法时用的那种草纸的浅淡颜色，记得他一个人提着钉鞋从田径场参加完三级跳远比赛回来时的疲累身影，记得他和我私下谈到自己精神和情感世界时的持重与真诚。我隐约觉得，他对我有着某种特殊的信任和期待，我之接近他，因此非常自然。现在想来，他的那种未必由言语表达出来的信任和期待，是我安心于书斋，而且并不左顾右盼、无所适从地生活至今的重要支持，我从他的信任和期待中感受到了某种必要的对于未来的认同和自我信托。

好了，暂且打住，这么早就开始带有自恋味道的私人性回忆，难免要被讥为矫情滥情的了。在我们的时代，美好的心灵和健康的记忆的获得，需要养成足够苛刻的自我省思、自我批判的习惯；个人的甚至民族的抒情，必须拥有足够理性的自我认知，才能获得光风霁月般的书写。

我期待着有朝一日会拥有这种习惯和理性的自我认知，然后可以自由自如地回忆与抒情。

感谢凤凰出版社姜小青先生对于拙稿的接纳以及为出版它付出的辛勤。

感谢曾经不止一次徒步前往电视台演播室听我演讲的中南大学文学院、外国语学院的弟子们，你们期待的眼神是我"好为人师"的动力。

孟泽　戊子中秋识于长沙烂泥冲

增订版后记

　　2007年，湖南教育电视台新创办的《湖湘讲堂》栏目，邀请我作关于郭嵩焘的讲座，本书初版差不多就是这个讲座的实录。转眼之间，十多年过去了。

　　时光催人老，却并没有让作者曾经浅薄蒙昧的心智，变得成熟清明，满世界动荡不宁的心灵，处处沸血的伤痛，也并没有平复。

　　但是，有些事情确实发生了改变。譬如，人们现在谈论晚清大变局中的当事诸公时，逐渐愿意讲讲郭嵩焘孤独的忧患和超越的见识。湖南人习惯挂在嘴上的湖湘近代英雄谱系中，慢慢可以找到郭嵩焘的名字和他的事迹，说他是近代外交的先行者，中国改革开放的先驱，是可以与曾国藩、左宗棠并列于晚清的大人物，其思想甚至接轨了维新运动乃至"五四"新文化思潮。而郭嵩焘的故乡，湖南湘阴县、汨罗市（汨罗原属湘阴），在前此完全找不到郭嵩焘踪迹的冷清寂寞之后（2007年，雨水丰沛的春夏之交，我和《湖湘讲堂》的编导余学用前往湘阴、汨罗，试图为关于郭嵩焘的讲座拍一点影像素材，几乎无所获，只好在湘阴县城猛拍了一阵潇湘八景之一的"远浦归帆"和当时破败不堪的文庙），终于在郭嵩焘200周年诞辰的2018年，分别召开了纪念大会和学术研讨会，建了郭嵩焘广场，立了郭嵩焘雕像，布置了郭嵩焘纪念馆，成立了郭嵩焘研究会，在汨罗飘峰的郭嵩焘墓园，也整修一新。

　　自然，这并不意味着我们对于自身及其历史，因此拥有了足够健康的理性，可以一劳永逸地掌握眼前的世界和我们自己的命运。

　　1895年2月，阿克顿爵士在就职剑桥大学的演讲《谈历史研究》中说："近代史是一段针对我们自己的叙事，是对我们自己的生活、对尚未停息的努力的记录，也是对那些仍旧裹足不前、心烦意乱的问题的记录。近代史的每一部分都包含许多无价的教训，在一个与我们的生活环境极为相似的社会里，如果我们不知道如何从榜样和先辈的教导中获益，就必须花很大代价从经验中得到教训。"[1]是的，人文学术从来不止是一种单纯的文献学，何况事关激越的近代历史。对于历史的理性，显著地呈现在我们当下的精神现实与生存状态中，证明着我们心底隐约的期待和向往。

　　本书以《独醒之累：郭嵩焘与晚清大变局》为名，对初版进行了全方位的修订，增加了差不多三分之一的篇幅，对于有关史事的描述与分析，更细致，更确切，也更加强调和彰显了郭嵩焘置身"三千年未有之变局"中"虽千万人吾往矣"的执着和刻苦。修订过程中，颇多踌躇，而且煞费苦心。我希望通过这本书，让身边的人可以清楚地了解一个杰出的芬芳悱恻的性灵，正视他有些异端和特殊的思想，认同他赤子般的纯洁、认真、清澈和理想主义。在一个曾经激昂的未必理性的年代，在一个常常因为当局者的颠顶而不免举世昏迷的地方，像郭嵩焘这样无可奈何地把自己做成了孤独的"逆流"和"反派"，不仅需要勇气，更需要清明的见识和"野蛮"的真诚，这正是我觉得郭嵩焘不同寻常的伟大之处——滔滔者天下皆是，如一士之谔谔何！在某种意义上，郭嵩焘的所思所言，不仅对他所置身的王朝有违碍，对他所栖身的文化也有违碍，他自然是深爱他所置身的王朝与文化的，所以，他常常怃然，常常流泪痛哭。

　　自然，我更期望自己，能够写成一部比现在的样子更冷静理性、更公允大方的郭嵩焘传记，但一旦下笔，却不能不陷入郭嵩焘所经历的是非，陷入那些是非所酝酿出的痛苦和激愤之中。好心的朋友，近代史研究领域卓有建树的学者提醒我，郭嵩焘过于自负，过于自恋，以为只有自己是对的，不懂得变通，和任何人都搞不来，可是，世界上的聪明人不止一个，

---

1 [英]阿克顿《近代史讲稿》，第7页，商务印书馆2021年。

其实人家也不错。我当然知道，世界上的聪明人不止一个，在中国文化水土里，尤其不缺聪明伶俐、人情练达、出神入化的通达之士。可是，在郭嵩焘的时代，我分明看到，只有郭嵩焘当了那个说皇帝没有穿衣服的天真孩子，其他人或者认为郭嵩焘纯属胡说八道，或者嗫嚅着不敢发声，或者顾左右而言他。而郭嵩焘，他如果懂得变通，他如果试图把自己的仕途经营得左右逢源，他会放弃对于当局者的批评，牺牲他对于天下大势的洞见吗？郭嵩焘说过，自己"一以直道行之，所信此心此理而已，不顾人喜怨，非敢为倔强也，性自定尔"[1]！还说什么呢？郭嵩焘无法改变自己对于"此心此理"的信任与坚持，我也无法改变自己对于郭嵩焘的情感倾斜而变得更客观、公允一些，那就这样吧。

世道流转，云谲波诡。在今天看来，书中对于郭嵩焘以及他身边的有些人、有些问题的观照，依然可以范围在时代的重大主题之中，依然可以激发我们热烈或者冷静的回顾和省思，我们的历史，我"广漠美丽之中国兮"，依然可以而且需要接纳郭嵩焘芬芳悱恻的性灵，接纳他锐利的思想和高亢的精神。

光绪十二年（1886）九月初一，郭嵩焘和他的朋友在长沙城内的曾国藩祠堂致祭王船山，郭嵩焘作演说，他说："人心一念之微，感召天地鬼神，以成祸福治乱。天人感应之理，非有二物，只是一气。""天地乖戾之气，皆人之气为之也，以天地原是积气而成，人生其间，充满流动，感气独多。天地者，受裁于人者也，如何能与人别异？要之，阴阳消长之理，虽当剥极之时，而微阳潜伏于下，以为来复之机。民彝物则之理，具于人心者，即潜伏之微阳也。吾辈当养此微阳，以待天心之复。世运风俗转移之机，动于人心一念之悔。人心之复，即天心之所由复也。君子视其心与天心相应，视天下之人心与吾心相应，是以不敢不自重，以求稍有益于世也。"[2]

人为情使，道由情生。

1《致郭家镛》，《郭嵩焘全集》第十三册，169页。
2《郭嵩焘全集》卷十二册，192—193页，光绪十二年九月初一日记。

郭嵩焘以他对于家国天下的深情，以他对于天心与人心、天下之人心与吾心相应相生的发明与发现，召唤贡献于父母之邦的神圣使命，推求舍我其谁的勇气担当，豪迈而且悲壮。二十年前，读郭嵩焘，我读到的是他自许"先知先觉"的骄傲和四顾茫然的悲伤，以致心有戚戚，不能自拔。这一次，再读郭嵩焘，我更愿意认同他知其不可为而为之的执着信念和恢弘气度，即使因此与"今世周旋"而"枘凿不相入"，即使为此毕生困顿、挣扎、狼狈，即使"负独醒之累"。正如他说的，"国家理乱兴衰，天也，而受成于人，人心之所趋，天莫之易也"[1]。"吾辈当养此微阳，以待天心之复，世运风俗转移之机，动于人心一念之悔。天下之人心与吾心相应，不敢不自重。"[2]"区区鄙志所存，不能屈而相从，则终自亢耳！"[3]

敢不自重？终自亢耳！这不只是一个末世士大夫的自胜，也是一个有思想的知识者必然的自许。

感谢马美著兄对拙稿的青睐，感谢文韬、家琛为编辑拙稿所付出的劳动。

孟　泽　辛丑三月识于长沙烂泥冲

---

1 《曾沅甫宫保六十寿序》，《郭嵩焘全集》卷十四，422页。
2 《郭嵩焘全集》第十二册，192—193页。
3 《复刘坤一》，《郭嵩焘全集》第十三册，387页。